NÚMEROS DA DISCRIMINAÇÃO RACIAL

DESENVOLVIMENTO HUMANO, EQUIDADE E POLÍTICAS PÚBLICAS

organização
Michael França e Alysson Portella

NÚMEROS DA DISCRIMINAÇÃO RACIAL

DESENVOLVIMENTO HUMANO, EQUIDADE E POLÍTICAS PÚBLICAS

jandaíra

São Paulo, 2023

Este livro foi revisado segundo o Novo Acordo Ortográfico da Língua Portuguesa.

DIREÇÃO EDITORIAL: Lizandra Magon de Almeida
PREPARAÇÃO DE TEXTO: Elis Marchioni
REVISÃO: Equipe Jandaíra
ILUSTRAÇÕES: Mayara Smith
PROJETO GRÁFICO E DIAGRAMAÇÃO: Carlos Borges Jr.

Dados Internacionais de Catalogação na Publicação (CIP)
(Câmara Brasileira do Livro, SP, Brasil)

Números da discriminação racial : desenvolvimento humano, equidade e políticas públicas / organização Michael de França, Alysson Portella. -- São Paulo : Editora Jandaíra, 2023.

Vários autores.
Bibliografia.
ISBN 978-65-5094-062-1

1. Discriminação racial - Brasil
2. Desenvolvimento humano 3. Pesquisa científica
4. Políticas públicas - Brasil 5. Relações étnico-raciais I. França, Michael de. II. Portella, Alysson.

23-174239 CDD-305.8009

Índices para catálogo sistemático:
1. Racismo : Relações raciais : Sociologia 305.8009
Eliane de Freitas Leite - Bibliotecária - CRB 8/8415

jandaíra

Rua Vergueiro, 2087 cj. 306 – 04101-000 – São Paulo, SP
11 3062-7909 editorajandaira.com.br
Editora Jandaíra @editorajandaira

A partir do reconhecimento do racismo como elemento estrutural das desigualdades no Brasil e buscando desvelar, por meio da produção de dados, os históricos e articulados mecanismos que as perpetuam e aprofundam, o livro Números da Discriminação Racial *é uma grande contribuição ao campo antirracista do país. Dados não são somente dados. São instrumentos políticos. Conhecer uma realidade é o primeiro passo para incidir sobre ela. Ao agregar, organizar, sistematizar e amplificar os indicadores racializados sobre as várias as dimensões da nossa sociedade, o livro torna-se não somente essencial, mas urgente diante da necessidade de enfrentamento desse sistema e, sobretudo, de desenho de um novo país em que as pessoas negras, mais da metade da população, possam acessar os direitos garantidos a todos os cidadãos brasileiros.*

Iara Rolnik, Instituto Ibirapitanga

AGRADECIMENTOS

Primeiramente, agradecemos a todas e todos que dedicaram suas vidas para que a causa racial ganhasse notoriedade. Este livro é resultado dessa construção coletiva e de uma parceria entre o Núcleo de Estudos Raciais do Insper (NERI) e uma série de outras instituições. Ele nasceu de uma união de forças entre o Instituto Ibirapitanga e o NERI, que entre tantas outras atividades planejadas para 2023 e 2024 contou com o lançamento deste livro. Esta obra também deve muito à parceria firmada com a Open Society Foundation em 2022. Com ela fomos capazes de aumentar nossa equipe de pesquisadores e o apoio administrativo, sem os quais teria sido impossível escrever todos os capítulos do livro no tempo em que fizemos. Finalmente, também gostaríamos de agradecer a Fundação Lemann pelo apoio dado para a divulgação deste livro. Esperemos que todo esse esforço coletivo resulte em importantes ganhos para a sociedade brasileira na medida em que permita um aprofundamento no tão necessário debate racial.

Gostaríamos de agradecer especialmente os autores que atenderam ao nosso convite e aceitaram participar da construção deste livro de forma completamente voluntária: Rodrigo Soares; Sergio Firpo, Francieli Tonet Maciel; Naercio Menezes-Filho, Bruno Komatsu e David Kalichman; Fernanda Estevan e Ursula Mello; Rony Coelho, Manuel Mahoche, Helena Arruda e Leonardo

Rosa; e Leila Albuquerque e Rafael Tavares. Os capítulos escritos por eles enriqueceram em muito as análises produzidas pelos membros do Núcleo de Estudos Raciais do Insper. Muito obrigado por terem tirado parte de seu precioso tempo para nos ajudar nesse trabalho voltado para o aprofundamento da compreensão empírica sobre as causas da desigualdade racial e as melhores maneiras de enfrentá-las. Também queremos agradecer aqueles que nos ajudaram com importantes comentários sobre versões preliminares de alguns capítulos. Em especial, Lorena Hakak e Thomas Kang fizeram ótimas contribuições que melhoraram ao menos dois capítulos deste livro. Logicamente, qualquer erro ou omissão permanece exclusivamente nosso. Também gostaríamos de agradecer a Marília Chaves por sugestões de edição que melhoraram consideravelmente a qualidade do texto.

Também queremos agradecer a Aline Durans e Giulia Modupe Ebohon pela ajuda com a produção deste livro. Aline contribuiu muito nos auxiliando com a organização dos cronogramas, contatos com a editora e preparo da ilustração, garantindo que tudo corresse sem qualquer dificuldade. Giulia revisou todos os capítulos que escrevemos para este livro, um deles mais de uma vez, tendo contribuído muito para o resultado final. Sem ela a qualidade do texto seria muito inferior, tanto em forma como em conteúdo. Claro, reiteramos que qualquer falha que restou é de nossa completa responsabilidade.

Agradecemos também o apoio institucional do Insper. O Centro de Gestão e Políticas Públicas (CGPP) e toda equipe de comunicação da instituição têm sido grandes parceiros do Núcleo. Em especial, gostaríamos de agradecer os apoios da Aline Marcon, André Marques, Beatriz Albuquerque, Damaris Rota, Leandro Steiw, Ricardo Bozzo, Sandro Cabral e Vinícius Barqueiro. Por último, mas não menos importante, queremos deixar nosso agradecimento aos pesquisadores do NERI que participaram ativamente da escrita de um ou mais capítulos desta obra: Fillipi Nascimento, Erivelton Nunes, Lauana Lazaretti, Gerrio Barbosa, Danilo Ferreira, Alisson Santos e Daniel Duque. Todos têm se dedicado muito não apenas a este, mas também a diversos outros projetos que estão sendo desenvolvidos no Núcleo. Suas colaborações foram mais que essenciais e esperamos continuar trabalhando com vocês em muitos outros projetos. Temos certeza que suas carreiras serão promissoras, com diversas contribuições importantes para tornar este país um lugar melhor para todos.

SOBRE O NÚCLEO DE ESTUDOS RACIAIS DO INSPER

O **Núcleo de Estudos Raciais do Insper (NERI)** é uma rede voltada para a produção e a difusão de pesquisas e evidências empíricas. A partir de uma rigorosa análise dos dados, procuramos ajudar o debate público de modo multitemático, buscando entender, sobretudo, as diversas dimensões que afetam a mobilidade social do Brasil, e como as desigualdades se manifestam e se reproduzem.

A missão do Núcleo é contribuir para que, cada vez mais na sociedade brasileira, o resultado da vida das pessoas não seja um reflexo do lugar onde ela nasceu, da renda, da classe social, do gênero e da raça. Para isso, acreditamos que o desenho e a implementação de políticas públicas de qualidade exigem um bom diagnóstico do problema e uma constante avaliação dos resultados produzidos por essas intervenções.

O Núcleo tem participado ativamente do debate público fornecendo insumos para qualificar a discussão social brasileira por meio de relatórios, artigos acadêmicos e a construção de índices que permitem monitorar e avaliar a evolução de variáveis socioeconômicas ao longo do tempo. Além disso, procuramos auxiliar na criação de intervenções de alto impacto realizadas pelo governo ou sociedade civil.

Contamos com uma ampla rede de colaboradores espalhada pelo Brasil e no restante do mundo. O NERI nasceu para realizar, junto a outros institutos, um trabalho coletivo com o objetivo de gerar melhores oportunidades aos milhares de brasileiros que têm suas vidas limitadas pelas desigualdades. Ao agir assim, encaramos as condições necessárias para que possam construir o futuro que desejam. No final, é tudo sobre e para as pessoas.

PREFÁCIO

O DESAFIO DE SUPERAR AS DESIGUALDADES NO BRASIL

LUANA OZEMELA[1]

Pensar em raça como reconhecimento das diferenças fenotípicas ou linguísticas das pessoas sempre foi um lugar-comum na História. É bem estudado e conhecido pelos cientistas que as crianças começam a reconhecer tais diferenças com 5 meses e, a partir dos 2 anos, começam a agrupá-las em categorias semelhantes às categorias raciais. No entanto, elas não atribuem nenhum valor intrínseco a essas categorias, apenas as veem e as reconhecem. Ou seja, não existe "daltonismo racial": todo mundo consegue identificar fenótipos associados a categorias raciais socialmente construídas.

Eu pessoalmente observei como as crianças aprendem a identificar fenótipos quando morei no Catar, um país extremamente segregado ocupacionalmente por linhas étnico-raciais. Nossa residência estava situada em um condomínio com muitos trabalhadores imigrantes. Cada tipo de ocupação era realizada por pessoas de nacionalidades específicas. Os filipinos trabalhavam em serviços na recepção, restaurante e cuidado infantil. Os indianos faziam os trabalhos de limpeza

1. Luana Ozemela é vice-Presidente de Impacto Social no IFood, cofundadora da BlackWin e fundadora do PreCapLab.

e jardinagem. Havia também alguns árabes (libaneses, iemenitas) fazendo eletricidade e pintando. Havia africanos (de Gana e Nigéria) que eram guardas de segurança. Meu filho, ainda bebê, foi ensinado pela cuidadora filipina a chamar os conterrâneos dela de "cuya", maneira respeitosa de referir-se aos mais velhos nas Filipinas. Portanto, quando meu filho via pessoas filipinas ou com fenótipos asiáticos ele os chamava de "cuya"; quando via pessoas negras, árabes e indianas, ele os chamava de "aunty" (tia) ou "uncle" (tio), como eu e o meu marido o ensinamos a chamar todas as pessoas. Meu filho de apenas 2 anos não estava associando fenótipo a categorias ocupacionais ou a hierarquias sociais, ele apenas estava identificando diferenças e agrupando pessoas de fenótipos similares. Portanto, perceber diferenças fenotípicas não produz desigualdade racial. O que as produz é subjugar grupos raciais a hierarquias sociais e econômicas pré-definidas. Ou seja, discriminar direta ou indiretamente.

Apesar da hierarquização racial não fazer parte do nosso instinto humano, ela existe amplamente porque aprendemos de duas maneiras: 1) pela doutrinação por meio das leis, do sistema educacional, político, jurídico e 2) pela observação da hierarquização social e econômica em linhas raciais presentes na sociedade. Ou seja, mesmo que as leis hoje não discriminem, ao passo que crianças crescem vendo diferentes grupos raciais ocupando posições sociais específicas na sociedade, normaliza-se a hierarquização racial. Desde a abolição da escravatura e, mesmo após a transição para a democracia no Brasil, foi negada à população negra a oportunidade de moldar políticas e a economia, na prática. Legalmente, somos iguais e podemos decidir em quem votar, mas o legado da desigualdade de oportunidades desde a escravização, o que eu chamo de estoque de desigualdades, aliado à hierarquização social e econômica em linhas raciais que produz mais desigualdades diariamente, o que chamo de fluxo de desigualdades, permanecem como as barreiras mais difíceis de superar.

Há quase 20 anos estudo desenvolvimento econômico. Esse campo é repleto de limitações e falhas no que diz respeito à consideração da identidade racial, da desigualdade racial, do racismo e da discriminação. Há pelo menos três aspectos que demonstram uma abordagem limitada das políticas de desenvolvimento no que diz respeito à população negra e à busca da igualdade racial. Em primeiro lugar, as políticas de desenvolvimento (universais ou direcionadas) sempre priorizaram a sobrevivência e não a existência do negro como ser humano digno de construir patrimônio. A população negra sempre esteve confinada à esfera das políticas de redução da pobreza e permaneceu totalmente ignorada pelas políticas fiscais, de produtividade, de inovação e de mercados financeiros. Em segundo lugar, as premissas sobre as causas das desigualdades raciais sempre giraram em torno da falta de qualificação dos negros e não das falhas dos mercados (por exemplo, em não conseguir absorver negros qualificados, ou a existência de racismo na provisão de serviços). E, em terceiro lugar, a própria identidade racial nunca foi enunciada como um ativo importante que pode influenciar o desenvolvimento de carreiras e a mobilidade social, seja por meio do fortalecimento do autoconceito e da autoeficácia, seja influenciando as aspirações e o desempenho de pessoas negras ao ver líderes negros em cargos de influência, o conhecido "Efeito Obama". Portanto, a raça raramente foi pensada como fator relevante no processo de desenvolvimento humano; ao contrário, sempre foi usada apenas para ilustrar desvantagens sociais históricas.

Ao eliminar o protagonismo do racismo como fator causal e estruturante das desigualdades raciais, elimina-se, portanto, a possibilidade de o racismo ter um impacto direto no processo de desenvolvimento. No entanto, não há desenvolvimento sustentável sem igualdade racial. Um estudo do brilhante economista Alberto Alesina (2017) mostra que a concentração desigual da riqueza entre os grupos raciais de um mesmo país é o que mais atrapalha o processo de desenvolvimento. Isto porque a desigualdade racial produz vários problemas para o desenvolvimento: 1. oferece provisão insuficiente de bens públicos, 2. desencoraja o investimento da população negra, 3. leva à desigualdade política, 4. aumenta a animosidade e os conflitos, 5. produz políticas discriminatórias, 6. enfraquece a democracia e as instituições de livre mercado, já que a maioria da população geralmente sente que os benefícios do capitalismo vão para apenas um grupo.

Eu divido a literatura econômica de mercados de trabalho, com relação à medição da discriminação racial, em dois blocos principais. Nos primeiros 30 anos, muita ênfase foi colocada na estimativa da discriminação racial, de modo que a técnica econométrica para medir discriminação chegou a ser referência em litígios judiciais (Ashenfelter e Oaxaca 1987). Os últimos 30 anos focaram mais a equalização de oportunidades, atribuindo diferenças raciais à responsabilidade pessoal. Assim, o Modelo de Igualdade de Oportunidades de Roemer passou a ser amplamente aceito e usado na política pública de mercado de trabalho. O principal objetivo da política sob a narrativa da igualdade de oportunidades é igualar as circunstâncias – circunstância significa acesso à educação, infraestrutura básica, educação dos pais e bens. Como raça e etnia são circunstâncias inigualáveis, diferenças raciais são atribuídas a diferenças em esforço dos grupos raciais. O que é problemático na narrativa da Igualdade de Oportunidades de Roemer é que ela exige que o princípio da não discriminação seja verdadeiro para que as estimativas de esforço sejam realmente verdadeiras. Entretanto, a evidência para a América Latina mostra que as disparidades étnicas são um problema estrutural, no sentido de que se acumulam desde as primeiras fases da vida para evoluir para um estado injusto que não pode ser completamente compreendido apenas avaliando a situação atual.

A desigualdade econômica entre as classes conforme medida convencionalmente pode facilmente cair nas armadilhas da retórica da meritocracia, quando é pensada como resultado de habilidade ou esforço. Mas a desigualdade racial, por estar presente em todos os níveis econômicos, implica que ser negro está inquestionavelmente associado a um nível predeterminado de bem-estar. Portanto, não adianta associar as desigualdades raciais ao discurso da meritocracia. O mais correto seria associá-lo às injustiças do atual sistema político-econômico e de forma alguma às diferenças de capacidade de um ou outro grupo.

Hoje observamos uma tremenda desigualdade racial no acesso a recursos financeiros. Existem mais de 1,5 milhão de empregadores negros com ensino superior no Brasil. A proporção de empregadores negros com ensino superior aumentou 5 vezes nos últimos 15 anos (de 4% para 20%). O número de mulheres negras que empregam aumentou 45% em 15 anos, contra uma queda de 5% entre os homens brancos, segundo a Pesquisa Nacional por Amostra de Domicílios (PNAD). Mas quase 45% das Pequenas e Médias Empresas (PMEs) de mulheres negras têm uma demanda de crédito não atendida. Apoiar o crescimento das PMEs de mulheres e homens e negros significa "triplo dividendo": geração de empregos, crescimento econômico com redução das desigualdades e formação de capital social e humano por meio do acúmulo de patrimônio. O crescimento econômico com igualdade racial é, sem dúvida, fundamental para o desenvolvimento sustentável.

Precisamos de investimentos maciços e reformas políticas para reduzir o estoque e o fluxo de desigualdades raciais que os mercados estão produzindo a cada dia. Embora o acesso ao ensino superior de qualidade contribua para o aumento dos salários, os bens familiares são os itens que mais influenciam a transmissão intergeracional do sucesso econômico e as aspirações e expectativas educacionais desde a infância.

Quando as instituições públicas e privadas estiverem comprometidas com os Objetivos de Desenvolvimento Sustentável (ODS) das Nações Unidas precisarão perceber que as metas associadas à redução da desigualdade são as mais potentes devido ao número de conexões com outras metas. Em outras palavras, a redução das desigualdades alavanca o potencial de desenvolvimento porque acelera outras metas dos ODS. Assim, ao mesmo tempo que a mobilização de investimentos para o desenvolvimento sustentável torna-se uma prioridade global, a mobilização de recursos para eliminar as desigualdades raciais torna-se crucial.

Este livro é otimista porque muito pode ser feito, há muitas pessoas negras altamente qualificadas e preparadas para aprofundar análises e assumir posições de poder e influência nos âmbitos públicos e privados. Devemos estar um passo à frente do racismo e da desigualdade racial e não tentar fugir dele ou ignorá-lo. Uma das coisas que espero que aconteça como resultado deste livro é que um novo conjunto de pesquisas e soluções efetivas sejam lançadas para um futuro verdadeiramente sustentável.

SUMÁRIO

INTRODUÇÃO

MICHAEL FRANÇA[1] E ALYSSON PORTELLA[2]

Entre as diversas frases atribuídas a Albert Einstein, há uma que surpreende por não tratar de um tópico associado ao físico: "juros compostos são a mais poderosa força no universo". Seria muito mais interessante se Einstein realmente tivesse afirmado isso, porém, a autoria desconhecida da frase não esvazia a sua precisão: quem conhece o poder do crescimento exponencial proporcionado pelos juros compostos sabe que, com o devido tempo, ele faz pequenas diferenças se tornarem enormes.

Tomemos, por exemplo, os investimentos realizados por dois irmãos: Espedito e Espeditiano. Eles tiveram a mesma formação e possuem um nível de produtividade semelhante no mercado de trabalho. Porém, por fatores que estão fora do controle de ambos, Espeditiano ganha cerca de 14,25% a menos do que Espedito. Com isso, ele consegue investir todo esse rendimento adicional em aplicações de baixo risco, com taxa de retorno média de 13% ao ano. Por meio da força dos juros compostos, é possível que a cada seis anos Espedito consiga tirar férias de um ano e ainda tenha um patrimônio superior ao de Espeditiano que, ao ganhar 14,25% a menos, não consegue poupar

1. Pesquisador de pós-doutorado no Insper. Doutor em Economia dos Negócios pela mesma instituição.
2. Pesquisador no Insper e doutor em Teoria Econômica pela Universidade de São Paulo.

e investir, consumindo, assim, quase tudo que ganha. Desse modo, pequenas diferenças iniciais podem repercutir em grandes desigualdades na geração de renda e de patrimônio ao longo da vida. Isso tem profundos reflexos não somente no bem-estar contemporâneo, mas também na acumulação de capital intergeracional.

Seria pouco verossímil pensar em um exemplo em que duas pessoas com as mesmas condições laborais consigam ter uma disparidade de 14,25% de renda, se não fosse a realidade dos últimos 40 anos entre brancos e negros no Brasil. Como mostraremos no Capítulo 6 deste livro, os negros ganham, em média, 14,25% a menos que os trabalhadores brancos com características semelhantes. São trabalhadores com a mesma escolaridade e experiência, com vínculo trabalhista similar, mas que recebem salários diferentes. Estamos falando de um número que permaneceu relativamente estável nos últimos quarenta anos da história de um país que passou por um processo de redemocratização e teve governos da direita à esquerda. Um número que reproduz as desigualdades existentes e é retroalimentado por elas.

Este e muitos outros números que são reflexos, diretos ou indiretos, da discriminação passada e contemporânea são apresentados neste livro. Aqui, vamos discutir os diversos fatores por trás das desigualdades entre brancos e negros em várias dimensões da vida: salários e rendas; educação e aprendizagem; saúde e violência; política e representação. Mostraremos uma perspectiva sobre a desigualdade e a discriminação racial pensadas principalmente a partir da ciência econômica, embora também contemos com as contribuições de outros campos do conhecimento, como a sociologia, a psicologia, a antropologia e a história. Nosso foco será trazer evidências empíricas e quantitativas sobre esses temas, porém vamos também discutir teorias e conceitos quando necessário.

Este livro foi desenhado com o intuito de gerar reflexões que possam contribuir ativamente para um debate público construtivo, tanto por meio de insumos e dados para qualificar discussões quanto para auxiliar no desenvolvimento de iniciativas e intervenções de alto impacto pelos governos e pela sociedade civil. A obra é um marco para o Núcleo de Estudos Raciais do Insper e representa a consolidação de mais de dois anos de estudos e de contribuições empíricas para o debate sobre a discriminação e desigualdade racial no Brasil. Ele é dedicado a todas as pessoas interessadas em compreender as desigualdades raciais no país e como reduzi-las, sendo especialmente pensado para estudantes, formuladores de políticas públicas e dirigentes de ONGs. Para isso, a linha editorial buscou intencionalmente uma linguagem acessível e informativa, que evita jargões técnicos, mas que, quando necessários, são devidamente explicados para aqueles que não possuem familiaridade com o assunto.

O debate sobre discriminação e desigualdade racial ganhou impulso na última década, no Brasil e no mundo. A implementação das políticas de ações afirmativas no Brasil, em particular as cotas raciais no ensino superior público, despertou a atenção de muita gente para o tema racial no país e para as discussões sobre quais políticas são adequadas — e justas — para a promoção da equidade. A morte de George Floyd, homem negro norte-americano, em 25 de maio de 2020, propagou uma das maiores ondas de protestos antirracistas na história dos Estados Unidos. Essa onda repercutiu em todo o mundo e chegou com força no Brasil. Sabemos que, por aqui, nunca faltaram casos parecidos como o de Floyd. Entretanto, a falta de engajamento e de visibilidade muitas vezes abafa esses incidentes no Brasil. Como sociedade, ainda somos muito complacentes com as injustiças.

Conforme a discussão sobre o tema racial foi ganhando notoriedade, diversos termos e conceitos passaram a conviver no dia a dia da população. Racismo estrutural, preconceito, discriminação, interseccionalidade, privilégios brancos, branquitude, negritude, colorismo, apropriação cultural, ancestralidade, são apenas alguns dos termos comumente levantados em discussões sobre as desigualdades raciais. Neste livro, queremos trazer mais alguns itens para essa já longa lista.

ATIVISMO E PESQUISA RACIAL NO BRASIL: UM BREVE HISTÓRICO

Antes de seguir adiante, precisamos reconhecer, mesmo que resumidamente, as diversas contribuições trazidas pelos movimentos negros. De certa forma, o movimento abolicionista pode ser considerado como um precursor dos modernos movimentos sociais pela equidade racial, que tomou um corpo nacional com a criação da Frente Negra Brasileira em 1931. A Frente atuou de diversas formas até 1937, quando foi colocada na ilegalidade pela ditadura getulista do Estado Novo. No fim desse período, surgiram a União dos Homens de Cor, fundada em Porto Alegre em 1943, e o Teatro Experimental do Negro, fundado no Rio de Janeiro em 1944 por Abdias do Nascimento. Outros grupos surgem na década de 1950, como a Associação Cultural do Negro, em 1954 em São Paulo, além de diversos veículos de imprensa.

A Ditadura Militar instalada em 1964 tentou novamente colocar um fim nesses movimentos, porém diversos grupos se mantiveram na clandestinidade. Nesse período, vale destacar a fundação do Grupo Palmares em Porto Alegre em 1971, que propôs o 20 de novembro, suposta data da morte de Zumbi dos Palmares, como data marco das lutas antirracistas. Em 1978, já no final da ditadura, forma-se o Movimento Negro Unificado em São Paulo, responsável por pautar diversos temas, incluindo as cotas raciais. Com a redemocratização, em 1988, o movimento continua se expandindo.

Atualmente, os movimentos negros contam com uma grande diversidade de atores, possuem ampla capilaridade e estão, progressivamente, ampliando a influência sobre a agenda política do país. Entretanto, apesar dos avanços na conscientização da sociedade e das significativas demonstrações de força dos movimentos, esse poder político ainda é subestimado por parte da população, assim como as temáticas raciais são encaradas como desimportantes por muitos. Porém, ao contrário do que aconteceu no passado, é improvável que o tema volte para os bastidores do debate público, assim como dificilmente os movimentos perderão seu ímpeto. Existe uma mudança estrutural em curso no país. Devido a ela, é possível que as discussões em torno da agenda racial cresçam ainda mais e que sua força política se faça cada vez mais presente na determinação dos rumos do país.

Parte dessa mudança estrutural é reflexo do que consideramos um novo cenário racial vivido pelo país. Até o início da década de 1990, em certos contextos, o padrão comportamental predominante era de muitos negros procurando se embranquecer com o intuito de ter melhores chances de ascender socialmente. Hoje, porém, a situação é outra. Os negros estão cada vez mais se vendo como um grupo e afirmando sua identidade. Em parte, isso se deve à promoção de pautas pelos movimentos e pelas ações afirmativas. Ao mesmo tempo, com os avanços educacionais das últimas décadas, muitos começaram a questionar determinados padrões impostos. Contribui para isso o significativo contingente de jovens desfavorecidos que estão concluindo o ensino médio e mesmo o ensino superior. Deste modo, a formação de uma elite intelectual negra bem maior do que em qualquer outro momento da história brasileira está ajudando a subverter diversas narrativas que antes tinham sido naturalizadas no país.

A evolução do debate acadêmico é outro fator que contribuiu para a mudança estrutural no cenário racial do país. É difícil não começar com as contribuições de Gilberto Freyre, em particular sua principal obra, *Casa Grande e Senzala* (1994 [1933]). A ele foi creditado o mérito de inaugurar o estudo das relações raciais modernas no Brasil, a partir dos seus estudos de doutorado nos Estados

Unidos (EUA). Embora não isentos de problemas para os padrões contemporâneos, seus escritos são vistos como essenciais para combater o racismo científico de finais do século 19 e início do século 20, que assumiam a inferioridade biológica de negros e que promoviam o ideal de embranquecimento da população brasileira como essencial para o desenvolvimento do país. Também vale destacar as contribuições de Donald Pierson (1945), que irão influenciar toda uma geração de pesquisadores brasileiros e estrangeiros.

Segue-se a Freyre e Pierson contribuições de pesquisadores que estudaram as relações raciais no Brasil a partir de projetos patrocinados pela Unesco, em cooperações entre universidades brasileiras e norte-americanas. Destaca-se aqui Charles Wagley (1952) e Thales de Azevedo (1996 [1953]), entre tantos outros. Esses pesquisadores reforçaram grande parte das conclusões de Freyre e Pierson, destacando aspectos das relações raciais no Brasil que contrapunham aquelas dos EUA, em especial a relativamente baixa segregação racial e a grande miscigenação do país. Conforme destaca Rafael Osório (2008), esses autores irão formar uma chamada "primeira onda" sobre os estudos de mobilidade social e raça no Brasil, cuja principal conclusão seria a baixa importância do preconceito racial como determinante das desigualdades.

Os primeiros desafios à chamada democracia racial vieram de brasileiros. Entre tantos importantes nomes, a figura do sociólogo Florestan Fernandes costuma ser destacada. Em sua pesquisa, Florestan (1965) destacou que ainda existia no Brasil discriminação racial, embora acreditasse que o desenvolvimento de uma sociedade capitalista moderna fosse paulatinamente acabar com elas. Diversos outros autores contemporâneos a Florestan também contribuíram para o debate, nem sempre concordando entre si, mas sempre contrapondo as conclusões da onda anterior, de que o preconceito racial não seria relevante no Brasil. Entre eles, costumam ser destacados Oracy Nogueira (1998), Octavio Ianni (1987) e Fernando Henrique Cardoso (2000). Conforme Osório (2008), esse grupo formaria uma segunda onda no pensamento sociológico sobre discriminação racial no Brasil, que apontaria como ela teve efeitos negativos sobre a mobilidade social dos negros neste país, embora no geral acreditassem que o preconceito devesse reduzir de importância com o desenvolvimento econômico.

Finalmente, o fim da década de 1970 e início da década de 1980 marca uma virada metodológica na pesquisa sobre discriminação racial no Brasil. As teses de doutorado de Carlos Hasenbalg (1978) e de Nelson do Valle Silva (1978), defendidas na University of California, Berkeley e na Michigan University, respectivamente, introduzem análises quantitativas que empregavam grandes bases de dados e modernas técnicas estatísticas para mensurar as desigualdades raciais no Brasil e estimar a importância da discriminação racial como seu determinante. Seus resultados indicaram que as desigualdades raciais eram significativas e persistentes. Entre outros pesquisadores que têm aplicado técnicas semelhantes às de Hasenbalg e Silva incluem-se Edward Telles (2003), Carlos Antonio Costa Ribeiro (2006), Rafael Osório (2009), entre muitos outros. Esse grupo se destaca não apenas pelas contribuições metodológicas, mas também por reforçar a ideia de que a discriminação racial é um fator determinante das desigualdades entre brancos e negros no Brasil, em oposição às ondas anteriores que teriam minimizado ou relativizado o papel do preconceito racial.

Nesse contexto, o papel histórico de negros e mulheres no meio do debate acadêmico tem sido resgatado com maior intencionalidade. Lélia Gonzalez é um desses nomes. Entre as diversas contribuições da intelectual negra, destaca-se seu papel no questionamento da democracia racial, a valorização da cultura negra e suas contribuições para o debate sobre o feminismo negro. Vários de seus escritos foram resgatados no livro *Por um feminismo afro-latino-americano*, organizado por Flavia Rios e Márcia Lima. Além disso, teses de pensadoras negras estão virando livros. Em 2022, Cida Bento publica o livro *O pacto da branquitude*, fruto de suas pesquisas de doutorado. O mesmo ocorre com Sueli Carneiro que, em 2023, publicou *Dispositivo de racialidade: a construção do outro como não ser como fundamento do ser*.

Diversos conceitos que estão sendo propostos por intelectuais negros estão ganhando grande visibilidade. O termo "Racismo estrutural", por exemplo, até pouco tempo desconhecido por muitos no país, se popularizou com a obra homônima de Silvio Almeida (2018). Adilson Moreira (2019) trabalha em seu livro o conceito de *Racismo recreativo* e mostra como brincadeiras e piadas podem disfarçar ofensas contra os negros. Já Djamila Ribeiro (2019), entre várias outras contribuições, difundiu a ideia de *Lugar de fala*, destacando, assim, os potenciais vieses daqueles que emitem uma opinião e a importância de ouvir as várias vozes em determinado discurso.

Não é nossa intenção aqui esgotar todas as contribuições dos diversos pensadores, atuando tanto no ativismo como na pesquisa acadêmica. A lista é muito grande e não para de crescer a cada ano. Todos eles têm trazido importantes análises que aprofundam nosso entendimento sobre as relações raciais no Brasil, além de participar ativamente do debate público e defender a implementação de políticas públicas voltadas à redução das desigualdades. Nosso intuito aqui foi só explicar, mesmo que resumidamente, os ventos da mudança trazidos pelo novo cenário racial do país.

A CONTRIBUIÇÃO DA CIÊNCIA ECONÔMICA AO DEBATE RACIAL

Apesar das várias contribuições de estudiosos das mais diversas áreas, ainda há muito a ser feito para ampliar o nosso entendimento das relações raciais no Brasil. Vemos aqui um espaço importante para contribuições vindas especialmente da ciência econômica. Esse campo, cuja pesquisa foi por muito tempo dominada pelo desenvolvimento de modelos teóricos extremamente matematizados, conta hoje com uma gama diversa de aplicações empíricas sobre temas variados. Atualmente, uma ampla parcela dos economistas aplica métodos econométricos avançados, que combinam matemática, estatística e teoria econômica para conduzir análises de dados. Esses estudos buscam não somente encontrar potenciais correlações entre variáveis, mas também verificar relações de causalidade entre elas.

Essa mudança começou em finais da década de 1980, com a chamada Revolução de Credibilidade (*Credibility Revolution*), que culminou em 2021 com o recebimento do Prêmio Nobel pelos economistas David Card, Joshua Angrist e Guido Imbens[3], por seu papel chave no desenvolvimento de métodos econométricos que trouxeram mais rigor à disciplina. Vale também incluir aqui as contribuições de Esther Duflo, Abhijit Banerjee e Michael Kremer, por seu emprego de experimentos aleatórios controlados na pesquisa sobre desenvolvimento, que lhes garantiu o Nobel em 2019.

As pesquisas desenvolvidas por esses economistas envolvem uma diversa gama de tópicos. Elas incluem a avaliação do uso de vermífugos para melhorar a frequência à escola de crianças no Quênia, mostrando o benefício de sua distribuição subsidiada em massa (Miguel e Kremer, 2004); a avaliação dos impactos econômicos de aumentos no salário mínimo nos EUA, mostrando que possíveis efeitos negativos sobre o emprego são mínimos (Card e Krueger, 1994); e a estimação dos retornos da educação, mostrando que aumentos de escolaridade se traduzem em maiores salários (Angrist e Krueger, 1991).

Economistas também fizeram diversas contribuições para o entendimento das desigualdades raciais. Essa tradição pode ser traçada

3. Vale também incluir Alan Krueger, que colaborou com os três vencedores, porém faleceu dois anos antes de o prêmio ser concedido.

pelo menos desde a década de 1920, quando foi defendida a primeira tese de doutorado por uma pessoa negra. Embora um tópico marginal, ela ganha proeminência em 1944, com a publicação do livro *An American Dilemma: The Negro Problem and Modern Democracy* (Um dilema americano: o problema negro e a democracia moderna, em tradução livre) de Gunnar Myrdal, ganhador do Prêmio Nobel em 1974.

Já as contribuições teóricas mais relevantes tiveram origem em 1957, com a publicação de *A Theory of Discrimination* (Uma teoria da discriminação), por Gary Becker, também ganhador do Prêmio Nobel em 1992. Outra contribuição importante na linha teórica é de Kenneth Arrow, ganhador do Prêmio Nobel em 1972, e Edmund Phelps, ganhador em 2006, que, de forma independente, publicam suas teorias sobre discriminação estatística em 1972.

A análise econômica não se restringiu apenas a formulações teóricas, mas também a extensas análises empíricas. Entre eles, podemos citar Alan Blinder (1973), Arthur Lewis (1985), Derek Neal e William Johnson (1996), James Heckman, Thomas Lyons, Petra Todd (2000), Glenn Loury (2009), Kevin Lang and Michael Manove (2011), William Darity (2005), Roland Fryer e Steven Levitt (2004). É lógico, essa lista está longe de ser exaustiva.

Atualmente, uma rápida pesquisa pelo termo "*racial*" combinando com os títulos de cinco grandes revistas internacionais de economia (*American Economic Review*, *Quarterly Journal of Economics*, *Journal of Political Economics*, *Review of Economic Studies* e *Econometrica*), resulta em pelo menos 72 artigos publicados desde 1980. Só na *American Economic Review*, o periódico acadêmico da American Economics Association retorna 45 publicações nessa busca.

Entre os artigos listados, podemos destacar os de Ellora Derenoncourt e Claire Montialoux (2021), que investigam como o salário mínimo diminuiu a desigualdade racial nos EUA; Felipe Goncalves e Steven Mello (2021), que estudam viés racial no policiamento; Desmond Ang (2023), que mostra como a mídia pode influenciar o ódio racial; e até mesmo François Gerard, Lorenzo Lagos, Edson Severnini e David Card (2021), que estudam diferenças raciais nos salários utilizando dados do Brasil. Vale notar que essa pesquisa está certamente subestimando o número de trabalho sobre o tema, uma vez que deixa de incluir importantes contribuições como as de Patrick Bayer e Kerwin Charles (2018) ou Derenoncourt (2022), que não incluem o termo "racial" no título.

No Brasil, essa linha de pesquisa não é tão extensa como nos EUA. Em parte, isso pode ser resultado da baixa tradição da disciplina no país, com os primeiros cursos de mestrado em economia inaugurados em 1966, na Fundação Getúlio Vargas do Rio de Janeiro (FGV-RJ) e na Universidade de São Paulo e o primeiro curso de doutorado em 1975 na FGV-RJ.[4] Ao mesmo tempo, a ideia de que vivíamos em uma democracia racial, em que a discriminação não era vista como uma das forças da perpetuação das desigualdades, também contribuiu para a diminuição do interesse sobre o tema.

No melhor do nosso conhecimento, o primeiro trabalho de um economista brasileiro a abordar o tema da discriminação racial no Brasil foi Sergei Soares (2000), técnico do Ipea.[5] Em seu trabalho, ele aplica decomposições de Oaxaca (1973) e Juhn, Pierce e Murphy (1993), metodologias consideradas de ponta para a época, para estudar discriminações contra homens negros, mulheres brancas e mulheres negras no mercado de trabalho brasileiro. Ricardo Henriques (2001), também pesquisador no Ipea à época, faz outra contribuição logo em seguida. Seu texto foi o primeiro de uma série que resultou de uma parceria entre Ipea e PNUD para tratar justamente da desigualdade racial, seus determinantes e consequências, além de propor políticas públicas para seu combate.

4. Agradecemos a Matheus Assaf por essas informações.
5. Não encontramos qualquer revisão sistemática sobre a contribuição de economistas brasileiros para a temática racial. Deixamos a reconstrução da história da pesquisa sobre o tema no país como sugestão de pesquisa para os historiadores do pensamento econômico brasileiro.

Além desses nomes, tem-se ainda o de Mário Theodoro, que fez diversas contribuições para o tema nos anos 2000, incluindo a organização do volume *As políticas públicas e a desigualdade racial no Brasil 120 anos após a abolição* (2008), que contou com contribuições de Luciana Jaccoud, além de Sergei Soares e Rafael Osório, já citados. Também vale citar seu livro *A sociedade desigual: racismo e branquitude na formação do Brasil* (Theodoro, 2022). Outro economista (e sociólogo) que fez relevantes contribuições foi Marcelo Paixão, que, entre outros trabalhos, lançou juntamente com Luiz Carvano o *Relatório anual das desigualdades raciais no Brasil 2007-2008* (Paixão e Carvano, 2008).

Em vista da baixa tradição de economistas brasileiros na pesquisa sobre discriminação, buscamos com este livro não apenas trazer novas perspectivas para o entendimento das desigualdades raciais no país, mas também ajudar na formação de uma geração de pesquisadores, que esperamos realizem importantes trabalhos no futuro. Desenvolver a pesquisa sobre o tema no Brasil é essencial tanto do ponto de vista acadêmico, para melhorar nossa compreensão sobre ele, como para propor políticas públicas que visem reduzir e, quem sabe um dia, eliminar as desigualdades raciais no país. Desta forma, acreditamos que um dos públicos que também se beneficiará desta obra são alunos de graduação ou início de pós-graduação que buscam uma introdução ampla à temática racial no Brasil.

Como não restringimos nossas análises e discussões a tópicos unicamente de interesse de economistas, mas também de outros cientistas sociais, acreditamos que este livro pode contribuir para a formação de alunos de diversas áreas. Da mesma forma, ele pode muito bem ser usado em sala de aula. No caso dos cursos de economia, em matérias de formação econômica do Brasil ou sobre economia brasileira contemporânea. Assim como pode servir como referência para disciplinas sobre desigualdade, mercado de trabalho, educação e desenvolvimento econômico. E ainda pode incorporar-se à bibliografia de cursos das ciências sociais, como relações étnico-raciais, pensamento social brasileiro, sociologia da desigualdade ou tópicos em política contemporânea.

Também é possível que este livro tenha valor para pesquisadores experientes na área por ao menos dois motivos. Em primeiro lugar, por trazer tópicos abrangentes de diversas áreas como economia, sociologia e história, é possível que mesmo pesquisadores experientes possam aprender algo nos capítulos que versam sobre temas distintos dos que pesquisam. Em particular, a primeira parte do livro trata muito mais de temas ligados à sociologia e à história. Por exemplo, discutimos o conceito de raça e como funciona a classificação racial; apresentamos teorias sobre como a discriminação pode gerar desigualdade e fazemos um resgate histórico da persistência das desigualdades raciais. Já a segunda parte conta mais com contribuições da economia, embora não exclusivamente, pois trata de temas tão diversos como renda, educação, violência, saúde e representação política. Ela será mais focada em apresentar uma série de números e análises estatísticas e econométricas sobre o tema, documentando uma grande gama de fatos sobre a desigualdade racial no Brasil. Além disso, também apresentamos a literatura que julgamos mais relevante sobre esses tópicos, discutindo vários artigos recentes e contribuições seminais a respeito.

Em segundo lugar, este livro pode servir como uma grande revisão da literatura sobre o tema das desigualdades raciais, incluindo não apenas o que já foi feito na fronteira do conhecimento sobre o tema, mas também colaborando com a documentação de estatísticas sobre a desigualdade racial que tentam ir o mais distante possível no tempo, na medida que os dados, sua acessibilidade e a disponibilidade de tempo dos pesquisadores envolvidos em sua análise permitiram. Por exemplo, nos capítulos 6 e 8 documentamos desigualdades na renda e educação que cobrem o período de 1982 até 2021. Esse tipo de registro é raro no Brasil e pode servir como boa fonte de informações.

A ORGANIZAÇÃO DO LIVRO

Como antecipamos, este livro está estruturado em duas grandes partes, a primeira com quatro capítulos e a segunda com nove capítulos, sendo três deles contribuições de pesquisadores convidados não filiados ao Núcleo de Estudos Raciais do Insper. Vale notar desde já que todos os capítulos são independentes entre si, podendo ser lidos em qualquer ordem. Há, porém, muita sinergia entre eles, havendo diversas referências cruzadas. A desigualdade racial atua em diversas dimensões que influenciam uma à outra. Da mesma forma, não seria de se esperar que um livro sobre o tema fosse diferente.

O primeiro capítulo, escrito por Fillipi Nascimento, Alysson Portella e Michael França, tem o objetivo de esclarecer por que ainda precisamos falar sobre raça e desigualdade racial. Começamos apresentando uma série de estudos empíricos que trazem evidências de tratamento diferenciado por causa da raça das pessoas, ou seja, de discriminação racial. Em função disso, argumentamos que ainda é necessário trabalharmos com a categoria raça nos estudos sobre a desigualdade, muito embora esse seja um conceito que não faça sentido do ponto de vista biológico. Complementamos o capítulo com uma breve recapitulação da evolução desse termo, argumentando que ele deve ser entendido como uma construção social, conforme economistas e cientistas sociais o empregam.

O segundo capítulo, escrito pelos mesmo autores, trata da relação entre desigualdade e discriminação racial. Nele argumenta-se que esses conceitos são distintos e que nem sempre a presença de desigualdades raciais implica que elas derivam da discriminação, ao mesmo tempo que a ausência de desigualdades não é necessariamente indicativo de ausência de discriminação. Para elaborar esse tema, discutimos quatro grandes grupos de teorias, de economistas e sociólogos, que analisam em quais condições a discriminação racial pode gerar desigualdades raciais. São elas: discriminação por gosto, discriminação estatística, discriminação institucional e discriminação sistêmica.

No terceiro capítulo, Alysson Portella e Rodrigo Soares discutem como a desigualdade racial se perpetuou desde o final da escravidão até os dias atuais. Num primeiro momento, eles abordam teorias e evidências empíricas que mostram que os lugares que mais contaram com uma força de trabalho escravizada no passado são mais desiguais hoje. Depois, apresentam trabalhos que indicam a existência de diferenças raciais nas taxas de mobilidade intergeracional — em que medida o status socioeconômico é passado de pais para filhos. Finalmente, eles discutem três mecanismos que podem explicar por que a ascensão social é menor entre negros que brancos: processos econômicos puros que são neutros à raça; pior oferta de bens públicos para a população negra, motivada ou não por viés racial; e discriminação racial. De certa forma, este capítulo subsidia academicamente o que buscamos retratar artisticamente na capa e contracapa deste livro, que ligam uma empregada doméstica negra carregando o filho de seus patrões, com uma ama de leite, que cuidava do filho dos seus senhores no nosso passado colonial e escravista.

No quarto e último capítulo da primeira parte, Fillipi Nascimento, Alysson Portella e Michael França percorrem os meandros do funcionamento da classificação racial. Sendo uma construção social, as categorias raciais e a forma como as pessoas se identificam não são fixas, mas mudam ao longo do tempo ou em diferentes contextos. Neste capítulo, eles investigam como foram construídas as categorias raciais no Brasil e EUA, revisam a literatura que mostra como diferentes contextos e experiências afetam a classificação racial, e discutem trabalhos que buscam entender os determinantes do processo de escurecimento da população brasileira nas últimas décadas, com o aumento da população negra maior que o previsto pelos padrões demográficos.

A segunda parte deste livro começa com o estudo de Sergio Firpo, Michael França e Alysson Portella. Neste quinto capítulo, os autores apresentam os principais resultados do Índice Folha de Equilíbrio Racial, um conjunto de indicadores de equidade racial produzido em parceria com a *Folha de S.Paulo*. Esse índice, inspirado no Índice de Desenvolvimento Humano, avalia a equidade em três dimensões: renda, educação e longevidade. Os autores mostram como a equidade racial, medida pelo índice, está avançando muito lentamente. Eles também exploram heterogeneidades regionais nos resultados, indicando que estados do Sul e Sudeste têm pior desequilíbrio racial.

O sexto capítulo é coautorado por Erivelton Nunes, Lauana Lazaretti, Alysson Portella e Michael França. Ele trata das desigualdades raciais na renda, cobrindo um período que vai de 1982 até 2022. Os autores apresentam estatísticas sobre diferenças de renda do trabalho e renda de todas as fontes, que incluem aposentadorias, aluguéis, transferências governamentais, entre outros. Também apresentam estatísticas sobre a participação no mercado de trabalho e ocupação. Finalmente, como último exercício, conforme já adiantamos no início desta introdução, mostram que mesmo levando em conta características como educação, experiência, local de moradia, tipo de vínculo empregatício, trabalhadores negros ainda ganham cerca de 14,25% menos que brancos, o que sugere que a discriminação racial ainda afeta negativamente o salário dos negros.

No sétimo capítulo, Lauana Lazaretti, Francieli Tonet Maciel e Alysson Portella complementam a análise do capítulo anterior ao expandi-la também para a dimensão de gênero. Esse olhar interseccional é essencial para se compreender a importante particularidade da desigualdade no Brasil. A partir dele, vemos que o grupo com renda mais similar ao dos homens brancos são as mulheres brancas, enquanto as mulheres negras têm os menores salários. O capítulo também mostra como homens e mulheres, negros e brancos, diferem nos tipos de ocupações em que estão empregados, e também como a participação no mercado de trabalho das mulheres depende muito da sua escolaridade. Finalmente, também se estima as diferenças raciais e de gênero controlando por diversas características observáveis, mostrando como os resultados diferem muito entre homens negros, mulheres negras e mulheres brancas em relação a homens brancos.

No oitavo capítulo, Gerrio Barbosa, Danilo Ferreira, Erivelton Nunes, Alysson Portella e Michael França investigam a evolução das diferenças raciais na educação. Para isso, eles consideram três fontes. Primeiro, informações sobre anos de escolaridade, que cobrem o período de 1982 até 2022. Em segundo lugar, resultados do Sistema de Avaliação da Educação Básica (SAEB), de 2007 até 2021, para o quinto e nono ano do ensino fundamental. E, por último, as notas do Exame Nacional do Ensino Médio (Enem). O capítulo aponta para grandes avanços em termos de universalização do acesso ao ensino básico, porém o acesso ao ensino superior ainda é preponderantemente branco. Apesar de uma redução relativa nas diferenças no acesso ao ensino superior, as diferenças absolutas — isto é, as diferenças em pontos percentuais, não em razão — cresceram no período. Finalmente, os resultados indicam que diferenças raciais em aprendizagem seguem consideráveis e com tendência de piora nos anos mais recentes, acendendo um sinal de alerta para as políticas educacionais.

Os capítulos nove a onze foram escritos por pesquisadores convidados. No capítulo nove, David Diniz Kalichman, Bruno Kawaoka Komatsu e Naercio Menezes-Filho discutem a importância da primeira infância, que pode ser definida como os primeiros mil dias de vida e influencia a determinação de distintos resultados ao longo da vida e nas desigualdades raciais. Eles começam apresentando a literatura sobre o tema, que enfatiza esse período como sendo crítico para o desenvolvimento infantil e a criação das bases sobre as quais se dá o aprendizado e a formação de habilidades futuras. Eles passam então para uma análise sobre indicadores relativos à primeira infância no Brasil, mostrando que crianças negras vivem em domicílios com menor renda, maiores taxas de pobreza e têm pior acesso à educação infantil, em especial dos 0 aos 4 anos. Esses resultados sugerem desvantagens para crianças negras que terão reflexos importantes ao longo de suas vidas em termos de educação e salários, por exemplo. Eles concluem com a análise de quatro políticas públicas com potencial de redução dessas desigualdades raciais no desenvolvimento infantil: Bolsa Família, Estratégia Saúde da Família, expansão da educação infantil e intervenções sobre o ambiente familiar e cuidado das crianças.

Já no capítulo dez, as pesquisadoras Fernanda Estevan e Ursula Mello revisam uma série de pesquisas sobre políticas de ações afirmativas, com foco para as diversas experiências brasileiras. Elas mostram como essas políticas foram importantes para diversificar o acesso ao ensino superior público no país, com redistribuição de vagas para alunos de nível socioeconômico mais baixo e negros e indígenas. Elas destacam que a inclusão de um componente étnico no desenho de ações afirmativas as torna mais eficazes na promoção da diversidade racial no ensino superior. No geral, as evidências não indicam redução no esforço acadêmico dos alunos beneficiados pelas ações afirmativas. Ao contrário, jovens beneficiados passam a escolher cursos mais competitivos e com maior retorno futuro no mercado de trabalho. Elas também destacam que as evidências iniciais indicam que as ações afirmativas geram importantes ganhos laborais para os beneficiários, que são maiores do que eventuais perdas de não beneficiários, no geral nulas, já que eles muitas vezes conseguem encontrar alternativas no ensino superior privado. Finalmente, apontam para algumas consequências inesperadas dessas políticas, como mudança na composição do ensino médio público e identificação racial, concluindo com algumas sugestões de aperfeiçoamento do sistema.

No capítulo onze, Rony Coelho, Manuel Mahoche e Helena Arruda investigam diferenças raciais no acesso à saúde no Brasil, assim como o papel que a discriminação racial pode ter nesses resultados. Com base nas Pesquisas Nacional de Saúde de 2013 e 2019, eles mostram que a universalização do acesso à saúde pública por meio do SUS propiciou grandes avanços em termos de equidade racial. No entanto, a pequena faixa da população que ainda segue sem acesso a serviços de saúde é majoritariamente negra. Entre os principais motivos para não atendimento estão a incompatibilidade de horários e o tempo de espera, sem haver grandes diferenças raciais nessas dimensões. No entanto, a população parda e preta expressou maior descontentamento com os profissionais de saúde. Eles também mostram como sentimentos de discriminação, tanto racial como social, são mais comuns entre a população negra, em especial aqueles que se identificam como pretos. Mesmo pessoas negras com alto nível socioeconômico reportam percepções de discriminação racial. Esses fatos corroboram o diagnóstico de que a discriminação racial pode explicar em parte o pior acesso à saúde da população negra no Brasil, indicando a necessidade de se desenvolver políticas públicas que visem combater o racismo nos serviços de atendimento à saúde.

No capítulo doze, Alisson Santos, Daniel Duque, Michael França, Fillipi Nascimento e Alysson Portella apresentam resultados sobre diferenças raciais na exposição à violência no Brasil. Eles mostram como a população negra é preponderantemente vítima da violência, com taxas de homicídio maiores que a população branca: cerca de 80% das vítimas de homicídios entre jovens de 15 a 29 anos são negros. Eles também investigam diferenças regionais nessas taxas e mudanças ao longo do tempo, indicando haver uma piora da desigualdade racial na vitimização, principalmente na região Sul e Sudeste do país. Em complemento a esses resultados, também realizam uma revisão da literatura sobre as causas da violência. De modo geral, ela indica que melhorias no policiamento podem ser efetivas na redução da violência e crime, porém diversos estudos também mostram que melhorias nas condições socioeconômicas, como aumento da escolaridade e diminuição da desigualdade, são essenciais para a redução da violência. Além desses fatores, também há evidências de que a discriminação racial leva à maior vitimização da população negra por parte das forças policiais, sendo necessário desenvolver mecanismos que mitiguem esse tipo de abordagem violenta.

O último capítulo do livro cabe a Rafael Tavares, Leila Pereira, Sergio Firpo, Michael França e Alysson Portella. Nele, os autores exploram diferenças raciais na representação política no Brasil, utilizando como estudo de caso as eleições para deputados federais de 2014 e 2018. Os resultados indicam que embora existam, os desequilíbrios raciais de representação são muito menores entre candidatos que entre eleitos. Isso sugere que as diferenças raciais na representação se devem mais ao processo eleitoral do que à falta de candidatos negros. Os autores também mostram grandes diferenças no financiamento eleitoral que privilegiam homens brancos. Além disso, os resultados indicam que os desequilíbrio raciais na representação são uma unanimidade entre os três campos políticos considerados: partidos de direita, centro e esquerda, todos elegem um número muito baixo de negros em comparação com a proporção deles no eleitorado.

EMOÇÃO E RAZÃO

Se começamos essa introdução com uma frase não dita por Albert Einstein, a terminaremos com uma, de fato, expressa por Arthur Schopenhauer: "a música exprime a mais alta filosofia numa linguagem que a razão não compreende". Trazer essa frase aqui não foi um mero acaso. Vale lembrar que este livro vem acompanhado de uma lista de músicas especialmente selecionada por nós. Esse anexo não surge apenas do nosso amor pela música, mas também por acreditarmos que ela é uma forma de propagar ideias e é um importante meio pelo qual podemos nos envolver com a causa da equidade racial. A filósofa Martha Nussbaum (2013) defende que as emoções são tão relevantes quanto a razão na construção de um mundo mais justo. Ela argumenta que sentimentos de amor e empatia pelo próximo são um componente necessário para sustentar uma democracia forte e com igualdade de oportunidades, e que as artes são essenciais para cultivar essas emoções entre as pessoas.

Portanto a música, e a música negra em particular, existe aqui com este propósito, de traduzir a desigualdade em mais uma linguagem que têm o poder de despertar no leitor a importância de se engajar no tema. Essas músicas cantam sobre a dor e o sofrimento de ser negro em uma sociedade racista. Mas também cantam sobre as alegrias da vida e do amor. Ao mesmo tempo que elas nos lembram das injustiças passadas, elas nos mostram que também existe um caminho para um mundo melhor.

Ajudar a construir um mundo melhor é o objetivo maior deste livro. Mas, além de empatia, amor e engajamento, é preciso conhecimento sobre as causas das injustiças raciais e quais as melhores maneiras de corrigi-las. Esperamos que este livro possa nos ajudar a caminhar nessa direção.

REFERÊNCIAS BIBLIOGRÁFICAS

ALMEIDA, S. **Racismo estrutural.** São Paulo: Jandaíra, 2019.

ANG, D. The birth of a nation: Media and racial hate. **American Economic Review**, v. 113, n 6, p. 1424-1460, 2023.

ANGRIST, J.D.; KRUEGER, A.B. Does compulsory school attendance affect schooling and earnings?. **The Quarterly Journal of Economics**, v. 106, n. 4, p. 979-1014, 1991.

ARROW, K.J. Some mathematical models of race discrimination in the labor market. **Racial discrimination in economic life**, p.187-204, 1972.

AZEVEDO, T. **As elites de cor numa cidade brasileira:** um estudo de ascensão social e classes sociais e grupos de prestígio. Salvador: UFBA, 1996.

BAYER, P.; CHARLES, K.K. Divergent paths: A new perspective on earnings differences between black and white men since 1940. **The Quarterly Journal of Economics**, v. 133, n. 3, pp. 1459-1501, 2018.

BECKER, G.S. **The Economics of Discrimination**, Second edition. Chicago and London: University of Chicago Press, 1971.

BENTO, Cida. **O pacto da branquitude**. São Paulo: Companhia das Letras, 2022.

BLINDER, A.S. Wage discrimination: reduced form and structural estimates. **Journal of Human resources**, p. 436-455, 1973.

CARD, D.; KRUEGER, A.B. Minimum Wages and Employment: A Case Study of the Fast-Food Industry in New Jersey and Pennsylvania. **The American Economic Review**, v. 84, n. 4, p. 772-793, 1994.

CARDOSO, F.H. **Negros em Florianópolis**: relações sociais e econômicas. Florianópolis: Insular, 2000.

CARNEIRO, S. **Dispositivo de racialidade**: a construção do outro como não ser como fundamento do ser. Rio de Janeiro: Zahar, 2023.

DARITY, W. Stratification economics: The role of intergroup inequality. **Journal of Economics and finance**, v. 29, n. 2, p. 144, 2005.

DERENONCOURT, E. Can you move to opportunity? Evidence from the Great Migration. **American Economic Review**, v. 112, n. 2, p. 369-408, 2022.

DERENONCOURT, E.; MONTIALOUX, C. Minimum wages and racial inequality. **The Quarterly Journal of Economics**, v. 136, n. 1, p. 169-228, 2021.

FERNANDES, F. **A integração dos negros na sociedade de classes.** São Paulo: Dominus, 1965.

FREYRE, G. **Casa grande e senzala.** Rio de Janeiro: Record, 1994.

PIERSON, D. **Brancos e pretos na Bahia**: estudo de contato racial. São Paulo: Companhia Editora Nacional, 1945.

FRYER Jr, R. G.; LEVITT, S. D. The causes and consequences of distinctively black names. **The Quarterly Journal of Economics**, v. 119, n. 3, p. 767-805, 2004.

GERARD, F. *et al.* Assortative matching or exclusionary hiring? the impact of employment and pay policies on racial wage differences in Brazil. **American Economic Review**, v. 111, n. 10, p. 3418-3457, 2021.

GONCALVES, F.; MELLO, S. A few bad apples? Racial bias in policing. **American Economic Review**, v. 111, n. 5, p. 1406-1441, 2021.

GONZALEZ, L. **Por um feminismo afro-latino-americano.** Org. Flavia Rios e Marcia Lima. São Paulo: Editora Schwarcz-Companhia das Letras, 2020.

HASENBALG, C. A. **Race Relations in Post-Abolition Brazil:** The smooth preservation of racial inequalities. Tese de doutorado. University of California, Berkeley, 1978.

HECKMAN, J. J.; LYONS, T. M.; TODD, P. E. Understanding black-white wage differentials: 1960-1990. **American Economic Review**, v. 90, n. 2, p. 344-349, 2000.

IANNI, O. **Raças e classes sociais no Brasil**. 3. ed., revista e ampliada. São Paulo: Editora Brasiliense, 1987.

JUHN, C.; PIERCE, B. E.; MURPHY, K. Wage Inequality and the Rise in Returns to Skill. **Journal of Political Economy**, v. 101, n. 3, p. 410-442. 1993.

LANG, K.; MANOVE, M. Education and labor market discrimination. **American Economic Review**, v. 101, n 4, p. 1467-1496, 2011.

LEWIS, W. A. **Racial conflict and economic development.** Cambridge: Harvard University Press, 1985.

LOURY, G. C. **The anatomy of racial inequality.** Cambridge: Harvard University Press, 2009.

MIGUEL, E.; KREMER, M. Worms: identifying impacts on education and health in the presence of treatment externalities. **Econometrica**, v. 72, n. 1, p. 159-217, 2009.

MOREIRA, A. **Racismo recreativo.** São Paulo: Jandaíra, 2019.

MYRDAL, G. **An American Dilemma**. Vol. 1. Nova York: Harper Brothers, 1944.

NEAL, D.A.; JOHNSON, W. R. The role of premarket factors in black-white wage differences. **Journal of political Economy**, v. 104, n. 5, p. 869-895, 1996.

NOGUEIRA, O. **Preconceito de marca:** as relações raciais em Itapetininga. São Paulo: Edusp, 1998.

NUSSBAUM, M. C. **Political emotions.** Cambridge: Harvard University Press, 2013.

OAXACA, R. Male-Female Wage Differentials in Urban Labor Market. **International Economic Review**, v. 14, n. 3, p. 693-709. 1973.

OSÓRIO, R. G., 2008. Desigualdade racial e mobilidade social no Brasil: um balanço das teorias. **As políticas públicas e a desigualdade racial no Brasil**, v. 120, p. 65-96.

OSÓRIO, R. G., 2009. **A desigualdade racial de renda no Brasil**: 1976-2006. Tese de Doutorado. Departamento de Sociologia. Universidade de Brasília.

PAIXÃO, M; CARVANO, L. **Relatório anual das desigualdades raciais no Brasil**: 2007-2008. UFRJ-Universidade Federal do Rio de Janeiro, 2008.

PHELPS, E. S. The statistical theory of Racism and Sexism. **American Economic Review**, v. 62, n. 4, p. 659-661, 1972.

RIBEIRO, C. A. C. Classe, raça e mobilidade social no Brasil. **Dados**, v. 49, p. 833-873, 2006.

RIBEIRO, D. **Lugar de fala**. São Paulo: Jandaíra, 2019.

SILVA, N. D. V., 1978. **Black-White income differentials**: Brazil, 1960. University of Michigan.

SOARES, S. S. D. **Perfil da discriminação no mercado de trabalho**: homens negros, mulheres brancas e mulheres negras. Texto para Discussão n. 769. Brasília: IPEA, 2000.

TELLES, E. E. **Racismo à brasileira**: uma nova perspectiva sociológica. Relume Dumará, 2003.

THEODORO, M. **As políticas públicas e a desigualdade racial no Brasil**: 120 anos após a abolição. Brasília: Ipea. 2008.

THEODORO, M. **A sociedade desigual**: racismo e branquitude na formação do Brasil. São Paulo: Editora Schwarcz-Companhia das Letras, 2022.

WAGLEY, C. (Ed.). **Race and Class in Rural Brazil**. Paris: UNESCO, 1952.

PARTE 1

CAPÍTULO 1

POR QUE RAÇA (AINDA) IMPORTA?

FILLIPI NASCIMENTO[1],
ALYSSON PORTELLA[2]
E MICHAEL FRANÇA[3]

Em uma famosa entrevista para o programa *60 minutes*, de Mike Wallace, o ator Morgan Freeman afirmou que o Mês da História Negra era algo "ridículo", pois a história negra seria a história dos Estados Unidos. O entrevistador então lhe perguntou "como podemos nos livrar do racismo?". Ele prontamente o respondeu: "Parando de falar sobre isso. Eu vou parar de chamar você de homem branco e eu vou lhe pedir para parar de me chamar de homem negro".

A posição expressa por Morgan Freeman pode assumir várias roupagens. Em função do movimento Vidas Negras Importam (*Black Live Matters*), que luta contra a violência policial que desproporcionalmente atinge a população negra nos Estados Unidos (EUA), muitos reagiram aos atos de indignação com frases como

◇◇◇◇◇◇

1. Pesquisador-assistente do Neri e doutorando do programa de pós-graduação em Sociologia da Universidade Federal de Pernambuco.
2. Pesquisador de pós-doutorado no Insper. Doutor em Economia dos Negócios pela mesma instituição.
3. Pesquisador no Insper e doutor em Teoria Econômica pela Universidade de São Paulo.

"todas as vidas importam" ou "vidas azuis importam", sendo esta última expressão utilizada em referência ao uniforme azul dos policiais americanos. No Brasil, é comum ouvirmos que "somos todos mestiços" ou que "somos todos humanos". Segundo essa concepção, não deveríamos falar sobre raça ou racismo, porque isso só faria o problema seguir existindo.

Mas, diferentemente desse posicionamento, reconhecemos a importância de buscar meios de responder a seguinte questão: por que "raça" ainda importa?

Para responder a esta pergunta, organizamos este capítulo em duas partes. Na primeira, apresentamos um conjunto amplo de evidências de que a discriminação racial existe e não é algo negligenciável. Essa apresentação contempla distintas perspectivas, baseadas em diferentes metodologias desenvolvidas por antropólogos, sociólogos, psicólogos e economistas dedicados não apenas a demostrar a existência de estereótipos negativos contra negros e de tratamentos diferenciados direcionados a certos grupos raciais, mas também a mensurar o fenômeno da discriminação. Não estamos aqui falando de alegações ou debates, estamos falando de evidências científicas de que nem todo mundo é visto como um igual.

Na segunda parte do capítulo, nos dedicamos a explicar exatamente o que queremos dizer quando usamos o conceito de raça. Embora o termo tenha origem na biologia, é importante deixar claro que atualmente seu uso por pesquisadores e ativistas não tem qualquer conotação nesse sentido. Observamos que, muito embora seja comprovado o fato de que há quase tanta variação dentro dos grupos raciais quanto entre eles, até as primeiras décadas do século 20, estava em pleno vigor a ideia de que as raças humanas poderiam ser categorizadas e dispostas em hierarquias definidas por competências e aptidões biologicamente determinadas (hierarquias que tinham os brancos acima de tudo e de todos), recebendo, inclusive, chancela da ciência (e, certamente, das pseudociências). Foi esse tipo de pensamento que fez com que o racismo que conhecemos perdure até os dias de hoje.

Também argumentamos que faz mais sentido reconhecer a raça como uma construção social. Ao entendermos que é a sociedade que dá sentido a essas categorias, assim como gera suas consequências, podemos tratar de uma maneira honesta e científica os motivos pelos quais a desigualdade entre grupos raciais existe e saber qual é a melhor forma de eliminá-la. Simplesmente parar de falar nisso é o mesmo que acreditar que uma grave doença pode ser resolvida se a ignorarmos. Durante a Ditadura Militar no Brasil, por exemplo, foi retirada do Censo Demográfico de 1970 a pergunta sobre a classificação racial. Sem essa pergunta, não temos como medir o nível de desigualdade racial, muito menos avaliar o que está por trás dela. Porém, o problema estava lá, como mostram os dados de todos os censos posteriores.

Compreender que a "raça" ainda importa é um passo essencial para combater as possíveis manifestações de discriminação racial. Esse entendimento nos possibilita desenvolver estratégias mais eficazes para enfrentar o racismo em todas as suas formas e, em última análise, construir uma sociedade mais equitativa e inclusiva.

1 EVIDÊNCIAS DA DISCRIMINAÇÃO

O racismo é uma forma de discriminação baseada na ideia de que os indivíduos são diferentes devido à sua cor da pele ou raça e que por essa característica devem ser tratados de forma distinta. Intuitivamente, sabemos que o racismo existe e que ele afeta as pessoas de diversas maneiras. Mas, em termos empíricos, como é possível demonstrar esses efeitos? Como é possível comprovar que certas pessoas recebem um "tratamento diferenciado" em função de sua cor ou raça? Essas questões têm despertado o interesse de pesquisadores em diversas áreas, e os levado a desenvolver uma série de estudos, com métodos e abordagens distintas, para evidenciar a existência desse tipo de discriminação.

Os achados desses estudos contribuem para o entendimento de como o racismo se manifesta em diferentes esferas da vida e podem ajudar a desenvolver políticas públicas e práticas institucionais destinadas à promoção da equidade racial. Aqui, reunimos alguns estudos que demostram a existência da discriminação racial e os separamos em dois grandes grupos. O primeiro é de estudos quantitativos, que são aqueles que buscam criar escalas de discriminação e mensurar sua preponderância. O segundo grupo é de estudos qualitativos, que são aqueles que buscam revelar a forma como as pessoas pensam e agem em relação a essa questão por meio de entrevistas e outras técnicas de observação.

1.1 EVIDÊNCIAS QUANTITATIVAS

1.1.1 RACISMO EXPLÍCITO

Se pudéssemos voltar ao ano de 1958 para perguntar a um cidadão adulto dos Estados Unidos sua posição em relação a casamentos entre brancos e negros, provavelmente receberíamos uma desaprovação como resposta. Essa pergunta tem sido feita pela consultoria Gallup desde aquele ano para a população norte-americana e, naquela época, apenas 4% dos entrevistados responderam aprovar o casamento inter-racial. Essa taxa de aprovação cresceu continuamente desde então, porém as diferenças raciais quase sempre foram marcantes. Em 1968, apenas 17% dos brancos aprovavam esse tipo de casamento, proporção que saltava para 56% entre pessoas de outros grupos raciais. Apesar do crescimento, ainda em 2021, 4% dos americanos admitiam não apoiar os casamentos inter-raciais (Gallup, 2021).

Questões como essa buscam capturar o que pesquisadores chamam de racismo explícito. Ele ocorre quando alguém expressa abertamente preconceitos e estereótipos em relação a indivíduos ou grupos com base em sua cor da pele. Essa forma de racismo é mais fácil de identificar e geralmente é considerada inaceitável pela sociedade atualmente. No entanto, o racismo explícito ainda persiste em algumas situações e pode causar danos significativos às vítimas, inclusive emocionais, e em termos de acesso a recursos e oportunidades.

Estudos sobre esse tipo de discriminação têm sido realizados desde a década de 1940. O trabalho de Clark e Clark (1947), por exemplo, foi um dos primeiros a investigar as percepções raciais de crianças negras e brancas. Ao pedir-lhes que escolhessem entre bonecas negras e brancas, os pesquisadores observaram que tanto as crianças brancas quanto as crianças negras frequentemente preferiam as bonecas brancas. O resultado foi interpretado pelos autores como uma internalização do racismo explícito e dos estereótipos associados à raça à época.

Há diversas perguntas que podem ser utilizadas para se medir os níveis de discriminação explícitos e estereótipos negativos associados às pessoas negras. Por exemplo, a pesquisa empregada pela Gallup inclui questões diretas como: "você se considera racista?"; questões de distância social: "você tem um colega de trabalho negro? Se sim, como você se sente em relação a isso?"; e questões de prática social: "você concorda com casamentos interraciais?".

No caso do Brasil, o sociólogo Stanley Bailey (2002) utiliza duas perguntas de uma pesquisa de 1995, realizada pelo Instituto Datafolha, para mensurar estereótipos negativos contra negros. São elas: se as pessoas concordam que "negro bom é negro de alma branca" e se elas concordam que "as únicas coisas que os negros sabem fazer bem são música e esporte". Nessa pesquisa, o Datafolha fez um total de 12 perguntas sobre atitudes raciais no Brasil. Apenas 13% dos respondentes não negros foram considerados complementarmente isentos de preconceitos contra negros pela pesquisa. Mesmo entre negros havia racismo: 42% concordaram com a afirmação que negros só seriam bons em música e esportes (Turra; Venuri, 1995).

Isso também aparece em outras pesquisas. Brown (*apud* Lima, 1995; Vala, 2004), por exemplo, observa que nos Estados Unidos, ao longo do tempo, os estereótipos associados aos negros pelos brancos americanos se tornaram gradualmente menos negativos. Durante a década de 1930, mais de 80% dos americanos brancos viam os negros como supersticiosos e essa aceitação aberta do estereótipo negativo diminuiu para apenas 3% nos anos 1990 (ver Figura 1).

No Brasil, ao analisar dados comparativos sobre os estereótipos atribuídos aos negros na década de 1950 e no ano de 2001, com base em estudantes universitários brancos, Lima e Vala (2004) identificam um padrão de mudança nos estereótipos associados aos negros. Conforme ilustrado pela Figura 2, os estereótipos negativos em relação aos negros praticamente desapareceram, com exceção da crença em superstição. Em contrapartida, os dados revelam que os estereótipos positivos ganharam maior relevância ao longo do tempo.

Figura 1. Mudanças históricas nos estereótipos dos americanos brancos em relação aos negros
(amostras de estudantes universitários, em %)

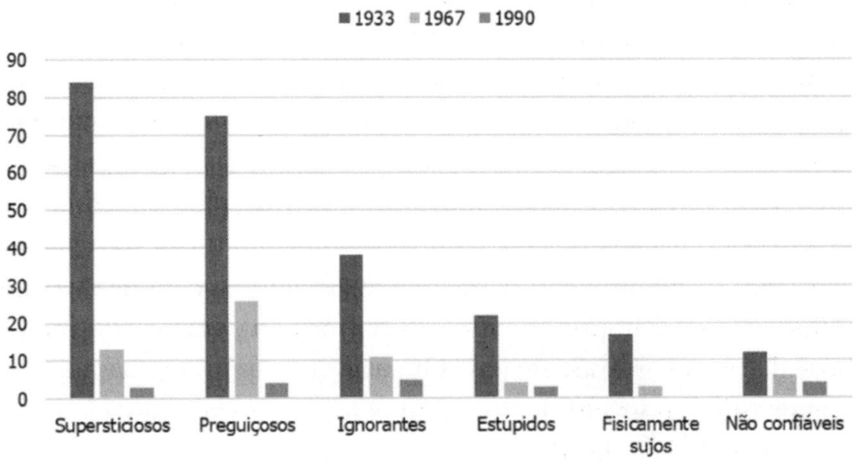

Fonte: Lima; Vala, 2009, p. 403 (adaptado).

Figura 2. Mudanças históricas nos estereótipos dos brasileiros brancos em relação aos negros
(amostras de estudantes universitários, em %)

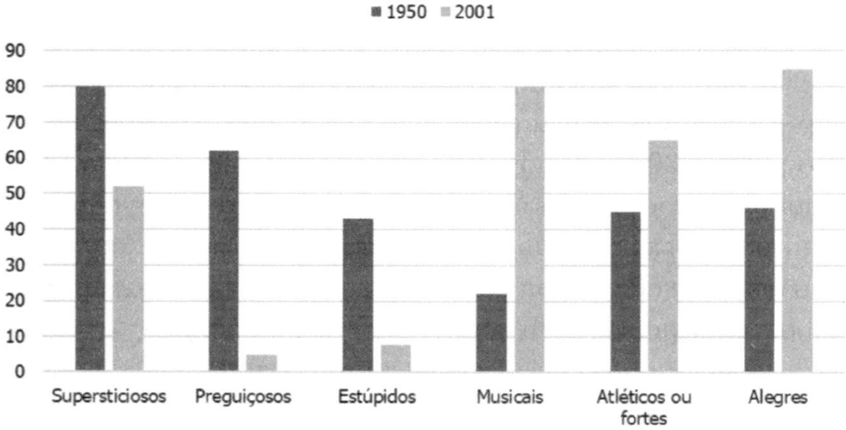

Fonte: Lima; Vala, 2009, p. 403 (adaptado).

Esse tipo de metodologia, porém, tem seus problemas. Talvez o principal deles seja a relutância de entrevistados em expressar abertamente posições racistas em função do constrangimento social ou de possíveis consequências negativas. Isso pode levar a um viés, no qual os entrevistados subnotificam suas verdadeiras crenças raciais. Por isso, pesquisadores desenvolveram outras metodologias que confiam menos na honestidade das respostas dos entrevistados.

1.1.2 VIÉS RACIAL IMPLÍCITO

O viés racial implícito se refere a associações inconscientes que influenciam o comportamento das pessoas em relação aos membros de outros grupos raciais. Quando um segurança segue discretamente um jovem negro em uma loja, por exemplo, ele pode estar fazendo isso devido a uma associação automática que ele fez entre pessoas negras e criminalidade, embora conscientemente não tenha se dado conta disso. Essa situação ilustra uma expressão sutil do racismo em atitudes que nem sempre são percebidas pelos indivíduos que as tomam. Trata-se de um tipo de conduta que ajuda a perpetuar estereótipos sem que os discriminadores estejam completamente cientes do que fazem.

O Teste de Associação Implícita (ou IAT, na sigla em inglês), desenvolvido por Greenwald, McGhee e Schwartz (1998), tem sido um recurso amplamente utilizado para mensurar o viés racial implícito. O IAT é essencialmente um teste de tempo de reação que funciona medindo quão rapidamente os indivíduos conseguem associar palavras ou imagens apresentadas a eles. No contexto racial, ele mede a velocidade com que as pessoas associam as categorias raciais "negra" e "branca" com certos conceitos como "dor" e "alegria", "tristeza" e "amor", "guerra" e "paz", entre outros (Payne; Vuletich; Lundber, 2019). A diferença de tempo é interpretada como uma medida do viés implícito, ou seja, um preconceito ou estereótipo inconsciente.

Greenwald, McGhee e Schwartz (1998) encontraram uma tendência para associações mais rápidas entre rostos de pessoas brancas e palavras positivas, e entre rostos de pessoas negras e palavras negativas. Resultados similares foram observados por Nosek *et al.* (2007), que mostraram haver viés implícito antinegro mesmo entre indivíduos que afirmaram explicitamente não ter preconceitos raciais, mostrando que mesmo quando entendemos que a discriminação é errada, ainda assim podemos ter atitudes implicitamente racistas.

Buscando validar o uso do IAT, Vuletich e Payne (2019) realizaram o mesmo teste em diversas universidades. Eles mostraram que, a despeito de intervenções direcionadas a reduzir esse viés, o grau de viés implícito em nível individual e coletivo são moderadamente estáveis ao longo do tempo. Ao investigarem os determinantes, os autores concluem que esse viés está associado a marcadores de desigualdades estruturais, como segregação racial e desigualdade de renda.

Spencer, Charbonneau e Glaser (2016), ao se dedicarem a analisar como os preconceitos implícitos afetam as decisões dos policiais, observaram que estes tendiam a atirar mais rapidamente em indivíduos negros ou de outras minorias étnicas do que em indivíduos brancos, mesmo quando estes últimos estavam armados. Esse viés foi descrito pelos autores do estudo como um problema sério na aplicação da lei, à medida que conduzia disparidades raciais na violência policial e na justiça criminal. Resultados semelhantes também foram documentados no Brasil por Lima, Araújo e Poderoso (2018) utilizando uma metodologia distinta.

Estudos que visam capturar o viés racial implícito, sobretudo aqueles que utilizam o IAT, possuem algumas limitações, sendo a sensibilidade ao contexto a principal delas. Isso significa que os resultados podem ser influenciados pela forma como o teste é apresentado ou pelas experiências recentes daqueles que o respondem. Além disso, embora o IAT possa medir associações automáticas, os resultados não necessariamente refletem comportamentos ou crenças conscientes, ou seja, nem sempre é claro o quanto essas associações influenciam condutas no cotidiano do respondente.

1.1.3 ESTUDOS DE AUDITORIA E CORRESPONDÊNCIA *(AUDIT/CORRESPONDENCE STUDIES)*

Em um influente estudo, os economistas Marianne Bertrand e Sendhil Mullainathan (2004) buscam responder à seguinte pergunta: pessoas chamadas Emily ou Greg têm mais chances de conseguir um emprego que Lakisha ou Jamal? Eles então enviaram para diversas empresas currículos idênticos entre si, com exceção dos nomes dos candidatos. O resultado é que os currículos das Lakishas e Jamals receberam metade dos retornos de empresas que os currículos dos Gregs e Emilys.

Para uma pessoa com pouca familiaridade com a cultura norte-americana, apesar de surpreendente, esse resultado não parece fazer muito sentido. Afinal, que há de especial nesses nomes? Porém, para um norte-americano, o motivo é claro: nomes como Lakisha e Jamal são comuns entre afro-americanos, enquanto Emily e Greg são comuns entre brancos.

Esse não foi o primeiro estudo desse tipo. Os chamados estudos de auditoria (*audit studies*) consistem, no contexto do mercado de trabalho, em enviar candidatos falsos, de grupos raciais diferentes, para participar de seleções de trabalho, com o objetivo de avaliar se havia diferenças nas taxas de contratação. Os primeiros estudos dessa natureza utilizavam atores com cor de pele distinta, mas treinados para parecerem candidatos com trajetórias e competências similares.

Atualmente, os estudos buscam sinalizar raça por meio de currículos idênticos, alterando somente aspectos que não se relacionam com a qualificação do candidato, como nomes ou fotos. Nesse caso, são chamados estudos de correspondência (*correspondence studies*). Há ainda estudos similares aplicados em outros contextos, como no mercado imobiliário, na concessão de crédito ou no retorno de e-mails, por exemplo (Pager; Shepherd, 2008; Block *et al.*, 2021).

Os resultados dessas pesquisas revelam níveis altos e persistentes de discriminação racial nos EUA, onde a maioria dessas pesquisas foram realizadas. Em um estudo de metanálise, Lincoln Quillian e colaboradores (2017) mostram que, desde de 1989, brancos recebem em média 36% mais retornos dos currículos enviados que negros, havendo praticamente nenhuma mudança nessa taxa nos últimos 25 anos. No contexto brasileiro, o único estudo desse tipo de que temos notícia é o de Felipe Dias (2020).[4]

◇◇◇◇◇◇

4. Edward Telles (2003), sociólogo especializado em relações raciais na América Latina, comenta que havia cogitado fazer esse tipo de estudo no passado, mas desistiu porque a maioria das vagas era preenchida por indicação em vez de estar aberta à ampla concorrência. Indicações são uma forma de perpetuar desigualdades, como abordaremos no capítulo seguinte.

Ele enviou currículos fictícios para vagas de emprego anunciadas nas cidades de São Paulo e Rio de Janeiro. Esses currículos variavam em termos da cor da pele (sugerida por fotografias), classe social (indicada pelo endereço) e gênero do candidato fictício. Dias (2020) observa que os candidatos brancos de classe social alta tinham maiores probabilidades de serem chamados para entrevistas, enquanto os candidatos negros de classe baixa tinham a menor probabilidade. As mulheres tendiam a ser prejudicadas em relação aos homens, especialmente as mulheres negras de classe social baixa.

Os estudos de auditoria e correspondência são uma das ferramentas mais poderosas nas mãos de economistas e sociólogos para revelar a presença da discriminação na sociedade. Sua força deriva justamente de seu desenho, baseado na aleatorização dos grupos de controle e tratamento, ao variar a raça de candidatos exatamente iguais em todos os outros atributos. Por causa dessa característica, o único motivo que pode haver para explicar diferenças médias observadas é o tratamento diferenciado de pessoas idênticas, ou seja, discriminação.

Esses estudos, porém, não estão livres de críticas. Em primeiro lugar, há preocupações éticas. Em todos os estudos com humanos, é necessário haver consentimento de participação. No entanto, comunicar empresas de que seriam enviados currículos falsos certamente inviabilizaria esse tipo de apuração. Há ainda críticas sobre a interpretação e a validade dos resultados. Por exemplo, o economista James Heckman (1998) questiona em que medida eles refletem a real experiência do mercado de trabalho. As formas de discriminação medidas por esses experimentos podem ser eliminadas pelo mercado se houver um número suficientemente grande de empregadores que não discriminam e se trabalhadores puderem trabalhar nesses lugares, como veremos no capítulo seguinte.

1.2 EVIDÊNCIAS QUALITATIVAS

Os estudos qualitativos oferecem uma outra abordagem para capturar a discriminação racial, permitindo um entendimento das experiências vividas e das estruturas sociais. Em vez de depender exclusivamente de medidas numéricas ou estatísticas, eles procuram explorar o racismo por meio das histórias pessoais, observações e análises textuais.

Robert Carter (2007) utilizou entrevistas para explorar o impacto do racismo na saúde mental. Ele reconhece o racismo como uma forma de trauma, cujos efeitos imediatos podem ser observados na forma de estresse, ansiedade e depressão entre as vítimas de práticas racistas. Entrevistas também foram empregadas no estudo de Chou, Asnaani e Hofmann (2012), que tinha por objetivo explorar como a percepção da discriminação racial afeta a saúde mental em três grupos étnicos minoritários nos EUA: negros, asiáticos e latinos. Os resultados desse estudo revelam que a percepção da discriminação racial está fortemente associada a transtornos de humor, ansiedade e uso de substâncias.

Resultados similares foram observados em um conjunto amplo de estudos baseados na mesma metodologia de pesquisa, tal como apontam as metanálises de Helms, Nicolas e Green (2012) e Pieterse *et al.* (2012). O sofrimento emocional causado pelo racismo também é relatado em trabalhos sobre o Brasil. Por exemplo, em Hogan *et al.* (2018, p. 13) podemos encontrar o seguinte depoimento:

> "Para mulheres brancas é mais fácil. Quando se trata de trabalhos, a empregabilidade é maior para mulheres brancas... Mulheres brancas não precisam se preocupar com questões de raça. Em relação a mulheres de classe média brancas ou negras, ambas serão contratadas para o mesmo trabalho, mas as brancas vão encontrar mais possibilidades de melhorar e

> ter um salário melhor. As mulheres negras serão sempre questionadas sobre suas competências para estar no comando... Mulheres brancas são naturalmente aceitas pela sociedade." (tradução nossa).

Estudos etnográficos são uma outra forma de pesquisa qualitativa que se concentram na observação detalhada e sistemática de um grupo ou cultura. Eles visam entender as crenças, valores, comportamentos, interações sociais e outros aspectos culturais que influenciam a vida cotidiana dos participantes. Os estudos etnográficos são realizados por meio de uma variedade de métodos, incluindo observação participante, entrevistas, análise de documentos e registros visuais. A observação participante, em particular, é uma ferramenta central nos estudos etnográficos, por meio da qual o pesquisador se imerge na comunidade ou grupo que está estudando para observar e documentar seu comportamento e interações de perto.

No contexto da pesquisa sobre racismo, os estudos etnográficos podem fornecer observações valiosas sobre como o racismo se manifesta e é experimentado no cotidiano. Eles podem ajudar a ilustrar como as normas, práticas e estruturas sociais contribuem para a perpetuação do racismo em níveis pessoais, institucionais e sistêmicos. Um exemplo é o trabalho de Glaser, Dixit e Green (2002) com propagadores de discursos de ódio na internet, do qual destaca-se o seguinte trecho:

> Os dados revelam claramente que as respostas em relação ao casamento inter-racial, especialmente no nível pessoal, foram as mais voláteis. Por exemplo, um entrevistado afirmou "[...] é melhor matá-la. Matar ele e ela [...] não estou brincando. Eu faria isso se fosse minha irmã. Eu alegremente preferiria ir para a prisão que viver livre mas sabendo que alguns bebês encardidos me chamam de tio branquinho" [...] (Glaser; Dixit; Green, 2002, p. 184, tradução nossa).

Estudos como os que mencionamos anteriormente contrastam com as abordagens quantitativas que utilizam bases de dados para estimar relações e identificar padrões e tendências. Os estudos quantitativos são valiosos para demonstrar a prevalência e os padrões de discriminação racial, mas eles podem não captar completamente a profundidade e a complexidade das experiências individuais de racismo. No entanto, uma limitação fundamental dos estudos qualitativos é a dificuldade de generalizar os resultados para um grupo maior ou uma população diferente. Como esses estudos geralmente envolvem amostras menores, pode ser difícil dizer se as descobertas se aplicam a outros contextos ou grupos.

Entretanto, de forma geral, os estudos que apresentamos nesse capítulo mostram, a partir de diferentes metodologias, que indivíduos de distintos grupos raciais não são percebidos e tratados da mesma forma. Vimos que há diversos estereótipos negativos associados a pessoas negras, captados por questionários padronizados a estudos etnográficos. Também vimos que, mesmo que de forma inconsciente, as pessoas costumam associar indivíduos negros a termos desagradáveis. Essas evidências reiteram a necessidade de debater o racismo, o que, por sua vez, pressupõe a necessidade de se debater a raça.

2 O QUE É RAÇA? (OU POR QUE PRECISAMOS FALAR SOBRE RAÇA?)

Como Morgan Freeman, muitas pessoas evitam utilizar o termo “raça” por acreditarem que o uso desse termo seja inadequado, considerando que seríamos todos iguais ou todos humanos. Essas pessoas estão parcialmente corretas. A existência de diferentes raças humanas, entendidas de um ponto de vista biológico, não faz sentido, porém, como mostramos na seção anterior, devido a uma percepção equivocada sobre raça, algumas pessoas ainda hoje são tratadas de modo diferente por causa de sua cor da pele e aparência. Por isso, o conceito de raça só faz sentido quando ele é entendido como uma construção social — é dessa forma que sociólogos, economistas, psicólogos e pesquisadores de outros campos de estudo interessados em entender as diferenças raciais presentes na nossa sociedade utilizam esse termo.

Começamos esta seção mostrando que, por séculos, indivíduos e cientistas não só mantiveram um entendimento biológico sobre o conceito de raça como utilizaram esse tipo de "conhecimento" para justificar crenças sobre a superioridade da raça branca. Após apresentar os estudos que refutam essas teses pseudocientíficas, mostramos como a sociologia e a antropologia desenvolveram o entendimento de raça como uma categoria socialmente construída. Essa concepção é importante, pois nos permite entender como a discriminação, em suas mais diversas formas, pode impactar negativamente a vida das pessoas.

2.1 POR QUE "RAÇA" COMO CATEGORIA BIOLÓGICA NÃO FAZ SENTIDO?

> Os negros importados ou nascidos nos Estados Unidos se tornam mais inteligentes e melhor desenvolvidos em seu físico em geral do que seus compatriotas nativos da África, todos admitirão; mas tal inteligência é facilmente explicada por seu contato incessante com os brancos, de quem recebem muita instrução; e tal melhoria física também pode ser prontamente explicada pelo aumento do conforto com o qual eles são fornecidos. Na África, devido à sua natural imprevidência, os negros são, na maioria das vezes, uma raça meio faminta e, portanto, meio desenvolvida; mas quando são regularmente e adequadamente alimentados, tornam-se mais saudáveis, mais desenvolvidos e mais humanizados. Cavalos selvagens, gado, asnos e outros animais selvagens são muito melhorados da mesma maneira pela domesticação: mas nem o clima nem a comida podem transmutar um burro em um cavalo, ou um búfalo em um boi (Morton, 1854, p. 260, tradução nossa).

A citação anterior foi extraída de uma obra reconhecida mundialmente no século 19. O texto, marcado por expressões racistas, demonstra que, na época, existia uma concepção de que os brancos estavam ajudando os escravizados ao retirá-los da África, um argumento comumente invocado na época para justificar a escravidão. Observamos ainda menções ao desenvolvimento limitado do indivíduo negro e alusões à concepção de uma subespécie humana, que nunca chegaria a se tornar igual àquela do homem branco, tida como naturalmente superior. *Types of mankind* (ou "tipos da humanidade", em tradução livre), de Samuel Morton, foi uma das principais obras propagadoras do realismo biológico, uma vertente pseudocientífica que tomava as raças humanas como categorias biologicamente determinadas.

De acordo com Mosse (2020), os fundamentos dessa vertente datam da passagem do século 17 para o século 18, quando pensadores europeus começaram a categorizar as populações humanas com base em suas características físicas. Os trabalhos de Carl Linnaeus, Johann Blumenbach e Georges-Louis Leclerc contribuíram para o surgimento de um sistema taxonômico que classificava os humanos em categorias raciais distintas. Essas categorias eram organizadas hierarquicamente, com os europeus colocados no topo e outros grupos, como africanos e povos de outros continentes, classificados abaixo.

No século 19, o realismo biológico se consolidou como corrente intelectual dominante, buscando estabelecer bases científicas para as diferenças raciais a partir do argumento de que certas raças eram inerentemente superiores a outras. A busca por evidências científicas para apoiar essas crenças raciais serviu para reforçar e legitimar discriminações raciais e desigualdades sociais, como argumentam Smedley e Smedley (2005). Estudos como os dos cientistas Samuel Morton e Louis Agassiz utilizavam dados craniométricos para argumentar que diferentes raças possuíam diferentes capacidades intelectuais e morais com base em diferenças na anatomia do crânio.

Figura 3. Croqui comparativo de crânios de indivíduos de diferentes tribos do leste da África.

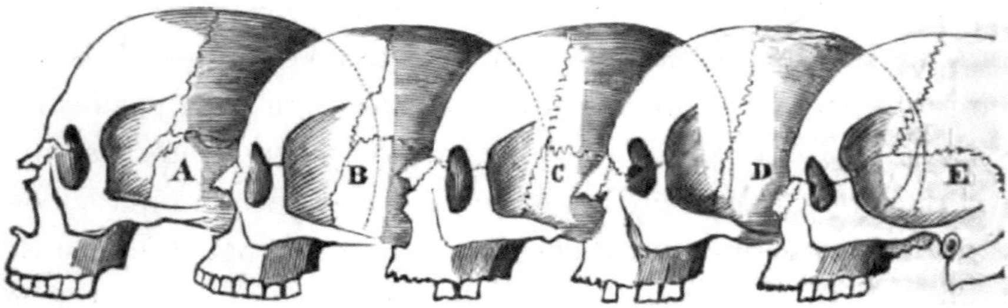

Fonte: Morton, 1854, p. 266.

Esses pressupostos foram amplamente incorporados pela criminologia, sobretudo a de matriz europeia, que tem como principal referência o médico italiano Cesare Lombroso, cujos estudos buscavam identificar criminosos por meio de aspectos genéticos, físicos e estéticos. Lombroso acreditava que algumas pessoas eram predispostas biologicamente ao crime devido a características físicas e genéticas herdadas. Alguns desses aspectos incluíam mandíbulas proeminentes, testas inclinadas, narizes grandes e assimetrias faciais.

As teorias de Lombroso tiveram uma grande influência no sistema de justiça penal no final do século 19 e início do século 20, inclusive dando fôlego aos movimentos eugenistas, que tinham por objetivo melhorar a qualidade genética da população humana por meio do controle reprodutivo e da seleção de indivíduos com características consideradas desejáveis, sobretudo a cor da pele. Os movimentos eugenistas inspiraram toda sorte de atrocidades, sendo o Holocausto perpetrado pelos nazistas um dos exemplos mais sombrios. Outras práticas levadas a efeito pelos ideais eugenistas incluem leis de esterilização forçada nos EUA, Canadá e Suécia.

Santos (2002) observa que, no Brasil, a influência eugenista culminou em um movimento de embranquecimento, no qual o governo brasileiro buscou ativamente trazer para o país imigrantes europeus a fim de eliminar a população negra, que, de acordo com o movimento, seria a responsável pelo atraso do país. João Batista de Lacerda, então diretor do Museu Nacional, no Congresso Universal das Raças de 1911, afirmou que o Brasil seria totalmente branco em 100 anos, graças à imigração europeia e à miscigenação.

Hoje, essas ideias são amplamente rejeitadas. Com as descobertas no campo da genética e o crescente reconhecimento da complexidade do genoma humano e das influências culturais e ambientais, ainda nas primeiras décadas do século 20, os cientistas passaram a questionar o caráter "subespecífico" da raça. Quando os estudos dos geneticistas James Watson e Francis Crick trouxeram evidências das semelhanças entre as supostas raças e da pequena quantidade de diferenças genéticas reais entre elas, além de destacar as dificuldades em se reconhecer a identidade racial dos indivíduos através de seus genes, o principal pressuposto do realismo biológico foi contestado por evidências, de fato, científicas. Na ínfima parcela das diferenças genéticas entre os humanos, há quase tanta variação dentro de grupos raciais compreendidos como distintos quanto entre um mesmo grupo.

Com o fim da Segunda Guerra Mundial, o paradigma da raça como categoria biológica objetiva esvaziou-se, dando lugar a outro que naquele momento ganhava popularidade e passava a dominar a produção científica sobre as diferenças humanas: o paradigma da raça como construção social.

2.2 RAÇA COMO UMA CONSTRUÇÃO SOCIAL

Entender raça como uma construção social significa compreendê-la como uma categoria criada e mantida por processos sociais, políticos e históricos, em vez de diferenças biológicas objetivas. Ao considerarmos a raça como um construto social, reconhecemos que as categorias raciais não são fixas nem imutáveis, mas sim moldadas por relações de poder e contextos sociais específicos.[5]

Essa perspectiva nos permite realizar análises mais aprofundadas sobre as desigualdades raciais, considerando, inclusive, a contribuição de fatores como classe e gênero. A abordagem construtivista destaca o papel das instituições, políticas e práticas discriminatórias na perpetuação das desigualdades raciais, em vez de atribuí-las a diferenças biológicas. Ao abandonarmos a concepção biológica de raça, somos capazes de questionar a lógica por trás das formas de discriminação racial fundamentadas na crença da superioridade ou inferioridade de determinados grupos raciais.

Os fundamentos da perspectiva construtivista datam ainda do século 19. Foi nesse mesmo período que a antropologia social se institucionalizou como uma disciplina acadêmica e se desenvolveu impulsionada por fatores como o reconhecimento de novos povos e culturas, a expansão dos impérios coloniais e o desenvolvimento de novos métodos e teorias científicas.

O desenvolvimento dos estudos linguísticos e etnográficos também se deu nesse período. Antropólogos como Franz Boas documentaram as línguas, os costumes e as histórias de povos não europeus. Castro (2010) destaca que Franz Boas foi também o primeiro cientista social a desafiar o conceito de inferioridade racial, militando em nome dos negros norte-americanos no início do século 20.

Na década de 1920, nos Estados Unidos, a Escola de Sociologia de Chicago instituiu-se como um dos principais redutos de pensamento crítico à concepção biológica da raça. Sociólogos como Robert Park, Ernest Burgess e William Thomas argumentavam que a raça não era uma categoria biológica pré-determinada, mas

◇◇◇◇◇◇

5. Em outro capítulo vamos discutir em mais detalhes as implicações de reconhecer esse caráter flexível da raça, algo especialmente relevante num país como o Brasil, onde as fronteiras raciais são tão borradas.

uma construção social influenciada por fatores como a cultura, as instituições e as relações sociais. Essa perspectiva ganhou força com o fim da Segunda Guerra Mundial, à medida que os horrores do Holocausto e as consequências das ideologias raciais se tornavam mais aparentes, demandando uma nova interpretação do conceito de raça (Omi; Winant, 2014).

O construtivismo ajudou a desafiar o realismo biológico, demonstrando que as diferenças raciais não eram inatas, mas sim produto de processos sociais. Essa abordagem teve implicações importantes para o tratamento das questões de discriminação racial e desigualdade. O reconhecimento da raça como uma construção social serviu para revelar que as desigualdades raciais eram produzidas por estruturas e práticas sociais injustas que deveriam ser mudadas.

Para Andersen (2003), esses pressupostos tomaram forma concreta a partir da atuação do Movimento dos Direitos Civis, que surgiu na década de 1930 como resposta ao sistema opressivo de segregação e de discriminação racial que prevalecia nos Estados Unidos. Esse sistema era caracterizado por um conjunto de leis, políticas e práticas sociais que reforçavam as desigualdades de raça e mantinham a supremacia branca.

Por volta das décadas de 1930 e 1940, com a difusão global do construtivismo social, o paradigma de matriz eugenista que imperava nas teorias raciais brasileiras começou a ser questionado. Gilberto Freyre foi uma figura de grande importância para o aprimoramento do debate da questão racial no Brasil naquele período. Seu conceito de "democracia racial" destacava a miscigenação e a harmonia racial como traços essenciais da sociedade brasileira. Freyre defendia a ideia de que o Brasil era um país onde diferentes raças conviviam em harmonia, criando uma sociedade mais inclusiva e igualitária do que aquelas que se baseavam em princípios racialistas de pureza e superioridade. De acordo com Guimarães (1996), esta nova concepção desafiava diretamente as teorias do realismo biológico, apresentando a miscigenação não como um problema, mas como uma característica da nação brasileira.

É certo que a ideia de democracia racial, a despeito de suas contribuições, não deixava de ter seus próprios problemas e devidas críticas. Autores como Guimarães (1999) e Schwarcz (1996) observam que, muito embora esse paradigma representasse uma ruptura importante com as concepções racialistas anteriores, de certo modo ele ainda operava dentro de uma lógica racialista.

As hierarquias raciais, embora não mais baseadas em ideais de pureza e superioridade, ainda persistiam sob a forma de desigualdades sociais e econômicas. Além disso, a ideia de uma harmoniosa democracia racial até hoje oculta e minimiza a discriminação racial no Brasil, gerando a falsa impressão de que o racismo teria sido completamente resolvido por aqui. Em verdade, ele continua sendo um problema persistente.

É a partir do entendimento de que a raça é uma categoria socialmente construída, não definida pela biologia, que podemos passar a dedicar esforços à eliminação das desigualdades raciais. Esta abordagem nos permite reconhecer e desafiar políticas e práticas discriminatórias com o objetivo de promover a diversidade e a inclusão, por meio de um diálogo aberto sobre raça e racismo.

Segundo Omi e Winant (2014), declarações como "somos todos humanos", embora sustentem um vocabulário popular de inclusão e reconhecimento da diversidade, minimizam ou ignoram as realidades da discriminação racial, pois, inadvertidamente, desconsideram injustiças sociais, políticas e econômicas enfrentadas pelas pessoas de diferentes origens raciais, a despeito do fato dessas serem todas humanas.

3 CONSIDERAÇÕES FINAIS

Com este capítulo buscamos fornecer um panorama da discriminação racial por meio de uma discussão focada em duas frentes: a análise das evidências quantitativas e qualitativas da discriminação e o exame das concepções biológica e social do conceito de raça.

Exploramos uma variedade de estudos que empregam metodologias diversas para examinar o fenômeno complexo do racismo. As abordagens quantitativas nos permitiram identificar e quantificar a prevalência e o impacto do racismo em diferentes contextos e grupos, revelando a magnitude e a extensão do problema. As abordagens qualitativas, por sua vez, proporcionaram uma visão aprofundada das experiências individuais de discriminação racial e das dinâmicas que sustentam e perpetuam o racismo na vida cotidiana. Juntas, essas abordagens iluminaram a diversidade e complexidade das manifestações de racismo e suas implicações para a equidade racial.

Também analisamos a transição histórica da compreensão da raça como uma categoria biológica fixa e imutável para uma construção social e histórica. Essa discussão é essencial, pois a raça, ao ser erroneamente entendida como uma categoria biológica, tem sido usada para justificar e perpetuar a discriminação e a opressão racial. Ao desmistificar essas noções e destacar a raça como uma construção social, podemos questionar e confrontar as ideologias racistas em suas raízes.

Este capítulo é o primeiro passo de uma jornada mais longa que busca entender por que as desigualdades raciais existem e qual a melhor forma de superá-las. Esse primeiro passo consiste em reconhecer que o racismo existe e compreender que negar a existência de grupos raciais não irá contribuir no enfrentamento do racismo e das desigualdades raciais.

REFERÊNCIAS BIBLIOGRÁFICAS

ANDERSEN, M. L. **Perspective on Whiteness.** White out: the continuing significance of racism. 2003.

BAILEY, S. R. Public opinion on nonwhite underrepresentation and racial identity politics in Brazil. **Comparative Political Studies**, v. 35, n. 3, p. 388-411, 2002.

BERTRAND, M.; MULLAINATHAN, S. Are Emily and Greg more employable than Lakisha and Jamal? A field experiment on labor market discrimination. **American Economic Review**, v. 94, n. 4, p. 991-1013, 2004.

BLOCK, R.; GALABUZI, G.; TRANJAN, R. **Colour-coded labour market revisited:** Black, Indigenous and People of Colour in the labour force. Canadian Centre for Policy Alternatives, 2021.

CARRIJO, C.; MARTINS, P. A. A violência doméstica e racismo contra mulheres negras. **Revista Estudos Feministas**, v. 28, 2020.

CARTER, R. T. Racism and psychological and emotional injury: recognizing and assessing race-based traumatic stress. **The Counseling Psychologist**, v. 35, n. 1, p. 13-105, 2007.

CASTRO, C. (org); BOAS, F. **Antropologia Cultural.** 6 ed., Rio de Janeiro: Jorge Zahar, 2010.

CHOU, T.; ASNAANI, A.; HOFMANN, S. G. Perception of racial discrimination and psychopathology across three U.S. ethnic minority groups. **Cultural Diversity and Ethnic Minority Psychology**, v. 18, n. 1, p. 74, 2012.

CLARK, K.B.; CLARK, M. Racial identification and preference in negro children. *In:* NEWCOMB, T. M.; HARTLEY, E. L. (ed.). **Readings in Social Psychology.** 1947.

DIAS, F. How skin color, class status, and gender intersect in the labor market: Evidence from a field experiment. **Research in Social Stratification and Mobility**, v. 65, 100477, 2020.

GALLUP. **Gallup poll social series:** consumption habits. Jul. 2021. Disponível em: https://news.gallup.com/file/poll/354641/210910InterracialMarriage.pdf. Acesso em: 6 jul. 2023.

GLASER, J.; DIXIT, J.; GREEN, D. P. Studying hate crime with the internet: what makes racists advocate racial violence? **Journal of Social Issues**, v. 58, n. 1, p. 177-193, 2002.

GREENWALD, A. G.; MCGHEE, D. E.; SCHWARTZ, J. L. Measuring individual differences in implicit cognition: the implicit association test. **Journal of Personality and Social Psychology**, v. 74, n. 6, p. 1464-1480, 1998.

GUIMARÃES, A. S. A. As elites de cor e os estudos de relações raciais. **Tempo social**, v. 8, p. 67-82, 1996.

GUIMARÃES, A. S. A. **Racismo e anti-racismo no Brasil.** Editora 34, 1999.

HECKMAN, J. Detecting Discrimination. **Journal of Economic Perspectives**, v. 12, n. 2, p. 101-116, 1998.

HELMS, J. E.; NICOLAS, G.; GREEN, C. E. Racism and ethnoviolence as trauma: Enhancing professional and research training. **Traumatology**, v. 18, n. 1, p. 65, 2012.

HOGAN, V. K. *et al.* "We black women have to kill a lion everyday": an intersectional analysis of racism and social determinants of health in Brazil. **Social Science & Medicine**, v. 199, p. 96-105, 2018.

LIMA, M. E. O; ARAUJO, C. L.; PODEROSO, E. S. The decision to shoot black suspects in Brazil: the police officer's dilemma. **Race and Social Problems**, v. 10, p. 101-112, 2018.

MÁRQUES, F. T. À flor da pele: quando uma etnografia da violência escolar encontra o racismo estrutural brasileiro. **REXE. Revista de Estudios y Experiencias en Educación**, v. 21, n. 46, p. 171-189, 2022.

MORTON, S. G. **Types of Mankind:** or, ethnological researches based upon the ancient monuments, paintings, sculptures, and crania of races, and upon their natural, geographical, philological, and biblical history. J.B. Lippincott & Co, 1854.

MOSSE, G. L. **Racism and Nationalism.** Ferdinand Schöningh, 2020.

NOSEK, B. A.; GREENWALD, A. G.; BANAJI, M. R. The implicit association test at age 7: A methodological and conceptual review. *In:* BARGH, J. A. (Ed.). Automatic processes in social thinking and behavior. **Psychology Press**, p. 265-292, 2007.

OMI, M.; WINANT, H. **Racial formation in the United States.** Disponível em: https://books.google.com/books?hl=en&lr=&id=T7LcAwAAQBAJ&oi=fnd&pg=PP1&dq=catholicism+racial&ots=k6CRFNqP-a&sig=Wv1XOXT4f0PohtgVJvmvs53QR_E. Acesso em: 1 jun. 2023.

PAYNE, B. K.; VULETICH, H. A.; LUNDBERG, K. B. The bias of crowds: how implicit bias bridges personal and systemic prejudice. **Psychological Inquiry**, v. 30, n. 4, p. 233-248, 2019.

PIETERSE, A. L. *et al.* Perceived racism and mental health among black american adults: a meta-analytic review. **Journal of Counseling Psychology**, v. 59, n. 1, p. 1, 2012.

QUILLIAN, L. *et al.* Meta-analysis of field experiments shows no change in racial discrimination in hiring over time. **Proceedings of the National Academy of Sciences**, v. 114, n. 41, p. 10870-10875, 2017.

SANTOS, S. A. Historical roots of the "whitening" of Brazil. **Latin American Perspectives**, v. 29, n. 1, p. 61-82, 2002.

SCHWARCZ, L. M. Teorias raciais, uma construção histórica de finais do século XIX: O contexto brasileiro. **Raça e diversidade**, 1996.

SMEDLEY, A.; SMEDLEY, B. D. Race as biology is fiction, racism as a social problem is real: anthropological and historical perspectives on the social construction of race. **American Psychologist**, v. 60, n. 1, p. 16-26, 2005.

SPENCER, K. B.; CHARBONNEAU, A. K.; GLASER, J. Implicit bias and policing. **Social and Personality Psychology Compass**, v. 10, n. 1, p. 50-63, 2016.

VULETICH, H. A.; PAYNE, B. K. Stability and change in implicit bias. **Psychological Science**, v. 30, n. 6, p. 854-862, 2019.

CAPÍTULO 2

DA DISCRIMINAÇÃO À DESIGUALDADE, DA DESIGUALDADE À DISCRIMINAÇÃO

FILLIPI NASCIMENTO[1], ALYSSON PORTELLA[2] E MICHAEL FRANÇA[3]

Em 1961, Joseph Heller publicou o romance satírico Ardil-22 (*Catch-22*, em seu título original). A história do livro se passa durante a Segunda Guerra Mundial, e acompanha um esquadrão de bombardeiros norte-americanos estacionados na Itália, cujos membros lutam para manter a sanidade mental. O autor abusa de cenas paradoxais e ilógicas para denunciar os absurdos e a irracionalidade das guerras. Entre os diversos diálogos, há um que é particularmente irônico. O personagem principal, Capitão John Yossarian, conversa com o Chefe White Halfoat, soldado nativo-americano, que lhe conta sua história. Em dado

◇◇◇◇◇◇

1. Pesquisador-assistente do Neri e doutorando do programa de pós-graduação em Sociologia da Universidade Federal de Pernambuco.
2. Pesquisador de pós-doutorado no Insper. Doutor em Economia dos Negócios pela mesma instituição.
3. Pesquisador no Insper e doutor em Teoria Econômica pela Universidade de São Paulo.

momento, Chefe White Halfoat reclama que os melhores hotéis não aceitavam indígenas como convidados, ao que ele complementa: "Preconceito racial é uma coisa terrível, Yossarian. De verdade. É uma coisa terrível tratar um índio leal e decente como um preto, um judeu, um italiano ou um hispânico".[4]

Sabemos que tratar pessoas de maneira diferente por causa de sua raça é algo terrível, muito embora nem sempre tenhamos plena compreensão do que isso realmente signifique, como o Chefe White Halfoat demonstra não saber. No caso de sociólogos, economistas, juristas, psicólogos e especialistas de outras áreas do conhecimento, mais do que reconhecer a existência da discriminação e condená-la, é preciso entender também a forma de ela operar e os mecanismos pelos quais pode gerar e perpetuar desigualdades. Para isso, foram desenvolvidas teorias e modelos para buscar explicar como e em quais situações minorias raciais podem ser prejudicadas por comportamentos discriminatórios.

Vale, desde já, deixar clara a diferença entre preconceito e discriminação. Discriminação resulta de práticas que tratam de forma diferentes certos grupos, ao passo que preconceito opera no plano das ideias, ligado à animosidade ou a posturas negativas contra minorias, mas que não necessariamente se traduzem em ações discriminatórias.[5] Portanto, comportamentos discriminatórios podem ser motivados por preconceitos explícitos ou implícitos. Mas também podem ser resultado de processos racionais ou de normas embrenhadas em organizações que não necessariamente têm origem no

4. Tradução nossa para: *"Racial prejudice is a terrible thing, Yossarian. It really is. It's a terrible thing to treat a decent, loyal Indian like a nigger, kike, wop, or spic"*. Os termos raciais originais são bastante pejorativos, e optamos por não os traduzir fielmente.

5. Para ilustrar esse ponto, considere uma madame que vê uma mulher negra entrar no elevador social de seu prédio de luxo. Ela pensa consigo mesma "o que essa mulher está fazendo aqui?", um claro preconceito. Se ela agir e impedir essa mulher negra de usar o elevador social, também estará discriminando-a. Porém, se ela apenas virar o rosto e der um sorriso amarelo, será "apenas" preconceito, pois ele não foi suficiente para motivar um comportamento discriminatório.

preconceito. Cada um deles, porém, tem o potencial de criar desvantagens para os grupos que são vítimas de atos discriminatórios.

Começamos este capítulo explorando os conceitos de desigualdade e discriminação, de maneira a desenvolver uma compreensão dos termos que, embora relacionados, não são iguais. Entendemos que as definições desses conceitos podem ser mais ou menos abrangentes. Contudo, aqui consideramos que a desigualdade se refere ao acesso a oportunidades e recursos socialmente valorizados. Já a discriminação relaciona-se ao tratamento diferenciado de pessoas por causa de alguma característica, como seu gênero, raça, identidade sexual, entre outros.

Além de trabalhar esses conceitos, vamos também discutir por que a simples existência de diferenças socioeconômicas entre grupos de pessoas não quer dizer necessariamente que ela seja fruto da discriminação. Da mesma forma, a ausência de desigualdade não implica a ausência de discriminação.

Na segunda parte deste capítulo, apresentamos quatro grupos de teorias que explicam alguns mecanismos pelos quais a discriminação pode agir, e como e quando ela implica resultados díspares entre os grupos raciais. Duas delas são comuns entre economistas, enquanto duas outras são mais comuns entre sociólogos. Juntas, oferecem aos pesquisadores um conjunto de ferramentas que ajudam a compreender diversas situações observadas na sociedade que perpetuam as desigualdades entre grupos, como gênero e raça. E o mais importante: elas ajudam a nos guiar na formulação de políticas que visam superar a discriminação nas suas mais diversas formas e meios de ação.

1 DEFININDO O CONCEITO DE DESIGUALDADE E DISCRIMINAÇÃO

Os conceitos de discriminação e desigualdade são amplamente utilizados em estudos e discussões sobre as disparidades existentes entre grupos. Embora estejam interligados, esses conceitos têm significados e aplicações distintas. Exploramos algumas dessas diferenças conceituais com o intuito de esclarecer seus fundamentos, aplicações e implicações.

Toda desigualdade refere-se a diferenças na posse de recursos socialmente valorizados, seja entre indivíduos, seja entre grupos. Essa definição ampla do conceito é proposital, porque ele pode ser empregado de diferentes maneiras, para medir coisas diferentes e de formas diferentes. Um dos textos mais importantes do economista e prêmio Nobel Amartya Sen (1980) é justamente intitulado *Igualdade de quê?*. Nele, Sen argumenta que o conceito de desigualdade deve ser pensado e discutido sempre em função de algo. Economistas tendem a se preocupar principalmente com a desigualdade de renda, porém essa dimensão está longe de ser a única que importa. Há diversas alternativas propostas pela filosofia política para lidar com essa questão. John Roemer (1998), por exemplo, argumenta que o importante são as desigualdades de oportunidades, não de resultados. O próprio Sen defende a importância de se pensar na igualdade de liberdades substantivas, entendidas como a capacidade que os indivíduos têm de levar a vida que julguem ser a melhor. De modo geral, podemos aplicar esse entendimento para justificar preocupações com desigualdades em diversas dimensões da vida, incluindo renda, educação, saúde, emprego, acesso a serviços públicos, oportunidades e liberdade.

Além da dimensão na qual queremos mensurar a desigualdade, também podemos perguntar qual nível de agregação nos interessa. Queremos medir a desigualdade entre indivíduos ou considerar diferenças entre grupos de pessoas? No segundo caso, as desigualdades são qualificadas por outros critérios, como o gênero, a idade, a raça, etc. Assim, quando nos referimos às desigualdades raciais, estamos sempre comparando resultados agregados de pessoas de diferentes grupos raciais, em algumas ou em todas aquelas dimensões já listadas.

Quando negros ganham em média salários menores que brancos, como veremos no capítulo 6, falamos de desigualdade racial de renda. Quando estudos atestam para diferenças nos anos de escolaridade ou aprendizado entre crianças brancas e negras, falamos sobre desigualdades raciais no ensino. É importante ter em mente que nem sempre igualdade em uma dimensão significa igualdade em outras dimensões, mesmo quando elas pertencem a domínios próximos. No caso educacional, como veremos no capítulo 8, as diferenças raciais em anos de estudo caíram muito nos últimos anos, mas, quando olhamos para desigualdades no aprendizado, podemos constatar que essas diferenças aumentaram.

A discriminação, assim como a desigualdade, também pode ter diferentes sentidos. Como salienta o pesquisador Lincoln Quillian (2006), na sua conotação mais ampla, defendida por alguns ativistas, ela corresponde a toda e qualquer desigualdade entre grupos, partindo de um entendimento de que a discriminação, passada ou presente, necessariamente estaria na origem dessas desigualdades. Na forma mais restrita, defendida por alguns pesquisadores mais conservadores, ela se refere apenas a atos com a intenção de prejudicar algum grupo.

Aqui, empregamos a definição para discriminação racial do National Research Council (2004), comumente adotada por cientistas sociais. Ela se baseia em dois componentes: a) tratamento diferenciado motivado pela raça, a qual desfavorece um grupo racial e b) tratamento fundamentado em um fator diferente do racial, não adequadamente justificado, que desfavorece um grupo racial. Devah Pager e Hana Shepherd (2008) chamam esses componentes respectivamente de tratamento diferenciado e impacto díspar.

O primeiro componente está associado a um entendimento mais simples de discriminação como tratamento desigual com base em uma característica, que inclui também gênero, raça, classe social, orientação sexual, etc. Já o segundo amplia o escopo da discriminação para incluir regras e procedimentos que tratam as pessoas de forma igualitária, mas que acabam produzindo desigualdades entre grupos. Assim, essa definição abarca também comportamentos e processos que não têm um conteúdo de raça explicitamente, mas que geram consequências negativas para algum grupo racial. Devah Pager e Hana Shepherd (2008) também chamam atenção para o foco que essa definição de discriminação dá para o comportamento.

Portanto, discriminação não deve ser confundida com preconceito, entendido como postura negativa ou animosidade contra um grupo racial, mas que não se traduz necessariamente em comportamento discriminatório. Da mesma forma, estereótipos raciais são entendidos como crenças negativas sobre grupos, enquanto o racismo é entendido como uma ideologia de superioridade ou dominação racial. A definição empregada anteriormente não assume nenhuma causa única para a discriminação, podendo ela ser resultado de preconceito, estereótipo, racismo, ou mesmo de nenhum deles, como argumentaremos a seguir.

A partir das definições acima, podemos perceber que discriminação e desigualdade racial estão longe de ser a mesma coisa. Compreender essa diferença é necessário para entender que é possível haver desigualdade entre grupos sem haver discriminação, ao mesmo tempo que pode haver discriminação mesmo quando não há desigualdade de resultados.

Entender que nem toda desigualdade implica a existência de discriminação é essencial para uma boa compreensão das causas e o desenvolvimento de soluções efetivas para o problema da desigualdade de raça. Tomemos o caso da desigualdade racial nos salários. Veremos posteriormente que negros ganham em média cerca de 60% do que ganham brancos. Porém, conforme discutido pelos economistas June e Dave O'Neill (2006), diferenças salariais nos dizem pouco sobre a existência de discriminação racial.

Salários dependem de diversos fatores que afetam a produtividade de um trabalhador, como sua educação e experiência profissional. Para entender se há de fato discriminação, é preciso saber se estamos comparando os salários de pessoas com qualificações similares. Esse, no entanto, não é sempre o caso. Por exemplo, sabemos que, em média, trabalhadores negros têm menos anos de estudo que trabalhadores brancos. Como educação é um importante determinante da produtividade e, portanto, dos salários, isso significa que nem toda desigualdade racial nas remunerações se deve somente à discriminação racial no mercado de trabalho.

Não queremos, com isso, menosprezar as desigualdades salariais entre brancos e negros, muito pelo contrário. Essas medidas nos dão um quadro do abismo social que existe entre esses grupos raciais. Mas devemos entender que parte dessas diferenças se deve também a fatores econômicos, e não exclusivamente ao tratamento diferenciado no mercado de trabalho. Essa conclusão é relevante não só de um ponto de vista conceitual, como também de políticas públicas.

Se pensarmos que tudo se deve à discriminação, podemos ignorar outros fatores igualmente importantes na explicação daquilo que serve à perpetuação das desigualdades, como as diferenças na educação, por exemplo. O diagnóstico de que parte das diferenças salariais entre brancos e negros se deve à educação não diminui o problema da desigualdade racial nos salários, apenas aponta para outro conjunto de políticas públicas a ser implementado, que nesse caso seria a igualdade educacional.

Além disso, vale lembrar que discriminações em outras dimensões da vida podem, indireta e cumulativamente, afetar os resultados no mercado de trabalho. Um exemplo é a própria educação, pois há amplas evidências de que negros têm pior acesso à escolaridade mesmo quando comparados a brancos em condições socioeconômicas similares. Como veremos adiante, esse tipo de discriminação indireta pode ser tão ou mais importante que a direta experimentada no mercado de trabalho para explicar as desigualdades raciais.

Para saber, então, em que medida a desigualdade racial é resultado da discriminação, basta comparar trabalhadores similares? De certa forma, sim. Porém, esses exercícios são mais complexos do que se imagina. Isso porque nem sempre temos acesso a todas as características relevantes para determinar salários. Anos de estudo e experiência de trabalho são dois fatores importantes medidos com relativa facilidade. Mas há fatores igualmente relevantes, difíceis de medir e que provavelmente diferem entre brancos e negros, como a qualidade da educação e a rede de contatos. Por exemplo, nem todas as escolas são iguais (em termos de infraestrutura ou qualidade de ensino) e, por fatores diversos, as crianças negras tendem a frequentar aquelas de pior qualidade.

Se olharmos só para diferenças em anos de estudo, mas não para a qualidade do aprendizado, estaremos superestimando o efeito da discriminação racial nos salários. Se entendêssemos quanto das diferenças raciais nos salários se deve à qualidade da educação que um indivíduo teve, poderíamos eleger prioridades como: combater a discriminação no mercado de trabalho ou a discriminação institucional que leva o governo a oferecer escolas de pior qualidade para crianças negras. Ambas as opções não são mutuamente excludentes. Entretanto, potencialmente, podemos obter maiores impactos quando identificamos e concentramos os esforços nas políticas com possibilidades de retornos mais altos.

2 COMO A DISCRIMINAÇÃO CRIA DESIGUALDADES RACIAIS?

Com base na discussão anterior, fica clara a necessidade de se pensar rigorosamente em como a discriminação pode afetar as oportunidades das pessoas. Para isso, economistas, sociólogos e pesquisadores de outras áreas do conhecimento desenvolveram teorias visando explicar como o comportamento discriminatório pode criar e perpetuar desigualdades entre as pessoas. Cada uma das perspectivas que serão tratadas aqui implicam uma maneira única, mas não exclusiva, pela qual a discriminação age. Compreender suas diversas formas e como elas afetam as pessoas é de suma importância, pois diferentes tipos de políticas públicas são necessários para eliminar os efeitos negativos de cada uma delas.

2.1 DISCRIMINAÇÃO BASEADA EM GOSTO

Até a década de 1960, quando a segregação racial ainda era legalizada nos Estados Unidos, era relativamente comum observar postos de emprego sendo ofertados exclusivamente para pessoas brancas. Esses anúncios refletiam as preferências preconceituosas dos empregadores, os quais se negavam a estender esses postos às "pessoas de cor". A discriminação baseada em gosto (*taste-based*) é a forma que os economistas desenvolveram para modelar esse tipo de preconceito. Nesses modelos, indivíduos preferem não interagir com pessoas de certos grupos, o que leva à discriminação.

Ela foi inicialmente teorizada por Gary Becker em *The economics of discrimination* (1957). O autor assume que os discriminadores estão dispostos a assumir um "custo" para evitar interações com pessoas de outros grupos. Esse custo ocorre porque um empregador estaria propenso a pagar um salário maior para um trabalhador branco, mesmo ele sendo tão produtivo quanto um trabalhador negro, apenas para evitar o desprazer derivado de seu preconceito.

A noção de que a discriminação age como um custo é comumente levantada quando pessoas tentam argumentar que os mercados seriam capazes de eliminar os empregadores que agissem dessa forma. O empregador que discriminasse pagando salários maiores para uma pessoa, mesmo que ela produzisse igual à outra, deixaria de auferir um lucro. No longo prazo, via competição, esse tipo de empresário seria expulso do mercado, pois os demais se apropriariam desse lucro perdido ao empregar pessoas do grupo discriminado por um salário menor. Com o tempo, empresas não discriminadoras cresceriam e as discriminadoras diminuiriam, o que também eliminaria diferenças salariais entre os grupos raciais.

Esse argumento está apenas parcialmente correto. De fato, aumentar a concorrência parece reduzir a discriminação racial. Esta é, por exemplo, a conclusão do estudo de Guilherme Hirata e Rodrigo Soares (2020). Eles mostram que o aumento de concorrência via liberalização comercial, na década de 1990, reduziu as diferenças salariais de trabalhadores brancos e negros similares ao aumentar a competição no Brasil.

A questão é que, de modo geral, a teoria de Becker assume os chamados "mercados perfeitos", inexistentes no mundo real e que, via de regra, estão cheios de falhas, como falta de informação, baixa competição e custos para pessoas trocarem de emprego. Nesses casos, os empregadores têm o poder de determinar salários. Modelos que incluem esses aspectos da realidade, como o de Lang, Manove, Dickens (2005), não preveem que os mercados sejam capazes de, por si só, eliminar os efeitos negativos do preconceito, mesmo no longo prazo.

A teoria de Becker, porém, leva a um resultado interessante sobre como a discriminação pode afetar a desigualdade. Não importa o quão preconceituosos alguns empregadores sejam, mas sim sua quantidade em relação ao número de discriminados. Um pequeno grupo de empresários neonazistas não teria efeito sobre o salário de minorias, pois elas facilmente os evitariam procurando emprego em outros lugares. Agora, se todos os empregadores fossem preconceituosos, mesmo que pouco, seu efeito certamente resultaria em discriminação e desigualdade salarial, pois não haveria alternativa de emprego para minorias.

Esse resultado é o que motiva a crítica de James Heckman (1998) aos estudos de auditoria, comentados no capítulo anterior. Esses estudos mostram que candidatos de raças distintas, mas com currículos exatamente iguais, têm chances diferentes de receber um retorno sobre uma vaga de emprego, o que seria evidência de tratamento diferenciado considerando a raça, ou seja, discriminação. Contudo, de acordo com as teorias de discriminação baseadas em gosto, mostrar que há discriminação não é o suficiente para demonstrar que elas são a causa das desigualdades raciais, pois seria teoricamente possível que trabalhadores negros evitassem buscar empregos nessas empresas e restringissem sua busca apenas às não discriminadoras.

No entanto, a evidência empírica de modo geral corrobora com a existência de efeitos negativos do preconceito racial sobre diferenças salariais entre brancos e negros. O estudo de Kerwin Charles e Jonathan Guryan (2008), por exemplo, mostra que essas diferenças são maiores em estados norte-americanos com níveis de viés racial explícito mais altos, validando implicações empíricas das teorias de discriminação por gosto. Além disso, é importante salientar: o preconceito racial também pode atuar em outras dimensões da vida que não são mediadas pelos mercados, prejudicando, assim, minorias raciais diretamente. Exemplos são trazidos por Kevin Lang e Ariella Spitzer (2020), que apresentam estudos mostrando como o preconceito racial afeta as decisões judiciais e a aplicação de multas por policiais, situações as quais negros não podem simplesmente evitar.

2.2 DISCRIMINAÇÃO ESTATÍSTICA

Imagine que você tenha sido convidado a assistir um campeonato amador de basquete. Mesmo não conhecendo nenhuma das equipes, você aceita. Pouco antes de começar o primeiro jogo, seu amigo lhe propõe uma aposta para ver qual time vai ganhar. Você não sabe nada sobre a qualidade dos jogadores, mas percebe uma coisa: um dos times tem jogadores bem mais altos que o outro. Sabendo disso, em qual das equipes você apostaria?

Apostar no time mais alto porque esse biotipo dos atletas está associado a um melhor desempenho no basquete é uma forma de discriminação estatística. Você não tem nada contra pessoas mais baixas, apenas sabe que, no geral, pessoas mais altas têm vantagem nesse esporte. É possível que um time mais baixo tenha jogadores mais habilidosos, mas, na ausência dessa informação, sua melhor chance de ganhar a aposta é usar o fato estatístico de que pessoas mais altas tendem a se sair melhor no basquete.

No entanto, nem toda discriminação estatística é tão inocente assim. Por exemplo, é reconhecido o fato de que mulheres tendem, por uma série de fatores sociais, a se afastar mais do trabalho por causa dos filhos. Empregadores podem antecipar isso e evitar contratar mulheres com qualificações similares às de homens, perpetuando a desigualdade de gênero. Da mesma forma, a qualidade da educação de negros é, no geral, pior que a de brancos e empregadores podem usar essa informação e preferir contratar candidatos brancos com o mesmo nível educacional que negros, novamente perpetuando desigualdades.

Ambos os comportamentos são discriminatórios, pois levam ao tratamento diferenciado com base em uma característica que resulta em prejuízo aos grupos preteridos. Essa discriminação, porém, tem uma motivação racional para surgir, pois não exige que empregadores tenham preconceitos contra esses grupos. Ela requer apenas que alguém use diferenças reais na distribuição de algum atributo entre grupos para inferir algo sobre seus membros individuais, resultando assim em tratamento diferenciado. Para deixar esse ponto mais claro, vale recordar que nossa definição de discriminação não impõe uma motivação particular para esse tipo de comportamento. Ao mesmo tempo, discriminação, entendida como comportamento, difere de preconceito, definido como postura negativa ou animosidade contra uma minoria.

Teorias econômicas fundamentadas na discriminação estatística foram propostas inicialmente por Edmund Phelps (1972) e Kenneth Arrow (1973), considerando pressupostos muito distintos das teorias de discriminação por gosto. Se nessas teorias discriminadores eram explicitamente preconceituosos, na teoria de discriminação estatística é assumido que se tratam apenas de empregadores que desejam maximizar seus ganhos. A discriminação ocorre quando existem informações difíceis de serem observadas individualmente, mas cuja distribuição entre grupos é conhecida, precisa e difere entre eles. Um exemplo sugerido por Kevin Lang e Ariela Spitzer (2020) é o do câncer de mama. Tanto mulheres como homens podem desenvolver esse tipo de câncer, mas ele é muito mais comum entre as mulheres. Por isso, apenas a elas é recomendado fazer periodicamente o exame. No caso dos jogadores de basquete, a altura é usada como característica do grupo para inferir a habilidade individual desses jogadores, já que não temos a informação que de fato é relevante: a habilidade.

Da mesma forma, é muito provável que diversos homens se afastem do trabalho mais que muitas mulheres, porém, no geral, uma mãe vai se afastar mais que um pai. E, devido a diferenças no acesso e na qualidade da educação, jovens negros terão em média aprendizado menor que jovens brancos com escolaridade similar. Ao agirem no interesse de seus lucros, os empregadores podem acabar discriminando essas minorias.

O que torna tão desafiador lidar com esse tipo de discriminação é justamente seu aspecto racional. Mesmo na ausência de preconceitos ou estereótipos raciais, empregadores sempre terão incentivos para discriminar quando houver informações difíceis de se observar individualmente, mas que diferem entre brancos e negros. É por causa desses incentivos que os mercados são incapazes de, por si só, eliminar esse tipo de discriminação. Portanto, seria necessário algum tipo de intervenção para alterar esse resultado que desfavorece as minorias. Finalmente, vale novamente reforçar que o fato de esse comportamento ser resultado de um processo racional, não o justifica moralmente, devendo, sim, ser proibido.

Outro aspecto desafiador da discriminação estatística é que, como mostram Stephen Coate e Gleen Loury (1993), esse tipo de discriminação tem grande potencial para se perpetuar ao longo do tempo, já que pode gerar profecias autorrealizadas: por imaginar que, mesmo tendo boa educação, negros não serão adequadamente recompensados no mercado de trabalho, eles podem simplesmente passar a investir menos nela e assim manter a base do julgamento negativo por parte dos empregadores que discriminam estatisticamente.

Finalmente, é importante destacar que até aqui assumimos que as crenças que motivam a discriminação estatística são baseadas em diferenças na distribuição de atributos reais e precisas. Porém, é possível que tal discriminação estatística esteja fundamentada em premissas incorretas, motivadas por estereótipos negativos ou preconceitos. Em função disso, economistas diferenciam entre discriminação estatística "precisa" e "imprecisa".

No primeiro caso, ela está alicerçada em informações corretas sobre diferenças na distribuição da produtividade entre grupos, enquanto o segundo se baseia em pressupostos incorretos sobre essas diferenças. O caso de discriminação imprecisa está associado a estereótipos negativos sobre minorias que possam exagerar possíveis diferenças existentes ou mesmo supor a existência de diferenças quando elas na verdade não ocorrem. Um exemplo seria as diferenças raciais na qualidade da educação. Embora essas diferenças de fato existam, é muito provável que a maioria das pessoas não conheça exatamente sua magnitude, levando a crenças incorretas e, possivelmente, à discriminação firmada em informações imprecisas, se assemelhando muito à discriminação por gosto.

Embora seja muito difícil diferenciar a discriminação estatística precisa da imprecisa no mundo real, as implicações dessas duas formas são relevantes na prática. Por exemplo, o caso de discriminação imprecisa pode ser facilmente solucionado com a oferta de informações corretas sobre os grupos. Contudo, se a discriminação for baseada em informações precisas, então fornecer mais informações não vai resultar em menos desigualdade.

Os pesquisadores Aislinn Bohren, Kareem Haggag, Alex Imas e Devin Pope (2019) mostram, em um contexto experimental, que essa diferença pode ser muito considerável. Sua pesquisa indica a existência de discriminação na disposição de pagar pelo trabalho de alguns grupos, com base no gênero e na nacionalidade, motivando-se principalmente em crenças erradas sobre a produtividade desses grupos em uma tarefa. Quando revelada a verdadeira diferença entre eles, porém, os participantes do experimento atualizam suas crenças e, ao mesmo tempo, sua disposição para pagar esses grupos. Portanto, se soubermos que a discriminação estatística imprecisa será uma fonte importante de tratamento diferenciado no mercado de trabalho, melhorar a qualidade da informação e combater estereótipos pode ser uma política pública muito eficaz na redução da desigualdade racial.

2.3 DISCRIMINAÇÃO INSTITUCIONAL

Buscar indicações de trabalho com amigos é uma prática muito comum. O tempo todo estamos acionando nossas redes de contatos para procurar um emprego ou alguém para trabalhar com a gente. A princípio, não há nada de errado nisso. Mas, pense conosco, especialmente se você for um homem branco de alta renda: entre os seus amigos, qual o perfil que você indicaria nessas situações? No geral, tendemos a ter como amigos pessoas similares a nós, principalmente em termos de perfil social. Agora imagine quais seriam as pessoas contratadas se os operadores do mercado financeiro resolvessem adotar essa prática. Qual seria o perfil racial e de gênero deles? Não conseguimos ver um cenário muito diverso, certo?

Esse tipo de prática se enquadra na chamada discriminação institucional. Ela é considerada discriminatória porque, a despeito de não haver tratamento diferenciado baseado em características como raça ou gênero, acaba prejudicando pessoas desses grupos. Enquadra-se como discriminatória também por causa do segundo componente da definição de discriminação adotada por nós e outros pesquisadores como Pager e Shepherd (2008), o chamado impacto díspar (*disparate impact*). Ele se refere aos casos em que indivíduos são tratados de forma igual por organizações ou leis, dado um certo conjunto de regras e procedimentos, porém essas mesmas regras e procedimentos são construídos de forma a favorecer membros de certo grupo.

O caso da restrição de votos para alfabetizados, nos EUA e no Brasil, por exemplo, resultou na exclusão de milhões de pessoas ao direito ao voto por décadas, a maioria delas negras. A discriminação institucional pode ser intencional ou não. Por exemplo, no caso dos direitos ao voto nos EUA, Mario Small e Devah Pager (2020) notam que essas leis tinham objetivos explícitos de cercear os direitos ao voto de negros. Já a prática de utilizar redes de contatos para preenchimento de vagas muito provavelmente não tem nenhuma motivação racista, embora o resultado possa discriminar negros e mulheres.

A ideia proposta por diversos sociólogos de que organizações podem discriminar mesmo sem a intenção (explícita ou implícita) de seus membros complementa bem as teorias da discriminação por gosto ou estatística dos economistas, nas quais essa intenção existe e é clara. Ela nos mostra que, mesmo na ausência de preconceitos e vieses pessoais (discriminação por gosto) ou suposições sobre a distribuição de características entre grupos (discriminação estatística), ainda é possível prejudicar grupos minoritários.

Pensar a dimensão institucional da discriminação nos leva a expandir o escopo da análise, como argumentam Small e Pager (2020). Eles destacam que organizações são guiadas por certas práticas institucionais e que seus membros geralmente se orientam por elas, sejam essas práticas formais ou informais. Sentimo-nos pressionados a participar das confraternizações da firma às quintas-feiras, mesmo quando não estamos de muito bom humor, apesar de não haver uma regra que nos obrigue a isso.

Essas práticas institucionais, porém, não dependem dos indivíduos que compõem as organizações. Espera-se que os membros que entram em uma organização adotem normas e comportamentos já estabelecidos. Da mesma forma, tentativas de mudanças serão provavelmente encaradas com ceticismo ou aberta oposição. A ameaça de resistência de alguns colegas pode ser suficiente para impedir que esses novos membros sequer cogitem fazer as coisas de uma forma diferente. Esse processo faz com que normas e comportamentos se perpetuem no tempo, mesmo com a mudança completa dos indivíduos que fazem parte da organização ao longo dos anos.

Por isso, é essencial examinar normas, políticas e práticas que governam as instituições em questão, além de nos forçar a ter um olhar histórico sobre seu funcionamento. Por exemplo, para entendermos a discriminação racial no sistema de justiça criminal, devemos examinar como as políticas de policiamento, sentenciamento e liberdade condicional afetam desproporcionalmente os indivíduos negros. Ainda, é importante traçar as origens históricas do racismo nos processos judiciais para entender por que leis e crenças que sempre marginalizaram a população negra, como as leis de vadiagem[6] e os preconceitos raciais que associam os negros à criminalidade, até hoje afetam a vida de boa parte da população.

2.4 DISCRIMINAÇÃO SISTÊMICA

Como mencionamos, o tratamento diferenciado com base em uma característica, mesmo quando todo o resto é igual, é uma maneira simples de se referir à discriminação. Essa definição também é chamada de discriminação direta, aludindo a práticas discriminatórias que diretamente incidem sobre as pessoas de grupos minoritários. Ela contrasta com a discriminação indireta, que opera por meio do acúmulo de disparidades que ocorrem em diferentes estágios e dimensões da vida.

A esta forma de discriminação damos o nome de discriminação sistêmica, pois em sua base está a ideia de que desvantagens são resultado de um sistema complexo. Outro termo utilizado de forma menos rigorosa pelo público geral — e também por alguns acadêmicos — para se referir a este tipo de discriminação é o chamado racismo estrutural. Em particular, esse conceito tende a incluir também o que chamamos de discriminação direta. Em função disso, preferimos o termo discriminação sistêmica para sermos mais precisos ao que realmente estamos querendo tratar aqui.

De modo geral, esse tipo de discriminação tem sido mais estudado por sociólogos e pesquisadores da área do direito, embora,

◇◇◇◇◇◇

6. As leis de vadiagem eram frequentemente usadas para punir pessoas que não tinham emprego ou moradia fixa, como mendigos e moradores de rua, contribuindo para a criminalização da pobreza e incidindo principalmente sobre a população negra. A falta de clareza na definição de "vadiagem" permitia que as autoridades usassem essas leis de forma discricionária e discriminatória. Elas têm uma longa tradição em países escravocratas. Nos Estados Unidos, por exemplo, foram usadas como uma maneira de controlar e restringir a liberdade dos negros após a Emancipação, inclusive sujeitando-os ao trabalho análogo à escravidão. No Brasil, a "vadiagem" foi tipificada no artigo 59 do Código Penal de 1940, sendo revogado apenas em 1988. Leis similares também proibiam a prática de capoeira e cultos afro-brasileiros (Artigos 402 e 157 do Código Penal de 1890).

mais recentemente, esteja sendo incorporado pelos economistas, como no estudo de Aislinn Bohren, Peter Hull e Alex Imas (2022). As sociólogas Devah Pager e Hana Shephard (2008) discutem os fatores estruturais que geram discriminação, em oposição a fatores diretos que operam por fatores intrapsíquicos, que estariam associados à discriminação por gosto ou estatística, por exemplo; e fatores organizacionais, referidos aqui como discriminação institucional.

Elas chamam atenção para três conceitualizações de fatores estruturais comumente empregada por sociólogos. A primeira faz menção ao legado histórico da discriminação, que ressalta a forma como desigualdades do passado se perpetuam ao longo do tempo. Essa conceitualização será tratada com mais detalhe no capítulo 3. A segunda lista políticas e práticas estatais contemporâneas. Ela se refere a práticas que geram desvantagens para certos grupos, podendo ou não estar alicerçadas em critérios de raça. Como exemplos, traz o Apartheid, com base racial, e as políticas de financiamento escolar, que não são baseadas em raça, mas geram desvantagens para crianças negras. Essa conceitualização está ligada à discriminação institucional, que também será abordada no capítulo 3.

A terceira conceitualização de Pager e Shepard (2008) diz respeito ao acúmulo de desvantagens — o entendimento empregado aqui quando falamos de discriminação sistêmica. Ela deve ser compreendida como discriminações que ocorrem em um ponto do tempo ou em outras dimensões, mas que podem ter consequências sobre uma série de outros aspectos da vida das pessoas.

Tomemos, por exemplo, o caso da evolução dos salários ao longo do tempo. Suponha que em uma empresa há um gerente preconceituoso que aloca diferentes tarefas aos seus estagiários. Ele direciona às mulheres e pessoas negras tarefas simples, enquanto as tarefas mais importantes são dadas aos homens brancos. No momento da efetivação, o RH, composto por pessoas sem preconceitos, adota práticas que não levam em conta raça e gênero, apenas dados objetivos sobre tarefas executadas na empresa.

O resultado, porém, será a perpetuação de desigualdades, pois esse processo de efetivação não leva em conta a discriminação daquele gerente preconceituoso na alocação das tarefas. Mesmo que, da efetivação em diante, nenhum processo seja diretamente discriminatório, as políticas de promoção da empresa acabarão gerando desigualdades por causa da discriminação perpetrada no processo inicial de contratação e na alocação de tarefas para estagiários.

Outros exemplos trazidos por Pager e Shephard (2008) incluem a discriminação no mercado de imóveis e no mercado de crédito. A primeira pode contribuir para a segregação racial, que está associada a outras desvantagens, como pior acesso a empregos. Já a segunda leva a maiores taxas de juros para minorias e pode impactar outras dimensões, como riqueza total, empreendedorismo e posse de casa própria. Além disso, podemos notar que discriminações ao longo da vida escolar de uma criança podem fazer com que ela acumule menos capital humano. Isso prejudicará toda a sua jornada no mercado de trabalho, mesmo se não houver discriminação nas empresas.

A pesquisa de Aislinn Bohren, Peter Hull e Alex Imas (2022) sugere que a discriminação sistêmica é um importante canal de perpetuação das desigualdades. Seus experimentos, além de apontarem para a presença de discriminação direta, também indicam que a discriminação sistêmica é a principal responsável pelas disparidades totais. Por exemplo, num dos experimentos, eles simulam diversos currículos falsos e pedem a 208 gerentes de recrutamento com experiência em vagas de entrada para avaliá-los.

Gerados por inteligência artificial, esses currículos falsos eram de três tipos: dois diferiam tanto em termos de identidade de grupo (negros ou brancos) como de experiência de trabalho prévia. Em particular, essa diferença prévia simulada entre candidatos brancos e negros foi construída para replicar resultados sobre discriminação na contratação, encontrados em estudo prévio de Devah Pager (2003). Já no terceiro tipo, os currículos de candidatos negros eram idênticos ao de brancos.

O resultado desse experimento mostrou que os gerentes de recrutamento avaliavam os candidatos negros de modo pior que os brancos, principalmente por causa das diferenças nos currículos simulados. Porém, quando a experiência prévia era similar entre candidatos brancos e negros, a discriminação era pequena e estatisticamente insignificante. Portanto, os autores concluem que a maior parte da discriminação ocorre em razão da discriminação passada, ou seja, da discriminação sistêmica.

Assim como a discriminação institucional nos chama atenção para as práticas e o histórico das organizações, a discriminação sistêmica ou estrutural nos convida a refletir sobre como o funcionamento de toda a nossa sociedade acaba por perpetuar e reforçar uma série de posições de desvantagens e preconceitos que, em maior ou em menor grau, se sobrepõem. A superação da discriminação não exige apenas políticas pontuais sobre certos aspectos do funcionamento dos mercados ou sistemas educacionais. Ela requer políticas e práticas que alcancem as mais diversas dimensões da sociedade para ser de fato efetiva.

3 CONSIDERAÇÕES FINAIS

Saber que existe preconceito e discriminação racial não é suficiente para entender como eles atuam para gerar as desigualdades raciais observadas em nossas sociedades. Da mesma forma, a simples presença de desigualdades entre grupos não quer dizer que são exclusivamente resultado direto de tratamento discriminatório. A discriminação racial atua de diversas formas, com implicações distintas. Compreender cada uma delas é importante para pensarmos qual a melhor forma de abordarmos certos problemas.

As teorias de discriminação por gosto, por exemplo, buscam explicar como o preconceito pode afetar resultados do mercado de trabalho. De modo geral, a competição econômica tende a reduzir os efeitos negativos dessas crenças. No entanto, outras dimensões da vida podem não contar com esse mecanismo de mercado, como, por exemplo, as polícias e os tribunais de justiça. Se policiais e juízes discriminam, mais negros serão presos, o que terá impacto negativo sobre sua empregabilidade, mesmo na ausência de preconceito no mercado de trabalho.

Em outra perspectiva, empregadores podem se valer das informações agregadas corretas, relacionando os negros aos piores históricos penais ou educacionais e, em razão disso, evitar contratá-los. Mesmo práticas que não levam em conta a raça das pessoas podem perpetuar resultados desiguais. A menor renda, com outras práticas discriminatórias, faz com que negros convivam menos com brancos, seja nas escolas, seja nos espaços públicos de lazer. A segregação faz com que redes de contatos ajudem a perpetuar os resultados desiguais por meio de práticas institucionais supostamente neutras em relação à raça.

A maneira sistêmica como a discriminação racial opera faz com que desigualdades ensejem preconceitos, que por sua vez ajudam a manter resultados desiguais. Com esse sistema, a desigualdade se mantém e fica muito difícil mudar. Desigualdades que se originaram no passado, a partir de práticas discriminatórias explícitas, podem se manter ao longo do tempo, mesmo na ausência desse tipo de prática no presente. Ao compreendermos esse caráter sistêmico da discriminação, podemos entender como a desigualdade se perpetua ao longo do tempo. Este será justamente o tema do nosso próximo capítulo.

REFERÊNCIAS BIBLIOGRÁFICAS

ARROW, K. J. The Theory of Discrimination. *In:* ASHENFELTER, O.; REES, A. (ed.). **Discrimination in Labor Markets.** Princeton: Princeton University Press, 1973.

BECKER, G. S. **The economics of discrimination.** Chicago: University of Chicago Press, 1957.

BOHREN, A.; HULL, P.; IMAS, A. Systemic discrimination: Theory and measurement. **National Bureau of Economic Research**, n. w29820, 2022.

BOHREN, J. *et al.* Inaccurate statistical discrimination: An identification problem. **National Bureau of Economic Research**, n. w25935, 2019.

CHARLES, K. K.; GURYAN, J. Prejudice and wages: an empirical assessment of Becker's The Economics of Discrimination. **Journal of Political Economy**, v. 116, n. 5, p. 773-809, 2008.

COATE, S; LOURY, G. C. Will affirmative-action policies eliminate negative stereotypes? **American Economic Review**, p. 1220-1240, 1993.

HECKMAN, J. J. Detecting discrimination. **Journal of Economic Perspectives**, v. 12, n. 2, p. 101-116, 1998.

HIRATA, G.; SOARES, R. R. Competition and the racial wage gap: evidence from Brazil. **Journal of Development Economics**, v. 146, p. 102519, 2020.

LANG, K.; SPITZER, A. K L. Race discrimination: An economic perspective. **Journal of Economic Perspectives**, v. 34, n. 2, p. 68-89, 2020.

LANG, K.; MANOVE, M.; DICKENS, W. Racial discrimination in labor markets with posted wage offers. **American Economic Review**, v. 95, n. 4, p. 1327-1340, 2005.

NATIONAL RESEARCH COUNCIL. **Critical perspectives on racial and ethnic differences in health in late life.** Washington, DC: The National Academies Press, 2004.

O'NEILL, J. E.; O'NEILL, D. M. What do wage differentials tell about labor market discrimination? *In:* **The economics of immigration and social diversity.** Emerald Group Publishing Limited, p. 293-357, 2006.

PAGER, D. The mark of a criminal record. **American journal of sociology**, v. 108, n. 5, p. 937-975, 2003.

PAGER, D.; SHEPHERD, H. The sociology of discrimination: Racial discrimination in employment, housing, credit, and consumer markets. **Annual Review of Sociology**, v. 34, p. 181-209, 2008.

PHELPS, E. S. The statistical theory of racism and sexism. **American Economic Review**, v. 62, n. 4, p. 659-661, 1972.

QUILLIAN, L. New approaches to understanding racial prejudice and discrimination. **Annual Review of Sociology**, v. 32, p. 299-328, 2006.

ROEMER, J. E. **Equality of opportunity.** Cambridge, Massachusetts: Harvard University Press, 1998.

SEN, A. Equality of what? *In:* MCMURRIN, S. (ed.), **Tanner Lectures on Human Values**, v. 1, Cambridge: Cambridge University Press, 1980.

SMALL, M. L.; PAGER, D. Sociological perspectives on racial discrimination. **Journal of Economic Perspectives**, v. 34, n. 2, p. 49-67, 2020.

CAPÍTULO 3

PERSISTÊNCIA HISTÓRICA DA DESIGUALDADE RACIAL[1,2]

ALYSSON PORTELLA[3] E RODRIGO SOARES[4]

Lincoln, dirigido por Steven Spielberg e lançado em 2012, retrata os anos finais da Guerra Civil norte-americana. A guerra foi travada entre União e Estados Confederados, de 1861 a 1865, motivada em parte pelo desejo destes de manter o regime escravocrata. O filme tem início com um diálogo entre o então presidente Abraham Lincoln, o soldado Harold Green e o cabo Ira Clark, os dois últimos negros. Em dado momento, o cabo Clark passa a reclamar do tratamento dispensado aos soldados negros, que recebiam três dólares a menos por mês do que soldados brancos — uma quantia considerável para a época — e

◇◇◇◇◇◇

1. O professor Stanley Engerman, referência essencial na área de história econômica, nos deixou durante a produção dos primeiros rascunhos deste capítulo. Ele é dedicado à sua memória.
2. Agradecemos os comentários de Thomas Kang e Michael França sobre versões preliminares deste capítulo. Qualquer erro ou omissão remanescente é inteiramente de nossa responsabilidade.
3. Pesquisador de pós-doutorado no Insper. Doutor em Economia dos Negócios pela mesma instituição.
4. Vice-presidente acadêmico e professor titular no Insper, na Cátedra Fundação Lemann. Tem doutorado em Economia pela Universidade de Chicago (2002).

tinham três dólares descontados de seu pagamento para a compra dos uniformes, que não eram cobrados de soldados brancos. O soldado Green o corrige, dizendo que os pagamentos já haviam sido equalizados, ao que o cabo Clark concorda, porém, mencionando que ainda não havia nenhum oficial comissionado negro. Ele segue, então, se perguntando se, agora que homens brancos haviam se acostumado a ver negros lutando por eles e recebendo o mesmo pagamento, eles poderiam também, em alguns anos, tolerar a ideia de um tenente ou capitão negro; em 50 anos, talvez um coronel negro; e em 100 anos, o direito ao voto.

Retrospectivamente, as dúvidas do cabo Clark sobre a evolução da desigualdade racial ao longo do século passado se mostraram pertinentes. As leis que viriam a proibir a segregação racial e as restrições de acesso a voto dos negros nos Estados Unidos só foram aprovadas em meados da década de 1960, com a luta pelos Direitos Civis. No Brasil, a história é similar em diversos aspectos. Último país das Américas a abolir a escravidão, em 1888, as desigualdades raciais no país ainda são marcantes. Dados do IBGE (2022) mostram que brancos ocupam quase 70% dos cargos de gerência no Brasil, enquanto pretos e pardos representam cerca de 75% da população entre os 10% mais pobres. Outros tantos exemplos de desigualdades raciais em várias dimensões socioeconômicas são tratados ao longo deste livro.

É difícil não fazer uma associação imediata entre as desigualdades raciais que vivemos no presente e o nosso passado escravagista. Em todos os países que fizeram uso extensivo do trabalho escravo no passado histórico, vemos hoje a população negra em condições socioeconômicas relativamente mais frágeis e várias dimensões de desigualdade com claro matiz racial. No entanto, podemos dizer que a instituição histórica do trabalho escravo, em si, é responsável, no sentido causal, pelas disparidades raciais observadas no presente? E, em caso de resposta positiva, se a origem dessas disparidades de fato se encontra na escravidão, quais são os mecanismos que possibilitaram sua perpetuação ao longo de mais de um século? Quais fatores específicos retardaram o progresso econômico e social da população negra?

O objetivo deste capítulo é explorar cada uma dessas questões, apresentando algumas das principais teorias que buscam explicar os processos econômicos e sociais por trás da perpetuação da desigualdade racial, e discutindo o que a evidência empírica contemporânea diz a respeito das principais teses resultantes dessas teorias. Tentar responder a essas perguntas não é apenas um exercício de curiosidade intelectual, mas constitui passo essencial no desenho de políticas públicas eficientes que promovam maior mobilidade social e reduzam a distância observada entre brancos e negros em resultados socioeconômicos. Discriminação no mercado de trabalho e acesso limitado a bens públicos — como educação e saúde —, por exemplo, são fatores que contribuem conjuntamente para uma menor mobilidade social da população negra. Mas as políticas públicas adequadas para tratar cada uma dessas dimensões podem, a princípio, ser distintas, mesmo que haja uma origem comum desses problemas residindo no passado histórico.

O capítulo começa abordando a conexão entre escravidão no passado e desigualdade racial no presente. Para isso, apresentamos algumas teorias sobre como o histórico colonial de uma nação influencia sua trajetória de desenvolvimento. Essas teorias servem como base para as análises quantitativas que estabelecem uma ligação entre escravidão e desigualdade contemporânea, tratadas em seguida. De modo geral, a evidência empírica indica que os lugares que mais utilizaram trabalho escravo no passado apresentam maior desigualdade atualmente.

No entanto, há diversos mecanismos por meio dos quais a escravidão pode ter prejudicado a ascensão social dos negros mesmo após sua abolição. Aqui, discutimos três alternativas largamente documentadas na literatura, trazendo evidências empíricas que ilustram sua relevância em diferentes contextos. Esses mecanismos são: (a) processos puramente econômicos neutros do ponto de vista racial, mas que são mais presentes entre a população em condições socioeconômicas mais frágeis; (b) provisão diferencial de bens públicos, favorecendo mais a população branca, com viés racial explícito ou implícito; e (c) discriminação racial direta. Claramente, esses mecanismos não são excludentes. A evidência indica, na realidade, que os três parecem ser relevantes e tendem a se reforçar mutuamente.

O primeiro processo mencionado acima está associado à pior posição socioeconômica da população negra herdada da sua condição no período da escravidão, que poderia ter simplesmente se perpetuado ao longo do tempo por razões exclusivamente econômicas. Via de regra, os escravizados não tinham acesso à educação ou à propriedade. André Rebouças, político negro e um dos líderes do movimento abolicionista, defendia a distribuição de terras à população negra, demanda que foi ignorada nos curtíssimos dois parágrafos da Lei Áurea.[5]

Também nos EUA, houve a promessa não cumprida de "quarenta acres de terra e uma mula" para ex-escravizados. Com menos capital físico e níveis educacionais mais baixos, a população negra recém-liberta teve menos oportunidades de empreender, piores oportunidades no mercado de trabalho e menos condições de investir na formação de seus filhos. Devido à reprodução dessa desvantagem inicial entre gerações, processos puramente econômicos poderiam fazer com que as desigualdades raciais persistissem

◇◇◇◇◇◇

5. Havia ainda o risco contrário de reparações serem pagas aos antigos senhores de escravos e não aos recém-libertos, como foi o caso no Reino Unido. Argumenta-se, inclusive, que o que motivou a destruição de documentos sobre a posse de escravizados em 1890 por Rui Barbosa foi justamente uma tentativa de evitar esse tipo de indenização, não um desejo de apagar nosso histórico escravista (Lacombe et al. 1988).

em alguma medida ao longo do tempo, por meio de uma menor chance de ascensão socioeconômica geração após geração.

O segundo mecanismo mencionado é o acesso restrito a bens públicos pela população negra desde o imediato pós-abolição. Por muito tempo, o Estado brasileiro marginalizou a população negra, que no final do século 19 e início do século 20 era entendida como uma ameaça ao desenvolvimento nacional (Santos, 2002). Mesmo durante as fases democráticas, a oferta de serviços de ampla cobertura — como a universalização da educação básica — foi relegada a segundo plano. A proibição do voto para analfabetos, num país com taxas de alfabetização baixíssimas, restringia a participação política da maior parte da população, em especial negros, reduzindo ainda mais qualquer incentivo de políticos para o provimento de bens públicos básicos essenciais para essa população. Com ou sem viés explicitamente racial, a baixa oferta desses serviços essenciais teria prejudicado de forma desproporcional a população negra, dificultando sua mobilidade social.

Finalmente, a discriminação racial direta é o terceiro mecanismo que pode explicar a perpetuação da desigualdade racial. O suporte ideológico à escravidão requeria a desumanização dos escravizados, de modo a justificar sua situação servil, resultando em ideologias de inferioridade racial que, no século 19, tomaram a forma de quase consenso científico. Essas ideias reverberam ainda hoje no racismo contemporâneo. Diversas evidências e teorias mostrando os efeitos negativos da discriminação racial são apresentadas em outros capítulos deste livro. Seu efeito acumulado ao longo de décadas resulta em piores salários, menos educação e saúde para a população negra, com efeitos óbvios sobre as chances de ascensão social no longo prazo, mesmo quando comparadas às da população branca com origem socioeconômica similar.

O restante do capítulo está estruturado em mais duas seções e uma conclusão. Na próxima seção, discutimos estudos que analisam em que medida a desigualdade se perpetua ao longo do tempo e apresentamos evidências acerca da transmissão de status socioeconômico entre pais e filhos, destacando as diferenças raciais que existem nesse processo. Em seguida, investigamos teórica e empiricamente em que medida os três fatores listados anteriormente ajudam a explicar a perpetuação da desigualdade racial ao longo do último século. Finalmente, na conclusão, tecemos algumas considerações finais.

1 ESCRAVIDÃO ONTEM, DESIGUALDADE RACIAL HOJE

1.1 COMO O PASSADO EXPLICA O PRESENTE?

As causas do desenvolvimento são tema recorrente na literatura econômica. Não à toa, um dos livros mais importantes da disciplina, considerado por muitos como marco de sua criação, é *A Riqueza das Nações*, de Adam Smith, publicado em 1776. Nessa tradição de pesquisa, que segue viva até hoje, uma pergunta clássica é: *por que as antigas colônias das potências europeias trilharam caminhos tão distintos*? De modo geral, países latino-americanos cresceram menos ao longo da história e apresentam hoje níveis de desigualdade superiores aos dos Estados Unidos, Canadá, Nova Zelândia e Austrália, embora todos tenham em um mesmo momento sido colônias de alguma metrópole europeia.

A explicação atualmente mais aceita por muitos economistas é que as instituições inicialmente estabelecidas em cada país são importantes determinantes do seu desenvolvimento de longo prazo. Por instituições, nesse caso, entende-se o sistema político e sua representatividade, o grau de defesa do direito de propriedade e outros direitos elementares e, em geral, o ambiente político e econômico e o nível de concentração de poder entre as elites, assim como a competição entre elas.

No caso de antigas colônias, essas instituições iniciais foram em grande medida determinadas pelo processo de colonização. Alguns estudos iniciais chegaram a salientar o papel da nacionalidade dos colonizadores, ou de sua tradição legal, no desenvolvimento futuro das antigas colônias,[6] mas essas teorias falharam ao não dar conta do alto grau de heterogeneidade que existe no desenvolvimento de colônias de uma mesma metrópole. Esse é o caso, por exemplo, de EUA, Jamaica e Índia, colonizados pela Inglaterra, ou Uruguai e Bolívia, ambos colonizados pela Espanha. A ideia que veio a se tornar dominante propõe que o estabelecimento dessas instituições iniciais foi influenciado pelas características locais e possibilidades de exploração econômica oferecidas por cada região.

Uma das teorias mais influentes sobre a relação entre passado colonial, estabelecimento inicial de instituições e impacto final sobre desenvolvimento se deve a Engerman e Sokoloff (1997, 2000). Eles argumentam que em regiões como Brasil, Caribe e sul dos EUA, as características de clima e solo permitiam o desenvolvimento das *plantations*, grandes fazendas produtoras de bens como cana-de-açúcar, algodão e tabaco, extremamente valiosos na Europa do período colonial. Esse tipo de produção era caracterizado por ganhos de escala e pela grande necessidade de mão-de-obra — em áreas que tipicamente tinham grande disponibilidade de terras desabitadas — incentivando, assim, a concentração de terra e o uso de trabalho escravo, gerando alto grau de desigualdade de riqueza inicial.

Além dessa desigualdade inicial, as instituições desenvolvidas para sustentar esses empreendimentos econômicos eram naturalmente excludentes, dada a alta concentração de poder econômico,

◇◇◇◇◇◇

6. No caso do Brasil, são comuns questionamentos sobre como nossa história teria sido diferente caso os holandeses tivessem mantido o controle do nordeste brasileiro.

apresentando não apenas a violência do trabalho forçado, mas também monopólios e privilégios reais para grupos muito restritos. Como as instituições, por sua própria natureza, tendem a se perpetuar ao longo do tempo, os níveis inicialmente altos de desigualdade tenderam também a se manter no longo prazo, por meio da reprodução da desigualdade de poder político e econômico.

Em contrapartida, na região nordeste dos EUA e no Canadá, não era possível o desenvolvimento de atividades de interesse econômico para a metrópole. Por isso, o tipo de colonização teria sido distinto, com vastas áreas sendo deixadas de lado pela metrópole e sendo então ocupadas por grupos de colonizadores com objetivos de longo prazo, tipicamente perseguidos religiosos ou degredados. Essa característica distinta teria levado ao estabelecimento de sociedades com maior equidade inicial, dando origem a instituições mais inclusivas, associadas a maior crescimento e menor desigualdade no longo prazo.[7]

Uma das primeiras investigações empíricas das ideias de Engerman e Sokoloff se deve a Nathan Nunn (2008a). Ele avalia se a prevalência da escravidão no passado explica o nível do PIB *per capita* de diversos países americanos no ano 2000. Seus resultados indicam que a maior presença de escravos no passado está associada a menor renda *per capita* no presente, sendo a magnitude da correlação extremamente alta: por exemplo, se a Jamaica, que teve cerca de 90% da sua população composta por escravizados, tivesse a proporção de escravizados das Bahamas, de 46%, sua renda *per capita* seria 200% maior. Os resultados são similares quando Nunn restringe a análise para comparações apenas entre

◇◇◇◇◇◇

7. Como mostram Leonardo Monasterio e Philipp Ehrl (2019), a ideia de que o tipo de colonização determina o desenvolvimento futuro das sociedades é antiga. Eles destacam o historiador Caio Prado Júnior, via influência de Leroy-Beaulieu, como responsável por popularizar a ideia de diferenças entre o desenvolvimento de colônias de povoamento e de exploração no Brasil.

países colonizados pelo Reino Unido ou mesmo entre condados dos EUA, porém as magnitudes dos efeitos são um pouco menores.

Em contrapartida, alguns aspectos da teoria de Engerman e Sokoloff não são corroborados pela análise empírica. Nunn mostra, entre outras coisas, que a concentração de escravizados em fazendas de pequena ou larga escala não influencia a relação entre escravidão e renda *per capita*, diferentemente do que havia sido sugerido por Engerman e Sokoloff. Segundo esses autores, a concentração de terras, para além do uso do trabalho escravo, também estaria associada a um menor desenvolvimento de longo prazo. Maloney e Caicedo (2016) também investigam a relação entre uso histórico da escravidão e renda *per capita* de longo prazo, mas usando dados em âmbito subnacional, chegando a conclusões similares.

Apesar de interessantes e provocativas, as análises de Nunn (2008a) e de Maloney e Caicedo (2016) têm uma limitação importante. Embora elas revelem correlações fortes entre a presença da escravidão no passado e a renda contemporânea, não são capazes de estabelecer uma relação causal entre o uso da escravidão, entendido como instituição, e o menor crescimento econômico.

Como discutido anteriormente, o uso do trabalho escravo fazia parte de um sistema institucional que continha várias outras características específicas, muitas delas também prejudiciais ao desenvolvimento. A princípio, seria possível que essa associação entre renda contemporânea e escravidão fosse resultado de algum outro fator institucional não considerado explicitamente na análise. Na realidade, seria até mesmo possível que existisse alguma causalidade em sentido inverso, com países com maior renda — talvez devido a condições naturais — sendo capazes de estabelecer melhores instituições.

Por esses motivos, economistas dizem que as instituições podem ser *endógenas* ao desenvolvimento. Ou seja, apesar de consistente com as ideias de Engerman e Sokoloff, essa evidência não pode ser vista diretamente como um teste de sua teoria. Um teste rigoroso nesse sentido teria que recorrer a uma variação *exógena* no tipo de instituições, ou, em outras palavras, a alguma variação em instituições que não estivesse associada a condições de desenvolvimento socioeconômico prévias das diferentes regiões.

Economistas e cientistas sociais desenvolveram uma série de metodologias estatísticas capazes de separar simples correlações de relações causais. Algumas das primeiras tentativas de estabelecer uma relação causal entre instituições coloniais e desenvolvimento de longo prazo foram propostas por Daron Acemoglu, Simon Johnson e James Robinson, em uma série extremamente influente de artigos acadêmicos (2001, 2002, 2005; Acemoglu; García-Jimeno; Robinson, 2012; Acemoglu; Gallego; Robinson, 2014).

Em seu artigo seminal, Acemoglu, Johnson e Robinson (2001) argumentam que europeus implantaram diversos tipos de políticas de colonização que variaram entre dois extremos. De um lado, havia colônias extrativas, cujo objetivo único era transferir recursos da colônia para a metrópole. Entre os tipos de instituições implementadas nessas colônias estavam monopólios de comércio, discriminação legal, acesso restrito à propriedade e, mais importante no nosso contexto, trabalho forçado e escravidão. De outro lado, havia colônias de povoamento, para as quais europeus imigravam e buscavam replicar instituições existentes em seus países natais. Enquanto o primeiro tipo de colônia levava a instituições extrativistas e excludentes, que retardaram o desenvolvimento, o segundo tipo de colônia gerava instituições mais inclusivas, que facilitaram o crescimento econômico.

A teoria desenvolvida por Acemoglu, Johnson e Robinson (2001) sugere que o tipo de colonização empreendida pelos europeus dependia diretamente da capacidade de colonos se estabelecerem permanentemente nos diferentes locais. Assim, nas regiões nas quais as taxas de mortalidade de colonos eram altas, em decorrência de condições naturais associadas, por exemplo, a doenças tropicais, havia menos incentivos para o povoamento. Restava assim a busca por riqueza, a partir de um sistema de monopólios, com o objetivo único de extração de recursos, humanos ou naturais. Nessas colônias, teriam sido implantadas instituições autoritárias de controle. Já nas regiões mais adequadas à permanência de europeus, com taxas menores de mortalidade, teriam sido criadas colônias de povoamento, com instituições mais inclusivas, que protegiam os colonos europeus da exploração.

Para testar essa teoria, os autores utilizam dados sobre taxas de mortalidade históricas de europeus, determinadas principalmente por doenças tropicais às quais os nativos eram imunes, como uma fonte de variação exógena para o tipo de instituição presente nos países atualmente. Nesse caso, a taxa de mortalidade de colonos atua como uma *variável instrumental*, pois provoca uma mudança exógena nas instituições (a variável de interesse), supondo ao mesmo tempo que ela não impacta diretamente a renda *per capita* futura, a não ser por meio do seu efeito via instituições.[8] A hipótese básica nesse contexto é que locais com menores taxas de mortalidade no período colonial tinham uma maior probabilidade de se tornarem colônias de povoamento, com instituições mais inclusivas e com menos desigualdade inicial, e que não haveria nenhuma outra relação indireta, que não fosse por esse mecanismo, entre mortalidade inicial e desenvolvimento de longo prazo.

A partir dessa lógica, Acemoglu, Johnson e Robinson tentam demonstrar estatisticamente que melhores instituições de fato

8. Vale notar que a mortalidade de europeus fora da Europa era em grande parte determinada por malária e febre amarela, às quais os nativos eram em geral imunes. Se tanto nativos como europeus fossem impactados pela mortalidade, essa variável não seria válida, pois é razoável supor que a taxa de mortalidade impactaria diretamente o desenvolvimento local, sendo, assim, também endógena.

geram crescimento de longo prazo. Isso ocorre porque países com maiores taxas históricas de mortalidade de colonos, mas não de nativos, tiveram piores instituições iniciais no passado histórico e têm piores instituições no presente. E essas piores instituições, que derivam da maior taxa de mortalidade e da menor probabilidade de se tornar uma colônia de povoamento, estão ligadas atualmente a um menor PIB *per capita*.[9] Em uma série de artigos subsequentes, os mesmos autores exploram outros mecanismos que foram importantes na determinação do tipo de colonização experimentado pelas diferentes regiões durante o período da expansão colonial europeia.

A literatura empírica sobre instituições e desenvolvimento de longo prazo avançou muito, tanto metodologicamente quanto em termos conceituais, desde essa contribuição inicial. Mas o trabalho de Acemoglu, Johnson e Robinson (2001) continua sendo um marco no esforço de se testar empiricamente teorias sobre os determinantes históricos do desenvolvimento.[10] Em particular, apesar de esses autores não olharem especificamente para o papel da escravidão, vários trabalhos recentes focados em contextos subnacionais e usando estratégias estatísticas mais robustas o fazem.

Melissa Dell (2010), por exemplo, estudou o sistema de trabalho forçado de nativos empregado no contexto do Peru colonial, chamado de *mita*. Como a área de captação da *mita* acabava abruptamente, com fronteiras muito bem definidas geograficamente, ela compara regiões vizinhas dentro e fora da área onde a

9. Esse tipo de estratégia, que utiliza variáveis instrumentais como fonte de variação exógena para estabelecer causalidade, também foi empregada por outros artigos que serão discutidos ao longo deste capítulo.

10. Apesar de sua influência na literatura subsequente, o trabalho de Acemoglu, Johnson e Robinson (2001) não está isento de críticas. Por exemplo, Albouy (2012) sugere que os dados empregados não são de boa qualidade e que os resultados não são robustos a especificações que buscam levar em conta a qualidade da informação original. O leitor interessado pode consultar a resposta de Acemoglu, Johnson e Robinson (2012) a essa crítica.

mita se aplicava. Essas áreas não diferiam historicamente em nada, a não ser pelo fato de terem sido expostas à *mita* ou não, gerando assim uma variação exógena no uso de trabalho forçado entre dois locais bastante semelhantes.[11] Ela mostra que regiões sujeitas historicamente à *mita* têm hoje consumo *per capita* 25% menor e uma incidência de crianças com crescimento inadequado 6 pontos percentuais mais elevada.

Já Daron Acemoglu, Camilo García-Jimeno e James A. Robinson (2012) comparam regiões vizinhas com e sem a presença de ouro na Colômbia. Como escravizados africanos eram muito empregados na mineração deste metal, a presença desses depósitos ajuda a entender o efeito causal do emprego de escravos no desenvolvimento futuro, quando o ouro há muito já havia deixado de ser relevante. Eles mostram que regiões que utilizaram trabalho escravo na exploração do ouro durante o período colonial têm hoje maior incidência de pobreza (além de outros impactos que exploraremos em seguida). Rivadeneira (2022), por sua vez, também acha efeitos negativos do trabalho forçado sobre desenvolvimento de longo prazo no Equador, no contexto do regime de *concertaje*.

No entanto, nem todas as evidências apontam para um efeito negativo do trabalho forçado no desenvolvimento de longo prazo. Jean-Paul Faguet, Camilo Matajira e Fabio Sánchez (2022), por exemplo, investigam o papel da *encomienda* na Colômbia, encontrando indícios de que municípios afetados por ela têm, hoje, renda *per capita* mais alta. Eles sugerem que as *encomiendas*, por meio de uma maior geração de renda, ajudaram no estabelecimento do aparato estatal local, o que teria contribuído para o crescimento de longo prazo, mesmo sob a presença de trabalho forçado. Isso indica que o processo pelo qual instituições afetam

11. Esse tipo de metodologia é o que os pesquisadores chamam de *desenho de regressão descontínua*.

o desenvolvimento de longo prazo nem sempre é claro e direto, e muitas vezes envolve várias dimensões distintas que faziam parte de um mesmo arcabouço institucional.[12]

1.2 ESCRAVIDÃO E DESIGUALDADE DE LONGO PRAZO

Embora boa parte dos estudos sobre a influência do passado colonial e da escravidão no desenvolvimento dos países americanos tenha focado nos determinantes do crescimento econômico, também é possível estender o argumento para a desigualdade. No caso da tese de Engerman e Sokoloff, certas características favoreciam o desenvolvimento de grandes plantações de larga escala que se valiam do trabalho forçado de nativos ou africanos, levando à maior desigualdade inicial, juntamente com a criação de instituições excludentes que, ao se perpetuarem ao longo do tempo, favoreceram a persistência da desigualdade.[13]

Da mesma forma que diversos estudos testaram empiricamente a relação entre escravidão e renda *per capita* contemporânea, outros trabalhos investigaram a ligação entre escravidão histórica e desigualdade atual. Um exemplo é o trabalho de Rodrigo R. Soares, um dos autores deste capítulo, com Juliano Assunção e Tomás Goulart (2012). Utilizando informações sobre o fluxo de escravizados recebidos por diversos países, coletadas a partir dos registros dos navios responsáveis pelo tráfico de escravos, além de

◇◇◇◇◇◇

12. Vale notar que a escravidão não afetou apenas o desenvolvimento dos países que receberam escravos, mas também os outros participantes do chamado "comércio triangular": Europa e África. Nunn (2020) oferece uma revisão dessa literatura. Entre os achados principais, Nunn (2008b) e Nunn e Wantchekon (2011) mostram como a escravidão prejudicou países africanos, enquanto Acemoglu, Johnson e Robinson (2005) e Heblich, Voth e Redding (2022) mostram como ela teria beneficiado países europeus.
13. Para uma revisão da literatura sobre outras origens da desigualdade na América Latina, como educação e concentração fundiária, ver Eslava e Caicedo (2023).

indicadores da exploração de trabalho forçado nativo, o trabalho documenta uma alta correlação entre o uso da escravidão no passado e o nível de desigualdade contemporâneo.

Essa correlação se mantém de forma robusta, mesmo quando a análise estatística controla, por outros aspectos institucionais, provisão de bens públicos e geografia. Segundo as estimativas, o Índice de Gini brasileiro entre 1996 e 2005, em torno de 0,6, poderia cair para menos de 0,5 se não tivesse havido escravidão no país. Apesar do resultado sugestivo, o trabalho também é em parte limitado por não ser capaz de estabelecer uma relação causal inequívoca entre a exploração de trabalho escravo e desigualdade contemporânea, dadas algumas limitações de dados e metodologias aplicáveis.

Outros trabalhos empregam variações intrapaíses no uso de trabalho forçado para avaliar a relação entre escravidão no passado e níveis de desigualdade atuais. Olhando para condados dos EUA, Bertocchi e Dimico (2014) encontraram maior desigualdade hoje em locais que tinham, em 1860, maior proporção de escravizados em relação à população total. Além disso, essa maior desigualdade se dá justamente na dimensão racial, isto é, em função de uma maior diferença de renda entre brancos e negros.

Seus resultados também se mantêm quando a adequação da região para a transmissão da malária é utilizada como uma fonte exógena de variação para a proporção de escravizados, já que escravos africanos, diferentemente de colonos, eram resistentes à malária (ou seja, regiões com maior incidência histórica de malária tenderam a fazer maior uso de trabalho escravo africano).

Resultado similar é obtido por Lagerlöf (2005), que indica maior desigualdade entre brancos e negros nos condados com maior presença de escravizados em 1850. No contexto colombiano, Acemoglu, García-Jimeno e Robinson (2012) mostram que a presença de escravidão está ligada a maior desigualdade na posse de terras atualmente, porém eles não acham nenhum efeito da escravidão na desigualdade de renda.

Humberto Laudares e Felipe Caicedo (2023), em um trabalho provocativo ainda não publicado, tentam estimar o efeito causal do uso histórico da escravidão na desigualdade atual no contexto brasileiro. Para tal, os autores utilizam o Tratado de Tordesilhas (1494), a linha que separou o mundo em dois lados, um espanhol e outro português. Tordesilhas também dividiu o território brasileiro em dois, criando uma variação artificial na exploração da escravidão africana: regiões do lado português contaram mais com a escravidão do que regiões do lado supostamente espanhol.

A análise de Laudares e Caicedo documenta que municípios do lado originalmente português, mas próximos à linha do tratado, tinham mais escravizados por habitantes no Censo de 1872 do que municípios do lado originalmente espanhol, mas também próximos à linha. Laudares e Caicedo também mostram que a desigualdade em 2010 era cerca de 10% maior do lado originalmente português, havendo tanto maior diferença de renda entre brancos e negros, como também maior desigualdade dentro desses grupos, resultado diferente do encontrado por Bertocchi e Dimico (2014) para os EUA. Eles não documentam nenhuma outra diferença histórica entre municípios dos dois lados da linha de Tordesilhas que pudesse explicar a diferença nos níveis de desigualdade, a não ser o número de escravizados: não há diferenças geográficas, de clima, ou outras diferenças históricas relacionadas ao processo inicial de ocupação.[14]

Segundo o argumento dos autores, essa estratégia revelaria causalidade porque, a princípio, municípios próximos da linha do

◇◇◇◇◇◇

14. Laudares e Caicedo também comparam regiões que foram ocupadas pelos holandeses no nordeste brasileiro com outras regiões próximas que não foram ocupadas, não encontrando nenhuma diferença entre essas regiões em termos de uso de trabalho escravo e nenhuma diferença contemporânea em desigualdade. Isso reforça o argumento que é a escravidão que determina o legado da colonização, não a nacionalidade do colonizador.

tratado em 1872 seriam semelhantes na maioria das dimensões relevantes, a não ser por alguns, quase "por acaso", se localizarem historicamente um pouco mais para oeste/leste e terem sido designados como áreas oficialmente espanholas/portuguesas no início do processo de colonização. Essa pequena diferença locacional, segundo o argumento, teria influenciado o uso de trabalho forçado africano nessas áreas no início do processo de povoamento, com repercussões sobre a desigualdade social observada ainda hoje nessas localidades.

Esse resultado é surpreendente porque a evidência histórica indica que o Tratado de Tordesilhas foi, em grande medida, ignorado pelos primeiros colonizadores e, na realidade, não houve nem ao menos uma ocupação significativa da área relevante durante o período no qual o Tratado foi considerado válido (Dove, 2013). Esses resultados devem, portanto, ser vistos com alguma cautela.

Além de estabelecer conexões entre escravidão e desenvolvimento, a literatura também nos dá pistas importantes acerca dos possíveis mecanismos por trás da perpetuação da desigualdade racial no longo prazo. Um deles é relativo ao acesso à educação. Por exemplo, Bertocchi e Dimico (2014), em estudo já citado, mostram que o principal canal de transmissão entre escravidão e desigualdade de renda são as diferenças de anos de estudo entre brancos e negros. Condados dos EUA que tinham maior proporção de escravizados em sua população em 1860 apresentam maiores diferenças na educação entre brancos e negros no presente. Resultado similar é encontrado para o Brasil por Laudares e Caicedo (2023), que encontram evidência de diferenças em anos de escolaridade entre brancos e negros, em particular nas gerações mais velhas.

Algumas teorias sugerem que o processo de democratização e participação política é um determinante importante da expansão dos sistemas públicos de educação. Nesse sentido, Francisco Gallego (2010) documenta que democratização e descentralização política estão associadas a maior acesso à educação e à educação de melhor qualidade, numa amostra de ex-colônias de países europeus. Logo, é razoável supor que a exclusão da população negra da política seja também um importante mecanismo de perpetuação das desigualdades raciais. Bertocchi e Dimico (2014) mostram que o comparecimento às urnas nas eleições presidenciais de 1900 e 1960 nos EUA é, de fato, maior em condados que foram menos expostos a escravidão. Nesses condados, há também maiores gastos com educação *per capita*.

A escravidão teve impacto não apenas na política do passado, mas parece também afetar sua manifestação contemporânea. Os cientistas políticos Avidit Acharya, Matthew Blackwell e Maya Sen (2016) documentam que populações atuais em condados norte-americanos com maior presença de escravizados em 1860 votam mais no partido Republicano, têm maior oposição às políticas de ação afirmativa e expressam maior ressentimento racial. Os resultados são reforçados quando os autores usam a adequação do terreno ao plantio do algodão —historicamente associado à escravidão — como fonte de variação exógena para o uso de escravos.

Na mesma linha, Keith Payne, Heidi Vuletich e Jazmin Brown-Iannuzzi (2019) encontram uma forte relação entre escravidão em 1860 e medidas atuais de viés implícito contra negros em condados dos EUA. Nicholas Buttrick e Jessica Mazenc (2022), por sua vez, mostram que condados com maior proporção de escravizados em 1860 também são aqueles com maior número de armas de fogo por habitante atualmente. Essa relação se mantém mesmo quando são incluídas como variáveis de controle outros fatores comumente associados ao porte de armas, como desigualdade, criminalidade e conservadorismo político.

Tanto Achaya e coautores (2016) como Buttrick e Mazenc (2022) sugerem que a relação entre animosidade contemporânea contra negros e escravidão se deve ao contexto político que se seguiu após a Guerra Civil estadunidense. A elite branca do sul dos EUA temia a perda de seu domínio político e econômico e reforçou posturas racistas como forma de manter o controle dos recém-libertos. Condados com maior proporção de escravizados seriam justamente locais em que haveria maior incentivo para esse tipo de prática. De fato, Achaya e coautores (2016) mostram que as diferenças políticas entre condados com baixo e alto número de escravizados só surgiram no pós-Guerra Civil. Além disso, locais que mecanizaram a agricultura mais cedo mostram menos persistência desse efeito, pois ali haveria menor demanda pelo trabalho de ex-escravizados. No Brasil, até onde sabemos, não há estudos quantitativos similares mostrando relação direta entre escravidão e política contemporânea.

Em suma, a evidência empírica corrobora as teorias de que o tipo de instituição colonial, em particular a escravidão, determina em parte o nível desigualdade de longo prazo. Os locais que mais fizeram uso desse tipo de trabalho são atualmente países mais desiguais, principalmente em função de maiores diferenças raciais. A perpetuação dessas disparidades se dá pela manutenção de instituições pouco inclusivas, conforme sugerido pela tese de Engerman e Sokoloff.

A baixa oferta de educação pública e a exclusão de negros do processo político durante boa parte do período pós-abolição são prováveis mecanismos que teriam dificultado sua ascensão econômica ao longo do tempo. Desenvolvemos essa discussão em mais detalhes nas próximas seções do capítulo.

2 MECANISMOS DE PERPETUAÇÃO DA DESIGUALDADE RACIAL

Cientistas sociais e economistas pensam sobre desigualdade, tipicamente, de duas formas complementares. Em primeiro lugar, comparam indivíduos num dado momento, mensurando diferenças entre ricos e pobres, brancos e negros, homens e mulheres. Mas muitas vezes estamos interessados na desigualdade ao longo do tempo: uma criança pobre consegue ascender socialmente? E uma rica, pode vir a ficar pobre? Qual a relação da minha renda hoje com a minha renda futura? Em especial, um tema recorrente é a chamada *mobilidade intergeracional*: qual é o grau de transmissão da posição socioeconômica entre gerações? Entender esse conceito e saber se há diferenças raciais nesse processo é chave para conectar as desigualdades engendradas na época colonial e escravista com as desigualdades que observamos na sociedade atual.

2.1 MOBILIDADE INTERGERACIONAL DE RENDA

A mobilidade intergeracional é uma medida de quanto a posição socioeconômica dos pais determina a posição socioeconômica dos filhos. Ela pode ser medida em diversas dimensões, porém duas são mais preponderantes: renda e educação. Ou seja, comparamos a renda e o nível educacional entre as gerações e medimos a sua persistência. A mobilidade intergeracional nos indica o nível de equidade de oportunidades em uma sociedade, o quanto a posição de nascimento impacta os resultados obtidos na vida adulta.

Alguns autores argumentam que certos tipos de desigualdade não são necessariamente um problema, desde que acompanhados de alto grau de mobilidade social (Rosen, 1997). Segundo esse argumento, desde que oportunidades e acesso a bens públicos sejam semelhantes para os diferentes membros da sociedade, algum nível de desigualdade pode ajudar a prover incentivos adequados para empreendedorismo, investimentos em educação e outras formas de qualificação profissional, que são importantes motores da inovação e do crescimento econômico sustentado. Também foi sugerido que altos graus de mobilidade social podem fazer com que a sociedade tolere maiores níveis de desigualdade contemporânea (Benabou; Ok, 2001). Nesse sentido, parte da população poderia se opor a políticas redistributivas se elas esperam que sua renda futura ou a de seus descendentes seja mais elevada.

No entanto, a literatura especializada documenta extensivamente que essas duas dimensões de desigualdade estão intimamente relacionadas. Em outras palavras, locais mais desiguais são justamente aqueles com menor mobilidade social e intergeracional. Portanto, mecanismos que geram desigualdade em um momento do tempo também tendem a gerar persistência dessa desigualdade ao longo do tempo.

Essa relação leva o nome de Curva do Grande Gatsby, cunhada por Alan Krueger (2012) em referência ao romance de F. Scott Fitzgerald que retrata a sociedade nova-iorquina da década de 1920, marcada por grande desigualdade e contraste entre as classes sociais. Logo, dadas as evidências sobre a relação entre escravidão e desigualdade, é possível que haja também uma relação entre o passado escravagista e a mobilidade intergeracional.

Os determinantes da mobilidade intergeracional e sua relação com níveis de desigualdade têm sido áreas ativas de pesquisa no passado recente. Em um influente estudo, Raj Chetty, Nathaniel Hendren, Patrick Kline e Emmanuel Saez (2014) utilizam dados de imposto de renda de mais de 40 milhões de pais e filhos para investigar os padrões geográficos da mobilidade intergeracional nos EUA. Os resultados indicam que uma criança que nasceu de pais entre os 20% mais pobres tem 7,5% de chances de chegar na idade adulta ao grupo dos 20% mais ricos de sua geração. Esse percentual é baixo se comparado com outros países, como Dinamarca (11,7%) e Canadá (13,4%).

Trabalho similar utilizando dados brasileiros foi realizado pelos pesquisadores Diogo Britto, Alexandre Fonseca, Paolo Pinotti, Breno Sampaio e Lucas Warwar (2022). Eles mostram que o nível de mobilidade intergeracional no Brasil é ainda mais baixo que nos EUA. Com base na geração que nasceu entre 1988 e 1990, eles mostram que uma criança cujos pais estavam entre os 20% mais pobres têm apenas 2,5% de chances de alcançar na idade adulta o grupo dos 20% mais ricos da sua geração. Já suas chances de permanecer entre os 20% mais pobres é de 46,1%. Em contrapartida, uma criança que nasceu de pais entre os 20% mais ricos tem 48,5% de chances de permanecer nesse grupo e apenas 4% de chances de cair para os 20% mais pobres.

Um aspecto comum da mobilidade intergeracional nos EUA e no Brasil são suas dimensões raciais. Em trabalho subsequente, Raj Chetty, Nathaniel Hendren, Maggie Jones e Sonya Porter (2020) investigam como a mobilidade difere entre os grupos raciais dos EUA, mostrando que negros têm mobilidade intergeracional menor que brancos.[15] Para negros, a probabilidade de uma criança que nasceu entre as famílias 20% mais pobres ficar entre as famílias 20% mais ricas é de 2,5%, ao passo que, para brancos, essa probabilidade é de 10,6%. Já um negro nascido entre as famílias 20% mais ricas tem apenas 18% de chances de continuar nessa posição, enquanto essa proporção é de 41,1% para brancos.

Chetty e coautores (2020) também mostram que essas diferenças raciais se devem principalmente a diferenças na mobilidade entre homens, não havendo diferença significativa de mobilidade entre mulheres brancas e negras. No Brasil, Britto e coautores (2022) também encontram disparidades raciais nas taxas de mobilidade intergeracional: negros têm 52,8% de chance de permanecer entre os 20% mais pobres, mas apenas 2% de chances de subir para os 20% mais ricos, enquanto, para brancos, essas probabilidades são de 33,7% e 3,4%, respectivamente.

15. Os autores também encontraram diferenças significativas de mobilidade entre brancos e indígenas estadunidenses.

Além de diferenças raciais, existem padrões regionais distintos em termos de mobilidade nos EUA e no Brasil. De acordo com Chetty e coautores (2014), enquanto em São Francisco, na Califórnia, 12,2% das pessoas que nasceram entre os 20% mais pobres chegam aos 20% mais ricos, em Nova Orleans, na Louisiana, esse percentual é de apenas 5,1%. Esses padrões geográficos indicam que, de modo geral, as regiões no sul dos EUA apresentam níveis menores de mobilidade intergeracional. Da mesma forma, também há padrões regionais de mobilidade no Brasil, com maior mobilidade nas regiões Sul e Centro-Oeste e em partes do Sudeste, enquanto a mobilidade é menor no Norte e Nordeste.

Ambos os padrões geográficos parecem contribuir para as diferenças de mobilidade observadas entre raças nos dois países. Além disso, sugerem uma possível ligação entre a incidência da escravidão no passado e as taxas de mobilidade intergeracional ao longo do tempo. Essa relação foi testada explicitamente no contexto dos EUA por Thor Berger (2018), que documenta menor mobilidade intergeracional contemporânea em condados com maior prevalência de escravidão em 1860. Ele também se vale de variações exógenas no uso de trabalho escravo gerado pela adequação dos locais ao cultivo de algodão para mostrar que essa relação é de fato causal.

A existência e a persistência dessas diferenças raciais na mobilidade intergeracional tornam simplesmente impossível eliminar as diferenças raciais de renda, mesmo no longo prazo. Para ver isso, imagine ordenar pais e filhos de acordo com sua renda dentro da sua geração, com a posição zero representado os mais pobres e a posição 100 indicando os mais ricos. A posição 50, por exemplo, indicaria alguém no meio dessa distribuição: metade das pessoas ganhariam menos e metade das pessoas ganhariam mais do que ela.

De acordo com os cálculos de Chetty e coautores (2020), as diferenças de renda entre famílias negras e brancas no longo prazo serão, em média, de 19 posições, caso as diferenças raciais nas taxas de mobilidade dos EUA se mantiverem ao longo do tempo. Mas essa diferença, na realidade, já é muito próxima da observada na geração atual de jovens, sugerindo que os EUA já estão próximos dos níveis de longo prazo de desigualdade. Ou seja, não haverá muitas reduções adicionais mecânicas se não houver alguma mudança fundamental nos determinantes subjacentes da desigualdade.

Os estudos de William Collins e Marianne Wanamaker (2022) corroboram as estimativas de Chetty e coautores (2020). Eles estimam diferenças raciais de mobilidade intergeracional nos EUA desde a década de 1880 até os anos 2000, reconstruindo a história de mobilidade naquele país desde a primeira geração após a Reconstrução, depois que a Guerra Civil pôs fim à escravidão em 1865. Seu estudo revela persistentes diferenças raciais na mobilidade intergeracional, com crianças brancas filhas de pais de baixa renda tendo mobilidade muito mais alta do que crianças negras em condições similares. De modo geral, ao longo do século 20, crianças negras ficaram 20 posições atrás de crianças brancas que nasceram em famílias em condições socioeconômicas semelhantes.

2.2 DETERMINANTES DAS DIFERENÇAS RACIAIS EM MOBILIDADE INTERGERACIONAL

A literatura sobre mobilidade intergeracional mostra que negros têm tido maiores dificuldades de ascender socialmente do que brancos ao longo das últimas décadas. O nível atual de desigualdade não pode, portanto, refletir apenas diferenças em condições socioeconômicas iniciais. Para que esse padrão empírico se manifeste, é preciso que outros obstáculos limitem a mobilidade socioeconômica da população negra. Quais seriam, então, esses obstáculos? No início deste texto, mencionamos três mecanismos que podem contribuir para a persistência intergeracional da desigualdade e sua heterogeneidade entre raças: (a) fatores puramente econômicos, neutros de um ponto de vista racial; (b) menor provisão de bens públicos para negros, com ou sem viés racial explícito; e (c) discriminação racial direta. A seguir, elaboramos sobre esses três fatores.

2.2.1 FATORES ECONÔMICOS PUROS

Fatores econômicos puros se referem a causas que levam a desvantagens maiores para negros, mas que não estão associadas à sua raça, e sim à população em condições socioeconômicas mais frágeis, que por motivos históricos é em sua maioria negra. Seriam causas que afetam também a população branca de baixa renda, restringindo as suas possibilidades de ascensão social.

Esse é o mecanismo que as pessoas têm em mente quando argumentam, por exemplo, que diferenças raciais se devem mais à pobreza do que ao racismo. Eles resultam da pior situação socioeconômica dos indivíduos, que os levam a ter acesso a piores serviços educacionais, piores empregos, menos poupança, etc. Fatores econômicos puros são responsáveis por uma parcela significativa do baixo grau de mobilidade intergeracional na sociedade brasileira, mas não são capazes de explicar as diferenças raciais nesse grau de mobilidade.

Está bem estabelecido na literatura que investimentos em capital humano — entendidos de forma ampla, como escolaridade, saúde e habilidades cognitivas e socioemocionais — têm impacto significativo sobre a renda dos indivíduos (Heckman *et al.*; 2006; Bleakley, 2010; Psacharopoulos; Patrinos, 2018). Ao mesmo tempo, há vasta evidência empírica de que a posição socioeconômica das famílias é um importante determinante dos níveis desses investimentos, com famílias mais ricas investindo mais em seus filhos.

Trabalhos como os dos prêmios Nobel Gary Becker e James Heckman buscam entender os determinantes desses investimentos. Essas teorias se baseiam na ideia de investimentos em capital humano como formação de habilidades num processo iniciado ao longo da infância, de modo cumulativo. Pais investem na formação de seus filhos dedicando tempo e recursos (em livros, escolas privadas, melhores serviços de saúde, na ajuda ao dever de casa etc.). Investimentos realizados no passado potencializam investimentos futuros, sendo particularmente importantes os investimentos ao longo da gravidez e dos primeiros anos de vida (Becker, 1991; Cunha; Heckman, 2007).

Há, porém, restrições econômicas que impossibilitam que pais deem tudo o que gostariam aos seus filhos. Essas restrições podem ser financeiras ou associadas à própria formação educacional dos pais e, portanto, à sua capacidade de contribuir para o processo educacional dos filhos. De modo geral, a literatura empírica documenta que pais de famílias em condições socioeconômicas mais frágeis têm menos tempo e recursos financeiros para dedicar aos seus filhos (Attanasio; Cattan; Meghir, 2022).

Outros fatores, como a ausência de acesso a crédito, restringem ainda mais esses investimentos, mesmo quando eles seriam economicamente vantajosos. A carência de recursos próprios, combinada com falhas de mercado, faz com que, em média, crianças nascidas em famílias mais pobres recebam menos investimentos educacionais e de saúde e acumulem menos capital humano. Isso acarreta menor renda no futuro e, portanto, reduz a sua mobilidade intergeracional. Como negros são, por motivos históricos, sobrerrepresentados na população de menor nível socioeconômico, esses mecanismos acabam restringindo também a sua possibilidade de ascensão social.

Há diversos estudos documentando essas relações e explorando o seu papel na determinação das diferenças raciais em anos de estudo e salários. No contexto estadunidense, por exemplo, James Heckman (2011) e Roland Fryer (2011) chamam atenção para a importância do capital humano como determinante de diferenças salariais entre brancos e negros, enquanto Cameron e Heckman (2001), Fryer e Levitt (2004) e Todd e Wolpin (2007) destacam como as diferenças raciais em capital humano surgem já na primeira infância e se propagam ao longo da vida.

No Brasil, Mauricio Reis (2017), entre outros, também mostra evidência da importância do capital humano para explicar diferenças salariais entre brancos e negros. Alysson Portella (2021), um dos autores deste capítulo, mostra em sua tese de doutorado que parte considerável da diferença de anos de estudos entre brancos e negros aos 18 anos se deve a características e decisões familiares ao longo da gravidez, infância e adolescência. Logo, na medida em que a população negra teve historicamente situação socioeconômica desfavorecida, espera-se também que os investimentos em capital humano tenham sido menores, perpetuando assim a desigualdade de renda entre raças. No entanto, como discutimos anteriormente, a literatura documenta que a mobilidade social de brancos e negros é diferente, mesmo quando consideramos famílias em condições socioeconômicas iniciais semelhantes. Ou seja, condições socioeconômicas iniciais não são suficientes para explicar toda a persistência de desigualdade racial observada ao longo do tempo.

2.2.2 FATORES POLÍTICOS E INSTITUCIONAIS

Investimentos em capital humano não dependem apenas das famílias, mas também em grande parte de bens públicos fornecidos pelo Estado, como educação, saúde e saneamento básico. A importância de acesso a esses bens públicos está bem documentada em diversos estudos. Por exemplo, Esther Duflo, ganhadora do Prêmio Nobel de Economia em 2019, mostra que uma grande expansão do sistema educacional na Indonésia levou ao aumento da escolaridade e depois dos salários das crianças beneficiadas (Duflo, 2001). Portanto, é provável que diferenças raciais no acesso a bens públicos sejam outro fator importante por trás da perpetuação da desigualdade racial ao longo das gerações.

Nesse sentido, o caso dos EUA é particularmente emblemático. As leis de Jim Crow, que abarcam uma série de legislações implementadas por estados do Sul entre 1880 e 1960, segregaram oficialmente escolas, hospitais e transporte público, além de limitarem o acesso ao voto por parte de negros e restringirem sua mobilidade entre estados.

Os economistas Lukas Althoff e Hugo Reichardt (2023) reconstroem as árvores genealógicas de famílias negras entre 1850 e 2000, sendo capazes de comparar os resultados socioeconômicos de descendentes de negros que eram livres antes da Guerra Civil com aqueles que foram libertados apenas em 1865, no final do conflito. Eles mostram que, mesmo hoje, descendentes de famílias escravizadas até a Guerra Civil têm menor educação, renda e riqueza do que descendentes de negros que eram livres antes da guerra. Essas disparidades, no entanto, devem a sua persistência mais à legislação Jim Crow do que à escravidão em si, conclusão similar à alcançada por Bruce Sacerdote (2005) ao estudar a convergência nos níveis educacionais de descendentes de negros livres antes da Guerra Civil com a de libertos ao fim do conflito.

Ambos os estudos atestam que a maior parte dos que foram libertos apenas após a Guerra Civil vivia nos estados do extremo sul, onde os regimes de segregação eram particularmente fortes. Uma das principais características desses regimes foi limitar a possibilidade de a população negra se educar. Por exemplo, famílias que em 1940 viviam na Louisiana, próximas à fronteira com o Texas, tinham 1,2 ano de escolaridade a menos que seus vizinhos do outro lado da fronteira, justamente porque o regime de Jim Crow foi muito mais forte na Louisiana do que no Texas (Althoff; Reichardt, 2023).

Não foram apenas as instituições discriminatórias do Sul que prejudicaram o progresso econômico da população negra nos EUA. A economista Ellora Derenoncourt (2022) estudou como instituições de cidades no norte dos EUA responderam à Grande Migração entre 1940 e 1970, o movimento no qual milhões de negros migraram dos estados do Sul para o Norte, uma região mais rica e menos segregada. Seus resultados revelam que locais que receberam mais migrantes negros reagiram negativamente a eles, com aumentos nas diferenças raciais de matrículas em escolas públicas, migração da população branca para os subúrbios, aumento nas taxas de encarceramento, atitudes políticas mais alinhadas às do Sul segregacionista, aumento nos gastos com policiamento, mas ausência de aumento em gastos com educação, saúde ou infraestrutura.

A reação adversa dessas comunidades tem como resultado uma piora na mobilidade intergeracional nesses locais, principalmente por causa da piora na mobilidade de homens negros. Ao mesmo tempo, não há efeitos negativos sobre homens brancos de famílias de baixa renda. Assim, apesar dos ganhos de se mudar para uma região mais rica e menos segregada, a reação das elites brancas locais, mesmo nessas regiões, teria impedido que negros se beneficiassem plenamente dessa oportunidade.

Infelizmente, não há estudos similares, capazes de traçar as trajetórias de famílias em horizontes tão longos, para o Brasil. Há, no entanto, alguma evidência sobre o pior acesso à educação por parte da população negra nas décadas seguintes ao fim da escravidão. Julia Walter e Thomas Kang (2023) mostram que o acesso à educação sempre foi precário no Brasil, mas, mesmo dentro desse cenário difícil, negros estiveram em situação relativamente pior.

Os autores constroem uma série histórica com anos de escolaridade no Brasil desde 1925, mostrando que, nesse quesito, o Brasil esteve historicamente atrás de países desenvolvidos e também de seus vizinhos latino-americanos. Desde o século passado, brancos tiveram mais anos de escolaridade do que negros. Em 1925, a média de anos de escolaridade de negros não chegava a um ano de estudo, ao passo que a de brancos também era baixíssima, pouco abaixo de dois anos de estudo. As maiores diferenças raciais foram observadas entre 1979 e 1992, com mais de dois anos de estudo de hiato entre esses grupos. Desde então, essas diferenças vêm se fechando progressivamente.

A desvantagem educacional de negros deriva em parte do caráter elitista da educação brasileira. Thomas Kang (2017) mostra como os governos federais entre 1930 e 1964 privilegiaram a expansão do ensino médio e superior, deixando de lado o ensino fundamental, beneficiando assim as classes médias e altas em detrimento da população de baixa renda, que era maioria esmagadora no país e também era majoritariamente negra. Já Karl Monsma (2010) utiliza dados do censo populacional de 1907 do município de São Carlos, no oeste paulista, para avaliar como se deu a integração dos imigrantes italianos e dos negros no sistema educacional.

Sua análise indica haver poucas diferenças em relação aos tipos de ocupações exercidas por esses grupos, mas documenta que crianças negras tinham acesso sistematicamente menor à educação do que crianças italianas. Por exemplo, as taxas de alfabetização entre jovens pretos de 15 a 20 anos era de 14,2%, ao passo que entre italianos era de 39,6% e entre brasileiros brancos era de 67,7%. Usando os mesmos dados, Lucas Rodrigues (2021) estima em sua tese de doutorado que crianças negras de 7 a 15 anos de idade tinham 10 pontos percentuais menos chances de estarem matriculadas nas escolas de São Carlos, mesmo controlando por variáveis de características familiares como alfabetismo materno, propriedade de terras, ocupação paterna e tamanho da família.

O papel do acesso limitado a bens públicos no processo de reprodução da desigualdade entre gerações é parte do que veio a ser entendido recentemente como *racismo estrutural*.[16] É uma

◇◇◇◇◇◇

16. Ver capítulo 2 para uma discussão sobre teorias de discriminação e os diversos sentidos associados ao termo *racismo estrutural*.

dimensão da macroestrutura política e social que tende a reproduzir as desigualdades entre raças geração após geração, potencialmente contribuindo para a mobilidade intergeracional sistematicamente menor da população negra, quando comparada à da população branca.

2.2.3 RACISMO E DISCRIMINAÇÃO

Finalmente, há o papel da discriminação racial direta na perpetuação das desigualdades raciais. Como discutido no capítulo 1 deste livro, há diversos estudos em ciências sociais aplicadas e economia documentando o tratamento diferenciado recebido por negros quando comparados a brancos, tanto nos EUA quanto no Brasil. A discriminação direta pode prejudicar a mobilidade intergeracional de diversas formas. Por exemplo, há vasta evidência da presença de discriminação no mercado de trabalho.

David Neumark (2018) faz uma revisão de vários estudos, com foco em pesquisas experimentais que são capazes de excluir fatores não observados como possíveis causas das diferenças entre grupos. Sua conclusão é que há evidência robusta de discriminação durante a contratação e que essa evidência está em linha com grande parte de estudos não experimentais que mostram diferenças salariais entre brancos e negros. Isso significa que mesmo pessoas negras com as mesmas qualificações de uma pessoa branca acabam recebendo salários menores, o que dificulta sua ascensão econômica.

No caso do Brasil, há um diferencial sistemático de salários entre negros e brancos, e esse diferencial persiste mesmo quando características associadas a produtividade no mercado de trabalho — educação, experiência e local de residência, entre outros — são levadas em consideração. Uma evidência recente indica que parte significativa desse diferencial parece ser devido à discriminação direta (Hirate; Soares, 2020).

Além de impactar salários, a discriminação racial prejudica também a própria formação de capital humano, tanto nas escolas quanto nas famílias. Os economistas Fernando Botelho, Ricardo Madeira e Marcos Rangel (2015) comparam o desempenho dos alunos do estado de São Paulo em dois tipos de exames: um padronizado, corrigido automaticamente por computadores, e outro corrigido por professores que conhecem os alunos. Em média, as notas de alunos negros são piores do que as notas de alunos brancos nos exames corrigidos por professores, mesmo quando eles têm notas muito semelhantes nos exames padronizados corrigidos por computadores. Ou seja, para dadas notas no exame corrigido pelo computador, professores tendem a reduzir as notas de alunos negros em relação às notas de alunos brancos.

Marcos Rangel (2015) também mostra que, mesmo ao âmbito da família, há diferenças de investimento no capital humano de acordo com a cor da pele das crianças, com crianças entre 5 e 14 anos com pele mais escura tendo menores chances de estarem matriculadas na escola. Letícia Marteleto e Molly Dondero (2016) documentam que, até mesmo entre irmãos gêmeos, as crianças mais escuras têm menos anos de estudo do que as mais claras.[17] Esses resultados indicam que, ainda que nascendo na mesma família ou estudando na mesma escola, crianças negras enfrentam mais barreiras no processo educacional do que crianças brancas.

Na medida em que a localização residencial é um importante determinante da ascensão socioeconômica, via melhores escolas e redes de contatos, e que acesso a crédito pode ajudar no financiamento do ensino superior ou na abertura de negócios,

◇◇◇◇◇◇

17. Elas não podem, porém, descartar a hipótese que as crianças podem ser classificadas de modo distinto de acordo com seu nível educacional. O capítulo seguinte vai discutir o funcionamento e as nuances da classificação racial no Brasil.

discriminação direta nos mercados imobiliário e de crédito também contribui para perpetuar desigualdades raciais.

As sociólogas Devah Pager e Hana Shepherd (2008) fazem uma revisão de estudos sobre discriminação nos EUA e apresentam evidência de discriminação racial nos mercados de imóveis e crédito. Os chamados estudos de correspondência (*audit studies*), por exemplo, revelam que negros experimentam tratamento negativo em 20% das buscas por imóveis, incluindo menor acesso a informação, menos oportunidades de visita aos imóveis, menos ajuda com financiamento e direcionamento a bairros mais pobres e com maior proporção de minorias (Turner *et al.*, 2002).[18]

No caso do mercado de crédito, estudos mostram que negros nos EUA têm maiores taxas de rejeição e termos menos favoráveis em hipotecas, mesmo quando têm situação econômica semelhante à de clientes brancos (Munnell *et al.*, 1996; Ross; Yinger, 2002). Esses processos discriminatórios podem facilitar a segregação racial nas cidades, de modo a excluir negros de acesso a importantes serviços públicos ou bons empregos, contribuindo assim para a perpetuação das desigualdades.

3. CONSIDERAÇÕES FINAIS

Como documentam as últimas seções, existe ampla evidência sobre o papel de fatores socioeconômicos, deficiência no acesso a bens públicos e discriminação direta na perpetuação das condições socioeconômicas desfavoráveis da população negra. Claramente, essas três dimensões não são mutuamente excludentes, mas, na realidade, tendem a se reforçar.

18. Estudos de correspondência simulam candidaturas falsas de indivíduos brancos e negros, semelhantes em todas as outras características descritas na candidatura, e analisam se firmas, bancos ou imobiliárias tratam os falsos candidatos brancos e negros de forma distinta (ou seja, se a taxa de aprovação inicial das candidaturas é diferente entre raças).

A pior posição socioeconômica das famílias faz com que elas se inclinem a investir menos em seus filhos, o que é reforçado pela pior qualidade das escolas disponíveis para populações de baixa renda. Indivíduos que tiveram acesso limitado a bens públicos e enfrentaram condições desafiadoras no seu desenvolvimento educacional já chegam ao mercado de trabalho em desvantagem e, em sequência, enfrentam discriminação direta, que torna os desafios profissionais ainda maiores. A discriminação racial no mercado de trabalho, por sua vez, faz com que não apenas a ascensão econômica seja dificultada, como também o retorno a investimentos em capital humano seja reduzido, desincentivando ainda mais investimentos em educação.

Finalmente, a posição socioeconômica relativa mais desfavorecida da população negra é usada ainda para defender concepções racistas que servem de base para mais discriminação. Não é difícil ver nessa argumentação a perpetuação de um ciclo de desvantagens cumulativas. Há um processo constante de retroalimentação, em que desigualdade e discriminação se apoiam e se perpetuam no tempo, em um equilíbrio difícil de ser quebrado, conforme sugerido por Glenn Loury (2021).

Como argumentamos ao longo deste capítulo, as raízes da desigualdade racial contemporânea podem ser encontradas no regime de escravidão que se instalou no Brasil e em diversos outros países ao longo de séculos. Esse regime levou à perpetuação de instituições que inibiram o progresso socioeconômico da população negra, impedindo o acúmulo de capital físico e humano, limitando seu acesso a bens públicos e à participação política e lançando as bases de uma ideologia racista que perdura até hoje em parte da sociedade. Como concluem Althoff e Reichardt (2023), a discriminação sistêmica, entendida como discriminação continuada em razão de acontecimentos passados, está no centro do legado da escravidão e da desigualdade que veio com ela.

Porém, apesar de argumentarmos que o passado é um importante fator para explicar o presente, não devemos entender essa conexão de modo inescapável. As desigualdades raciais apenas se perpetuaram porque foram criadas instituições que dificultam, implícita ou explicitamente, o progresso socioeconômico de parte da população. Como mostra a evidência, se as taxas de ascensão social de negros tivessem sido iguais às de brancos no passado, estaríamos hoje já bem próximos da igualdade racial. É necessário, portanto, desenvolver políticas públicas que quebrem essas barreiras e beneficiem quem realmente precisa ser beneficiado. Mais do que uma camisa-de-força, o passado deve nos servir como uma guia, apontando os caminhos que devem ser trilhados e aqueles que precisam ser evitados, de modo a concretizarmos o objetivo de um país em que as oportunidades são iguais para todos, independentemente da cor da pele ou das condições socioeconômicas iniciais.

REFERÊNCIAS BIBLIOGRÁFICAS

ACEMOGLU, D.; JOHNSON, S.; ROBINSON, J. A. The colonial origins of comparative development: An empirical investigation. **American Economic Review,** v. 91. n. 5, p. 1369-1401, 2001.

ACEMOGLU, D.; JOHNSON, S.; ROBINSON, J. A. Reversal of fortune: Geography and institutions in the making of the modern world income distribution. **The Quarterly Journal of Economics**, v. 117, n. 4, p. 1231-1294, 2002.

ACEMOGLU, D.; JOHNSON, S.; ROBINSON, J. A. Institutions as a fundamental cause of long-run growth. **Handbook of economic growth**, v. 1, p. 385-472, 2005.

ACEMOGLU, D.; JOHNSON, S.; ROBINSON, J. A. The colonial origins of comparative development: An empirical investigation: Reply. **American Economic Review**, v. 102, n. 6, p. 3077-3110, 2012

ACEMOGLU, D.; GARCÍA-JIMENO, C.; ROBINSON, J. A. Finding Eldorado: slavery and long-run development in Colombia. **Journal of Comparative Economics**, v. 40, n. 4, p. 534-564, 2012.

ACEMOGLU, D.; GALLEGO, F. A.; ROBINSON, J. A. Institutions, human capital, and development. **Annual Review of Economics**. v. 6, n. 1, p. 875-912, 2014.

ACHARYA, A.; BLACKWELL, M.; SEN, M. The political legacy of American slavery. **The Journal of Politics**, v. 78, n. 3, p. 621-641, 2016.

ALBOUY, D. Y. The colonial origins of comparative development: an empirical investigation: comment. **American economic review**, v. 102, n. 6, p. 3059-3076, 2012.

ATTANASIO, O.; CATTAN, S.; MEGHIR, C. Early childhood development, human capital, and poverty. **Annual Review of Economics**, v. 14, p. 853-892, 2022.

BECKER, G. S. **A treatise on the family: enlarged edition**. Cambridge: Harvard University Press, 1991.

BENABOU, R.; OK, E. A. Social mobility and the demand for redistribution: the POUM hypothesis. **The Quarterly Journal of Economics**, v. 116, n. 2, p. 447-487, 2001.

BERGER, T. Places of persistence: Slavery and the geography of intergenerational mobility in the United States. **Demography**, v 55, n. 4, p. 1547-1565, 2018.

BERTOCCHI, G.; DIMICO, A. Slavery, education, and inequality. **European Economic Review**, v. 70, p. 197-209, 2014.

BERTOCCHI, G.; DIMICO, A. The racial gap in education and the legacy of slavery. **Journal of Comparative Economics**, v. 40, n. 4, p. 581-595, 2012.

BLEAKLEY, H. Health, human capital, and development. **Annual Review of Economics**, v. 2, n. 1, p. 283-310, 2010.

BOTELHO, F.; MADEIRA, R. A.; RANGEL, M. A. Racial discrimination in grading: Evidence from Brazil. **American Economic Journal: Applied Economics**, v. 7, n. 4, p. 37-52, 2015.

BRITTO, D. *et al.* Intergenerational mobility in the land of inequality. **IZA Institute of Labor Economics Discussion Paper Series**, n. 15611, 2022.

BUTTRICK, N; MAZEN, J. Historical prevalence of slavery predicts contemporary American gun ownership. **PNAS Nexus**, v. 1, n. 3. p. 1-10, 2022.

COLLINS, W. J.; WANAMAKER, M. H. African american intergenerational economic mobility since 1880. **American Economic Journal: Applied Economics**, v. 14, n. 3, p. 84-117, 2022.

CHETTY, R. *et al.* Race and economic opportunity in the United States: An intergenerational perspective. **The Quarterly Journal of Economics**, v. 135, n. 2, p. 711-783, 2020.

CUNHA, F.; HECKMAN, J. The technology of skill formation. **American economic review**, v. 97, n. 2, p. 31-47, 2007.

DUVE, T. Treaty of Tordesillas. **Max Planck Encyclopedia of Public International Law**, p. 1-9, 2013.

DUFLO, E. Schooling and labor market consequences of school construction in Indonesia: Evidence from an unusual policy experiment. **American economic review**, v. 91, n. 4, p. 795-813, 2001.

DURLAUF, S. N.; KOURTELLOS, A.; TAN, C. M. The Great Gatsby curve. **Annual Review of Economics**, v. 14, p. 571-605, 2022.

GALLEGO, F. A. Historical origins of schooling: The role of democracy and political decentralization. **The Review of Economics and Statistics**, v. 92, n. 2, p. 228-243, 2010.

HECKMAN, J. J., STIXRUD, J.; URZUA, S. The effects of cognitive and noncognitive abilities on labor market outcomes and social behavior. **Journal of Labor economics**, v. 24, n. 3, p. 411-482, 2006.

HIRATA, G.; SOARES, R. R. Competition and the racial wage gap: Evidence from Brazil. **Journal of Development Economics**, n. 146, p. 102519, 2020.

IBGE. Desigualdades sociais por cor ou raça no Brasil, 2. ed. **Estudos e Pesquisas — Informação Demográfica e Socioeconômica**, v. 48, p. 1-16, 2022.

KRUEGER, A. **The Rise and Consequences of Inequality in the United States**. Palestra no Center for American Progress, Washington, DC, 12 jan. 2012.

LACOMBE, A. J.; SILVA, E.; BARBOSA, F. D. A. Rui Barbosa e a queima dos arquivos. Rio de Janeiro: Fundação Casa de Rui Barbosa, 1988.

LAUDARES, H.; CAICEDO, F. V. **Tordesillas, Slavery and the Origins of Brazilian Inequality**. CEPR Discussion Paper, n. 18245, 2023.

LOURY, G. C. **The Anatomy of Racial Inequality:** With a New Preface. Cambridge: Harvard University Press, 2021.

MONASTERIO, L.; EHRL, P. Colônias de povoamento *versus* colônias de exploração: de Heeren a Acemoglu. **Análise Econômica**, v. 37, n. 72, p. 213-239, 2019.

MONSMA, K. Vantagens de imigrantes e desvantagens de negros: emprego, propriedade, estrutura familiar e alfabetização depois da abolição no oeste paulista. **Dados**, v. 53, p. 509-543, 2010.

NORTH, D. C.; SUMMERHILL, W.; WEINGAST, B. R. Order, disorder, and economic change: Latin America *versus* North America. **Governing for prosperity**, p. 17-58, 2000.

NUNN, N. The historical roots of economic development. **Science**, v. 367, 2020.

NUNN, N. Slavery, inequality, and economic development in the Americas: An examination of the Engerman-Sokoloff hypothesis. **MPRA Paper**, n. 5869, 2007.

PAYNE, B. K.; VULETICH, H. A.; BROWN-IANNUZZI, J. L. Historical roots of implicit bias in slavery. **Proceedings of the National Academy of Sciences**, v. 116, n. 24, p. 11693-11698, 2019.

PSACHAROPOULOS, G.; PATRINOS, H. A. Returns to investment in education: a decennial review of the global literature. **Education Economics**, v. 26, n. 5, p. 445-458, 2018.

RANGEL, M. A. Is parental love colorblind? Human capital accumulation within mixed families. **The Review of Black Political Economy**, v. 42, n. 1-2, p. 57-86, 2015.

REECE, R. L. Genesis of US colorism and skin tone stratification: Slavery, freedom, and mulatto-black occupational inequality in the late 19th century. **The Review of Black Political Economy**, v. 45, n. 1, p. 3-21, 2018.

RODRIGUES, L. C. **Sobre as cinzas do cativeiro: educação, trabalho e terra entre ex-escravos e descendentes após a abolição no oeste paulista**. Tese (Doutorado) – Faculdade de Economia, Administração e Contabilidade da Universidade de São Paulo. São Paulo, p. 152, 2021.

ROSEN, S. Manufactured inequality. **Journal of Labor Economics**, v. 15, n. 2, p. 189-196, 1997.

ROSS S.; YINGER J. **The color of credit:** mortgage discrimination, research methodology, and fair-lending enforcement. Cambridge, MA: MIT Press, 2002.

SACERDOTE, B. Slavery and the intergenerational transmission of human capital. **Review of Economics and Statistics**, v. 87, n. 2, p. 217-234, 2005.

SOARES, R. R.; ASSUNÇÃO, J. J.; GOULART, T. F. A note on slavery and the roots of inequality. **Journal of Comparative Economics**, v. 40, n. 4, p. 565-580, 2012.

TURNER M. A. *et al.* **Discrimination in metropolitan housing markets:** national results from phase 1 HDS 2000. Washington, DC: The Urban Institute, Department of Housing and Urban Development, 2002.

CAPÍTULO 4

COMO FUNCIONA A CLASSIFICAÇÃO RACIAL?

FILLIPI NASCIMENTO[1],
ALYSSON PORTELLA[2] E
MICHAEL FRANÇA[3]

> Algumas pessoas dizem que eu sou negra. Todo mundo diz: se você não é branca, você é preta (passou de branco, preto é). Meu marido é preto, ele tem cabelo liso e eu o chamo de meu chocolate. As pessoas dizem que ele é preto, eu acho que ele é moreno. As pessoas dizem que eu sou preta porque meu pai é preto, mas eu digo que sou morena. Mas se todo mundo diz que eu sou preta... é porque é verdade. Na minha certidão de nascimento, eu sou parda, mas... eu não sou branca. E eu também não sou negra... Mas se você comparar preto com branco, então eu sou preta, não branca (Silva; Reis, 2012, p. 392, tradução nossa).

Quais termos poderíamos utilizar para melhor descrever alguém com base na sua raça? Por que esses termos seriam melhores? O que torna os outros inadequados? O que diferencia uma pessoa preta de uma pessoa chocolate? Essas

1. Pesquisador-assistente do Neri e doutorando do programa de pós-graduação em Sociologia da Universidade Federal de Pernambuco.
2. Pesquisador de pós-doutorado no Insper. Doutor em Economia dos Negócios pela mesma instituição.
3. Pesquisador no Insper e doutor em Teoria Econômica pela Universidade de São Paulo.

e outras questões se colocam diante da fala destacada, obtida do estudo das sociólogas Graziella Silva e Elisa Reis (2012), uma fala que revela com incrível sutileza as nuances por trás da classificação racial no Brasil. Ela nos permite visualizar as ambiguidades que muitos brasileiros enfrentam ao navegar pelas categorias raciais em uma sociedade na qual a cor da pele, a ancestralidade, a percepção social e as experiências individuais se entrelaçam de maneiras complexas e, às vezes, contraditórias. Mais ainda, essa fala realça o caráter socialmente construído do conceito de raça. Essas categorias, mais que estarem inscritas em pedra, são sujeitas a disputas e mudanças, tanto entre indivíduos como no tempo.

Nosso objetivo neste capítulo é fazer uma discussão detalhada sobre como operam os processos de classificação racial e quais são suas consequências, tanto em termos práticos como em relação às pesquisas. Começamos a seção dois com uma rápida distinção entre como funcionam as classificações raciais nos EUA e no Brasil. Essas diferenças entre Brasil e Estados Unidos atestam novamente o aspecto social da raça. Pessoas classificadas como negras nos EUA poderiam facilmente ser classificadas como brancas no Brasil e vice-versa. É justamente a história, a política e a cultura de cada um desses países que vai levar ao desenvolvimento distinto de quais são as categorias raciais, quem deve ser classificado em cada uma delas e a partir de quais critérios.

Em seguida, na seção três, discutimos as consequências práticas que diferentes formas de classificação racial têm sobre medidas de desigualdade racial. Por exemplo, classificar a população entre brancos, pretos e pardos leva a resultados similares se utilizarmos brancos e negros? A desigualdade racial é maior se a mensurarmos a partir do tom da pele das pessoas ou se usarmos a classificação em categorias? Como a classificação racial de uma pessoa é, no fundo, uma escolha, ela tem um caráter endógeno, podendo ser influenciada por fatores situacionais e socioeconômicos e, também, influenciar as conclusões dos pesquisadores. Por exemplo, suponha que pessoas mais ricas tendem a se classificar mais como brancas do que pessoas mais pobres, mas com o mesmo tom de pele. Nesse caso, os níveis de desigualdade racial de renda estariam sobre-estimados em relação a uma situação em que a renda não tivesse influência na classificação racial. Isso porque há maior concentração de pessoas de alta renda entre brancos quando a renda afeta a classificação racial em comparação com uma situação em que ela não afeta. Ou o contrário pode acontecer se pessoas com maior escolaridade se classificarem como negras com maior probabilidade, já que a escolaridade está associada à renda.

Na seção quatro, apresentamos estudos discutindo os diversos fatores que impactam na forma como as pessoas se entendem e percebem as outras racialmente. Finalmente, a seção cinco discute mudanças recentes nos padrões de classificação racial no Brasil. Nas últimas décadas, a população negra tem crescido mais rapidamente que a branca. Pesquisas apontam que a modificação na classificação racial é o principal fator por trás desse processo demográfico. Como afirmamos, justamente por ser uma construção social, as fronteiras entre as categorias raciais estão sujeitas a mudanças, e aqui apresentamos alguns fatores que parecem estar contribuindo para essa alteração no Brasil.

1 CONTRASTE ENTRE BRASIL E ESTADOS UNIDOS

Brasil e Estados Unidos são dois países que têm muito em comum no quesito das relações raciais. Ambos têm suas histórias marcadas pela escravidão transatlântica, que até hoje os afetam, como foi mostrado no capítulo 3. Nos dois países, desenvolveram-se sistemas de hierarquia racial que colocam brancos no topo e negros na base. As desigualdades raciais também estão presentes em diversas dimensões: renda, emprego, educação, saúde, exposição à violência.

Apesar dessas similaridades, as relações raciais no Brasil e Estados Unidos diferem em dimensões importantes. Em particular, o modo como as populações entendem a classificação racial é muito distinta, sendo comumente associados a dois polos opostos. De um lado, os Estados Unidos são caracterizados por um grande nível de segregação racial, em que a divisão entre brancos e negros é clara e principalmente baseada na descendência. A chamada regra de uma gota (*one-drop-rule*) determina que a presença de um descendente negro é suficiente para que uma pessoa seja classificada como tal, a despeito de sua cor de pele. A *one-drop-rule*, embora não seja mais reconhecida do ponto de vista legal, deixou um legado duradouro, influenciando a forma como a identidade racial é entendida e experimentada nos Estados Unidos hoje (Ward, 2022).

Já o sistema de classificação racial brasileiro reflete um contexto social e histórico que é marcadamente distinto do norte-americano. Antônio Guimarães (1999), estudioso das relações raciais, salienta que ele é baseado predominantemente em características fenotípicas, ou seja, por traços físicos como a cor da pele, a textura do cabelo, as características faciais, em vez da ascendência.[4] Essa ênfase no caráter fenotípico da classificação racial, no caso brasileiro, se deve à intensa miscigenação experimentada entre povos indígenas, europeus e africanos no curso da formação histórica do país. Esse processo resultou em uma população amplamente diversificada sobre a qual as diferenças aparentes tornaram-se a principal maneira de distinguir racialmente, já que as linhas de ancestralidade se tornaram cada vez mais entrelaçadas e indistintas.

4. Mas nem sempre foi desse jeito, pois o critério de descendência vigorou no Brasil em determinados momentos históricos, precisamente, entre os séculos 18 e 19, tal como descrito por Freyre (2015).

Esse mesmo processo contribuiu para uma visão mais fluida da raça, em que a identidade pessoal pode ser influenciada principalmente pela aparência física (Guimarães, 1999, 2017). Isso se reflete inclusive nas palavras que empregamos quando abordamos esse tema, sendo mais comum no Brasil o uso das palavras "cor" ou "cor da pele", sendo muito raro, em determinados contextos, o emprego da "raça" no discurso popular.

A cor, de certa forma, é até preferível, pois ela capta de uma forma melhor o aspecto contínuo das categorias raciais no Brasil, com graus consideráveis de ambiguidade e fluidez. O emprego desse termo, porém, não deve ser tomado como a inexistência de raças ou do racismo no Brasil, justamente porque a cor é utilizada da mesma maneira que a raça, sendo elas sinônimos nesse sentido. Combinada com uma ideologia racial, a cor, juntamente com a textura do cabelo e o formato do nariz e dos lábios, tende a ser utilizada para hierarquizar pessoas de acordo com seu valor (Telles, 2004).

No caso dos EUA, a classificação racial foi em grande parte de sua história uma questão de Estado. Após a Emancipação, diversos estados, em especial no Sul dos EUA, implementaram leis que explicitamente segregavam negros e brancos, as chamadas leis Jim Crow. Elas proibiam o acesso às mesmas escolas e hospitais e permitiam o tratamento diferenciado de acordo com a raça. Os casamentos interraciais também eram proibidos. Além de propagarem iniquidades, essas leis tiveram outro tipo de implicação: exigir que estados definissem legalmente quem era ou não negro, o que dependia primordialmente da ascendência. Por exemplo, no Censo de 1890, as categorias raciais disponíveis incluíam: branco, negro[5], mulato, *quadroon* e *octoroon*, essas duas últimas correspondendo a

◇◇◇◇◇◇

5. No original em inglês, black. Muito embora a palavra negro exista na língua inglesa e tenha sida utilizada por muito tempo, inclusive por afrodescendentes, atualmente ela deixou de ser empregada, sendo substituída por black. Aqui utilizamos a palavra negro por ela estar mais próxima do uso empregado no caso brasileiro, como será discutido adiante.

pessoas com um quarto e um oitavo de ascendentes negros. Não por acaso se desenvolveu e ainda é comum a aplicação da regra da uma gota nos EUA: mesmo com cor da pele clara, a pessoa é considerada negra se for descendente de negros.

No geral, a classificação racial nos EUA entre brancos e negros é relativamente consistente. A socióloga Wendy Roth (2016) mostra que entre 90 e 99% das pessoas negras são classificadas de forma consistente como negras, seja por elas mesmas ou por outras pessoas que as observam. Isso significa que a grande maioria das pessoas negras nos EUA é classificada como negra, independentemente da dimensão da raça que está sendo considerada.

Ao mesmo tempo, apesar de haver alta consistência na classificação de brancos e negros naquele país, alguns grupos populacionais são classificados de forma menos evidente, como os nativos americanos e os latinos. Os latinos são um caso à parte, pois sua participação no total da população tem crescido muito nas últimas décadas. Com isso, tem havido uma mudança nos padrões de classificação, levando à maior ambiguidade, caso comum na América Latina (Lee; Bean, 2004).

A definição de quem é branco ou negro, porém, não foi sempre a mesma nos EUA. Como uma construção social, influenciada pelo contexto político e cultural da época, as categorias raciais estão em constante mudança. Um exemplo interessante se refere aos italianos, irlandeses e judeus que, por muito tempo, foram considerados não brancos nos EUA (Davenport, 2020). Italianos, embora em uma proporção muito menor que os negros, também foram alvos de linchamento no Sul dos EUA nas últimas décadas do século 19 e início do século 20 (Seguin; Nardin, 2022). Da mesma forma, a classificação de afro-americanos deixou de levar em conta o nível de miscigenação para se tornar uma única categoria racial.

Atualmente, o Censo dos EUA classifica as pessoas com base em uma variedade de categorias raciais e étnicas, incluindo branco, negro ou afro-americano, nativo americano ou nativo do Alasca, asiático, nativo de Havaí ou outras ilhas do Pacífico, e pessoas de duas ou mais raças. Além disso, há uma categoria separada para hispânicos ou latinos, que podem ser de qualquer raça. Essa abordagem mais flexível permite às pessoas se identificarem de maneira mais precisa e autêntica.

O Brasil, diferentemente dos EUA, não teve uma classificação regulamentada pelo Estado dos grupos raciais no período pós-abolição, nem nenhuma forma explícita de segregação racial. Por isso, a classificação racial foi em grande parte deixada a cargo dos indivíduos. Os pesquisadores Edward Telles (2004) e Silvio Sansone (1997) discutem três sistemas de classificação no Brasil: a) o sistema "oficial" empregado pelo IBGE e no Censo, baseado no trinômio branco, pardo e preto, além das categorias amarelo e indígena; b) o sistema popular, extremamente ambíguo e com uma grande diversidade de termos empregados; e c) o sistema que foi originalmente defendido pelo movimento negro, baseado na dicotomia branco e negro (soma de pretos e pardos).

O sistema empregado pelo IBGE tem origem já no primeiro Censo Demográfico realizado em 1872. De acordo com o pesquisador Rafael Osório (2003), naquele ano já estavam presentes as três principais categorias utilizadas ainda hoje: preto, pardo e branco. O sistema passou por alterações ao longo dos anos, com mudança de algumas categorias e, em alguns casos, a pergunta sobre a classificação racial não foi incluída, como no Censo de 1970, durante a ditadura militar.

No formato atual, inclui também as categorias amarelo, acrescida no Censo de 1940, e a categoria indígena, incorporada a partir de 1991. A proporção de pessoas que se classificam como indígenas ou amarelas, porém, é muito pequena, não chegando a 1% da população total. Vale notar, ainda, que o termo pardo é comumente empregado para designar pessoas de origem miscigenada, além de, em certos casos, também incluir descendentes de indígenas, especialmente no Norte do país (Telles, 2004).

Já a classificação racial empregada popularmente no Brasil conta com uma diversidade imensa de termos utilizados. Por exemplo, algumas pesquisas solicitam que os entrevistados se classifiquem racialmente tanto de forma aberta, podendo escolher qualquer termo, quanto a partir de uma lista fechada de categorias, além de também incluir a classificação feita pelo entrevistador.

Sansone (2003) reporta 36 categorias diferentes sendo empregadas na classificação racial em perguntas abertas por 1.024 entrevistados em suas pesquisas, enquanto Telles (2004) reporta que na pesquisa do Datafolha de 1995 surgiu um total de 97 categorias, incluindo termos como "café com leite" ou "chocolate". Apesar da grande variedade de termos, a absoluta maioria escolhe apenas alguns: branco, moreno, pardo, moreno claro, preto e negro correspondem a 95% das respostas reportadas por Telles. Em particular, vale destacar a presença comum das categorias "moreno" e "moreno claro", trazendo grande ambiguidade. De fato, Telles revela que parte das pessoas que se classificaram como "morenas" em pesquisas com questões abertas foram classificadas como brancas (9%) ou pretas (24%) quando restritas às categorias do Censo (questão fechada), tanto por elas mesmas quanto pelo entrevistador. As combinações contendo pardo, porém, eram as mais comuns, implicando que o termo "moreno" tinha uma aplicação mais ampla, mas no geral abarcava pessoas que estavam no meio do espectro de cor da pele.

Finalmente, há a classificação defendida pelos movimentos negros, que busca reduzir a ambiguidade da classificação racial no Brasil a duas categorias: branco e negro. A defesa em favor do emprego do termo negro tem o objetivo de reduzir essa grande ambiguidade racial no Brasil, fortalecendo uma identidade coletiva comum e auxiliando na luta contra a discriminação, estigmatização da negritude e exclusão social, além de ter significativas repercussões políticas.

Apesar de a categoria negro ter sido pouco adotada espontaneamente no passado como forma de autoclassificação, o estudo de Sheriff (2001) revela que a população compreende e emprega a dicotomia branco-negro no dia a dia. Além disso, atualmente esse termo tem sido mais empregado, em especial entre jovens (Telles, 2004; Bailey; Telles, 2006).

Acadêmicos, em particular, também têm adotado em suas pesquisas classificação binária, em que negro corresponde à agregação de pretos e pardos na classificação do IBGE. Ela é em parte reforçada por alguns fatos estatísticos, já que na maioria das situações as diferenças entre pretos e pardos são mínimas, ao passo que as maiores diferenças ocorrem entre brancos vis-à-vis pretos e pardos.

É importante ressaltar que esses três sistemas podem conviver ao mesmo tempo e que as pessoas são capazes de transitar entre eles. O caráter social da raça justifica a recorrência dessas disputas e decisões, especialmente em um contexto como o brasileiro. Não existe uma forma correta de classificar racialmente as pessoas, sendo esta uma decisão influenciada por diversos fatores, sejam eles culturais, históricos, socioeconômicos e pessoais.

No Brasil, a consistência da classificação racial é relativamente baixa se comparada com os EUA, em especial quando consideramos não brancos. Por exemplo, Telles (2002) relata que 88% dos entrevistados que se declararam brancos na enquete de 1995 do Datafolha foram classificados da mesma forma pelo entrevistador. Esse número cai para 71,8% entre pardos e 58,5% entre pretos. Esses números sugerem que havia uma tendência de embranquecimento na população naquele período, uma vez que ainda existiam (e existem) estigmas associados à negritude no Brasil e essas categorias tendem a ser evitadas, em determinados contextos, até hoje pelas pessoas.

No entanto, em linhas gerais, a classificação racial brasileira tende a seguir o quesito da cor da pele das pessoas. Edward Telles e Tianna Paschel (2014) estudam a classificação em diversos países latino-americanos e, além da própria classificação racial, os pesquisadores consideram a cor da pele dos entrevistados, registradas por entrevistadores a partir de uma paleta de 11 cores, indo do tom mais claro ao mais escuro. Telles e Paschel mostram que, em todos os países latino-americanos, o tom da pele é o fator mais importante para determinar a classificação racial, com tons de pele mais escuros aumentando as chances de classificação como negro ou mestiço, que no Brasil correspondem a preto e pardo. Porém, há graus variados em que a cor da pele afeta a classificação, sendo ela mais determinante em alguns países que em outros.

No Brasil, o tom de pele tem importância moderada no contexto latino-americano, indicando que há países nos quais essa característica é mais determinante da classificação racial que no Brasil, enquanto em outros países diferentes fatores influenciam mais essa decisão que cor da pele. Eles também investigam o papel do tipo de cabelo na classificação racial brasileira, mostrando que cabelo crespo aumenta as chances de classificação como preto ou pardo.

Embora aspectos fenotípicos sejam importantes para explicar a classificação racial no Brasil, eles não são os únicos. Conforme já destacamos, fatores contextuais, culturais, históricos e socioeconômicos moldam a forma como brasileiros se identificam e são identificados por outros. As próximas seções abordam esses temas, além de elaborar sobre as mudanças contemporâneas nas fronteiras raciais brasileiras.

2 O TIPO DE CLASSIFICAÇÃO AFETA AS MEDIDAS DE DESIGUALDADE RACIAL?

É bem provável que ao ler algum estudo sobre desigualdades raciais no Brasil você tenha se deparado com a observação de que indivíduos negros têm ou tendem a ter, em média, níveis de escolaridade e de renda mais baixos na comparação com os brancos.

A despeito das condições que geram essas desigualdades (algumas das quais serão discutidas nos próximos capítulos), você já parou para pensar que a categoria negro pode incluir indivíduos com diferentes classificações raciais e origens culturais? Esse tipo de questionamento nos permite reconhecer a existência de diferenças qualitativas significativas dentro de uma única categoria racial.

Por exemplo, é possível que entre indivíduos negros as diferenças de escolaridade e de renda sejam muito mais acentuadas na comparação entre pretos e brancos que na comparação entre pardos e brancos. Também é possível que a categoria pardo compreenda indivíduos com ascendência indígena que não se autoclassificam como tal. É possível ainda que as categorias utilizadas no referido estudo não tenham contemplado aqueles indivíduos que preferiram se identificar como "morenos" ou como "da cor de chocolate", ou com outros termos, mas que sobre os quais também seria provável observar diferenças expressivas de renda e de escolaridade na comparação com indivíduos brancos. É, inclusive, possível que alguns indivíduos tenham se identificado como pardos em uma primeira edição do estudo e, em uma edição posterior, tenham se identificado como pretos, algo que conduziria a resultados díspares entre os grupos raciais analisados em ambas as edições do estudo.

O que queremos dizer com tudo isso é que o tipo de classificação racial pode ter um impacto significativo nas medidas de desigualdade racial. Assim, para examinarmos apropriadamente essas desigualdades devemos considerar os contextos e as particularidades de cada tipo de classificação.

Com o objetivo de fornecer uma compreensão mais abrangente da complexidade das classificações raciais e de como elas são vivenciadas e percebidas individual e socialmente, Roth (2016), a partir de ampla revisão da literatura especializada, sistematiza seis tipos de classificação:

a) Identidade racial: refere-se à identificação pessoal de um indivíduo com um grupo racial. É como alguém se vê em termos de raça.

b) Autoclassificação: é a categoria racial que um indivíduo escolhe ao responder a pesquisas ou censos. Pode ou não estar alinhada com a identidade racial.

c) Raça observada: é como os outros percebem a raça de um indivíduo com base em sua aparência. Isso pode variar dependendo do observador.

d) Raça refletida: refere-se à raça que um indivíduo acredita que os outros atribuem a ele. É a percepção de como alguém é racialmente classificado pela sociedade.

e) Fenótipo: envolve características físicas visíveis, como cor da pele, textura do cabelo e características faciais, que são frequentemente associadas à raça.

f) Ancestralidade racial: refere-se à linhagem de um indivíduo. É a raça dos antepassados de alguém.

Cada tipo tem sua própria relevância e utilidade em diferentes contextos de pesquisa e análise das questões raciais. Por exemplo: ao examinarem as estimativas de desigualdade de renda por grupos raciais no Brasil, os sociólogos Edward Telles e Nelson Lim (1998) verificaram que as estimativas baseadas na autoclassificação tendiam a ser menores que aquelas baseadas na classificação feita pelo entrevistador (raça observada). Ao final dos estudos, percebia-se que a classificação feita pelo entrevistador capturava com maior precisão as disparidades raciais do que a autoclassificação. Isso ocorria porque a classificação feita pelo entrevistador levava em consideração as percepções e opiniões de terceiros sobre a raça de um indivíduo, ao passo que a autoclassificação dependia exclusivamente da autoavaliação do indivíduo.

Nesse sentido, considerar a classificação feita pelo entrevistador era algo importante porque as percepções dos outros sobre a raça de uma pessoa tinham um peso maior na determinação dos resultados, no caso, os resultados na renda. Esse dado aponta para um tipo de efeito que a raça observada pode surtir em outras esferas da vida, como influenciar as oportunidades de emprego ou determinar diferenças salariais, entre outras medidas relevantes na explicação da desigualdade econômica em indivíduos de diferentes grupos raciais.

Por outro lado, as próprias categorias da autoclassificação podem agrupar as pessoas de maneiras distintas, conduzindo a diferentes resultados na análise das desigualdades raciais. Bailey, Loveman e Muniz (2013) destacam que, no contexto brasileiro, se um dado esquema de autoclassificação utiliza categorias amplas, como branco e não branco, ele tenderá a agrupar pessoas de diferentes origens raciais e étnicas em uma única categoria, o que pode mascarar as disparidades existentes entre os grupos. Entretanto, se esse esquema de classificação utiliza categorias mais detalhadas, como branco, preto, pardo, amarelo e indígena, será possível obter uma visão mais precisa das desigualdades raciais, permitindo uma análise mais aprofundada das disparidades entre os grupos.

Mesmo em esquemas bivariados, isto é, aqueles que consideram apenas duas categorias, como branco e não branco ou branco e negro, os autores observam diferenças significativas. Por exemplo, no esquema de regra de ascendência,[6] os não brancos localizados no quarto decil da distribuição de renda ganham, em média, cerca de 50% do que os brancos naquele decil ganham. Em contrapartida, no esquema de comparação de fotos[7], os negros no quarto decil ganham, em média, cerca de 63% do que os brancos ganham.

◇◇◇◇◇◇

6. O esquema de regra de descendência é aquele em que os indivíduos são classificados de acordo com a raça dos pais, como branco, se ambos os pais forem brancos, ou como preto, se pelo menos um dos pais for preto ou pardo.
7. O esquema de comparação de fotos nada mais é do que um esquema em que os indivíduos utilizam fotos para referenciar sua classificação racial.

Bailey, Loveman e Muniz (2013) também observam que a concordância entre a autoclassificação e a classificação atribuída por entrevistadores foi de 75%. Isso indica que a forma como os indivíduos se classificam racialmente pode não estar sempre alinhada com a maneira como são percebidos pelos outros. Especificamente no Brasil, a composição racial percebida pode oscilar significativamente dependendo do esquema de classificação empregado. A população pode variar entre 40,7% e 70,4% de brancos, ou de 10,8% e 59,3% de pretos/não brancos, dependendo dos meios de classificação.

Mesmo aspectos fenotípicos, como as gradações da cor da pele, podem afetar as medidas de desigualdade racial. O sociólogo Ellis Monk Jr. (2014, 2016), por exemplo, examina como a estratificação social e as desigualdades estão associadas com o tom da pele em vez das categorias raciais tradicionais, tanto nos EUA como no Brasil. No caso dos EUA, ele mostra que afro-americanos de pele mais clara em relação aos de pele mais escura tinham melhores condições de mobilidade social, renda mais alta e maior escolaridade, embora também tivessem maiores níveis de ansiedade e depressão.

Já no Brasil, Monk Jr. (2016) contrasta desigualdades ocupacionais e educacionais mensuradas a partir das categorias do Censo com aquelas obtidas a partir da cor da pele das pessoas. Ele mostra que, no geral, a cor da pele é um preditor melhor das desigualdades do que as categorias censitárias, destacando a importância de se considerar múltiplas medidas de raça para revelar de forma mais precisa as dimensões da desigualdade racial. Ao se basear exclusivamente na raça autoclassificada, pesquisadores poderiam concluir que não há associação entre raça e status ocupacional no Brasil, como Monk Jr. mostra em seu estudo a partir de dados de 2010 do Barômetro das Américas.

Para todos os casos, é imperativo que estejamos cientes das complexidades envolvidas na classificação racial e nas maneiras pelas quais ela pode afetar a mensuração das desigualdades.

Qualquer trabalho dedicado a este fim deve ser feito de forma cuidadosa, crítica e contextualizada, levando em consideração os aspectos históricos, culturais e sociais que moldam as identidades raciais e étnicas e as experiências da desigualdade.

3 FLUIDEZ RACIAL NO BRASIL: AMBIGUIDADE E CONTEXTO SOCIAL

É amplamente reconhecido o fato de que há no Brasil um conjunto de fatores que influenciam as percepções sobre a raça e a sua classificação. A classe social talvez seja o fator que mais se destaca nas manifestações e expressões populares. Certa vez, em um de seus shows, o rapper Mano Brown afirmou que "no Brasil, o preto rico fica branco". Outra expressão que condensa essa fala é a de que "dinheiro embranquece". Essas falas conseguem sintetizar a ideia de que a raça não é apenas uma questão de características físicas, mas sim algo que também está associado à posição social e econômica.

Trabalhos seminais na área de relações raciais no Brasil já investigavam a possibilidade de a condição socioeconômica influenciar a classificação racial. Charles Wagley (1952), por exemplo, já sugeria que a classe social poderia mudar a forma como negros eram percebidos por brancos. Carlos Hasenbalg (1979) também examinou essa influência da classe social sobre a percepção da raça e como esta poderia afetar a mobilidade socioeconômica.

Hasenbalg observou que os brasileiros de classes sociais mais altas com características fenotípicas associadas a grupos raciais historicamente marginalizados tendiam a ser enxergados como brancos, diferentemente dos indivíduos de classes sociais mais baixas com características semelhantes, que eram mais propensos a serem classificados como negros. Hasenbalg definiu esse processo como "branqueamento social", no qual a ascensão social e com ela a adoção de estilos de vida, comportamentos ou aparências popularmente associadas à "cultura branca" conduzem a uma mudança na percepção da raça de um indivíduo, notadamente de um indivíduo negro.

Outra forma de expressão desse suposto processo de branqueamento do status social é a chamada suposição da "escotilha de escape mulata" (tradução livre de *mulatto escape hatch*),[8] que permitia aos indivíduos autodeclarados pardos ocupar uma espécie de posição social intermediária entre brancos e negros, atenuando a penalidade racial associada à negritude. Essa suposição, porém, foi desafiada por pesquisadores como Winnant (1992) e, anteriormente, por Nascimento (1989), que argumentaram que negros e pardos tinham perfis socioeconômicos semelhantes, justificando o tratamento deles como uma única população não branca em estudos de desigualdade racial.

Entre as décadas de 1990 e 2000, efeitos desse processo de branqueamento foram captados em estudos como os de Luisa Schwartzman (2007), cujas evidências sugeriam que o status socioeconômico tinha um impacto significativo na forma como pais classificavam racialmente seus filhos. Seus resultados indicam que pais negros mais educados tendiam a se casar com pessoas brancas e que casais interraciais com maior nível educacional eram mais propensos a classificar seus filhos como brancos do que de casais com menor nível educacional. Ela mostra, porém, que houve um arrefecimento desse fenômeno entre 1996 e 2005, o que ela atribui a mudanças na política racial.

8. A expressão *mulatto scape hatch*, que aqui traduzimos para "escotilha de escape mulata", foi cunhada pelo sociólogo americano Everett Stonequist em 1935 para descrever um fenômeno observado em sociedades com uma longa história de miscigenação, como o Brasil. Segundo Stonequist, em tais sociedades, os indivíduos de ascendência mista (mulatos) poderiam, em certas circunstâncias, "escapar" do estigma e da discriminação associados à identidade negra e serem aceitos na sociedade branca.

Essa mudança temporal é, de certa forma, confirmada por Telles e Paschel (2014). Eles encontraram evidências de que o status socioeconômico está polarizando a classificação racial no Brasil, afastando os brasileiros de uma categoria de raça mista e em direção às categorias branca e preta. Porém, riqueza e educação agiriam em direções opostas: o nível de escolarização leva as pessoas a se identificarem como pretas, enquanto a riqueza faz com que elas se classifiquem como brancas, sendo o efeito maior no sentido de enegrecer do que embranquecer.

Aplicando metodologia similar à de Telles e Paschel (2014), Alysson Portella, Charles Kirschbaum e Naercio Menezes-Filho (2022) investigam se as notas dos alunos influenciam sua classificação racial, comparando alunos de cor da pele similares. Eles não encontram uma associação forte entre notas e classificação racial, porém mostram haver uma correlação entre as notas dos alunos negros e sua popularidade entre colegas brancos, o que poderia sugerir uma espécie de "embranquecimento" de suas relações sociais. Já Bailey e Telles (2006) investigam os determinantes da escolha do termo moreno e negro para classificação racial em questionários abertos. Eles mostram que maior escolaridade está associada a maior probabilidade de identificação com a categoria negro, mas menor chance de classificação como moreno.

David De Micheli (2021) destaca o papel crucial da educação formal na autopercepção racial dos indivíduos. A educação dá acesso a informações sobre desigualdades raciais, sobre a história da escravidão e sobre o legado da população negra para a cultura e história do país, permitindo a compreensão da raça como um dos fatores estruturantes da sociedade. Além disso, a ascensão educacional pode levar à reavaliação da identidade racial, especialmente quando indivíduos de origem desfavorecida ingressam em universidades de elite e percebem a predominância de brancos. Finalmente, a competição por cargos de alto nível, em que a discriminação racial é mais evidente, pode intensificar a consciência da própria identidade racial.

Os processos destacados por De Micheli (2021) corroboram com os do estudo de Mitchell-Walthour e Darity Jr. (2015), que examina os fatores que influenciam a identificação racial em Salvador e São Paulo. Os autores observaram que a maioria dos afro-brasileiros que se identifica como preto ou pardo tem um forte senso de destino ligado à raça (*black-linked fate*).[9] Eles também encontraram evidências de que a identificação racial é influenciada por outros fatores para além da cor da pele, como educação, renda e ocupação.

Fatores subjetivos e diferenças geográficas associadas a eles também podem afetar a classificação racial. Em uma análise mais detalhada, Mitchell-Walthour e Darity Jr. (2015) verificaram que, em Salvador, aqueles com alto *status* socioeconômico e um senso de destino ligado à raça eram mais propensos a se identificar como não negros. Já em São Paulo, essas distinções tinham um efeito maior na identificação como negro.

Outro elemento que também desempenha um papel importante na percepção sobre a raça no Brasil, bem como na forma como o indivíduo se autoclassifica, é o ambiente familiar. Em um amplo estudo etnográfico com famílias negras brasileiras, a socióloga Elizabeth Hordge-Freeman (2013) verifica que a distribuição de recursos afetivos e materiais pelos pais condiciona a percepção e identificação racial dos filhos. Isso quer dizer que os pais tanto podem transmitir aos filhos mensagens de orgulho e forte identificação racial quanto podem naturalizar a branquitude e promover a desvalorização de suas características negras.

9. A noção de *black-linked fate* (ou "destino associado ao negro", em tradução livre), cunhada pelo cientista político Michael Dawson (1994), se refere à ideia de um vínculo grupal entre os afro-americanos. Dawson argumenta que os americanos negros compartilham um vínculo grupal racial devido a um legado comum de discriminação racial e exclusão social nos Estados Unidos.

Da mesma forma, os pais podem distribuir recursos materiais de maneira diferente com base na raça dos filhos, o que pode afetar a forma como estes percebem sua posição social desde o núcleo familiar. Essas diferenças de tratamento podem ser captadas, por exemplo, na fala de uma das entrevistadas da pesquisadora, destacada a seguir.

> Ah, sim. Na família, o pessoal fica feliz em ter crianças. Eles tiveram o escuro primeiro..., mas quando o branco chegou, tudo mudou! O branco é tratado muito bem e o escuro é esquecido... O preto é castigado porque dizem que tem a "cara de escravo" (Hordge-Freeman, 2013, p. 1507, tradução nossa).

Evidências quantitativas desse processo foram encontradas por Marcos Rangel (2015) e Letícia Marteleto e Molly Dondero (2016), que analisam diferenças de escolaridade entre irmãos com classificações raciais diferentes. Essa expressão da discriminação racial que se dá já nos primeiros estágios da socialização repercute diretamente na definição das identidades raciais, incutindo na mente dos filhos um suposto papel de subalternidade associado à raça. Esse papel pode ou não ser questionado ao longo da trajetória pessoal dos filhos, de modo que eles tendem a evitar se definirem como negros ou fazem questão de serem definidos como tais. Paralelamente, essa mesma expressão da discriminação racial reforça estruturas mais amplas de racismo. Ao ensinar aos filhos desde cedo que certas cores de pele são mais valorizadas do que outras, esses pais acabam perpetuando a ideia de que a raça é uma determinante válida do valor e do status humano.

A educação, seja ela familiar ou institucional, desempenha um papel crucial na formação da identidade racial. No ambiente familiar, em muitos dos casos, as crianças são apresentadas aos conceitos de raça e cor associados a hierarquias sociais. Essas primeiras percepções podem moldar a maneira como elas se veem e se posicionam em relação à sua própria identidade racial. Porém, essas primeiras percepções podem ser desafiadas e reformuladas no curso da trajetória individual.

Os sociólogos Jerônimo Muniz e José Luiz Bastos (2017) utilizam a expressão "incerteza racial geográfica" para se referirem à propensão diferenciada de reclassificação de indivíduos residentes em diferentes regiões do país. Isso significa que a proporção de pessoas classificadas como negras, por exemplo, pode variar significativamente entre diferentes estados ou municípios, e isso pode afetar a comparação de desigualdades raciais em diferentes regiões.

Nas regiões Norte e Nordeste, por exemplo, onde há uma predominância de descendentes de africanos e indígenas, a reclassificação para pardos ou pretos tende a ser mais comum. No Sul e no Sudeste do país, porém, sobre as quais as imigrações europeia e asiática se deram de forma mais intensa, a reclassificação racial tende a ser mais propensa às categorias branco ou amarelo. Em ambos os casos, a percepção de raça não se refere apenas à cor da pele, mas também a uma certa identidade cultural e a uma sensação de pertencimento moldada histórica e regionalmente (Muniz; Bastos, 2017).

Fatores situacionais também podem exercer influência sobre a percepção racial. Telles (2002) observa que, no caso brasileiro, uma pessoa pode escolher realçar certos aspectos de sua identidade racial em uma dada situação e minimizá-los em outra. Por exemplo, em um contexto no qual se identificar como pardo pode trazer vantagens, é possível que um indivíduo opte por essa identidade. Exemplos não faltam: desde políticos que visam adquirir apoio popular a candidatos que visam ser selecionados em concurso público. É igualmente possível que aquele indivíduo, ao se encontrar em ambiente onde a identidade branca é vista como mais aceitável ou vantajosa, se identifique como branco. Isso pode acontecer em contextos nos quais há preconceitos ou estereótipos negativos associados à identidade negra, ou, mais provavelmente, nos quais a ambiguidade racial é mais facilmente aceita (Telles; Paschel, 2014).

4 ONDE FICAM AS FRONTEIRAS RACIAIS NO BRASIL?

O pesquisador do IPEA Serguei Soares (2008) começa seu capítulo no volume que marca os 120 anos da abolição, organizado por Mário Theodoro (2008), com alguns fatos sobre a evolução da composição racial no Brasil. Em 1890, 56% dos brasileiros eram negros. Já em 1940 essa proporção caiu para 35,8%. Essa queda foi resultado das políticas governamentais que tinham o explícito objetivo de embranquecer a população brasileira. Contudo, desde a década de 1940, a proporção de negros na população brasileira não para de crescer. No Censo de 1960, negros eram 38% da população e, em 1980, 44%. 2007 marca o ano em que a população negra (preta e parda) voltou a ser maioria no país.

Soares (2008) nota uma aceleração no crescimento da população negra no Brasil nos anos 2000. De 2001 a 2007, a proporção de negros aumentou cerca de 0,7 ponto percentual por ano, muito superior ao 0,15 ponto percentual registrado entre 1940 e 1999. Com a baixa taxa de imigração no período, ele levanta três hipóteses para explicar esse aumento: diferentes taxas de fecundidade entre os grupos raciais; miscigenação e mudança na identificação racial ao nascer; e mudança na identificação racial da população como um todo. Sua análise leva à seguinte conclusão: a mudança, na forma como as pessoas se veem racialmente, é de longe o principal fator para explicar o enegrecimento da população brasileira.

Conclusão similar também foi defendida mais recentemente por Josimar Jesus e Rodolfo Hoffmann (2020), que destacam que o fenômeno é mais forte nas regiões Sul e Sudeste do país. Vitor Miranda (2015) também estuda esse fenômeno, mostrando que pelo menos um em cada três pretos no Censo de 2010 é resultado de reclassificação, sendo ela particularmente forte entre homens e jovens.

O que está ocorrendo no Brasil desde os anos 2000 é uma mudança nas fronteiras raciais. De acordo com o sociólogo Andreas Wimmer (2008), essas fronteiras determinam quem pertence a qual grupo racial e sugerem que tipos de relações e comportamentos são adequados para cada um deles. Assim, como os grupos raciais são construídos socialmente, as fronteiras entre esses grupos também são fluidas, resultado de fatores históricos, sociais, políticos e econômicos e, portanto, sujeitos a mudança ao longo do tempo.

Esse fenômeno não é exclusividade brasileira. Como destacamos anteriormente, a definição de quem é ou não é branco nos EUA mudou com o passar dos anos: no século 19, italianos, irlandeses e judeus não pertenciam a esse grupo e eram tratados discriminatoriamente. Hoje, porém, eles estão integrados entre a maioria branca norte-americana.

Diversos outros trabalhos documentaram mudanças no padrão de classificação racial no Brasil utilizando outros dados e metodologias. Por exemplo, Letícia Marteleto (2012) investiga a evolução das diferenças raciais de anos de escolaridade entre jovens brancos, pardos e pretos entre 1982 e 2007. Ela nota convergência entre esses grupos e desaparecimento de diferenças entre pardos e pretos, que em 1982 favorecia os primeiros. Mostra ainda que parte desse movimento se deve justamente à mudança no padrão de classificação racial dos filhos: pais mais escolarizados passaram a classificar mais seus filhos como pretos em vez de pardos ou brancos.

Já Adriano Senkevics (2020) analisou a reclassificação racial de jovens brasileiros que participaram do Enem entre 2010 e 2016, quando houve um aumento na proporção de participantes pretos e pardos e uma queda na proporção de brancos. Cerca de 20% dos participantes mudaram sua classificação racial ao longo dos anos e ele nota que a mudança de branco para pardo foi mais comum do que o inverso. Além disso, enquanto a mudança na proporção de brancos e pardos no Enem se deveu principalmente a mudanças no perfil dos novos inscritos, o crescimento na proporção de pretos se deveu majoritariamente à reclassificação racial.

O que está por trás dessa mudança nas fronteiras raciais no Brasil? Serguei (2008) sugere ao final do seu artigo que esse é um resultado da atuação do Movimento Negro e dos que defendem suas pautas na sociedade. Ele levanta a importância do debate público sobre identificação racial, da representação na mídia via fortes personagens negros e da presença de negros em cargos públicos de relevância. Além disso, políticas de ações afirmativas implementadas no Brasil desde os anos 2000, em especial no ensino superior público, também podem ter contribuído para mudanças na identidade racial.

Poucos trabalhos, porém, buscam avaliar os fatores por trás da recente mudança no padrão classificatório brasileiro. Em um dos capítulos de sua tese de doutorado, o economista Michael França (2020) mostra que, entre os anos 1980 a 2000, a exposição das famílias às telenovelas da Rede Globo aumentava as chances de os pais classificarem seus filhos como brancos. Naquela época, a representação limitada e estereotipada de personagens negros nas telenovelas da Rede Globo pode ter reforçado a ideia de que ser branco era o "normal" ou o "ideal". Isso, por sua vez, pode ter influenciado a maneira como os pais classificavam racialmente seus filhos.

Além disso, a falta de representação positiva de personagens negros na mídia pode ter contribuído para a internalização de atitudes e preconceitos raciais, o que pode ter levado os pais a classificar seus filhos como brancos na tentativa de protegê-los das desvantagens associadas à identidade negra em uma sociedade racialmente estratificada.

Há também alguma evidência empírica de que ações afirmativas estejam contribuindo para as mudanças na classificação racial. Os pesquisadores Andrew Francis e Maria Tannuri-Pianto (2012, 2013, 2015) mostram que a implementação das cotas na Universidade de Brasília elevou as chances de alunos com tom de pele mais escuro se classificarem como negros. Eles tentam diferenciar entre mudanças na identidade racial reais, de longo prazo, daquelas oportunistas, de curto prazo.

Os resultados sugerem que há algum movimento oportunista de candidatos no vestibular. Alguns deles se declaram negros durante a candidatura, mas alteram essa classificação uma vez matriculados, sendo esse efeito mais forte entre candidatos com tons de pele menos escuros. Já entre aqueles com cor de pele mais escura, a introdução das cotas reforçou a classificação racial como negros tanto antes como depois da matrícula, sugerindo um fortalecimento da identidade negra. Embora esses resultados se refiram a apenas uma universidade e não tenhamos conhecimento de nenhum estudo que avalie as políticas de ações afirmativas como um todo, é possível que efeitos similares tenham ocorrido com o avanço das cotas em universidades federais e estaduais.

Finalmente, De Micheli (2021) argumenta que o principal fator por trás das mudanças na classificação racial no Brasil é a expansão educacional que ocorreu no período. Como já apresentamos anteriormente, De Micheli lista ao menos três razões para indivíduos mais escolarizados terem maior identificação como negros: maior acesso à informação; diferentes espaços de sociabilidade; e introdução a ambientes majoritariamente brancos e, possivelmente, mais discriminadores.

Ele mostra que os padrões de reclassificação racial em direção às categorias parda e, especialmente, preta no Brasil ocorreram principalmente entre pessoas com ensino médio ou superior completo e entre pessoas com renda mais baixa. Além disso, ele também conduz experimentos que indicam haver pouca margem para manipulação racial de curto prazo com a intenção de auferir certos benefícios, sugerindo que as pessoas não utilizam sua classificação racial de maneira instrumental. Isso seria um contra-argumento à explicação de que as mudanças nos padrões de classificação seriam consequência da expansão das políticas de ações afirmativas.

5 CONSIDERAÇÕES FINAIS

A classificação racial, como explorado ao longo deste capítulo, é um fenômeno social que está repleto de sutilezas, especialmente no contexto brasileiro. As identidades raciais se transformam e evoluem em respostas a mudanças socioeconômicas, interpessoais, individuais e situacionais. Elas estão intrinsecamente ligadas às estruturas sociais, ao empoderamento das comunidades e à conscientização individual. No contexto brasileiro, a ampliação do debate racial tem se repercutido na reavaliação da identidade de muitos brasileiros.

Por muito tempo, a ideologia do branqueamento esteve enraizada na sociedade brasileira, baseada na ideia de que a ascensão social estaria associada ao processo de embranquecimento, seja pela mudança na percepção da própria identidade racial, seja por meio do casamento com pessoas de pele mais clara. Havia um padrão racial que favorecia os brancos e perpetuava desigualdades.

No entanto, nas últimas décadas, temos presenciado uma notável inversão dessa tendência. Em um contexto de crescente conscientização sobre a importância da diversidade e inclusão, a valorização da identidade negra tem se tornado cada vez mais prevalente. A população brasileira tem se engajado em uma redefinição de suas identidades raciais, este empoderamento e reivindicação da identidade negra são indicativos de como a fluidez racial pode ser uma força social positiva.

Em última análise, a fluidez racial é um testemunho da complexidade da identidade humana. Ela desafia as noções preconcebidas de raça e abre caminho para uma compreensão mais inclusiva e holística da humanidade. O reconhecimento da fluidez racial como componente integral da sociedade brasileira é essencial e deve ser acompanhado de esforços contínuos para cultivar espaços inclusivos.

REFERÊNCIAS BIBLIOGRÁFICAS

BAILEY, S. R.; LOVEMAN, M.; MUNIZ, J. O. Measures of "race" and the analysis of racial inequality in Brazil. **Social Science Research**, v. 42, n. 1, p. 106-119, 2013.

DE MICHELI, D. Racial reclassification and political identity formation. **World Politics**, v. 73, n. 1, p. 1-51, 2021.

FRANÇA, M. T. R. **Fecundidade, identificação racial e desigualdade.** Tese de Doutorado. Universidade de São Paulo, São Paulo, 2020.

FRANCIS, A. M.; TANNURI-PIANTO, M. Endogenous race in Brazil: affirmative action and the construction of racial identity among young adults. **Economic Development and Cultural Change**, v. 61, n. 4, p. 731-53, 2013.

FRANCIS, A. M.; TANNURI-PIANTO, M. Using Brazil's racial continuum to examine the short-term effects of affirmative action in higher education. **Journal of Human Resources**, v. 47, n. 3, p. 754-784, 2012.

FRANCIS-TAN, A.; TANNURI-PIANTO, M. Inside the black box: affirmative action and the social construction of race in Brazil. **Ethnic and Racial Studies**, v. 38, n. 15, p. 2771-90, 2015.

GUIMARÃES, A. S. A. **Preconceito racial:** modos, temas e tempos. [s. l.]: Cortez Editora, 2017.

GUIMARÃES, A. S. A. **Racismo e anti-racismo no Brasil.** São Paulo: Fundação de apoio à Universidade de São Paulo: Editora 34, 1999.

GUIMARÃES, A. S. The brazilian system of racial classification. **Ethnic and Racial Studies**, v. 35, n. 7, p. 1-6, 2012.

HARRIS, M. *et al.* Who are the whites?: imposed census categories and the racial demography of Brazil. **Social Forces**, v. 72, n. 2, p. 451-462, 1993.

HORDGE-FREEMAN, E. What's love got to do with it?: racial features, stigma and socialization in Afro-Brazilian families. **Ethnic and Racial Studies**, v. 36, n. 10, p. 1507-1523, 2013.

JESUS, J. G.; HOFFMANN, R. De norte a sul, de leste a oeste: mudança na identificação racial no Brasil. **Revista Brasileira de Estudos de População**, v. 37, 2020.

LEE, J.; BEAN, F. D. America's changing color lines: Immigration, race/ethnicity, and multiracial identification. **Annual Review of Sociology**, v. 30, p. 221-242, 2004.

MARTELETO, L. J. Educational inequality by race in Brazil, 1982-2007: Structural changes and shifts in racial classification. **Demography**, v. 49, p. 337-358, 2012.

MIRANDA, V. A resurgence of black identity in Brazil? Evidence from an analysis of recent censuses. **Demographic Research**, v. 32, p. 1603-1630, 2015.

MITCHELL, J. Back to race, not beyond race: multiraciality and racial identity in the United States and Brazil. **Comparative Migration Studies**, v. 10, n. 1, p. 1-17, 2022.

MITCHELL-WALTHOUR, G.; DARITY JR., W. Choosing blackness in Brazil's racialized democracy: the endogeneity of race in Salvador and São Paulo. **Latin American and Caribbean Ethnic Studies**, v. 9, n. 3, p. 318-348, 2014.

MONK JR., E. P. Skin tone stratification among Black Americans, 2001-2003. **Social Forces**, v. 92, n. 4, p. 1313-1337, 2014.

MONK JR., E. P. The cost of color: Skin color, discrimination, and health among African Americans. **American Journal of Sociology**, v. 121, n. 2, p. 396-444, 2015.

MUNIZ, J. O.; BASTOS, J. L. Volatilidade classificatória e a (in)consistência da desigualdade racial. **Cadernos de Saúde Pública**, v. 33, 2017.

NASCIMENTO, A. **Brazil, mixture or massacre?** Essays in the genocide of a Black people. [S.l.]: The Majority Press, 1989.

PORTELLA, A.; KIRSCHBAUM, C.; MENEZES-FILHO, N. Racial social norms among Brazilian students: Academic performance, popularity, and racial identification. **Proceedings of the National Academy of Sciences of the United States of America**, v. 119, n. 27, p. e2117956119, 2022.

ROTH, W. The multiple dimensions of race. **Ethnic and Racial Studies**, v. 39, n. 8, p. 1310-1338, 2016.

SANTOS, S. A. Historical roots of the "whitening" of Brazil. **Latin American Perspectives**, v. 29, n. 1, p. 61-82, 2002.

SCHWARTZMAN, L. F. Does money whiten? Intergenerational changes in racial classification in Brazil. **American Sociological Review**, v. 72, p. 940-963, 2007.

SEGUIN, C.; NARDIN, S. The lynching of Italians and the rise of antilynching politics in the United States. **Social Science History**, v. 46, n. 1, p. 65-91, 2022.

SENKEVICS, A. S. De brancos para negros? Uma análise longitudinal da reclassificação racial no Enem 2010-2016. **Dados**, v. 65, 2022.

SILVA, G. M.; LEÃO, L. T. O paradoxo da mistura: identidades, desigualdades e percepção de discriminação entre brasileiros pardos. **Revista Brasileira de Ciências Sociais**, v. 27, p. 117-133, 2012.

SILVA, G.; REIS, E. The multiple dimensions of racial mixture in Rio de Janeiro, Brazil: from whitening to Brazilian negritude. **Ethnic and Racial Studies**, v. 35, n. 3, p. 382-399, 2012.

SOARES, S. **A demografia da cor:** a composição da população brasileira de 1890 a 2007. As políticas públicas e a desigualdade racial no Brasil, v. 120, p. 97-117, 2008.

TELLES, E. E. Racial ambiguity among the brazilian population. **Ethnic and Racial Studies**, v. 25, p. 415-441, 2002.

TELLES, E. E. Who are the morenas? **Social Forces**, v. 73, n. 4, p. 1609-1611, 1995.

TELLES, E. E. **Pigmentocracies:** ethnicity, race, and color in Latin America. 1. ed. Chapel Hill: The University of North Carolina Press, 2014.

TELLES, E. **Race in Another America.** Princeton University, Princeton, NJ, 2004.

TELLES, E.; FLORES, R. D.; URREA-GIRALDO, F. Pigmentocracies: educational inequality, skin color and census ethnoracial identification in eight Latin American countries. **Research in Social Stratification and Mobility**, v. 40, p. 39-58, 2015.

TELLES, E.; FLORES, R. Not just color: Whiteness, nation, and status in Latin America. **Hispanic American Historical Review**, v. 93, p. 411-449, 2013.

TELLES, E.; LIM, N. Does it matter who answers the race question? Racial classification and income inequality in Brazil. **Demography**, v. 35, p. 465-474, 1998.

TELLES, E.; PASCHEL, T. Who is black, white, or mixed race? How skin color, status, and nation shape racial classification in Latin America. **American Journal of Sociology**, v. 120, p. 864-907, 2014.

WARD, M. The legacy of slavery and contemporary racial disparities in arrest rates. **Sociology of Race and Ethnicity**, v. 8, n. 4, p. 534-552, 2022.

WIMMER, A. The making and unmaking of ethnic boundaries: A multilevel process theory. **American Journal of Sociology**, v. 113, n. 4, p. 970-1022, 2008.

WINANT, H. Rethinking race in Brazil. **Journal of Latin American Studies**, v. 24, n. 1, p. 173-192, 1992.

PARTE 2

CAPÍTULO 5

UNIÃO ENTRE A ACADEMIA E A MÍDIA: O ÍNDICE FOLHA DE EQUILÍBRIO RACIAL

ALYSSON PORTELLA[1],
MICHAEL FRANÇA[2] E
SERGIO FIRPO[3]

Talvez uma das maiores ações de publicidade na história do nosso país tenha sido transformar a princesa Isabel na "Redentora" que finalmente pôs fim à escravidão no Brasil. Entretanto, podemos ver na história oculta a essencial atuação do movimento abolicionista, liderado por negros como Luiz Gama, André Rebouças e José do Patrocínio. Este último, inclusive, era dono do jornal abolicionista *Gazeta da Tarde*, que continuamente denunciava os horrores da escravidão. Num período em que eram comuns nos periódicos brasileiros anúncios que descreviam em detalhes as características físicas dos escravizados à venda ou de

◇◇◇◇◇◇

1. Pesquisador de pós-doutorado no Insper. Doutor em Economia dos Negócios pela mesma instituição.
2. Pesquisador no Insper e doutor em teoria econômica pela Universidade de São Paulo.
3. Secretário de Monitoramento e Avaliação de Políticas Públicas e Assuntos Econômicos do Ministério do Planejamento e Orçamento e professor de Economia do Insper. Tem Ph.D. em Economia (2003) pela Universidade da Califórnia, em Berkeley.

fugitivos, o jornal de Patrocínio exibia anúncios similares denunciando os escravocratas do país.

A atuação da mídia foi importante na luta contra a escravidão e continua sendo hoje no combate às desigualdades raciais. O debate público, muitas vezes mediado por veículos de informação, é essencial para que a população esteja a par, por exemplo, das disparidades entre brancos e negros. E isso é importante, sobretudo, para que haja uma conscientização eficiente sobre a realidade que se apresenta à população, mas também para promover experiências positivas que possam ajudar a resolver o problema. Mas, embora a mídia represente uma aliada importante na luta pela equidade racial, muitas vezes ela só se faz presente depois de acontecimentos trágicos, como a morte de um jovem negro americano, chamado George Floyd, asfixiado por um policial branco.

Em 2021, a convite da *Folha de S. Paulo* e da jornalista Érica Fraga, desenvolvemos no âmbito do Núcleo de Estudos Raciais do Insper (Neri) o Índice Folha de Equilíbrio Racial (IFER). O Índice contribuiu para trazer uma série de novas perspectivas para o debate racial brasileiro. Juntamente com uma ampla apuração jornalística, o projeto recebeu o nome de "A Cor da Desigualdade no Brasil".

O Ifer foi inspirado no Índice de Desenvolvimento Humano (IDH), lançado todo ano pelo Programa das Nações Unidas para o Desenvolvimento (PNUD). O IDH mede a qualidade de vida em três dimensões: renda, educação e saúde, variando de 0 a 1 e sendo comparável entre todos os países. Do mesmo modo, o Ifer é composto de três componentes: renda, educação e longevidade. Mas, diferentemente do IDH, o melhor valor possível para o Ifer é zero, situação que ocorre apenas quando a proporção de negros em grupos de interesse é exatamente igual à sua proporção na população como um todo. Ele pode variar de −1 até 1, valores negativos representam o grau da sobrerrepresentação branca e positivos a negra, com −1 correspondendo a uma situação de completa sobrerrepresentação de brancos e 1 de completa sobrerrepresentação de negros. A ferramenta foi aplicada nas cinco regiões do Brasil, em 27 unidades da federação, permitindo sua comparação ao longo do tempo.

Neste capítulo apresentamos um compilado de resultados produzidos a partir de dados do Ifer. A análise se estende entre 2001 e 2022, sendo em grande medida baseada em relatórios produzidos pelo Neri em 2021 e 2022 (Firpo *et al.*, 2021, 2022). Os dados de 2022 são atuais e não aparecem nos relatórios mais antigos. A partir do estudo dos componentes do Ifer, temos um quadro geral dos desequilíbrios raciais em três importantes dimensões da vida. Em cada uma delas, podemos constatar que negros estão em desvantagem em relação aos brancos. A população negra está menos representada no topo da distribuição de renda, tem menos acesso ao ensino superior e chega com menos frequência a idades mais avançadas.

Esse quadro, porém, esconde uma série de heterogeneidades regionais e temporais. De modo geral, os estados do Sul e Sudeste do país possuem desequilíbrios maiores que Norte, Nordeste e Centro-Oeste. Embora observamos algum progresso no Ifer, na velocidade em que está se dando, ainda demoraria quase um século para alcançarmos o almejado equilíbrio racial e, assim, eventualmente podermos dizer que vivemos em uma democracia racial. Além disso, cada um dos seus componentes demonstrou trajetória distinta, com melhora na educação, estagnação na renda, e piora na longevidade.

Neste capítulo, introduzimos o Ifer, mostrando como ele é calculado e com quais bases de dados. Na seção seguinte, apresentamos os resultados principais de âmbito nacional, regional e estadual, além das estimativas sobre a convergência futura do índice. Por fim, fazemos uma análise complementar à do Ifer, de modo a oferecer mais detalhes sobre a dinâmica dos componentes de renda e educação. Apresentamos o equilíbrio racial ao longo das diversas faixas de renda e mostramos os desequilíbrios raciais na pós-graduação, no ensino médio e no fundamental, além de investigar como o desequilíbrio racial nas taxas de matrícula na educação formal evolui dos 5 aos 25 anos de idade.

Este capítulo serve como um abre-alas para uma discussão maior baseada em estatísticas e evidências empíricas, que serão desenvolvidas ao longo dos próximos capítulos. Aqui, pintamos um quadro geral da desigualdade racial no Brasil, resumindo-o em uma série de números de fácil interpretação e comparação.

1 METODOLOGIA

1.1 ÍNDICE DE EQUILÍBRIO RACIAL

O Ifer está baseado no Índice de Equilíbrio Racial (IER), que mensura a distância da composição racial de um determinado subgrupo populacional de interesse em relação à sua composição em uma população de referência. Por exemplo, podemos comparar negros com ensino superior no estado de São Paulo (grupo de interesse) à população total de negros no estado de São Paulo (grupo de referência). Entre suas vantagens está sua fácil estimação e interpretação.

Para calculá-lo, basta saber duas proporções: a de negros em uma determinada variável de interesse e a de negros em uma determinada população de referência. Ele também pode ser utilizado em diferentes níveis de agregação geográfica, como nacional, regional e estadual. Outro fator importante é que ele permite a comparação de desequilíbrios entre regiões que diferem muito em termos de composição racial. Esse atributo é especialmente importante no caso brasileiro, em que há grande heterogeneidade na proporção de negros entre as regiões. Por exemplo, há proporcionalmente muito mais negros na Bahia que no Rio Grande do Sul.

Formalmente, o IER varia de −1 até 1, representando respectivamente os casos em que há apenas negros ou apenas brancos em uma dada situação. Zero, em oposição, corresponde ao caso de perfeito equilíbrio racial, quando a proporção de negros na população de interesse é exatamente igual à proporção de negros na população de referência. Esse índice foi pioneiramente desenvolvido por Ransom e Sutch (2001) e depois aplicado no contexto brasileiro em trabalhos como Firpo *et al.* (2021) e Rodrigues (2021). Aqui, utilizamos uma fórmula nova para o *IER*, apresentada por Firpo *et al.* (2023):

$$IER_{(bj,p)} = \frac{(b_j - p)}{\sqrt{(b_j - p)\ 2 + b_j\ (1 - b_j)}}$$

O IER depende de dois parâmetros. Considerando uma população de interesse com característica *j* qualquer — como ter ensino superior completo ou estar entre as pessoas mais ricas ou mais velhas da população —, a proporção de negros nesse grupo *j* é dada por b_j. Já a proporção de negros na população de referência — no nosso caso, a população acima de 30 anos, em uma dada unidade geográfica —, é dada por *p*.

O Índice Folha de Equilíbrio Racial (IFER) é o resultado da combinação do IER calculado para três dimensões, tendo por base as seguintes populações de interesse: pessoas com ensino superior completo (b_{educ}); pessoas com renda suficiente para colocá-las entre os 10% mais ricos dos brancos[4] (b_{rend}); e pessoas com idade suficiente para colocá-las entre os 10% mais velhos dos brancos (b_{long}). Para essas três dimensões, consideramos apenas pessoas com 30 anos ou mais. O Ifer é simplesmente a média aritmética dessas três dimensões:

$$IER_{total} = \frac{(IER_{(educ)} + IER_{(rend)} + IER_{(long)})}{3}$$

◇◇◇◇◇◇

4. Utilizamos a renda de todas as fontes como medida de rendimentos. Elas incluem tanto salários como outras fontes de rendas, como aposentadoria, aluguéis, transferências governamentais, entre outros.

Com o objetivo de complementar as informações do Ifer, também empregamos o IER para investigar diferenças raciais em diferentes faixas de renda, no acesso a outras etapas de ensino e em taxas de matrículas brutas e líquidas, bem como na longevidade para diferentes faixas etárias.

Utilizamos dados da Pesquisa Nacional por Amostra de Domicílios (PNAD) de 2001 a 2015 e da Pesquisa Nacional por Amostra de Domicílios Contínua (PNADC) de 2012 a 2022, disponibilizados pelo Instituto Brasileiro de Geografia e Estatística (IBGE), para computar todas as estatísticas apresentadas. Ambas as pesquisas são representativas nacionalmente, com exceção da zona rural da região Norte do país até 2004. Elas também permitem análises de âmbito regional e estadual.

2 ÍNDICE DE FOLHA DE EQUILÍBRIO RACIAL E SEUS COMPONENTES

Nesta seção, apresentamos os principais resultados do Ifer e seus componentes de abrangência nacional, regional e estadual. A Figura 1 apresenta a evolução do Ifer e os componentes de renda, educação e longevidade entre os anos 2001 e 2022 para todo o país. O Ifer, que consiste na média aritmética dos três subíndices, variou de −0,39 em 2001 para −0,30 em 2022. Houve, assim, uma leve melhora da equidade racial no período. Há, porém, grande variação nesse resultado entre os três componentes.

O componente de longevidade foi o único que apresentou piora ao longo do período considerado, passando de −0,05 em 2001 para cerca de −0,12 em 2022. O melhor IER Longevidade foi observado em 2003 (−0,04), quando houve maior aproximação em relação à equidade racial. Parte disso pode ser explicada pelas diferenças raciais no acesso à saúde e exposição à violência, tópicos que serão tratados com mais detalhes nos capítulos 11 e 12, respectivamente.

Figura 1. Evolução do Ifer em âmbito nacional

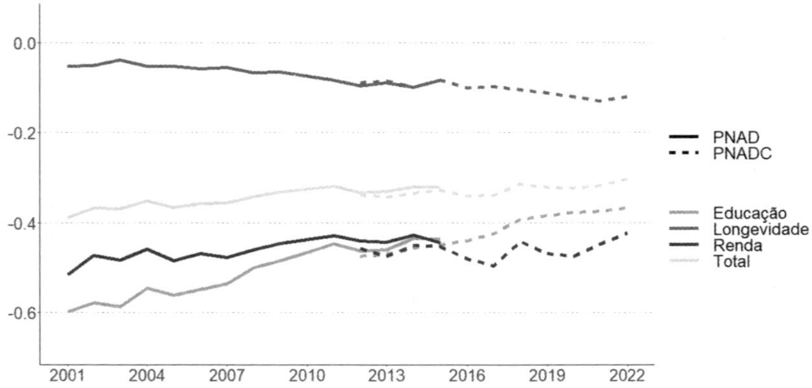

Já o componente de educação foi o que mais avançou, passando de –0,60 em 2001 para –0,37 em 2022. Apesar da melhora, ele apresentou o pior resultado no início da série, havendo ainda uma grande sobrerrepresentação de brancos entre os indivíduos com ensino superior no Brasil, a despeito do rápido avanço.

Embora apresentasse uma tendência mais estável do que os outros componentes, o IER Renda mostrou leve melhora, passando de –0,52 em 2001 para –0,42 em 2022. Os maiores avanços do componente de renda ocorreram no início do período. A partir de meados da década de 2010, não apenas o componente sofreu uma leve queda, com subsequente estabilização, como também ele se tornou o índice com o maior desequilíbrio racial, sendo ultrapassado pelo componente de educação. Isso foi possivelmente resultado da estagnação econômica do Brasil a partir de 2015, que, como veremos, está intimamente ligada à piora da inserção no mercado de trabalho da população negra em relação à branca.

A Figura 2 apresenta a evolução temporal do Ifer com base em uma análise regional para cada ano. Todas as regiões apresentaram melhora relativa no período. A região Sudeste sustentou os maiores desequilíbrios, embora haja uma tendência de melhora ao longo do tempo. No Sudeste, o Ifer variou de –0,41 em 2001 para cerca de –0,37 em 2022, com média de –0,40 no período. No Sul, o Ifer manteve-se estável entre 2001 e 2022, variando ao redor de –0,30.

Com exceção de 2002, a região Norte apresentou o melhor Ifer em todos os anos, com média de –0,23 no período. Em 2018, o Ifer das regiões Nordeste (–0,23) e Centro-Oeste (–0,24) se aproximou do índice do Norte. No entanto, especialmente em 2019, a vantagem do Ifer do Norte cresceu, e essa região fechou a série com o melhor índice entre as regiões. O maior distanciamento entre duas regiões ocorreu em 2019, quando a diferença entre o Norte e Sudeste alcançou o valor de cerca de 0,20 ponto.

Na Figura 3, apresentamos as tendências para os componentes de educação, longevidade e renda. Todas as regiões apresentaram melhora no índice de educação no período. As regiões Norte e Sudeste foram as que fecharam a série com o melhor (–0,19) e o pior (–0,4) resultado, respectivamente. A melhora mais rápida ocorreu no Nordeste, onde o IER Educação variou de –0,55 para –0,28. A região que menos melhorou foi a Sul, que passou de –0,45 em 2001 para –0,35 em 2022.

Figura 2. Evolução do Ifer em âmbito regional

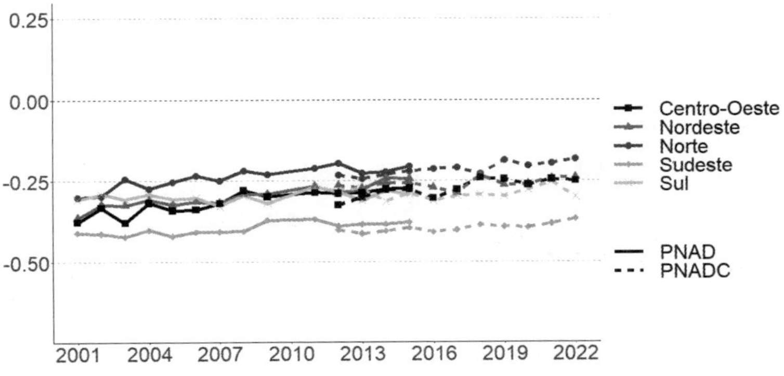

Figura 3. Subcomponentes de educação, longevidade e renda em âmbito regional

(a) Educação

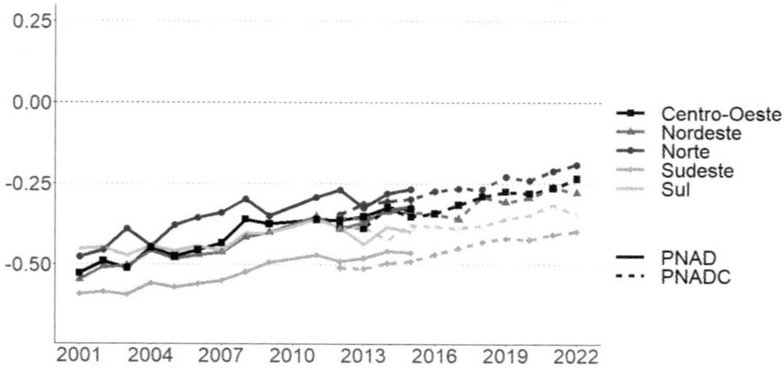

(b) Longevidade

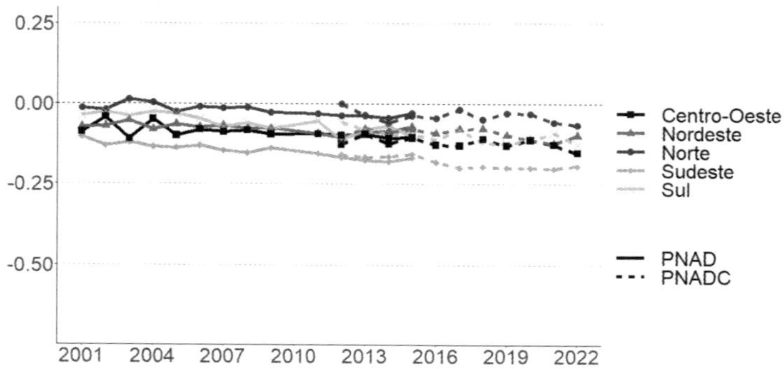

(c) Renda

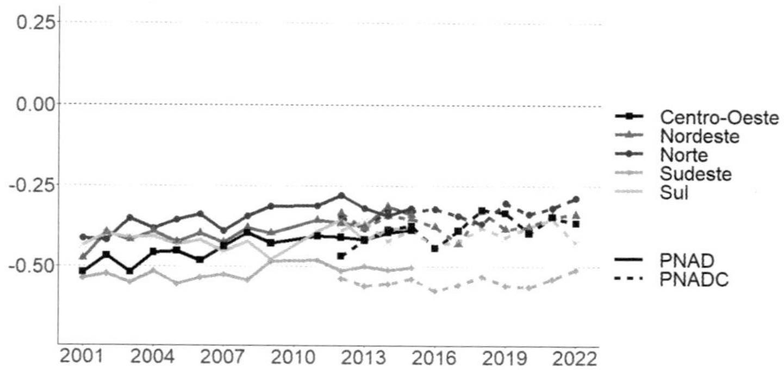

Houve uma piora do componente de longevidade em todas as regiões do país, com destaque negativo para a região Sudeste, na qual o índice passou de –0,10 para –0,19, entre 2001 e 2022, mantendo-se como a região de pior índice ao longo da série. A região Nordeste foi a que teve a piora menos acentuada nessa dimensão, variando de –0,07 em 2001 para –0,10 em 2022. A região Norte manteve-se como a região de melhor índice no período, aproximando-se do equilíbrio racial.

A região Sudeste também teve os piores resultados no componente de renda, com o índice variando de –0,54 para –0,51 entre 2001 e 2022. As demais regiões apresentaram melhoras mais marcantes, com destaque para a região Centro-Oeste, que variou de –0,59 em 2001 para –0,36 em 2022. Em 2009, houve uma aproximação do IER Renda do Sudeste (–0,48) com o do Sul (–0,48), distanciando-se a partir de então, mas com tendência de aproximação a partir de 2020. A região Norte se destacou por apresentar o melhor IER Renda entre as regiões em 2022 (–0,28). Em todas as regiões, há uma expressiva sobrerrepresentação de brancos no grupo dos mais ricos.

Também analisamos o Ifer de cada estado separadamente, conforme apresentado na Figura 4. Nesse caso, agrupamos os períodos em janelas de três anos, apresentando, então, a análise para os anos (agrupados) que vão de 2004 (com 2002 e 2003) até 2022 (com 2021 e 2020).[5]

O painel (a) da Figura 4 mostra que, na região Norte, houve melhora no índice em todos os estados ao longo do período considerado. O maior aumento ocorreu no Amazonas, que subiu em torno de 0,10 ponto no Ifer. A melhora menos expressiva foi

◇◇◇◇◇◇

5. Resultados de âmbito estadual separados para os componentes do Ifer podem ser encontrados nos nossos relatórios (Firpo et al., 2021; 2022), disponibilizados no site do Núcleo de Estudos Raciais do Insper.

apresentada por Roraima, de apenas 0,011 ponto entre 2004 e 2022. Os resultados do Nordeste estão no painel (b). Também houve significativa melhora do Ifer em todos os estados. Alagoas foi o que avançou mais, passando de –0,43 em 2004 para –0,22 em 2021. O estado de Sergipe apresentou a melhora menos expressiva, com quase estagnação.

Figura 4. Ifer em âmbito estadual por região

(a) Norte

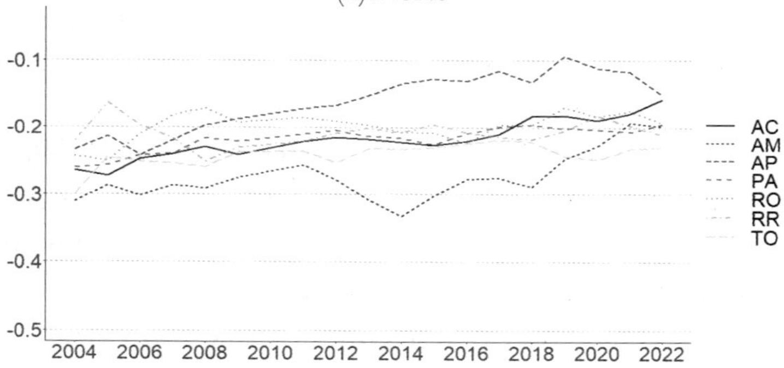

(b) Nordeste

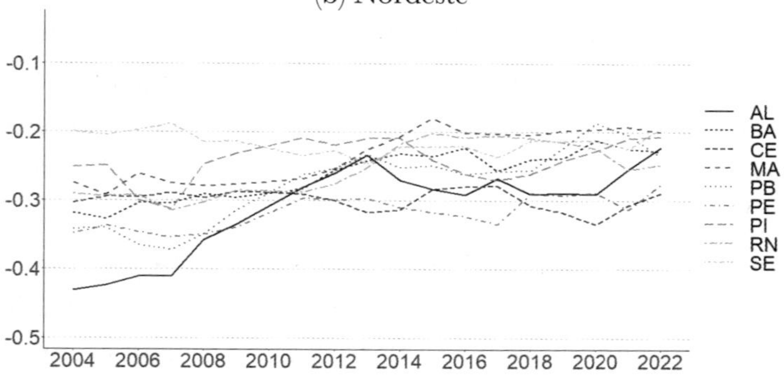

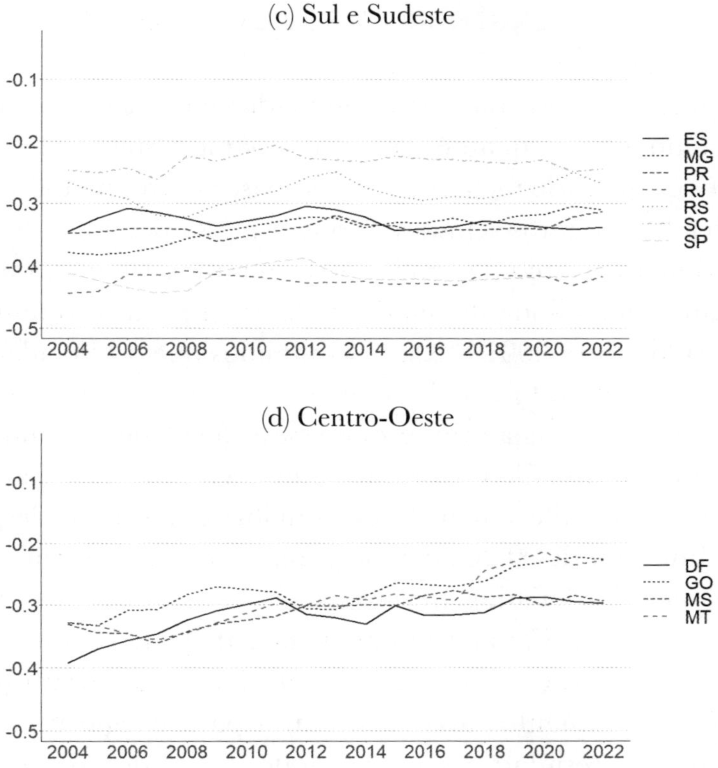

Fonte: Elaborado pelos autores com base nos dados da PNAD e PNADC.

Nas regiões Sul e Sudeste, no painel (c), todos os estados mantiveram uma certa estagnação ao longo do período, com melhorias pequenas, no geral. Minas Gerais avançou apenas 0,07 ponto — a maior variação entre os estados dessas regiões. Na região Centro-Oeste, painel (d), todos os estados apresentaram melhoras no índice, com Goiás e Mato Grosso obtendo, respectivamente, a maior (0,10) e a menor (0,04) variação.

2.1 CONVERGÊNCIA AO EQUILÍBRIO RACIAL?

Considerando os números observados em relação ao Ifer e seus componentes, quanto tempo deveríamos esperar até alcançarmos o equilíbrio racial? Apesar de existir outros métodos mais sofisticados e rigorosos para responder a essa pergunta, fizemos um primeiro esforço de análise de forma mais simples, ou seja, estimamos uma linha de tendência linear a partir dos números observados entre 2001 e 2022. Assumimos que a velocidade de avanço no tempo foi igual ao longo desses anos, a não ser por um componente aleatório, e que essa velocidade continuará a mesma no futuro. Consideramos tanto a convergência para um grau relativamente baixo de desequilíbrio, que estabelecemos como um valor de −0,20 no índice, como o caso de perfeito equilíbrio, quando eles atingem zero.

Os resultados são apresentados na Tabela 1. Eles mostram o ponto de partida, em 2022, a velocidade de convergência (tendência) e quantos anos demoraria para chegar até −0,20 ou zero. Os resultados são, de modo geral, decepcionantes. Em relação ao Ifer, com a velocidade atual de convergência, demoraríamos 32 anos para chegar a um nível de desequilíbrio baixo e impressionantes 96 anos para chegar ao equilíbrio racial. Provavelmente, poucos hoje estarão vivos para ver isso acontecer se o ritmo atual for mantido.

Em relação aos componentes do Ifer, há ainda mais más notícias. No ritmo atual, a convergência em termos de renda demoraria 181 anos para chegar ao desequilíbrio baixo e 340 anos para o equilíbrio total. Em relação à longevidade, que estava relativamente equilibrada, não há previsão de equilíbrio, pois o cenário é de piora. A única notícia realmente boa é em relação ao componente de educação. No ritmo de convergência atual, o equilíbrio total poderá ser atingido em 29 anos. Ou seja, a geração que está para nascer nos próximos anos poderá viver num Brasil em que seus colegas de graduação sejam uma representação quase fidedigna da composição racial brasileira.[6]

Tabela 1. Velocidade de convergência do IER: Brasil e regiões

Dimensão	IER em 2022	Tendência	Anos até −0,2	Anos até 0
Painel (a) - Brasil				
Total	-0,30	0,003	32	96
Educação	-0,35	0,012	12	29
Renda	-0,43	0,001	181	340
Longevidade	-0,12	-0,004	-	-
Painel (b) - Norte				
Total	-0,19	0,004	-	46
Educação	-0,19	0,011	-	18
Renda	-0,30	0,003	29	88
Longevidade	-0,07	-0,002	-	-
Painel (c) - Nordeste				
Total	-0,23	0,005	6	46
Educação	-0,26	0,013	5	20
Renda	-0,33	0,004	31	79
Longevidade	-0,10	-0,002	-	-

◇◇◇◇◇◇

6. Vale notar que esse resultado se deve ao fato de o Ifer levar em conta diferenças relativas no acesso ao ensino superior, que de fato estão caindo. Como será visto no capítulo 8, porém, as diferenças raciais absolutas nessa dimensão cresceram no período mais recente.

Painel (d) - Sudeste				
Total	-0,36	0,002	83	189
Educação	-0,38	0,010	17	36
Renda	-0,51	-0,000	-	-
Longevidade	-0,19	-0,004	-	-
Painel (e) - Sul				
Total	-0,29	0,002	48	161
Educação	-0,32	0,008	15	41
Renda	-0,41	0,002	103	201
Longevidade	-0,13	-0,005	-	-
Painel (f) – Centro-Oeste				
Total	-0,24	0,006	7	40
Educação	-0,21	0,014	1	16
Renda	-0,36	0,007	22	49
Longevidade	-0,15	-0,003	-	-

Fonte: Elaborado pelos autores com base nos dados da PNAD e PNADC.

Há, é claro, muita variação entre as regiões brasileiras. Os painéis (b) até (f) apresentam a mesma análise para cada uma das cinco subdivisões nacionais. A taxa de convergência para o Ifer é especialmente lenta para as regiões Sul e Sudeste, onde levará mais de 100 anos para a convergência chegar ao equilíbrio perfeito. As outras regiões devem demorar até 46 anos para atingir o equilíbrio se for mantido o ritmo atual.

Quando se trata da educação, as cinco regiões têm ritmos altos de convergência, a mais lenta sendo o Sul, que demoraria 41 anos para chegar ao equilíbrio. Já no componente de longevidade, nenhuma região está convergindo. A grande variabilidade entre regiões ocorre em relação à renda. Enquanto no Centro-Oeste se espera uma convergência em até 49 anos, no Sul isso deve demorar mais de 200 anos. No Sudeste, não deve ocorrer, pois os desequilíbrios só estão ficando maiores.

3 ANÁLISE COMPLEMENTAR DE RENDA, EDUCAÇÃO E LONGEVIDADE

Os resultados do Ifer, apesar de informativos, estão associados ao topo da distribuição: olhamos para as desigualdades entre os mais ricos, mais escolarizados e mais longevos na população. Aqui, complementamos a nossa análise olhando para os (des)equilíbrios em outros pontos da distribuição. Assim, é possível termos um quadro mais completo da desigualdade racial no Brasil, o que pode nos auxiliar no entendimento e na construção de soluções efetivas para o problema.

3.1 RENDA

A Figura 5 contém o componente de renda calculado utilizando diferentes grupos de renda para definir o subgrupo de interesse. Esses grupos foram definidos com base nos décimos da distribuição de renda dos brancos. Desta forma, o primeiro décimo contém todos os indivíduos cujo rendimento foi inferior ao primeiro decil da distribuição de renda dos brancos dentro de cada estado, o segundo décimo inclui aqueles entre o primeiro e o segundo decil, e assim sucessivamente. Portanto, estar entre décimos mais altos significa que essas pessoas estão em uma posição mais elevada da distribuição de renda.

Como esperado, para o Brasil como um todo e em cada uma das regiões, o IER é positivo entre os mais pobres e negativo entre os mais ricos, decaindo gradativamente conforme avançamos no

Figura 5. IER Renda para diferentes grupos de rendimentos

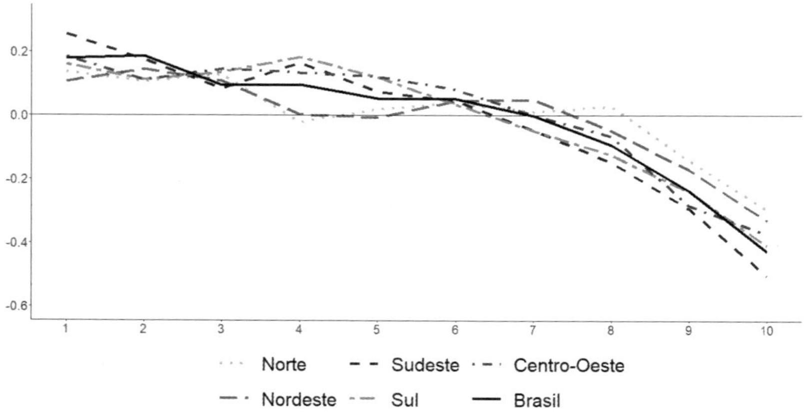

nível de renda. Isso significa que a proporção de negros nos estratos inferiores da distribuição de renda é maior que sua representação na população de referência, enquanto o contrário acontece entre os mais ricos. Para todas as regiões, o IER muda de sinal aproximadamente entre o decil seis e oito da distribuição de renda dos brancos, que, para o Brasil como um todo, corresponde a valores entre R$ 1.980,59 e R$ 3.069,91, respectivamente.

Em particular, vemos como a sub-representação de negros é particularmente acentuada entre os 10% mais ricos em todas as regiões, com todas elas apresentado valores mais ou menos próximos de −0,50. Ao mesmo tempo, a sobrerrepresentação de negros na base da distribuição de renda é apenas moderada, com quase todas as regiões com valores próximos de 0,20. Esse valor segue relativamente estável até o terceiro decil, quando começa a cair lentamente. A velocidade dessa queda é particularmente alta quando passamos do oitavo para o nono e do nono para o décimo decil da distribuição de renda.

Esse resultado salienta que é o topo da distribuição de renda o maior responsável pelas grandes disparidades de raça observadas no Brasil, com conclusões similares obtidas em outros estudos como o de Carlos Gradín (2014), Francieli Maciel (2021) e François Gerard, Lorenzo Lagos, Edson Severnini e David Card (2021), entre outros. Nos dois capítulos seguintes, vamos explorar em mais detalhes como raça e gênero afetam a renda e os salários dos brasileiros.

3.2 EDUCAÇÃO

Apesar de avanços na dimensão educação, é importante levar em conta que ainda há disparidades no acesso ao ensino superior, em especial à pós-graduação¸ incluindo cursos de especialização, mestrado e doutorado. Na Figura 6, são comparados os resultados do IER para cada Unidade da Federação (UF). No lado esquerdo, para pertencimento ao grupo de interesse, utilizou-se como critério apenas indivíduos com graduação completa, enquanto no lado

Figura 6. IER Educação utilizando diferentes critérios para grupo de interesse

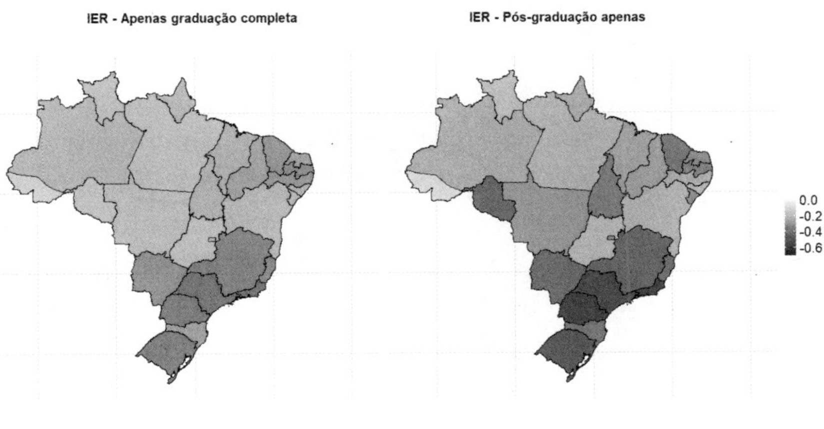

direito foram incluídos somente aqueles com alguma pós-graduação. Os resultados se referem ao ano de 2022.

Em todos os estados, o IER é mais negativo quando se considera pós-graduação completa, exceto no Acre, em Pernambuco e em Alagoas. Isso indica a necessidade de se pensar no desenvolvimento de mecanismos para promover a inclusão dos negros na pós-graduação brasileira.

Já na Figura 7, olhamos para os graus mais baixos de escolaridade ao longo do período de 2001 a 2022: ensino superior (ES) completo, ensino médio (EM) completo, ensino fundamental (EF) completo e EF incompleto. Em todos os casos, há uma tendência em direção ao equilíbrio. Esse padrão traz tanto notícias boas quanto notícias ruins.

As boas notícias correspondem ao EM e ES completos, nos quais o índice vem continuamente mostrando convergência para o equilíbrio. De fato, para o EM completo, o índice atinge o valor de 0,003 no ano de 2022, mostrando haver equilíbrio quase que perfeito no acesso a esse nível educacional. O acesso ao ES também teve grande avanço no período, que passou de cerca de –0,60 para cerca de –0,37 em 2022.

Figura 7. IER para educação: diferentes níveis – nacional

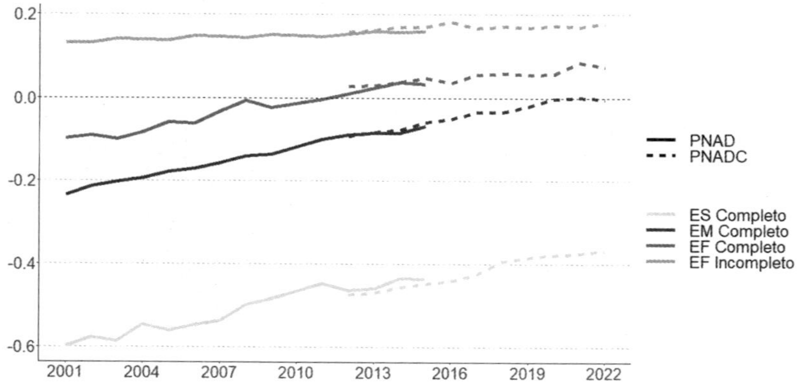

As más notícias se restringem ao acessar o EF. Embora no início existisse uma sobrerrepresentação de brancos entre aqueles com EF completo, este só passou a ter sobrerrepresentação negra a partir de 2013, e continua avançando a partir de então. Já o EF incompleto, que tinha sobrerrepresentação negra desde 2001, pouco se alterou ao longo da última década. Como esses níveis educacionais são considerados insuficientes, o quadro de sobrerrepresentação negra é ruim e sua tendência é preocupante. Esforços de política pública devem ser direcionados para aumentar o aprendizado e reduzir a evasão escolar dos jovens negros, garantindo que eles, ao menos, concluam o EF tanto quanto os jovens brancos.

A Figura 8, por sua vez, expressa o IER em relação à proporção de crianças e jovens matriculados na educação básica ou superior. Conduzimos essa análise considerando tanto a matrícula em si como também a matrícula em nível escolar, condizendo com a idade. Ou seja, no painel (a), para cada grupo de idade, olhamos para a proporção de negros na população total e para a população de crianças que estão frequentando creches, escolas e faculdades. Já no painel (b) fizemos o mesmo, mas avaliando apenas a frequência nas séries adequadas. Isso permite verificar em que momento as desigualdades educacionais começaram a surgir e como isso mudou ao longo do tempo.

No painel (a), vemos que as desigualdades no acesso à educação são relativamente baixas para todo o período e todas as idades, com exceção dos 20 anos ou mais, quando o IER fica abaixo de –0,2. Em 2001, havia alguma diferença no acesso ao ensino infantil, com sobrerrepresentação de brancos, porém esta foi basicamente erradicada nos anos seguintes.

Também notamos que os desequilíbrios no acesso surgiram mais cedo naquele ano, começando até mesmo antes dos 15 anos de idade e seguindo uma trajetória de crescimento relativo até os 24 anos. Esse quadro se alterou ao longo das últimas duas décadas, com uma redução paulatina dos desequilíbrios antes dos 18 anos de idade, porém com um aumento ainda mais abrupto desta idade de 2011 em diante. Há pouca alteração no quadro geral desde então.

Figura 8. IER: Pessoas estudando, por idade – nacional

(a) Matrículas

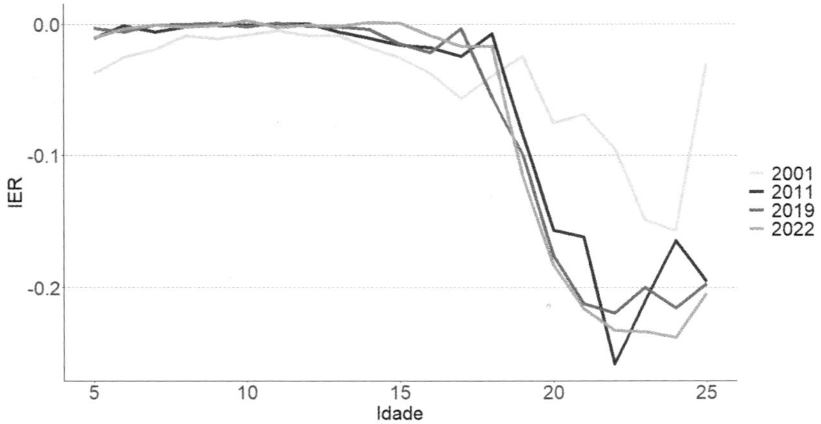

(b) Matrículas na série adequada

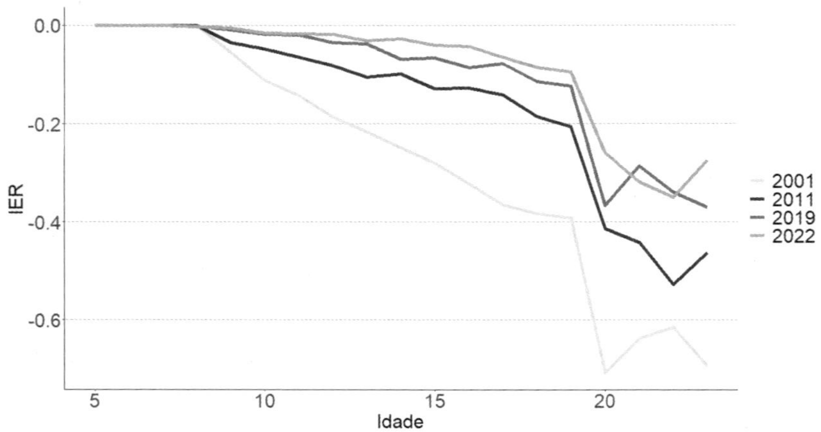

A evolução do IER, considerando estudantes na série adequada para sua idade, está no painel (b) da Figura 8. Ao contrário do que ocorre quando consideramos apenas matrículas, a sobrerrepresentação de brancos entre aqueles matriculados nas séries adequadas começa a crescer já nos primeiros anos do EF. Até aos 18 anos, esse crescimento é contínuo, quando dá um grande salto na fase de transição do ensino básico para o ensino superior, mostrando, assim, as dificuldades de acesso às universidades.

Vale notar, porém, que houve grande avanço ao longo do período entre 2001 e 2022. No primeiro ano da série, a redução no IER ocorria em taxas muito elevadas, chegando a quase −0,4 aos 18 anos de idade e saltando para abaixo de −0,6 aos 20 anos. Já em 2022 a redução no IER até os 18 anos vai até pouco abaixo de −0,1, e a queda durante o período universitário não chega a −0,3. No entanto, esse resultado reforça o entendimento dos gargalos no acesso à educação que ainda precisam ser superados no Brasil.

Embora os desequilíbrios na educação superior tenham muito destaque na discussão pública, em especial com a implementação de políticas como as de ações afirmativas, grande parte dos problemas já começa logo nos anos iniciais da escolaridade. Conforme será discutido com mais detalhes no capítulo 8, negros acumulam menos anos de estudo na educação básica e têm pior desempenho nos sistemas de avaliação e no Exame Nacional do Ensino Médio (Enem), porta de entrada para muitas universidades.

O combate à desigualdade inclui não somente as políticas de ações afirmativas, discutidas no capítulo 10, como também políticas que favoreçam o desenvolvimento e aprendizado de nossas crianças, o que começa com investimentos já na primeira infância, como argumentado no capítulo 9.

4 CONCLUSÃO

O Índice Folha de Equilíbrio Racial foi desenvolvido com o intuito de contribuir para o debate sobre as desigualdades raciais no Brasil. O índice padroniza as desigualdades pela composição racial da população local, permitindo comparar desequilíbrios raciais no país, regiões e estados, sem distorções provocadas pela grande heterogeneidade demográfica brasileira.

O acompanhamento anual do índice em âmbito nacional, regional e estadual permite comparações entre as próprias unidades da federação e monitoramento da evolução dos indicadores ao longo do tempo. Assim, é possível avaliar quais locais estão em melhor ou pior situação e quais estão avançando em ritmo maior ou menor. Esse tipo de análise pode sugerir quais políticas públicas podem ou não estar funcionando, além de prestar contas para a população sobre o quadro geral de desigualdade no país.

Por meio do Índice, o jornal *Folha de S. Paulo* fez a série intitulada *A Cor da Desigualdade no Brasil*. O vasto conjunto de dados gerados contribuiu para um amplo conjunto de reportagens voltadas a discutir as disparidades entre brancos e negros. Além disso, também contribuiu para que a apuração jornalística desse cobertura especial tanto aos lugares que mais evoluíram como àqueles que mais tiveram dificuldades na pauta racial. Desse modo, por meio dessa união entre a academia e a mídia, foi possível trazer para a linha de frente do debate público alguns números da discriminação e desigualdade no Brasil.

É importante salientar, porém, que apenas documentar e divulgar esse tipo de estudo não basta. José do Patrocínio sabia disso. Apesar das diversas denúncias contra a escravidão feitas em seu jornal, era improvável que só isso pudesse alterar a opinião pública, ainda mais num período em que a maioria absoluta da população era sequer capaz de ler. Em função disso, ele se voltou para a mobilização política, que funcionou, sobretudo, por causa do movimento abolicionista, responsável por todo tipo de ação contra o sistema escravocrata. A emancipação não ocorreu pela dádiva de uma princesa.

Alcançar a equidade racial no Brasil contemporâneo também demandará muita atuação política. Como podemos ver, os desequilíbrios são muitos, os avanços ainda são poucos e o ritmo é, no geral, lento. Em termos de representação política, temos um quadro igualmente desigual, com um número muito pequeno de negros e mulheres entre políticos eleitos, como mostraremos no capítulo 13. As causas para essa baixa representatividade negra são várias e persistentes, como será discutido nesse mesmo capítulo. Assim, parafraseando Angela Davis, numa sociedade desigual como a brasileira, não basta apenas conhecer a situação, pois a inércia levará à natural reprodução das injustiças, precisamos atuar para alterá-la.

REFERÊNCIAS BIBLIOGRÁFICAS

FIRPO, S.; FRANÇA, M.; RODRIGUES, L. **Índice de equilíbrio racial**: Uma proposta de mensuração da desigualdade racial entre e dentro das categorias ocupacionais. 2020. Disponível em: https://www.insper.edu.br/wp-content/uploads/2020/12/IER_Firpo_Franca_Cavalcanti_.pdf. Acesso em: 18 jul. 2023.

FIRPO, S.; FRANÇA, M.; PORTELLA, A. **Desigualdade social sob a ótica do índice de equilíbrio racial.** 2021. Disponível em: https://papers.ssrn.com/sol3/papers.cfm? abstract_id=3870828. Acesso em: 18 jul. 2023.

FIRPO, S.; FRANÇA, M.; PORTELLA, A. **Índice Folha de Equilíbrio Racial**: Relatório técnico 2022. Disponível em: https://drive.google.com/drive/folders/1zuvy0JL6cDtUFYW6giUCWBTx4rOVCPxD. Acesso em: 18 jul. 2023.

FIRPO, S. *et al.* **Descriptive Representation in Politics**: A measurement proposal and application for Brazil. 2023. Disponível em: https://papers.ssrn.com/sol3/papers.cfm?abstract_id=4376179. Acesso em: 18 jul. 2023.

RANSOM; R. L.; SUTCH, R. **One kind of freedom:** The economic consequences of emancipation. Cambridge University Press, 2001.

RODRIGUES, L. C. **Sobre as cinzas do cativeiro:** educação, trabalho e terra entre ex-escravos e descendentes após a abolição no oeste paulista. Tese de Doutorado. Universidade de São Paulo, 2021.

CAPÍTULO 6

DESIGUALDADE RACIAL NA RENDA BRASILEIRA (1982-2021)

ERIVELTON NUNES[1],
LAUANA LAZARETTI[2],
ALYSSON PORTELLA[3] E
MICHAEL FRANÇA[4]

O Brasil é o país do futebol. Não à toa, os jogadores brasileiros são econhecidos em todo o mundo e conquistam torcidas e times por onde passam. Mas, por trás da alegria de cada jogada, há um cenário obscuro para muitos jogadores: o racismo. Conforme o Observatório da Discriminação Racial no Futebol (2021), entre 2014 e 2021, os casos de racismo contra jogadores e técnicos cresceram mais de 150% no Brasil. Além de ilegal, esse tipo de atitude tem efeito concreto sobre os esportistas.

Um estudo dos pesquisadores Mauro Caselli, Paolo Falco e Gianpiero Mattera (2020) mostrou que, durante partidas com

◇◇◇◇◇◇

1. Pesquisador-assistente do Neri e doutorando no programa de pós-graduação em Economia Rural da Universidade Federal do Ceará.
2. Pesquisadora do Neri e pós-doutoranda na UFSM. Tem doutorado em Economia pela PUC-RS.
3. Pesquisador de pós-doutorado no Insper. Doutor em Economia dos Negócios pela mesma instituição.
4. Pesquisador no Insper e doutor em teoria econômica pela Universidade de São Paulo.

estádios fechados na Itália, em função da Covid-19, o desempenho de jogadores de origem africana melhorou. De acordo com os autores, isso é provavelmente resultado do preconceito racial expresso por torcedores, já que não foi registrado efeito similar entre jogadores de outras etnias.

O problema não se restringe somente aos atletas. Uma matéria publicada por Carneiro e Virginia (2022) na *Revista Babel*, da Universidade de São Paulo, mostra que, entre 2003 e 2022, nenhuma equipe da série A do Campeonato Brasileiro teve dirigentes negros. É comum que ex-jogadores se tornem técnicos, porém isso raramente acontece com os negros. Esse padrão sugere que no futebol brasileiro, infelizmente, negros ainda têm que se colocar em seu "lugar": até são aceitos em campo, mas não parecem ser bem-vindos no comando dos times.

Se jogadores de futebol, que atingiram posições de prestígio e sucesso, ainda enfrentam situações como essas, o que podemos esperar para "os invisíveis" de nossa sociedade? Dados do IBGE (2021) revelam que negros (pretos e pardos) são maioria entre 20% dos trabalhadores que ganham os menores salários, representando 69%, enquanto brancos representam somente 30% dessa parcela. O oposto se observa entre os 20% que recebem os maiores salários: 64% são brancos e 34% são negros. Entre aqueles que ocupam cargos gerenciais, negros são apenas 29%, ante 69% de brancos.

As enormes diferenças observadas entre brancos e negros no Brasil, combinadas com os constantes casos de preconceito racial, sugerem que a discriminação racial prejudica homens e mulheres negras em vários aspectos da vida, inclusive no mercado de trabalho, foco deste capítulo. Aqui, traçamos um panorama das desigualdades raciais de renda e trabalho no Brasil, de 1982 até 2021. Para isso, utilizamos dados da Pesquisa Nacional de Amostra de Domicílios (PNAD) entre 1982 e 2015 e depois da PNAD Contínua (PNADC) entre 2016 e 2021. Ambas são realizadas pelo IBGE e cobrem todo o território nacional, com exceção das zonas rurais dos estados da região Norte até 2004. Logo, o quadro aqui apresentado se refere ao Brasil como um todo.

O capítulo está organizado em três partes. Na primeira, apresentamos dados sobre as diferenças nos salários e no rendimento domiciliar *per capita* entre brancos e negros no Brasil. Mostramos como, ao longo dos anos, negros sempre tiveram rendas menores que brancos e que, apesar de melhoras, a situação continua muito desigual. Além disso, olhamos tanto para a base como para o topo da distribuição de renda no país, revelando que as diferenças raciais são ainda maiores entre os brasileiros mais ricos.

Na segunda parte, observamos a participação de negros e brancos no mercado de trabalho. Avaliamos tanto a participação representada pela população economicamente ativa (PEA), como as diferenças nas taxas de desemprego entre esses grupos. Novamente, negros têm pior inserção no mercado de trabalho quando comparados aos brancos.

Finalmente, fazemos um exercício econométrico que busca estimar as diferenças salariais entre brancos e negros, ao mesmo tempo em que consideramos uma série de outros fatores que podem influenciar os salários, como educação, local de moradia, tipo de vínculo empregatício e anos de experiência. Como discutido no capítulo 2, diferenças raciais nos salários não necessariamente são resultado de discriminação racial direta. Para chegar a essa definição, é necessário comparar os salários recebidos por pessoas similares, porém de cor de pele diferentes.

Embora não possamos afirmar com certeza que nossas estimativas refletem unicamente a discriminação direta — já que há diversos fatores não observados que não estamos incluindo na análise, como qualidade da educação —, esse exercício provê uma primeira aproximação, devendo, porém, ser interpretado com cuidado. Os resultados indicam ainda haver diferenças raciais nos salários mesmo entre trabalhadores similares. Ao mesmo tempo, essas diferenças são bem menores que as totais (sem considerar características que afetam os salários), o que sugere que boa parte da desigualdade racial se deve a fatores determinados fora do mercado, como por exemplo, a quantidade de anos de estudo.

1 EVOLUÇÃO DA DESIGUALDADE RACIAL NA RENDA

A evolução da renda entre negros e brancos no Brasil aponta para uma lenta redução da desigualdade entre 1982 e 2021. A Figura 1 apresenta as tendências de duas medidas de rendimentos: a) salários, expressos como a renda de todos os trabalhos de um indivíduo; e b) a renda domiciliar *per capita*. Esta segunda corresponde à soma da renda do trabalho e de outras fontes — como aposentadoria, transferências de renda ou aluguéis — de todos os membros de um domicílio, dividida pelo total de residentes, incluindo crianças.

Essas duas medidas são complementares. A primeira representa melhor as diferenças observadas no mercado de trabalho, enquanto a segunda se refere ao total de recursos disponíveis para as famílias, sendo uma medida de bem-estar. As linhas apresentam a razão das médias desses rendimentos entre negros e brancos. Assim, podemos ver que, em 1982, o salário médio dos negros não chegava a 50% do salário médio dos brancos. Já a renda domiciliar *per capita* média das pessoas negras era ainda menor, cerca de 45% da renda média das brancas.

De modo geral, até o início dos anos 2000 a renda do trabalho dos negros em comparação com a dos brancos não teve evolução expressiva. A proporção da renda de negros em relação à dos brancos cresceu apenas 2,22 pontos percentuais. Para a renda domiciliar *per capita*, de 1982 a 2000 houve um decréscimo nessa

Figura 1. Percentual do salário e renda média da população negra em relação ao da população branca – 1982 - 2021

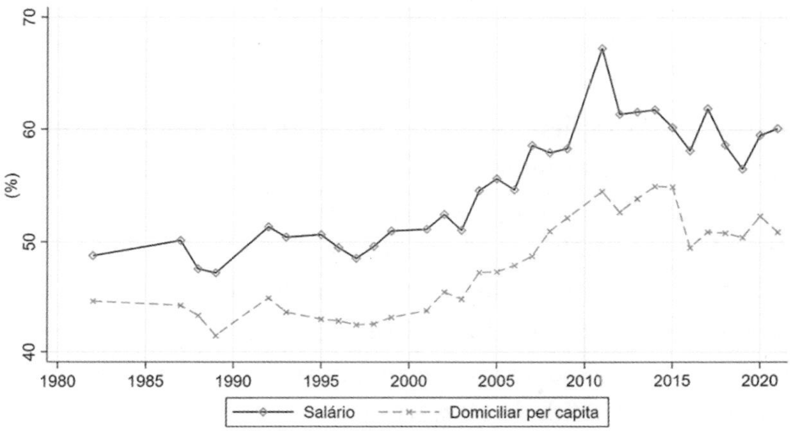

Fonte: Elaborada a partir dos microdados da PNAD e PNADC.
Nota: A diferença de rendimentos entre negros (indivíduos autodeclarados pretos ou pardos) e brancos é medida a partir da razão da renda média de negros em relação a renda média de brancos.

proporção, resultando num cenário de quase 20 anos de rendimentos desiguais e estagnados.

Foi apenas a partir dos anos 2000 que a desigualdade racial na renda passou a ter avanços positivos. Em 2010, os negros alcançaram o percentual de 60% do valor médio da renda do trabalho dos brancos. A menor desigualdade foi atingida no ano de 2011 (67,2%). A partir desse ano, a porcentagem passa a cair novamente. A renda do trabalho dos negros em comparação com a dos brancos, ao longo de quase 40 anos, passou de 49% para 60% em 1982 e 2021, respectivamente.

O período de maior avanço na redução da desigualdade racial, a partir dos anos 2000, foi marcado pelo aumento real do salário mínimo, que teve um impacto geral na redução da desigualdade no setor formal, conforme documentado por Engbom e Moser

(2021). Ellora Derenoncourt, François Gérard, Lorenzo Lagos e Claire Montialoux (2021) também mostram que o aumento do salário mínimo pode explicar parte da redução da desigualdade racial, especialmente entre os trabalhadores com menores salários e em regiões com menor renda, como o Nordeste.

A queda da desigualdade ao longo desse período, conforme Maurizio (2015), também está associada ao crescimento econômico sustentado, desemprego decrescente e ao processo de formalização do trabalho, que teve um relevante efeito equalizador, beneficiando especialmente os trabalhadores com menores salários. Daniel Haanwinckel e Rodrigo Soares (2021) mostram que o aumento da escolaridade foi um importante fator por trás do aumento da formalidade no período.

A desigualdade racial é maior quando consideramos a renda domiciliar *per capita* em vez da renda do trabalho apenas. O rendimento dos negros variou de 45% para 51% do rendimento recebido pelos brancos entre o início e o final da série. A tendência temporal, porém, é muito similar à da desigualdade salarial, com estagnação até os anos 2000, melhorias entre 2005 e 2011, e estagnação e leve declínio no final do período.

Há diversos motivos pelos quais as desigualdades raciais são maiores quando olhamos para a renda domiciliar *per capita*. Em primeiro lugar, as famílias negras tendem a ser maiores que as famílias brancas, o que faz com que o número de pessoas pelo qual a renda precisa ser dividida seja maior entre negros, aumentando assim a desigualdade. Ao mesmo tempo, a renda domiciliar contempla outras fontes além do trabalho, como os rendimentos de aposentadorias, de investimentos e pensões, que podem acentuar essas desigualdades se elas forem maiores entre brancos.

Embora a renda de transferências governamentais, como o Bolsa Família, tenha mais beneficiários negros, seu tamanho é menor do que a de transferências via aposentadorias, que é mais comum entre brancos. Finalmente, vale notar que a razão da renda do salário inclui apenas pessoas que trabalham, enquanto a renda domiciliar abarca toda a população. Na medida em que há diferenças nas taxas de desemprego entre brancos e negros — como mostraremos a seguir —, esses dois indicadores de renda também tendem a divergir.

Enquanto na Figura 1 comparamos as diferenças médias entre brancos e negros, considerando toda a população, na Figura 2 mostramos as diferenças de rendimentos quando comparamos os salários de brancos e negros que estão entre os 10% com menores salários, exatamente no meio da distribuição (mediana) e que estão nos 10% com os maiores salários.[5] Fazemos essa distinção porque

Figura 2. Percentual dos salários de negros em relação a brancos em diferentes percentis de distribuição da renda, 1982 – 2021

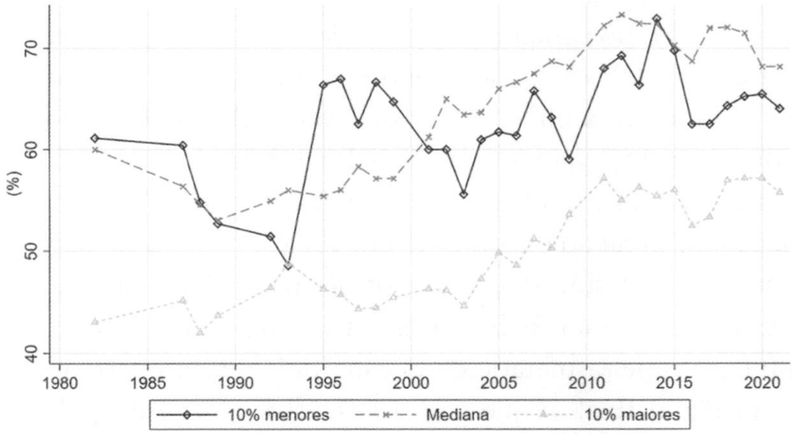

Fonte: Elaborada a partir dos microdados da PNAD e PNADC.

◇◇◇◇◇◇

5. Em termos técnicos, estamos comparando trabalhadores brancos e negros nos percentis 10, 50 e 90 das suas respectivas distribuições de renda. Percentis são os valores de uma distribuição de renda que dividem a população em 100 partes com o mesmo número de pessoas.

é possível que as desigualdades raciais não sejam as mesmas entre os que estão na base, no meio ou no topo da distribuição de renda. Por exemplo, é possível que a discriminação racial seja maior em cargos de gerência em grandes empresas do que em empregos domésticos, de modo que as diferenças salariais sejam relativamente maiores entre os mais ricos do que entre os mais pobres.

Podemos ver que, em 1982, o salário mediano negro era 60% do salário mediano branco. Depois de uma drástica queda até o final da década de 1980, o salário mediano negro passou a subir continuamente até 2011. A seguir, flutuou ao redor dos 70%, sendo o ano de 2012 o de menor desigualdade, cerca de 73%. Considerando todo o período, a razão do salário mediano de negros e brancos cresceu, havendo convergência parcial, mas com estagnação no final da série.

A Figura 2 também mostra que a razão dos salários de negros e brancos é extremamente volátil na base da distribuição. Ela começa por volta de 60% entre os 10% mais pobres, cai bruscamente, e sobe novamente por volta de 1995. Dali em diante, ela flutuou entre 60% e 70%, exceto em 2003 e 2009, em que essa razão foi inferior a 60%. O menor nível de desigualdade foi verificado em 2014, quando a razão salarial ficou acima de 70%. A partir desse ano, ela caiu drasticamente, fechando o período em situação próxima ao encontrado em 1982.

Destaca-se, assim, dois períodos de maior desigualdade racial entre os salários mais baixos. Primeiro, entre o final da década de 1980 e a primeira metade da década de 1990, no período anterior ao Plano Real, o que pode estar associado, principalmente, às pressões inflacionárias ocorridas no período (Ferreira; Leite; Litchfield, 2008). Segundo, a partir de 2014, quando o país enfrentou uma forte recessão econômica (Barbosa Filho, 2017). Logo, períodos de instabilidade econômica parecem ser particularmente prejudiciais para os negros mais pobres.

As maiores diferenças salariais entre brancos e negros são observadas no topo da distribuição dos salários. Um trabalhador negro entre os 10% mais ricos do seu grupo racial recebia menos que a metade de um branco entre os 10% mais ricos do seu grupo. Houve, porém, um contínuo avanço no período, com esse percentual chegando a cerca de 57% em 2011 e flutuando próximo desse valor desde então. Pesquisadores como Gerard e coautores (2021) e Maciel (2021) já apontaram para as maiores desigualdades entre brancos e negros no topo da distribuição.

Na Figura 3, realizamos a mesma análise da Figura 2 em relação aos salários, mas agora levando em conta a renda domiciliar *per capita*. Os padrões são semelhantes aos observados para salários. A desigualdade mais acentuada ocorre novamente entre os mais ricos. Percebe-se também uma volatilidade da razão de rendimentos de brancos e negros entre os mais pobres, justamente

Figura 3. Percentual da renda domiciliar per capita de negros em relação a brancos em diferentes percentis de distribuição da renda, 1982 - 2021

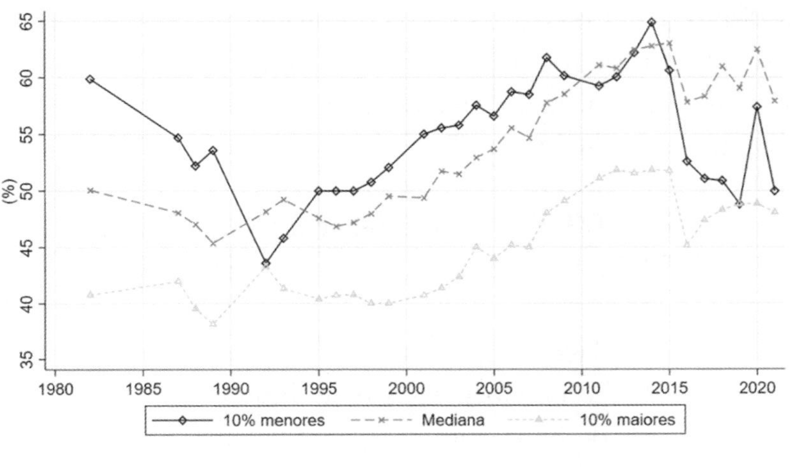

Fonte: Elaborada a partir dos microdados da PNAD e PNADC.

nos mesmos períodos observados na Figura 2. Porém, as variações são mais suaves quando consideramos a renda domiciliar *per capita*. Para a mediana, o comportamento é semelhante, com melhora quase contínua desde a década de 1990 até meados da década de 2010.

A partir de 1995 até 2015, nos três grupos de renda analisados, houve redução da desigualdade racial. É possível destacar que em 2014 os indivíduos entre os 10% mais pobres alcançaram o maior percentual da série, ou seja, 65%. Porém, a partir desse ano houve um aumento na desigualdade racial de renda em todos os grupos, em especial entre os mais pobres, indicando novamente que eles estão mais vulneráveis às recessões econômicas.

Por fim, vale notar o grande pico observado em 2020, com a renda da população negra subindo consideravelmente. Esse é possivelmente um reflexo das grandes transferências de renda realizadas nos primeiros meses da pandemia de Covid-19, como o Auxílio Emergencial, que reduziram significativamente as taxas de pobreza e desigualdade nesse período (Duque, 2020).

O pesquisador Pedro Souza (2021) mostra que as transferências de renda durante a pandemia contribuíram para a redução das disparidades raciais da renda domiciliar no país. Na ausência do Auxílio Brasil, a renda média dos brancos seria cerca de 90% maior que a dos negros. Com a implementação do programa, esse percentual se reduziu para 70%.

2 PARTICIPAÇÃO NO MERCADO DE TRABALHO E TAXA DE DESEMPREGO

Economistas classificam a participação da população no mercado de trabalho de diversas formas. A mais famosa é saber se a pessoa está empregada ou não, sendo a taxa de desemprego uma medida comum no noticiário. Outras classificações, porém, também são relevantes. Em primeiro lugar, temos a população em idade ativa (PIA), que se refere àqueles com 14 anos ou mais, correspondendo às pessoas que teriam capacidade de trabalhar. Porém, ter a capacidade de trabalhar não necessariamente significa escolher trabalhar, como ocorre, por exemplo, com pessoas que optam por priorizar os estudos, ou focar os trabalhos domésticos, ou ainda viver de outras fontes de renda, inclusive a aposentadoria.

À parcela da PIA que participa ativamente do mercado de trabalho chamamos de população economicamente ativa (PEA). Ela inclui tanto as pessoas que estão trabalhando como as pessoas que estão sem trabalho, mas buscam um emprego. Essas duas são classificadas, respectivamente, como população ocupada e população desocupada, cuja soma corresponde à PEA. A razão entre a população desocupada e a PEA é justamente a taxa de desemprego, da qual todos já ouvimos falar.

A PEA e a taxa de ocupação indicam o quanto as pessoas estão ligadas ao mercado de trabalho. Essas informações complementam os dados sobre renda porque, como já afirmamos anteriormente, as comparações entre salários se dão apenas entre aqueles que estão trabalhando, não levando em conta as pessoas desempregadas e, portanto, sem salários por definição. Se existem diferenças consideráveis nas taxas de participação e ocupação entre brancos e negros, então salários serão um indicador limitado da desigualdade racial no mercado de trabalho.

Nos Estados Unidos, por exemplo, o trabalho de Patrick Bayer e Kerwin Charles (2018) documenta que negros têm taxas de participação menores que brancos e que essas diferenças têm crescido ao longo do tempo, em boa parte por conta da política de encarceramento em massa naquele país, que afeta principalmente negros. Quando eles levam em conta essas diferenças na participação no mercado de trabalho, o que parecia ser uma consistente redução na desigualdade racial ao longo do tempo se torna uma estagnação de décadas, com pioras em alguns períodos.

A Figura 4 apresenta os percentuais de participação na PEA para brancos e negros no Brasil, de 1982 até 2021. Nesse gráfico, consideramos apenas pessoas entre 18 e 60 anos, que têm uma ligação mais forte com o mercado de trabalho. Vemos que a taxa de participação da PEA para brancos e negros seguiu uma tendência de crescimento contínuo até o ano de 2009. A partir de 2010 houve uma leve queda até o ano de 2015, quando voltou a crescer até um pico de quase 80% para brancos e 75% para negros em 2019. Em 2020 a pandemia da Covid-19 fez com que muitas pessoas saíssem do mercado de trabalho por causa das medidas de isolamento, havendo uma pequena recuperação em 2021.

Há uma inversão na PEA entre brancos e negros em meados da década de 1990. Até o ano de 1993, o percentual de negros na força de trabalho era ligeiramente maior que o de brancos. Em

Figura 4. Percentual de pessoas economicamente ativas entre 18 a 60 anos divididas entre brancos e negros, 1982 - 2021

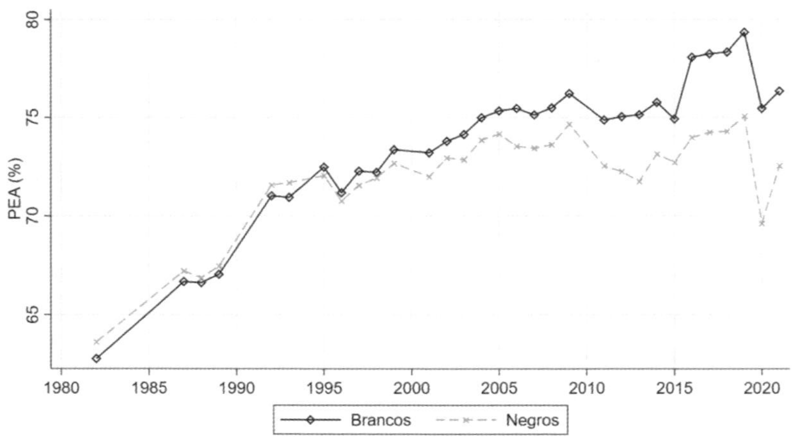

Fonte: Elaborada a partir dos microdados da PNAD e PNADC.

1994, brancos e negros tiveram uma participação de 72% e nos anos seguintes os brancos passaram a ter maior percentual. Essa lacuna continuou a aumentar desde então, com a maior diferença entre os grupos raciais ocorrendo em 2020, quando a proporção de pessoas brancas economicamente ativas foi de aproximadamente 75%, e a dos negros não alcançou 70%.

O crescimento contínuo da PEA entre 1982 e 2009 se deve a um fator comum a diversos países: o aumento da participação feminina no mercado de trabalho. Esse fenômeno pode ser visto na Figura 5, na qual analisamos a evolução da PEA separada por gênero e raça. Quando analisada a série histórica de 1982 a 2021 da PEA de homens (linhas superiores), vemos uma elevada e sustentada participação tanto de brancos quanto de negros durante todo o período. Há, no entanto, uma leve queda na participação masculina a partir de 1995. Embora não tenhamos uma resposta

Figura 5. Percentual de pessoas economicamente ativas entre 18 e 60 anos, divididas entre por gênero e raça (1982 - 2021)

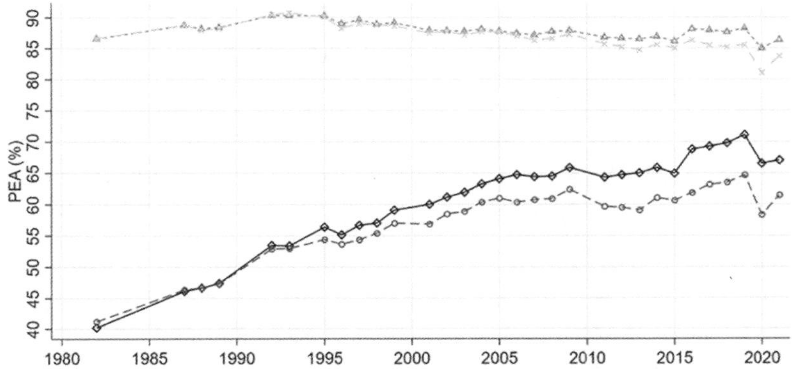

Fonte: Elaborada a partir dos microdados da PNAD e PNADC.

clara para essa tendência, é possível que esteja associada ao aumento no número de jovens no ensino superior.

Entre os homens, as diferenças nas taxas de participação entre brancos e negros aparece a partir de 2006. Em 2020, a diferença entre os grupos foi de quatro pontos percentuais em favor dos homens brancos quando comparados aos homens negros. Ou seja, os homens negros passaram a ter uma menor participação no mercado de trabalho, junto com uma tendência de redução na participação dos homens. Até onde sabemos, não há trabalhos abordando essa maior redução na PEA entre homens negros.

Já para mulheres o cenário é muito distinto. Em 1982, seu percentual na PEA era de apenas 40%. Desde então, a participação feminina no mercado de trabalho tem aumentado continuamente. O maior percentual de participação feminina foi observado em 2019: 70% e 65% de mulheres economicamente ativas entre brancas e negras, respectivamente.

Diferenças raciais na taxa de participação no mercado de trabalho em favor de mulheres brancas começaram a surgir em 1993. Essa disparidade cresce continuamente ao longo do tempo, chegando a cerca de 5 pontos percentuais em meados dos anos 2000. Ao contrário dos homens, em que a PEA sempre foi alta e com relativamente baixa desigualdade racial, entre mulheres as diferenças raciais são persistentes ao longo de quase todo o período.

A maior diferença racial na taxa de participação feminina foi observada em 2020, ao redor de 6 pontos percentuais, resultado de uma queda maior na PEA entre mulheres negras em função da pandemia de Covid-19. Portanto, as diferenças raciais observadas na Figura 4 são em sua maior parte determinadas principalmente pelas mulheres, não pelos homens.

As diferenças de gênero na participação no mercado de trabalho são resultado de normas sociais que, por décadas, relegaram às mulheres um papel diferente do dos homens na sociedade.

Ao mesmo tempo, diferenças raciais se somam às de gênero para determinar o tipo de participação no mercado de trabalho desempenhado por cada grupo. A conjunção desses fatores não é irrelevante e adiciona camadas importantes de complexidade na análise das diferenças raciais.

O fato de que nem todas as mulheres participam do mercado de trabalho nos leva a perguntar quais mulheres tendem a trabalhar e se há diferenças raciais nesse processo. Por exemplo, é possível que mulheres brancas altamente escolarizadas escolham não trabalhar. Ao mesmo tempo, mulheres negras de baixa escolaridade podem preferir se dedicar aos afazeres domésticos em vez de buscar um trabalho, possivelmente, precarizado. Esse tipo de pergunta tem relevância prática.

Em sua revisão da literatura sobre as teorias de discriminação, focada nos Estados Unidos, os pesquisadores Kevin Lang e Jee-Yeon Lehmann (2012) afirmam que, em alguns períodos, mulheres negras tinham salários médios maiores que as mulheres brancas. Porém, isso teria ocorrido em função dos padrões de participação no mercado de trabalho, que diferem entre elas. Por exemplo, mulheres brancas com o potencial de receber salários altos —como, por exemplo, aquelas com ensino superior completo — preferiam não trabalhar, enquanto mulheres negras em situação similar acabavam trabalhando. Logo, comparações diretas sem considerar os padrões de participação podem levar a conclusões falsas, como pensarmos que mulheres brancas têm maiores desvantagens no mercado de trabalho que mulheres negras. No capítulo seguinte, vamos tratar das desigualdades raciais examinando com maior cuidado a perspectiva de gênero.

Outra medida importante para o mercado de trabalho é o número de pessoas que gostariam de estar ocupadas, estão procurando trabalho, mas não conseguem encontrar nada, ou seja, as pessoas que estão desempregadas. A desagregação por grupo

Figura 6. Taxa de desemprego entre brancos e negros, 1992 até 2021

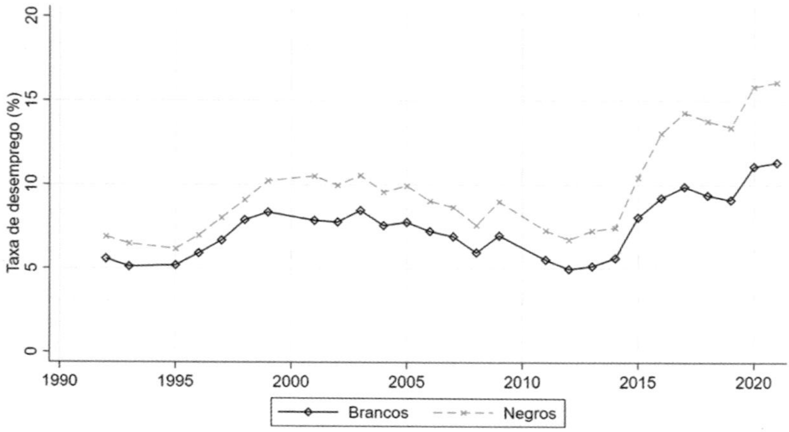

Fonte: Elaborada a partir dos microdados da PNAD e PNADC.

racial, conforme a Figura 6, aponta para persistentes disparidades de raça ao longo de todo o período, que vai de 1992 até 2021.

A taxa de desemprego no Brasil passou por quatro momentos: a) entre 1992 a 1995 — lenta redução; b) entre 1995 a 1999 — aumento; c) entre 2000 a 2014 — queda; e d) entre 2015 a 2021 — rápida elevação. A taxa de desemprego tende a seguir o nível de atividade econômica. Em períodos de alto crescimento, como nos anos 2000, há uma redução na taxa de desemprego. Já em períodos de recessão ou estagnação econômica, como ocorreu no Brasil a partir de 2015, a taxa de desemprego sobe.

A Figura 6 indica que a população negra parece mais vulnerável às oscilações econômicas, uma vez que os períodos com as menores taxas de desemprego são aqueles em que as diferenças entre brancos e negros são menores. Já períodos de alto desemprego estão associados a maiores diferenças nas taxas de desemprego entre esses grupos. No final do período, a partir de 2016, ocorreu a maior diferença nas taxas de desemprego de brancos e negros, precisamente quando as taxas de desemprego atingiram seus patamares mais altos. Em 2021, com a crise provocada pela Covid-19, a taxa de desemprego dos negros chegou a aproximadamente 16%, a maior registrada desde o início da série. O mesmo ocorreu entre os brancos, com taxa de desemprego de 11%.

Assim como fizemos para a PEA, também consideramos diferenças na taxa de desemprego entre grupos de gênero e raça. A Figura 7 mostra a evolução do percentual de desocupados, havendo uma clara ordenação que permanece ao longo de quase todo o período: as maiores taxas de desemprego são observadas entre mulheres negras, seguidas das mulheres brancas e homens negros. As menores taxas de desemprego são sempre entre homens brancos.

Assim como na Figura 6, as taxas de desemprego para os quatro grupos de raça e gênero seguem as mesmas tendências ao longo

Figura 7. Taxa de desemprego entre brancos e negros e homens e mulheres (1992 - 2021)

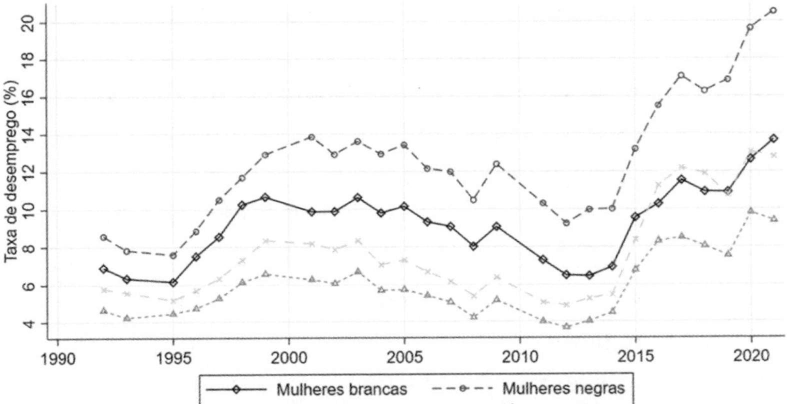

Fonte: Elaborada a partir dos microdados da PNAD e PNADC.

do ciclo econômico, sempre se movimentando juntas. As magnitudes, porém, variam entre eles. O aumento no desemprego no final da década de 1990, por exemplo, levou a um aumento de cerca de 2 pontos percentuais na taxa de desemprego de homens brancos, enquanto entre mulheres negras esse aumento foi de 6 pontos percentuais. Processo similar ocorreu para homens negros e mulheres brancas, que são mais afetados com o desemprego em períodos de recessão econômica.

Vale ainda notar que, a partir de 2015, a taxa de desemprego de mulheres brancas se torna similar e às vezes até menor que a de homens negros. Enquanto isso, aumenta a diferença nas taxas de desemprego entre as mulheres negras, comparadas aos demais grupos. O ano de 2021, com a crise provocada pela Covid-19, marca o período com as maiores taxas de desemprego e as maiores diferenças de gênero e raça. Entre mulheres negras o desemprego ultrapassou 20%, seguido de mulheres brancas, com cerca de 14%, homens negros com 13% e homens brancos com 9%.

Diversos fatores são apontados para a menor participação de negros no mercado de trabalho nos EUA. Bruce Western e Becky Pettit (2005) apontam para as altas taxas de encarceramento como responsáveis pelo aumento do desemprego de negros nas décadas de 1980 e 1990. Chandra (2000) sugere que mudanças econômicas que reduziram os salários dos trabalhadores menos qualificados a partir dos anos 1980 também reduziram a participação de negros no mercado de trabalho.

Joseph Ritter e Lowell Taylor (2011) indicam diferenças na educação e habilidades como fontes de diferenças raciais na taxa de ocupação. De acordo com Casey Dawkins, Qing Shen e Thomas Sanchez (2005), a segregação residencial também dificulta o acesso a empregos da população negra. Finalmente, a discriminação direta também prejudica as chances da população negra de encontrar um emprego, como mostram estudos como o de Marianne Bertrand e Sendhil Mullainathan (2004), que indicam uma chance 50% maior de brancos receberem retornos de vaga de empregos que negros.

3 DIFERENÇAS RACIAIS DE RENDA CONDICIONADAS A CARACTERÍSTICAS OBSERVADAS

Conforme discutido no capítulo 2, o fato de haver diferenças de salários ou mesmo nas taxas de desemprego entre brancos e negros não necessariamente implica na discriminação racial direta, definida como disparidade no tratamento. Para isso, seria necessário comparar trabalhadores com características produtivas iguais, mas de diferentes cores de pele. Aqui, buscamos fazer exatamente esse exercício. Com dados da PNAD e PNADC, estimamos quanto as pessoas negras tendem a receber a menos que as brancas, considerando uma série de fatores que também influenciam os salários.

Para isso, utilizamos a estimação por Mínimos Quadrados Ordinários (MQO). O exercício consiste em regredir o logaritmo do salário em uma variável que indica se a pessoa é negra ou branca e uma série de outras variáveis: anos de escolaridade; experiência potencial (idade - anos de estudos - 6);[6] região; local de residência (rural ou urbano); sexo; e formalidade no mercado de trabalho. A expressão abaixo mostra a equação de salário que estamos interessados em estimar:

$$Yi = a + \beta\, Negro + \Upsilon Xi + \varepsilon i$$

◇◇◇◇◇◇

6. Para calcularmos a experiência potencial, usamos esta fórmula: subtraímos da idade do indivíduo quantos anos ele estudou e o número 6, que representa a idade em que as pessoas ainda não têm escolaridade.

A variável *Yi*, nossa variável dependente ou explicada, é justamente o logaritmo do salário mensal do indivíduo *i*. Ela é uma função de diversos fatores. O termo *a* denota o salário médio recebido por brancos (também chamado de intercepto). A relação da raça, aqui representada pela variável *Negro*, com os salários é o que estamos interessados em saber. O salário também depende das características produtivas, agrupadas como controles na variável *Xi*.

Por fim, existem fatores não observados, agrupados na variável *εi*, que também ajudam a determinar os salários. O coeficiente *β* nos indica a diferença de remuneração de uma pessoa negra em relação a uma branca, controlado por todos os fatores incluídos em *X*. Nesse caso, dizemos que a diferença racial é condicional a outras características. Quando não incluímos nenhuma outra variável (omitimos *Xi*), temos uma estimativa da diferença total de salários entre brancos e negros, que deve ser próxima do reportado na Figura 1.

Cabe destacar que o coeficiente estimado *β* é medido em pontos logarítmicos, uma vez que os salários estão na forma logarítmica. Há dois motivos pelos quais economistas costumam trabalhar com o logaritmo da renda em vez do salário original. Em primeiro lugar, os salários tendem a seguir uma distribuição log-Normal, bastante concentrada nos valores inferiores e com poucos indivíduos recebendo salários extremamente altos.

O logaritmo dos salários tem uma distribuição próxima da distribuição Normal, com menos valores extremamente altos, o que permite um melhor ajuste dos dados. Em segundo lugar, e talvez mais importante, utilizar o logaritmo permite uma interpretação mais clara das estimações por MQO: os coeficientes estimados podem ser interpretados como uma aproximação de variações percentuais nos salários. No caso do coeficiente *β*, a correta transformação corresponde a *exp*(*β*)-1. Para valores baixos de *β*, o seu valor original vai ser muito próximo da variação percentual; mas, para valores altos, essa relação fica menos clara. Por exemplo, se

β é –0,15, indicando que negros recebem menos –0,15 pontos logarítmicos que brancos, a transformação para percentual corresponde a -13,93%. Se a diferença for de –0,60 pontos logarítmicos, o percentual corresponde a -45%.

Finalmente, antes de seguir com a discussão dos resultados, vale notar que há diversos fatores que não somos capazes de incluir como controles em nossas estimativas, mas que são determinantes dos salários e possivelmente estão associados à raça das pessoas. Por exemplo, a qualidade do ensino ou o curso no qual a pessoa obteve seu diploma de ensino superior são relevantes na hora de contratar uma pessoa e definir o seu salário. Sabemos que a qualidade do ensino é menor entre negros (ver capítulo 8). Além disso, Mauricio Reis (2017) revela que brancos e negros tendem a frequentar cursos de graduação e pós-graduação diferentes, sendo este um fator importante por trás das diferenças salariais entre esses grupos, especialmente no topo da distribuição.

Vale notar, porém, que não há consenso entre economistas sobre quais variáveis devem ou não ser utilizadas como controles quando queremos estimar os efeitos da discriminação racial nos salários. Em um importante estudo estadunidense, Derek Neal e William Johnson (1996) mostram haver grandes diferenças salariais médias entre jovens brancos e negros. Os autores, porém, tiveram acesso às notas deles em um teste padronizado, realizado entre os 16 e 18 anos, que serve como um indicador das suas qualificações para o mercado de trabalho.

Quando considerado o desempenho nesse teste de qualificação, as diferenças salariais raciais se reduzem consideravelmente. Com base nesse resultado, os autores concluíram que a discriminação racial no mercado de trabalho exerce um papel muito pequeno nas diferenças salariais totais entre brancos e negros, sendo a maior parte da desigualdade racial resultado das diferenças na formação desses jovens durante a adolescência, capturada pelas diferenças de desempenho nesse teste.

No entanto, essa metodologia foi contestada por outros pesquisadores. Pedro Carneiro, James Heckman e Dimitriy Masterov (2005) argumentam que o desempenho nesses testes é influenciado pela escolaridade na data em que são realizados. Quando, além do desempenho no teste, a escolaridade é incluída como controle, as diferenças raciais nos salários voltam a ser significativas. Kevin Lang e Michael Manove (2011) desenvolveram um modelo de discriminação estatística no qual negros com notas similares às de brancos alcançam graus mais altos de escolaridade, pois precisam dessa formação adicional para sinalizar a potenciais empregadores que eles têm alta qualificação, enquanto isso é presumido para brancos. Esse resultado corrobora o argumento de Carneiro e coautores de que é importante também controlar por escolaridade ao analisar a desigualdade salarial. Além disso, reforça a conclusão de que a discriminação no mercado de trabalho afeta negativamente os salários de negros.

Em função dessas considerações, não podemos afirmar com certeza que as estimativas que fazemos correspondem exatamente à discriminação racial direta sofrida por negros no mercado de trabalho. No entanto, estamos considerando em nossa análise diversos fatores importantes, então qualquer diferença racial nos salários restante deve ser tomada como um sinal de alerta da presença da discriminação.

A Figura 8 apresenta os resultados do nosso exercício. Podemos ver que as desigualdades raciais permanecem mesmo quando controladas por diversos fatores associados aos salários.

Ao longo de toda a década de 1980 e boa parte da década de 1990, as desigualdades raciais totais giraram ao redor de 0,60 ponto logarítmico, o que corresponde a um salário médio cerca de 45% menor para negros, semelhante ao reportado na Figura

Figura 8. Diferença racial total e condicional dos salários (1982 - 2021)

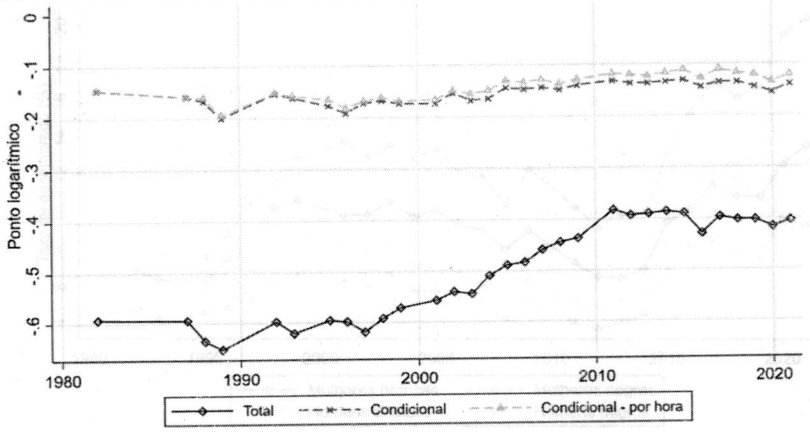

Fonte: Elaborada a partir dos microdados da PNAD e PNADC.
O eixo vertical mede as diferenças salariais entre brancos e negros utilizando a escala logarítmica.

1. A partir do final da década de 1990, as diferenças raciais totais passam a cair continuamente até 2011, passando para menos de 0,40, ou cerca de 33% inferior aos brancos. A partir de 2011, porém, as diferenças salariais entre brancos e negros se estabilizam, havendo uma leve tendência de piora.

A Figura 8 também apresenta resultados para a desigualdade racial condicional a características observadas dos trabalhadores. Podemos ver que quando comparamos pessoas com características similares as diferenças entre brancos e negros se reduzem consideravelmente. No início do período, essas diferenças eram de cerca de −0,15 ponto logarítmico, ou cerca de 16%, flutuando ao longo da década de 1980 e 1990 e chegando a cerca de −0,20 ponto em 1996. Elas se reduziram continuamente a partir daí, atingindo um mínimo de −0,11 ponto em 2015 e permanecendo relativamente estáveis desde então, com leve tendência de piora.

No geral, há pouca diferença nos resultados se considerarmos salários mensais ou por hora. Porém, a partir dos anos 2000, começa a haver uma pequena separação entre essas curvas, indicando que as desigualdades são ligeiramente menores se nos basearmos nos salários por hora.

A grande redução nas diferenças raciais, quando controladas por características observadas, pode ser interpretada de uma maneira positiva ou negativa. No sentido positivo, significa dizer que elas são preponderantemente determinadas por outros fatores, como, por exemplo, escolaridade ou localização, que explicam até 75% das diferenças totais.

Como mostram os trabalhos de Carlos Gradín (2014) e Francieli Maciel (2021), negros têm menores níveis educacionais e vivem em regiões relativamente mais pobres do Brasil e isso explica uma porção considerável das diferenças de renda e salário. Isso sugere que políticas públicas para reduzir disparidades devem focar esses aspectos. Ao mesmo tempo, ainda há uma diferença salarial entre brancos e negros considerável, de cerca de 15%, que não pode ser atribuída a qualquer dessas características observadas. Esse é o sentido negativo da interpretação, mostrando haver uma grande porção das desigualdades raciais que pode ser potencialmente atribuída à discriminação no mercado de trabalho.

As diferenças apresentadas na Figura 8 se referem a diferenças médias: quanto é esperado que um negro receba a menos que um branco, condicional ou não a outras características observadas. Porém, as diferenças podem ser maiores ou menores se estivermos interessados em comparar pessoas com baixos, médios ou altos salários. Para isso, reproduzimos a análise anterior, mas utilizando regressões quantílicas (Koenker e Bassett, 1978). Essas regressões nos permitem estimar as diferenças salariais em posições diferentes da distribuição de renda, em linha com o que foi apresentado na Figura 2. Novamente consideramos três pontos da distribuição: a) os 10%

mais ricos; b) a mediana; e c) os 10% mais pobres. Os resultados são apresentados na Figura 9. Podemos ver um quadro semelhante ao observado na Figura 8: as diferenças totais são muito maiores que as condicionais às características observadas. Ao mesmo tempo, também vemos que as diferenças salariais no topo da distribuição são bem maiores que na base e no meio dela, tanto em relação às diferenças totais como em relação às diferenças condicionais.

No período analisado, as diferenças salariais totais entre brancos e negros apresentaram maior queda no topo e meio da distribuição de renda. As diferenças salariais entre as medianas se reduziram continuamente pelo menos desde o início da década de 1990, saindo de um valor de cerca de –0,60 ponto logarítmico para alcançar cerca de –0,30 ponto em meados da década de 2010. Desde então, há uma estabilização, com leve tendência de piora.

O caso do topo da distribuição é similar, porém sai de um patamar de desigualdade bem mais elevado, de cerca de –0,80 ponto

Figura 9. Desigualdade racial total e condicional do salário por hora em diferentes pontos da distribuição (1982-2021)

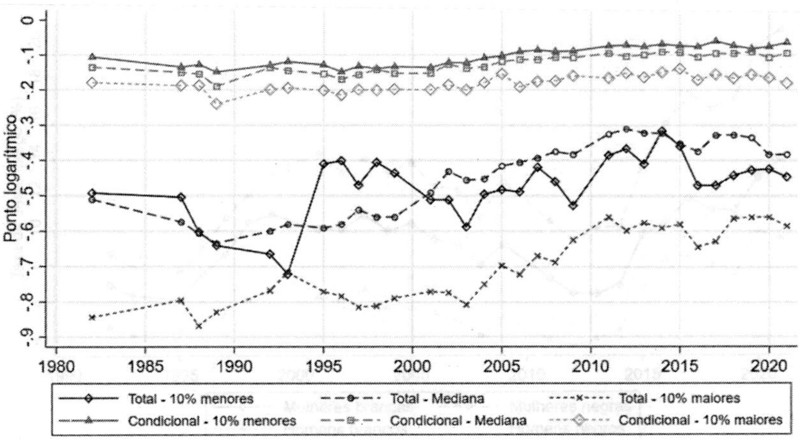

Fonte: Elaborada a partir dos microdados da PNAD e PNADC.

logarítmico. A queda das desigualdades no topo passa a ocorrer de forma mais pronunciada principalmente a partir dos anos 2000, chegando a um mínimo de cerca de –0,56 ponto em 2011 e permanecendo nesse nível desde então. Já a base da distribuição mostra um comportamento muito mais volátil, sobretudo antes do Plano Real. A partir de 1995, apesar das grandes flutuações, as diferenças giraram em torno de –0,40 ponto logarítmico, sendo, muitas vezes, maiores que no meio da distribuição.

Quando consideramos as diferenças raciais condicionais às características observadas, percebemos tanto uma grande redução das desigualdades totais como uma manutenção do padrão de maiores desigualdades entre pessoas mais ricas. Entre os que recebem salários maiores, a diferença chega a –0,20 ponto (18,13%) em 2021.

Já na mediana, a diferença é de –0,10 ponto (9,52%). Finalmente, entre os 10% mais pobres a diferença salarial condicional é de apenas –0,06 ponto. Novamente, essa redução pode ser vista de uma perspectiva positiva ou negativa. Em especial, diferenças no topo de distribuição parecem bem menos sensíveis aos fatores observados, o que pode indicar maior discriminação contra negros conforme eles disputam cargos mais importantes.

A literatura aponta para alguns fatores que podem contribuir para a redução das desigualdades raciais em diferentes pontos da distribuição de renda. Ellora Derenoncourt e Claire Montialoux (2020) trazem evidências da importância do salário mínimo como fonte de redução da desigualdade racial entre os mais pobres nos EUA. De modo similar, a redução da diferença bruta a partir dos anos 2000 até 2015, no Brasil, pode ser explicada pelo aumento do salário mínimo real, conforme abordam Derenoncourt e coautores (2021).

Isso ocorre porque os trabalhadores mais afetados pelo aumento do salário mínimo são predominantemente negros. Vale ainda reforçar que melhorias no acesso à educação básica por parte da população negra, como será mostrado no capítulo 8, podem ter contribuído para a redução das disparidades totais. Há também indícios trazidos por Guilherme Hirata e Rodrigo Soares (2020) de que o aumento na competição resultante da abertura comercial dos anos 1990 levou a uma redução das diferenças raciais nos salários, conforme predito por teorias de discriminação por gosto (ver capítulo 2).

No topo da distribuição de renda, há indicativos de que os negros são menos propensos a serem contratados e podem chegar a receber 20% a menos (Gerard *et al.*, 2021). Para o Brasil, Maciel (2021) relata maior diferença salarial atrelada à discriminação, que é persistente e maior entre os mais ricos do que nos demais grupos. As diferenças raciais na educação (Card; Kruger, 1992) e na habilidade cognitiva antes de ingressar no mercado de trabalho (Carneiro; Heckman; Masterov, 2006; Heckman; Stixrud; Urzua, 2006; Lang; Spitzer, 2020) também são fatores que exacerbam a diferença de salários nesse percentil, especialmente se considerarmos o acesso ao ensino superior. Além disso, existem fatores não observados, como a maior rede de contatos, que tendem a excluir minorias do acesso às melhores oportunidades de emprego.

Finalmente, a discriminação direta parece ser maior em empresas de grande porte e com maiores salários, conforme achados de um experimento em larga escala realizado por Kline, Rose e Walters (2022). Eles mostram que a taxa de retorno para entrevistas de emprego é menor entre negros que brancos, sendo a diferença maior em empresas de grande porte e do quintil superior da distribuição, no qual também se concentram as melhores oportunidades e salários.

4 CONCLUSÃO

As profundas desigualdades no mercado de trabalho entre brancos e negros foram, durante muito tempo, naturalizadas por parcela expressiva da sociedade brasileira. Devemos lembrar que essas desigualdades não surgiram por acaso. Elas são reflexo de nossa longa tradição na discriminação racial e complacência com a exclusão social.

Atualmente, por mais que, em vários setores da sociedade, tenha havido uma ampliação na conscientização desse tema e as manifestações explícitas de atitudes discriminatórias tenham se reduzido, ainda há uma diferença de tratamento conferida aos negros que, não raramente, ocorre de maneiras sutis.

A desigualdade social e as distintas formas de manifestações da discriminação racial têm seus efeitos no mercado de trabalho. O rendimento dos trabalhadores negros é menor que o rendimento de trabalhadores brancos. Por trás de tais resultados encontrados, há ainda dois agravantes: a menor proporção de negros economicamente ativos e a maior proporção de negros desempregados.

De modo geral, houve pouco progresso na redução das desigualdades nas últimas décadas, sendo ele mais concentrado a partir dos anos 2000. A diferença média de salários entre brancos e negros caiu de cerca de 50% para ao redor de 40%. Também vimos que boa parte dessas diferenças são explicadas por características dos trabalhadores, incluindo anos de escolaridade e sua localização. Condicional a essas e outras características, os negros recebem cerca de 10% a 15% menos que brancos. Esse resultado sugere duas implicações: são necessárias políticas que reduzam as diferenças nesses fatores produtivos entre brancos e negros, em particular a educação e sua qualidade. Ao mesmo tempo, as diferenças remanescentes são ainda consideráveis, especialmente no topo da distribuição de renda, podendo chegar a mais de 20%. Esse quadro aponta para a necessidade de políticas ativas de redução da desigualdade e discriminação racial, incluindo ações afirmativas em empresas de grande porte, nas quais estão os maiores salários.

A quase estagnação das desigualdades raciais no Brasil ao longo das últimas décadas nos faz lembrar que, assim como nos gramados do futebol, não agir só faz com que o problema siga adiante. Esse quadro deve servir de alerta aos gestores e formuladores de políticas públicas para a urgência de se pensar em políticas voltadas ao enfrentamento da desigualdade. Enquanto esse cenário passar despercebido, nossos "invisíveis" ainda continuarão a sofrer diversas desvantagens no campo do mercado de trabalho.

REFERÊNCIAS BIBLIOGRÁFICAS

BARBOSA FILHO, F. H. A crise econômica de 2014/2017. **Estudos avançados**, v. 31, p. 51-60, 2017.

BERTRAND, M.; MULLAINATHAN, S. Are Emily and Greg more employable than Lakisha and Jamal? A field experiment on labor market discrimination. **American Economic Review**, v. 94, n. 4, p. 991-1013, 2004.

CARNEIRO, B.; VIRGINIA, C. Racismo no futebol: em 20 anos de pontos corridos, nenhum dirigente negro na série A. **Revista Babel**. Ed. Outubro, São Paulo, 2022. Disponível em: http://babel.webhostusp.sti.usp.br/?p=486. Acesso em: 9 jun. 2023.

CARNEIRO, P.; HECKMAN, J. J.; MASTEROV, D. V. Labor market discrimination and racial differences in premarket factors. **The Journal of Law and Economics**, v. 48, n. 1, p. 1-39, 2005.

CASELLI, M.; PAOLO, F.; GIANPIERO, M. When the mob goes silent: uncovering the effects of racial harassment through a natural experiment. **Department of Economics and Management Working Papers** 2021/01. Trento, IT: University of Trento. 2021.

CHANDRA, A. Labor-market dropouts and the racial wage gap: 1940–1990. **American Economic Review**, v. 90, n. 2, p. 333-338, 2000.

DAWKINS, C. J.; SHEN, Q.; SANCHEZ, T. W. Race, space, and unemployment duration. **Journal of Urban Economics**, v. 58, n. 1, p. 91-113, 2005.

DELLAVIGNA, S.; PASERMAN, M. D. Job search and impatience. **Journal of Labor Economics**, v. 23, n. 3, p. 527-588, 2005.

DERENONCOURT, E.; MONTIALOUX, C. Minimum wages and racial inequality. **The Quarterly Journal of Economics**, v. 136, n. 1, p. 169-228, 2021.

DERENONCOURT, E. *et al.* **Racial inequality, minimum wage spillovers, and the informal sector**, 2021.

DUQUE, D. **Pobreza e desigualdade aumentam de novo:** PNAD Covid mostrou impacto do Auxílio Emergencial nos indicadores sociais. 2020. Disponível em: https://blogdoibre.fgv.br/posts/com-melhor-distribuicao-de-renda-e-mais-transferencias-pobreza-no-brasil-volta-ao-menor. Acesso em: 15 jun. 2023.

ENGBOM, N.; MOSER, C. Earnings Inequality and the Minimum Wage: Evidence from Brazil. **Working Paper 28831**. Cambridge, MA: National Bureau of Economic Research. 2021.

FERREIRA, F. H. G.; LEITE, P. G.; LITCHFIELD, J. A. The rise and fall of Brazilian inequality: 1981–2004. **Macroeconomic Dynamics**, v. 12, n. S2, p. 199-230, 2008.

GERARD, F. *et al.* Assortative matching or exclusionary hiring? The impact of employment and pay policies on racial wage differences in Brazil. **American Economic Review**, v. 111, n. 10, p. 3418-57, 2021.

GRADÍN, C. Race and Income Distribution: evidence from the USA, Brazil and South Africa. **Review of Development Economics**, v. 18, n. 1, p. 73-92, 2014.

HAANWINCKEL, D.; SOARES, R. R. Workforce composition, productivity, and labour regulations in a compensating differentials theory of informality. **The Review of Economic Studies**, v. 88, n. 6, p. 2970-3010, 2021.

HECKMAN, J. J.; STIXRUD, J.; URZUA, S. The effects of cognitive and noncognitive abilities on labor market outcomes and social behavior. **Journal of Labor economics**, v. 24, n. 3, p. 411-482, 2006.

INSTITUTO BRASILEIRO DE GEOGRAFIA E ESTATÍSTICA (IBGE). **Desigualdades Sociais por Cor ou Raça no Brasil** – 2ª edição, 2021.

HIRATA, G.; SOARES, R. R. Competition and the racial wage gap: evidence from Brazil. **Journal of Development Economics**, v. 146, p. 102519, 2020.

KLINE, P.; ROSE, E. K.; WALTERS, C. Systemic discrimination among large US employers, **The Quarterly Journal of Economics**, v. 137, ed. 4, nov. 2022, p. 1963-2036. DOI: https://doi.org/10.1093/qje/qjac024.

LANG, K.; JEE-YEON, K. L. Racial discrimination in the labor market: Theory and empirics. **Journal of Economic Literature**, v. 50, n. 4, p. 959-1006, 2012.

LANG, K.; SPITZER, A. K. L. Race discrimination: An economic perspective. **Journal of Economic Perspectives**, v. 34, n. 2, p. 68-89, 2020.

MACIEL, F. T. Occupational segregation and wage differentials by gender and race in Brazil: evidence from a quantile decomposition. **International Journal of Manpower**, v. 42, n. 5, p. 810-841, 2021.

MAURIZIO, R., Transitions to formality and declining inequality: Argentina and Brazil in the 2000s. **Development and Change**, v. 46, n. 5, p. 1047-1079, 2015.

OBSERVATÓRIO DA DISCRIMINAÇÃO RACIAL NO FUTEBOL. **Relatório anual da discriminação racial no futebol**. Porto Alegre, 2021. Disponível em: https://observatorioracialfutebol.com.br/. Acesso em: 9 jun. 2023.

RITTER, J. A.; TAYLOR, L. J. Racial disparity in unemployment. **The Review of Economics and Statistics**, v. 93, n. 1, p. 30-42, 2011.

SOUZA, P. H. G. F. **A pandemia de Covid-19 e a desigualdade racial de renda.** Boletim de Análise Político-Institucional (Bapi), Brasília, n. 26, mar. 2021.

WESTERN, B.; PETTIT, B. Black-white wage inequality, employment rates, and incarceration. **American Journal of Sociology**, v. 111, n. 2, p. 553-578, 2005.

NEAL, D. A.; JOHNSON, W. R. The role of premarket factors in black-white wage differences. **Journal of political Economy**, v. 104, n. 5, p. 869-895, 1996.

CAPÍTULO 7

DESIGUALDADE DE GÊNERO E AS CAMADAS DA DISCRIMINAÇÃO[1]

LAUANA LAZARETTI[2],
FRANCIELI TONET MACIEL[3] E
ALYSSON PORTELLA[4]

A economia é uma profissão majoritariamente ocupada por homens brancos. Segundo Petterini (2020), em 2020, 67,9% daqueles que se candidataram a um programa de pós-graduação em economia eram homens e 60% dos candidatos eram brancos. O relatório da Associação Econômica Latino-americana e Caribenha (Lacea, 2023) mostra que no Brasil apenas 36% dos alunos de graduação são mulheres, caindo para 23% em programas de mestrado.[5] Entre os professores titulares brasileiros, 13% são mulheres. Esse perfil corrobora nossas impressões do dia a dia, bastando olhar para os comentaristas de economia

1. Gostaríamos de agradecer à Lorena Hakak e ao Michael França por comentários sobre versões preliminares deste capítulo. Qualquer erro ou omissão remanescente é exclusivamente nosso.
2. Pesquisadora do Neri e pós-doutoranda na UFSM. Tem doutorado em Economia pela PUC-RS.
3. Doutura em Economia pelo Cedeplar/UFMG.
4. Pesquisador de pós-doutorado no Insper. Doutor em Economia dos Negócios pela mesma instituição.
5. Não há informação para doutorado desagregada por país.

nos jornais para saber que a representação racial e de gênero está longe de ser paritária.

No entanto, já faz mais de 100 anos que a primeira pessoa negra obteve seu doutorado em economia. Ainda mais surpreendente, ela era uma mulher. Sadie Tanner Mossell Alexander defendeu sua tese de doutorado em 1921 na Universidade da Pensilvânia, nos Estados Unidos. Ainda assim, sua carreira acadêmica foi dificultada por sua raça e gênero (Malveaux, 1991). Incapaz de encontrar um trabalho como professora, Alexander decide se graduar em direito, passando a atuar na advocacia. Ela também se torna uma importante ativista, sendo uma precursora em temas de desigualdade racial e de gênero. Ao longo de sua trajetória, Alexander aborda justamente as diferenças e desvantagens de mulheres negras em relação às mulheres brancas no mercado de trabalho (Nina Banks, 2022).

Sob a perspectiva do feminismo negro, as desigualdades raciais e de gênero no mercado de trabalho constituem um tema caro e amplamente debatido. Considerada uma das intelectuais brasileiras mais importantes do século 20, a filósofa e historiadora Lélia Gonzalez se dedicou à questão racial em suas pesquisas sobre o tema, dando maior representatividade ao debate sobre interseccionalidade na América do Sul, ou seja, envolvendo dimensões como raça, classe e gênero como formas articuladas de opressão e hierarquização. A partir dessa abordagem, a obra da autora a aproxima de pensadoras como Angela Davis, Patricia Hill Collins e Kimberlé Crenshaw, a sendo esta última a responsável por cunhar o termo interseccionalidade.

A pesquisa e o ativismo de Sadie Alexander e Lélia Gonzalez continuam muito atuais. Conforme sugerido no capítulo anterior, a desigualdade racial de renda ainda esconde diversas disparidades, em especial a de gênero. Aqui, nosso objetivo é chamar atenção para como a questão de gênero introduz uma nova perspectiva na questão da desigualdade racial no mercado de trabalho brasileiro, focando sua interseccionalidade. Assim como no capítulo anterior, utilizamos as bases de dados da Pesquisa Nacional por Amostra de Domicílios (PNAD) entre o período de 1982 a 2021.

Estudar gênero sem considerar raça, particularmente no Brasil, pode levar a uma visão deturpada da nossa realidade socioeconômica. Não é de hoje que a literatura econômica tem explorado temas da desigualdade racial e de gênero, considerando diferentes esferas do mundo do trabalho, tais como diferenciais salariais, segregação ocupacional, discriminação, participação nos espaços de decisão e poder, divisão na atribuição dos cuidados e tarefas domésticas. Diversos estudos mostram a existência de uma estrutura ocupacional e salarial hierarquizada por gênero e raça no Brasil, afetando sobretudo as mulheres negras.[6] Tais achados corroboram uma extensa literatura sociológica que visa captar a complexidade das desigualdades sociais por meio da interação entre dois ou mais eixos de subordinação — como gênero e raça.

O capítulo está dividido em três partes. A primeira apresenta as diferenças salariais entre quatro grupos definidos por sua raça e gênero: homens brancos, mulheres brancas, homens negros e mulheres negras. Os resultados mostram que homens brancos têm maior remuneração, seguidos pelas mulheres brancas, homens negros e mulheres negras. Exploramos também a evolução dos salários desses grupos entre os mais pobres, aqueles no meio da distribuição dos salários e entre os mais ricos. Houve ganhos consistentes para mulheres brancas, homens negros e mulheres negras no meio e topo da distribuição em relação ao rendimento de homens brancos, com exceção do período mais recente. Já na base, há grande variabilidade ao longo do tempo, sugerindo que

6. Soares (2000); Biderman e Guimarães (2004); Matos e Machado (2006); Cacciamali *et al.* (2009); Salardi (2012); Lima *et al.* (2013); Maciel (2021).

a renda de homens negros, mulheres negras e mulheres brancas na base da distribuição é mais instável que a de homens brancos.

Na segunda parte, analisamos a distribuição de indivíduos de cada grupo entre algumas ocupações, a evolução da educação e a participação no mercado de trabalho. As ocupações de gerência têm predominância de homens brancos, enquanto os serviços domésticos são realizados, em sua maioria, por mulheres negras. Diferenças de gênero não existem apenas no tipo de ocupação exercida, mas também na participação no mercado de trabalho, na qual mostramos que a escolaridade das mulheres exerce um papel determinante.

A última seção traz um exercício econométrico para estimar as diferenças salariais entre os quatro grupos de raça e gênero, considerando outras variáveis que também podem afetar os salários. Encontramos evidências de desigualdade salarial mesmo depois de considerar as características individuais. Entre as mulheres brancas, a diferença aumenta após controladas tais características, indicando que fatores não observáveis e discriminação podem ser relevantes para explicar a diferença de rendimentos quando comparadas aos homens brancos. Os homens negros e as mulheres negras continuam com as maiores diferenças de salários, respectivamente, em relação aos homens brancos. Embora essas diferenças se reduzam quando consideradas as características observáveis em relação à diferença total, elas não são plenamente eliminadas, sugerindo também a existência de discriminação racial em relação a homens negros e mulheres negras, em especial às últimas.

1 EVOLUÇÃO DA DESIGUALDADE DE RENDIMENTOS POR GÊNERO E RAÇA NO BRASIL

Nesta seção analisamos as diferenças de rendimentos por gênero e raça no Brasil. Utilizamos o rendimento mensal do trabalho de todas as ocupações como medida de renda dos indivíduos. Categorizamos os trabalhadores em quatro grupos: homens brancos, mulheres brancas, homens negros e mulheres negras. Seguindo a literatura, categorizamos como negros aqueles que se autodeclaram como pretos e pardos. A análise se restringe à população entre 18 e 60 anos de idade.

A Figura 1 compara os rendimentos de mulheres brancas, homens negros e mulheres negras em relação aos dos homens brancos. Para isso, calculamos a razão entre as rendas médias desses três grupos em relação ao rendimento médio dos homens brancos, para o período de 1982 a 2021. A partir das três linhas, podemos verificar que esses três grupos recebem menos que os homens brancos, mas que essa diferença vem diminuindo com o decorrer do tempo, embora em ritmos distintos.

As mulheres brancas são o grupo que tem rendimentos mais próximos dos homens brancos, seguido dos homens negros e das mulheres negras, respectivamente. O rendimento médio das mulheres brancas equivalia a 55% do valor recebido pelos homens brancos em 1982. Ao longo do tempo houve uma significativa redução dessa disparidade e, em 2021, as mulheres brancas recebiam, em média, 80% do que recebiam os homens brancos. Para homens negros, o rendimento médio representava 50% daquele observado para os homens brancos no início da série histórica, passando para 58% em 2021. Em 1982, o rendimento mensal das mulheres negras em relação ao de homens brancos era de apenas 28%, passando para 46% em 2021.

Esses resultados mostram que, além de terem os rendimentos mais próximos aos dos homens brancos no início do período, as mulheres brancas também foram as que mais avançaram, reduzindo sua diferença em 25 pontos percentuais. As mulheres negras aumentaram em 18 pontos percentuais a razão dos seus salários em relação aos homens brancos, embora ainda seja este o grupo com o

Figura 1. Razão de rendimentos dos grupos de raça e gênero em relação a homens brancos – 1982-2021

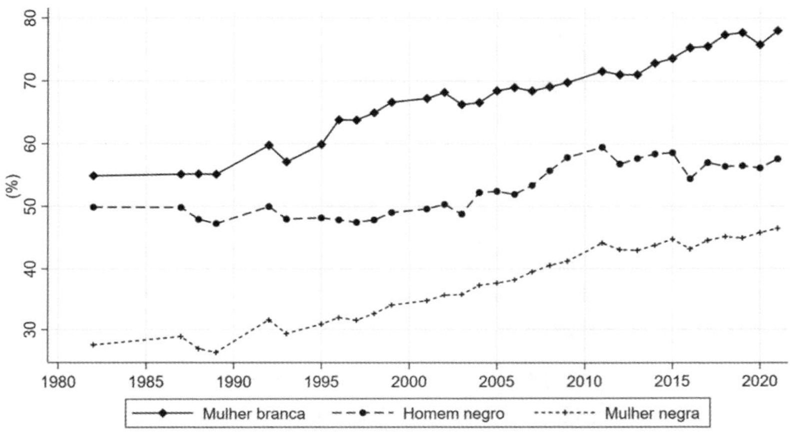

Fonte: Elaborada a partir dos microdados da PNAD e PNADC.
Nota: A diferença de rendimentos é medida a partir da razão da renda média de mulheres brancas, homens negros e mulheres negras em relação à renda média de homens brancos.

maior diferencial. Finalmente, os homens negros tiveram a menor redução das desigualdades em comparação aos demais grupos.

O estudo realizado por Maciel (2021) utiliza a intersecção de gênero e raça para o caso brasileiro e chega a resultados similares. Ela mostra que a diferença média de salário-hora em 2005 e 2015 teve redução para todos os grupos quando comparados com os homens brancos. Entre as mulheres brancas, o percentual passou de 77% para 84%, para os homens negros houve uma melhoria de 56% para 61% e entre as mulheres negras ocorreu um aumento de 46% para 51%.

A redução na diferença de salários ao longo dos anos não é um fato isolado no Brasil. Em estudo realizado nos Estados Unidos (EUA), Blau e Kahn (2017) mostram que as mulheres experimentaram um aumento dos anos de estudo, da experiência e vêm ganhando representação ocupacional, o que contribuiu para a redução na diferença dos salários em relação aos homens. No entanto, conforme os autores, essa redução da desigualdade ocorre principalmente entre a base e o meio da distribuição dos salários. No topo da distribuição, porém, as diferenças ainda são significativas. No Brasil, o estudo de Maciel (2021) também revela que a diferença de rendimentos condicional às características dos trabalhadores é maior no topo do que na base da distribuição de salários no Brasil.

Para avaliar em que medida as diferenças de gênero e de raça no Brasil dependem dos níveis salariais que estamos comparando, analisamos também as mudanças nas razões de renda em pontos diferentes da distribuição dos rendimentos. Como no capítulo anterior, ordenamos as pessoas de acordo com seu rendimento e dividimos a amostra de cada um dos grupos de raça e de gênero em 100 partes com tamanho igual (percentis). Comparamos então os salários dos 10º, 50º e 90º percentis, ou seja, entre aquelas na base (décimo percentil), no meio (50º percentil, ou mediana) e aqueles no topo (90º percentil).

A Figura 2 apresenta a razão de rendimentos entre os grupos, considerando os indivíduos na base da distribuição — ou seja, aqueles com renda que os colocam no décimo percentil de seus respectivos grupos de raça e gênero. Da mesma forma que quando analisada na média (Figura 1), a razão de rendimentos das mulheres brancas é mais próxima à dos homens brancos, com exceção da década de 1980 e início da década de 1990, quando os rendimentos dos homens negros eram mais próximos aos dos homens brancos. Essa proximidade entre homens negros e mulheres brancas se estende até finais da década de 2000, quando os rendimentos dos homens negros passam a diminuir em relação aos de homens brancos, enquanto os das mulheres brancas se mantêm relativamente estáveis. Mesmo na base da distribuição de rendimentos, mulheres negras continuam com as maiores desvantagens durante todo o período, apresentando quase nenhuma convergência.

Figura 2. Razão de rendimentos dos grupos de raça e gênero em relação a homens brancos no décimo percentil da distribuição – 1982-2021

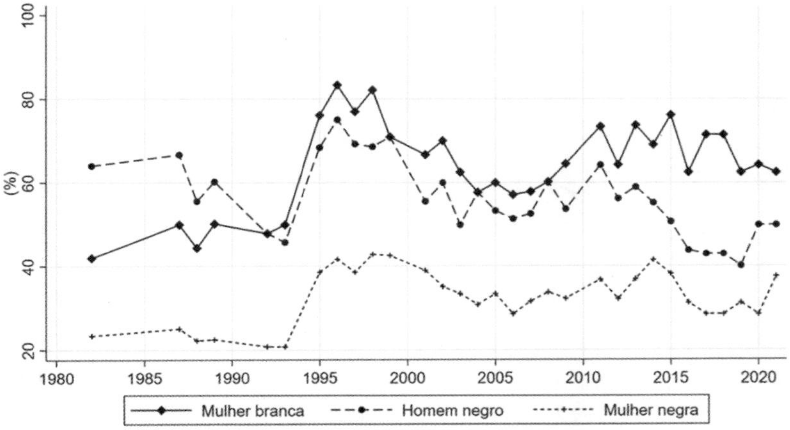

Fonte: Elaborada a partir dos microdados da PNAD e PNADC.

A Figura 3 apresenta as comparações dos salários dos quatro grupos de raça e gênero no meio da distribuição de rendimentos, ou seja, na mediana. Nessa parte da distribuição, há uma desigualdade menor de rendimentos quando comparada à média geral. Na década de 1980, observamos aumento nas diferenças de rendimentos em relação a homens brancos, possivelmente devido à maior dificuldade dos grupos minoritários de se protegerem da hiperinflação da época. Porém, a partir de 1995, com a estabilização, entre outros fatores, como a queda do desemprego, a expansão educacional, o aumento da formalidade e a valorização do salário mínimo, os três grupos apresentaram aumentos de seus rendimentos em relação aos homens brancos. A partir de 2011, porém, apenas mulheres brancas conseguiram avançar nessa parte da distribuição, com mulheres negras apresentando estagnação e homens negros, uma pequena piora.

Figura 3. Razão de rendimentos dos grupos de raça e gênero em relação a homens brancos na mediana da distribuição – 1982-2021

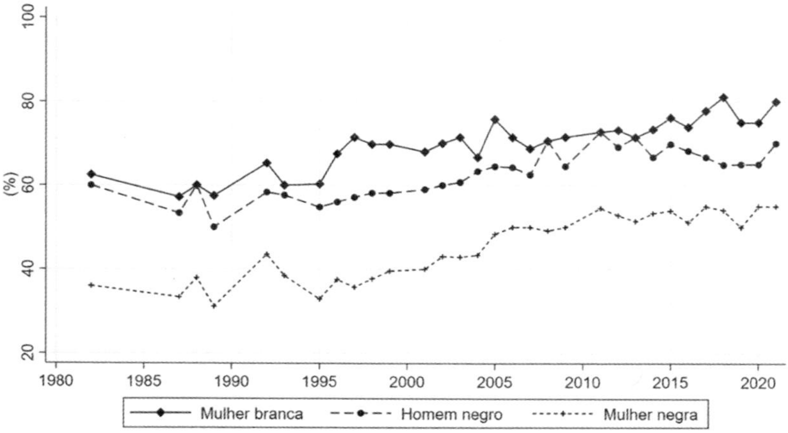

Fonte: Elaborada a partir dos microdados da PNAD e PNADC.

A Figura 4 inclui informações sobre os diferenciais de rendimentos no topo da distribuição, ou seja, no percentil 90. Mulheres brancas conseguiram obter importante convergência salarial nesse período, passando de 60% para 80% dos rendimentos dos homens brancos em 2018. Da mesma forma, mulheres negras também avançaram consideravelmente, embora partindo de um ponto muito abaixo das mulheres brancas. Na década de 1980, seus rendimentos nessa parte da distribuição eram apenas 20% do dos homens, passando para mais de 40% no final da série. Já entre homens negros houve uma quase estagnação entre 1982 e 2006, quando seus rendimentos passam a subir em relação ao dos homens brancos, chegando a 60% em 2015. A partir desse ano, porém, essa razão entre rendimentos voltou a cair.

De modo geral, as Figuras 2 a 4 mostram que a instabilidade dos salários de homens negros e mulheres em relação a homens

Figura 4. Razão de rendimentos dos grupos de raça e gênero em relação a homens brancos no décimo percentil superior da distribuição – 1982-2021

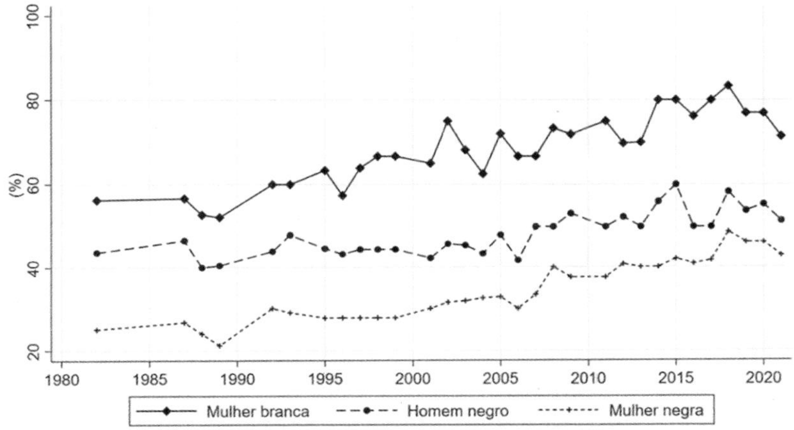

Fonte: Elaborada a partir dos microdados da PNAD e PNADC.

brancos é maior na base da distribuição. Os indivíduos com menores salários e pertencentes a esses grupos historicamente marginalizados do mercado de trabalho são mais afetados pela condição econômica geral, tanto em termos salariais como de emprego. A mediana e o topo da distribuição apresentam maior estabilidade nas razões dos salários desses grupos em relação a homens brancos. O meio da distribuição é onde estão as menores diferenças salariais entre esses quatros grupos.

No topo da distribuição, mulheres brancas têm rendimentos que evoluíram mais rapidamente e que se aproximam mais dos homens brancos, inclusive se distanciado de mulheres e homens negros. Isso sugere que, à medida que se avança ao longo da distribuição de renda, a desigualdade racial se torna mais preponderante que a de gênero. Isso se deve, possivelmente, à grande desigualdade de oportunidades quanto à mobilidade ocupacional associada, entre outros fatores, às disparidades educacionais e à discriminação racial.

As Figuras 1 a 4 mostram que, embora tenha havido avanços, os diferenciais de rendimentos permanecem ao longo do tempo, e a interseccionalidade entre gênero e raça amplia ainda mais as desvantagens. Ser mulher e negra no Brasil ainda significa estar na base da pirâmide social, considerando uma estrutura salarial estratificada com base em gênero e raça.

2. TIPO DE OCUPAÇÕES E PARTICIPAÇÃO NO MERCADO DE TRABALHO POR GÊNERO E RAÇA

Algumas ocupações são predominantemente ocupadas por homens e outras por mulheres. Essa segregação ocupacional é fruto tanto de escolhas pessoais, como também de processos discriminatórios que definem socialmente o que é um emprego feminino e masculino, além de impor barreiras à participação de mulheres em certas profissões. Da mesma forma, as ocupações são também marcadas pela dimensão racial. Ao mesmo tempo, como mostramos no capítulo anterior, a própria participação feminina no mercado de trabalho é diferente da masculina, sendo influenciada por diversos fatores. O objetivo desta seção é examinar em que medida as ocupações exercidas por homens brancos, homens negros, mulheres brancas e mulheres negras ainda divergem e quais são os padrões de participação feminina no mercado de trabalho.

Começamos analisando as diferenças na composição de raça e gênero em algumas ocupações:

a) Gerentes: são os gerentes de produção e operações e os gerentes da área de apoio. Representam 2,28% do emprego total.
b) Profissionais do ensino: são os professores da educação infantil, do ensino fundamental, do ensino médio e do ensino superior. Representam 3,09% do emprego total.

c) Trabalhadores de serviços administrativos: são os escriturários e os trabalhadores de atendimento ao público. Representam 8,20% do emprego total.
d) Vendedores e prestadores de serviços do comércio: são os supervisores de venda, vendedores, demonstradores, repositores, remarcadores, instaladores e vendedores ambulantes e de camelôs. Representam 10,11% do emprego total.
e) Trabalhadores da indústria extrativa e da construção civil: são os supervisores e os trabalhadores da indústria de extração mineral, construção, beneficiamento de minérios e pedras e ajudantes de obras civis. Representam 7,59% do emprego total.
f) Trabalhadores dos serviços domésticos em geral: incluem profissões como empregadas domésticas, diaristas e jardineiros. Representam 4,89% do emprego total.[7]

A Figura 5 mostra a composição de raça e gênero de cada uma das seis ocupações acima. Ao todo, as seis ocupações correspondem a 36,16% do total de indivíduos no mercado de trabalho. Esse grupo não é necessariamente representativo de todo o mercado de trabalho brasileiro, porém foi escolhido como forma de ilustrar como certas ocupações ainda são majoritariamente prerrogativas de algum grupo racial ou de gênero, embora esses padrões possam mudar ao longo do tempo. Especificamente para esta análise, utilizamos o período de 1992 a 2021, período em que a definição dos grupos ocupacionais é mais homogênea.

◇◇◇◇◇◇

7. Com base na Classificação Brasileira de Ocupações (CBO) Domiciliar, utilizada pela PNAD entre 2002 e 2015. Utilizamos dois dígitos para o código da ocupação: 13 - gerentes; 23 - profissionais de ensino; 41 - escriturários; 52 - vendedores e prestadores de serviços; 71 - trabalhadores da indústria extrativa e da construção civil. A exceção é o código referente aos trabalhadores de serviços domésticos. Nesse caso, optamos pela categoria mais desagregada com quatro dígitos: 5121.

A ocupação de gerentes ainda é predominantemente liderada por homens brancos. Embora a proporção tenha reduzido de 60% em 1992 para 40% em 2021, a diferença com os demais grupos ainda é considerável, principalmente em relação às mulheres negras. Em 2021, 25% dos cargos eram ocupados por mulheres brancas, seguidos de 23% para homens negros e apenas pouco mais de 10% por mulheres negras.

Os profissionais de ensino são liderados por mulheres. As professoras brancas ainda são maioria, mas houve uma ampliação de profissionais negras. Em 1992, as mulheres brancas ocupavam 60%

Figura 5. Percentual de trabalhadores nas categorias de ocupação por raça e gênero – 1992-2021

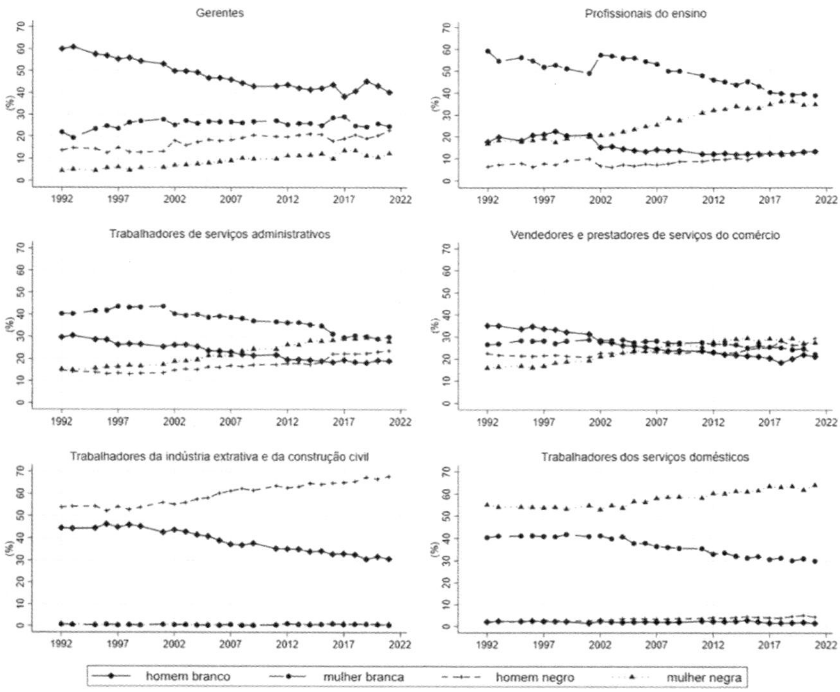

Fonte: Elaborada a partir dos microdados da PNAD e PNADC.

dos cargos de ensino e passaram a representar 40% em 2021. Já as mulheres negras em 1992 não chegavam a atingir 20% do total de profissionais e alcançaram 35% em 2021. Os outros 25% das vagas, em 2021, são ocupadas por homens, em igual proporção de raça.

Os trabalhadores da indústria extrativa e da construção civil são em sua maioria homens, como mostra o painel inferior esquerdo da Figura 5. Em 1992, os homens negros representavam 53% dos postos de trabalho e a representatividade aumentou para quase 70% em 2021. O oposto é visualizado entre os homens brancos, que passaram de 44% para 30% em 1992 e 2021, respectivamente. Ao contrário da indústria extrativa e da construção civil, que têm predominância de homens, os serviços domésticos são exercidos majoritariamente por mulheres. As mulheres negras são a maioria dentro da ocupação e sua participação vem se ampliando no decorrer dos anos. As mulheres negras, no início da década de 1990, ocupavam 55% dos postos de trabalho de serviços domésticos. Em 2021, elas ainda representam mais de 60% dos trabalhadores na ocupação. O contrário, uma queda na proporção, é visualizado entre as mulheres brancas. A proporção de 40% passou para 30% em 1992 e 2021, respectivamente. O número de homens brancos em serviços domésticos é quase nulo, e a proporção de homens negros é de cerca de 5%.

Isso mostra que profissões de altos cargos ainda são dominadas por homens brancos. Os homens negros são maioria em ocupações que não demandam maior nível de ensino. As mulheres brancas predominam em profissões com maior educação, ao passo que as mulheres negras vêm ganhando espaço, mas ainda representam a maior proporção em ocupações domésticas. Isso indica que as ocupações exercidas por homens e mulheres, brancos e negros, são um importante mediador das diferenças salariais de raça e gênero. As ocupações que provêm maior remuneração não são alcançadas pelas minorias de raça e gênero.

Ao contrário das profissões anteriores, trabalhadores de serviços administrativos e vendedores e prestadores de serviços do comércio, por exemplo, têm proporção relativamente próxima de participação no mercado entre os grupos de raça e gênero. Um destaque é a participação de mulheres negras nas duas ocupações. Em 1992, ambas representavam o grupo com menor participação e chegaram em 2021 na liderança. De modo oposto, os homens brancos passaram pela maior redução de representatividade nessas ocupações.

Isso significa que há um caminho de mudança, verificado lentamente em ocupações nas quais, no passado, não havia grande representatividade de mulheres negras. As mulheres brancas, embora estejam representadas em profissões de maior remuneração e que exigem mais escolaridade, não conseguem ascender como os homens brancos. A literatura corrobora com tal explicação ao tratar do conceito de "teto de vidro". O termo é utilizado como referência a profissionais que não conseguem ultrapassar determinado nível hierárquico. Para Fernandes e Abraham (2011), as mulheres entram no mercado de trabalho, mas não conseguem evoluir para níveis hierárquicos superiores.

A dificuldade de mulheres ocuparem cargos de gerência não é exclusividade brasileira. Na Suécia, Broson e Thousie (2020) verificam que as mulheres têm baixa probabilidade de expandir suas carreiras dentro das empresas. Sendo menos promovidas, a diferença salarial entre os gêneros tende a aumentar, o que explica parte da desigualdade de gênero.

Para Cullen e Truglia (2023), no Sudeste Asiático, conforme a hierarquia de gerência se eleva, o número de mulheres diminui. Por exemplo, entre os diretores executivos, apenas 5% são mulheres. Os autores exploram o fato de que os homens têm maior interação entre eles, conversam sobre assuntos além de trabalho e criam vínculos mais fortes. Os contatos realizados com outros homens em cargos de alta liderança os colocam em vantagem perante as mulheres. Esses momentos informais criam um ciclo de promoções entre gerentes e funcionários homens, chamado na literatura de "clube de rapazes" (*old boys' club*).

Normas sociais também determinam o que é adequado para cada gênero e afetam as escolhas profissionais e educacionais das mulheres. Por exemplo, em sociedades patriarcais, as mulheres são vistas como uma figura do lar, que devem ter menos aspirações profissionais que os homens. Bursztyn, Fujiwara e Pallais (2017) mostram, a partir de um experimento de campo, que esse tipo de pressão social existe nos EUA, influenciando as escolhas das mulheres. Eles comparam escolhas de mulheres solteiras e casadas em situações em que essas escolhas podem ou não ser vistas por colegas. Seus resultados indicam que mulheres solteiras expressam ambições salariais menores e mostram menos disposição para viajar e trabalhar longas horas quando estão sendo observadas por colegas, especialmente quando há homens solteiros entre elas. Isso não ocorre, porém, entre mulheres casadas.

A conclusão é que a ambição das mulheres solteiras pode ser afetada por um suposto conflito entre o mercado de trabalho e o "mercado de casamento", na medida em que as mulheres provavelmente antecipam que podem ser percebidas como menos desejáveis para casamento por parte de colegas homens caso mostrem ser muito ambiciosas. Mulheres casadas, porém, não enfrentam esse tipo de conflito. Logo, se estão ou não sendo observadas por colegas, elas não mudam seu comportamento.

Da mesma forma, normas sociais também determinam a que tipo de profissões mulheres e homens aspiram. De acordo com estudo realizado por Riegle-Crumb e suas coautoras (2011), as mulheres têm menos probabilidade de ingressarem em carreiras que requerem matemática e ciências, que no geral são justamente as profissões com maiores retornos financeiros.

Além de diferenças no tipo de ocupações, também existem importantes diferenças na participação no mercado de trabalho entre homens e mulheres. Já havíamos mostrado no capítulo anterior essas diferenças. Aqui, na Figura 6, reproduzimos esses achados, porém separando a população de acordo com o nível de escolaridade: ensino fundamental, ensino médio ou ensino superior, incompletos ou completos. Podemos ver que, tanto para mulheres brancas como negras, o nível de escolaridade é um importante determinante da participação no mercado de trabalho. Já para homens, a influência da escolaridade é mínima. Entre mulheres com ensino fundamental incompleto ou completo, nem 60% chegam a participar da força de trabalho. Para as que têm ensino médio incompleto ou completo, 70% integram a força de trabalho. E 80%

Figura 6. Participação na força de trabalho por nível de escolaridade – 1982-2021

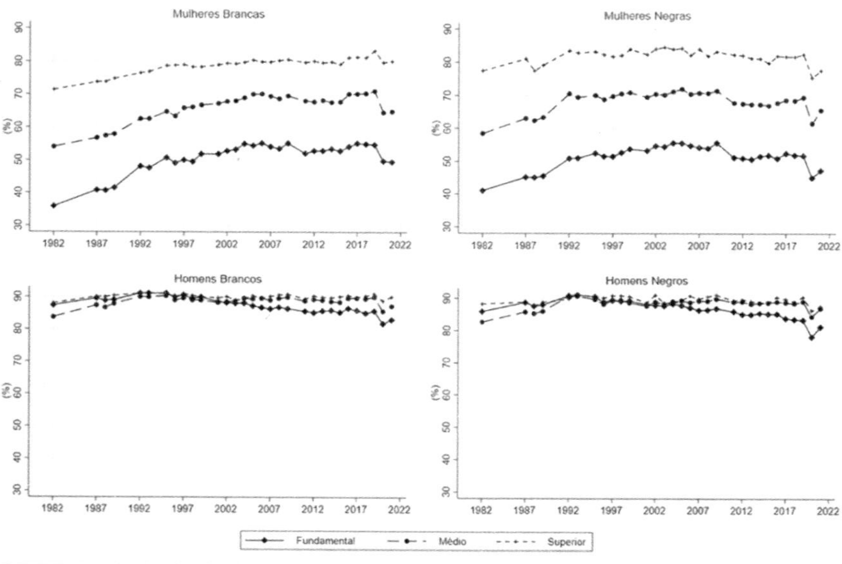

Fonte: Elaborada a partir dos microdados da PNAD e PNADC.

daquelas com ensino superior completo ou incompleto chegam ao mercado de trabalho.

Vale destacar que, até os anos 2000, houve avanços na participação dentro de cada um desses grupos de escolaridade. Contudo, desde então, essas taxas seguem estagnadas para mulheres. Esses padrões são interessantes quando contrastados com a Figura 5 do capítulo anterior. Lá, mostramos que, enquanto os homens sempre estiveram integrando o mercado de trabalho em elevada proporção, as mulheres conquistavam o seu espaço de forma gradual no decorrer dos anos. Embora tenha ocorrido uma desaceleração no aumento da população economicamente ativa entre mulheres, ela continuou a partir dos anos 2000. Dadas as diferenças na participação por escolaridade, esse resultado sugere que os aumentos na escolaridade geral da população também contribuíram para aumentar a participação feminina no mercado de trabalho.

A evolução nos anos médios de estudo dos grupos de raça e gênero pode ser vista na Figura 7. Podemos ver que todos os grupos avançaram em sua escolaridade no período, porém as mulheres apresentaram ritmo maior. No início da década de 1980, o gênero tinha pouca influência na definição da escolaridade média. Os anos de estudos alcançados por homens e mulheres eram muito próximos dentro dos grupos de brancos e negros. Como consequência, a diferença de escolaridade se encontrava entre os grupos raciais. Em 1982, os indivíduos brancos tinham em média 5,5 anos de estudo, enquanto negros tinham apenas 3 anos.

A partir da década de 1990, as mulheres brancas e negras passaram a alcançar uma escolaridade maior que seus pares do gênero oposto. Até o último ano da análise, a diferença de escolaridade entre as mulheres e os homens dentro da categoria de raça era de quase um ano de estudo a mais. Com uma evolução constante da média de anos de estudo, as mulheres brancas conquistaram 11 anos de estudo em 2021 e os homens brancos, pouco mais de 10 anos.

Figura 7. Média de anos de estudo para homens brancos, mulheres brancas, homens negros e mulheres negras entre 18 a 64 anos – 1982-2021

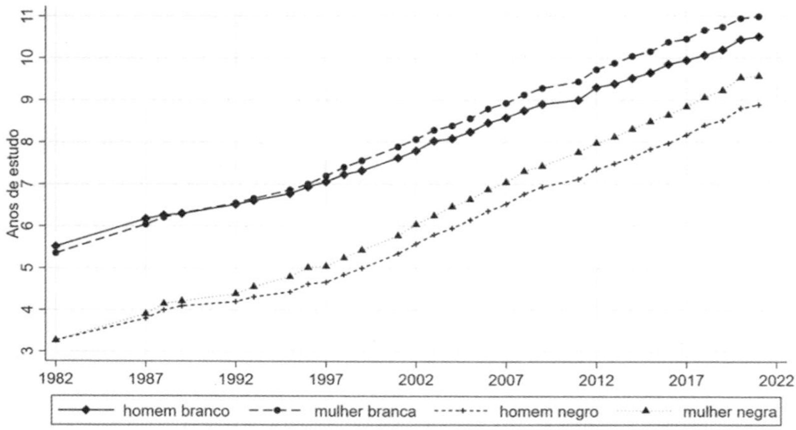

Fonte: Elaborada a partir dos microdados da PNAD.

De forma semelhante, as mulheres negras chegaram a 9,5 anos de estudo, enquanto os homens negros não chegaram a 9 anos. Como consequência dessa expansão na escolaridade média, também se esperava que houvesse uma diminuição na diferença de participação na força de trabalho entre homens e mulheres.

Finalmente, antes de prosseguirmos, vale a pena destacar algumas outras diferenças entre homens e mulheres, negros e brancos, ao longo do tempo. A Tabela 1 resume algumas mudanças entre esses quatro grupos em 1992 e 2019. A primeira coisa que nos salta aos olhos são as diferenças nas horas trabalhadas. Mulheres trabalhavam em média menos da metade das horas de homens em 1992, independentemente da sua raça. Essa proporção se elevou para cerca de 66% em 2019. Ou seja, não apenas mulheres participam menos da força de trabalho, mas, quando o fazem, geralmente suas ocupações não alcançam 40 horas semanais.

Em função disso, é importante considerar as diferenças salariais tomando por base o salário-hora. Vemos que nesse quesito também houve certa convergência. Em 1992, homens brancos ganhavam 34% a mais que mulheres brancas, o salário-hora dos homens brancos era de R$ 9,00 e o das mulheres brancas era R$ 6,70. Enquanto homens negros ganhavam 28% a mais que mulheres negras, R$ 4,54 e R$ 3,53, respectivamente. Em 2019, essa diferença passou para 24% e 5%, respectivamente entre os grupos de raça.

Existem também diferenças no tipo de vínculo empregatício. As mulheres negras são as que exercem seus trabalhos com maior informalidade, seguidas pelos homens negros, mulheres brancas e homens brancos. A proporção de trabalho por conta própria é maior entre homens do que entre mulheres, sendo de 29% entre homens negros e 26% entre homens brancos. As mulheres negras alcançam 20% e as mulheres brancas, 19% entre os profissionais que estão por conta própria. Vale notar que trabalhar por conta própria não é necessariamente algo ruim, já que profissionais liberais também se encaixam nessa categoria.

Também é possível verificar que negros vivem mais em regiões rurais, têm mais experiência e são casados em menor proporção. Há uma proporção maior de mulheres no mercado de trabalho com filhos, embora a proporção de pais e mães no mercado de trabalho venha diminuindo entre 1992 e 2019.

Aqui, vale destacar que ter filhos costuma ser prejudicial para a carreira das mulheres, mas não para a dos homens. Esse fato está bem estabelecido na literatura sobre o tema, sendo chamada de penalidade por ter filhos (*child penalty*). Por exemplo, o estudo elaborado por Henrik Kleven e coautores (2019) apresenta evidência de que as mulheres sofrem penalidades de curto e longo prazo em seus salários após ter o primeiro filho. Isso não acontece entre os homens.

Além disso, os autores mostram que essa penalidade ocorre tanto se o filho é biológico como adotado, reforçando a conclusão

Tabela 1. Características da força de trabalho, por grupo de raça e gênero, em 1992 e 2019

	1992			
	Homem Branco	Mulher Branca	Homem Negro	Mulher Negra
Horas trabalhadas	41,86	19,64	40,86	18,85
Salário-hora	9,00	6,70	4,54	3,53
Informal	0,15	0,19	0,25	0,30
Formal	0,38	0,35	0,31	0,25
Conta própria	0,26	0,17	0,28	0,21
Rural	0,17	0,15	0,25	0,23
Experiência	22,41	22,48	23,64	23,88
Casado (a)	0,64	0,64	0,60	0,59
Tem filhos	0,57	0,63	0,54	0,62

	2019			
	Homem Branco	Mulher Branca	Homem Negro	Mulher Negra
Horas trabalhadas	34,13	23,27	30,68	18,74
Salário-hora	16,29	13,08	8,48	8,09
Informal	0,14	0,18	0,20	0,27
Formal	0,37	0,38	0,32	0,31
Conta própria	0,26	0,19	0,29	0,20
Rural	0,11	0,09	0,16	0,15
Experiência	21,42	21,42	21,86	21,66
Casado (a)	0,57	0,59	0,55	0,57
Tem filhos	0,43	0,52	0,43	0,55

Fonte: Elaborada a partir dos microdados da PNAD e PNADC.

Nota: O ano de 2019 foi escolhido por não refletir os efeitos da pandemia, que gerou mudanças no mercado de trabalho. O ano de comparação, 1992, foi adotado por ser o primeiro ano da década de 1990 que tem informações da PNAD, década que marca o início da estabilização econômica.

de que essa penalidade não se deve à gravidez em si, mas às normas sociais que determinam às mulheres a função de cuidar dos filhos, eximindo os homens dessa obrigatoriedade.

Evidências semelhantes foram encontradas por Bertrand, Goldin e Katz (2010). Eles mostram que, mesmo com escolaridade muito próxima, homens e mulheres têm divergência de salários ao longo do tempo em virtude de pausas no trabalho e menos horas trabalhadas devido à maternidade.

3 DIFERENCIAIS DE RENDIMENTOS POR GÊNERO E RAÇA CONDICIONADOS A CARACTERÍSTICAS OBSERVADAS

Conforme vimos, homens e mulheres, brancos e negros, divergem em suas características, o que pode originar, ao menos em parte, as diferenças salariais entre esses grupos. O objetivo desta seção é justamente estimar essas diferenças salariais a partir de uma análise, levando em consideração outras características que podem afetar os salários.

Para estimar essas diferenças, utilizamos um modelo econométrico no qual o salário-hora dos trabalhadores depende de diversas características, além de sua raça e gênero. Essas características são: a escolaridade, a experiência potencial,[8] o vínculo empregatício (formal, empregador, informal ou conta própria), a região e a zona de residência, as características da família (se tem cônjuge e filhos), o tipo de ocupação e o setor de atividade. Formalmente, definimos a relação entre salários e essas características da seguinte forma:

$$\begin{aligned} &\textit{Salário - hora} \\ &\qquad = a_i + \tau_1\, \textit{Mulher Branca} + \tau_2\, \textit{Homem Negro} \\ &\qquad + \tau_3\, \textit{Mulher Negra} + \beta X + \varepsilon \end{aligned}$$

◇◇◇◇◇◇

8. Idade menos anos de estudo menos 6.

Na Equação 1, o salário-hora é a variável que estamos interessados em analisar, a variável dependente. O coeficiente τi capta a influência das categorias raciais e de gênero no salário-hora. Neste caso, os homens brancos são nossa categoria omitida, ou seja, estimamos as diferenças salariais comparando os salários de homens negros, mulheres brancas e mulheres negras em relação a essa categoria de base. O coeficiente β mede o quanto as demais variáveis afetam os salários, reunidas na variável X. Finalmente, ε é o erro idiossincrático que capta a influência de fatores não observados.

Antes de realizar a interpretação dos resultados estimados, cabe destacar que buscamos considerar um conjunto amplo de características que podem afetar os salários, mas pode haver algumas variáveis difíceis de medir. Este é o caso de características não observáveis, como motivação e habilidade. No entanto, mesmo que elas existam e influenciem os salários, a magnitude do efeito deveria ser muito grande para influenciar de forma significativa os resultados apresentados neste capítulo. Além disso, mesmo omitindo as características não observáveis, os resultados servem como importante parâmetro para o entendimento das desigualdades de gênero e raça.

Assim, ao estimar essa equação, podemos ter uma ideia do quanto homens negros, mulheres negras e mulheres brancas recebem a menos que homens brancos, mesmo quando têm qualificações similares. Diferenças persistentes, mesmo nesse caso, são um indicativo de discriminação salarial contra esses grupos, muito embora não seja possível afirmar categoricamente que esse seja o caso, pois é possível que não estejamos incluindo todas as características relevantes para os salários, podendo estar associadas com raça e gênero, conforme foi discutido nos capítulos 2 e 7.

Para compreender melhor a importância dos diferentes fatores na determinação das desigualdades de raça e gênero, consideramos quatro diferentes especificações para a Equação 1: a) a diferença total ou bruta, que não leva em consideração as características individuais que podem afetar os salários (omite da equação βX); b) a diferença condicional, que também considera a escolaridade, a experiência, o vínculo empregatício e o local de moradia, c) a diferença condicional + ocupações: considera as características dos indivíduos, exceto ter filhos e ter cônjuge; d) a diferença condicional + ocupações + família: considera todas as características dos indivíduos.

Utilizamos a transformação logarítmica da variável dependente de salários para uma interpretação direta de variação salarial a partir da característica em análise. A transformação exata de pontos logarítmicos para percentual foi explicada no capítulo anterior e é a mesma utilizada aqui.

A Figura 8 mostra a diferença salarial das mulheres brancas em relação a homens brancos. Há evidência de que a desigualdade de salários vem se reduzindo ao longo do tempo. Mulheres brancas recebiam 27,31% (–0,32 ponto logarítmico) a menos que homens brancos em 1982, passando para apenas 7,04% (–0,07 ponto logarítmico) em 2021. Essa diferença ainda não considera as características individuais. Quando outras variáveis são consideradas, as diferenças de rendimentos por hora aumentam para 29,86% (–0,35 ponto logarítmico) e para 16,79% (–0,18 ponto logarítmico) em 1982 e 2021, respectivamente.

O aumento da diferença salarial entre homens brancos e mulheres brancas, conforme são consideradas as características dos indivíduos, não é esperado, porém outros estudos também chegam a resultados similares. Maciel (2021), por exemplo, mostra que a parcela de diferença salarial não explicada entre as mulheres brancas é maior que a parcela explicada por características observáveis. Além disso, apesar de terem maior escolaridade média, o acréscimo salarial de um ano adicional de escolaridade é menor para mulheres que homens, indicando possível discriminação.

Figura 8. Estimativas das regressões para o diferencial do salário-hora entre mulheres brancas e homens brancos (1982-2021)

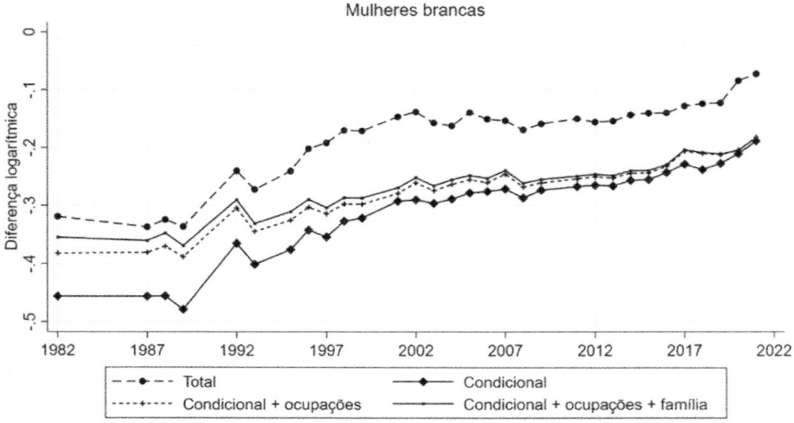

Fonte: Elaborada a partir dos microdados da PNAD e PNADC. O eixo vertical mede as diferenças salariais entre brancos e negros utilizando a escala logarítmica.

Essa conclusão é reforçada por Madalozzo (2010). Ela mostra que o impacto da escolaridade sobre os salários é maior para homens do que para mulheres. Para Blau e Kahn (2017), variáveis como educação e experiência passaram a ter menor relevância para explicar a diferença salarial nos últimos anos nos EUA.

A Figura 8 também mostra que as ocupações explicam parte das desigualdades de gênero, em especial no início do período. Para Blau e Kahn (2017), as ocupações também são um fator relevante para explicar essas desigualdades. Essa redução da diferença foi encontrada ainda no caso brasileiro, estudado por Machado, Neri e Pinho Neto (2018). Ao considerar a ocupação e as características das firmas (efeito fixo, tamanho e média de ganhos dos trabalhadores), a desigualdade de gênero no mercado de trabalho chega a ser próxima de zero.

Morchio e Moser (2022) identificam que parte das diferenças de salários entre homens e mulheres no Brasil se deve não apenas ao tipo de ocupação, mas também ao tipo de empregadores. Em seu estudo, eles mostram que as mulheres estão, no geral, alocadas em empresas com menor remuneração média. De acordo com os autores, parte das diferenças salariais de gênero ocorrem porque as mulheres preferem empregos que pagam menos, mas oferecem outros benefícios não pecuniários, como flexibilidade de horas e melhores licenças-maternidade. Eles também encontram evidência de discriminação por gosto (Becker, 1971), em especial nas empresas que pagam maiores salários.

A Figura 9 mostra a evolução da desigualdade salarial entre homens negros e brancos. Embora a diferença total seja reduzida com o tempo, ao condicionar a diferença salarial às características observadas, há uma estabilidade da desigualdade ao longo

Figura 9. Diferença de gênero dos salários por hora trabalhada de homens negros em relação aos de homens brancos (1982-2021)

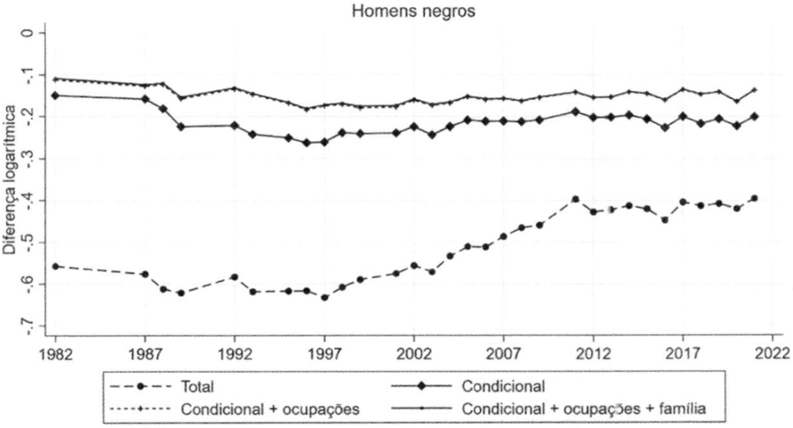

Fonte: Elaborada a partir dos microdados da PNAD e PNADC. O eixo vertical mede as diferenças salariais entre brancos e negros utilizando a escala logarítmica.

do tempo. A diferença total em 1982 significava que, em média, os homens negros recebiam 42,70% (–0,56 ponto logarítmico) a menos do que os brancos.

Essa diferença foi reduzida para 32,66% (–0,39 ponto logarítmico) em 2021. Já o hiato condicional variou de 10,26% (–0,11 ponto logarítmico) para 12,79% (–0,14 ponto logarítmico) em 1982 e 2021, respectivamente. Vale notar que, ao contrário do que acontece com as mulheres brancas em relação a homens brancos, diferenças nas características dos trabalhadores determinam grande parte das diferenças salariais entre eles, embora não sejam capazes de explicá-las completamente.

A Figura 10 mostra a evolução da diferença do salário-hora entre as mulheres negras e os homens brancos. As mulheres negras continuam sendo aquelas com maiores diferenças salariais em relação aos homens brancos, mesmo quando condicionamos em fatores observados. Do início da década de 1980 até o período mais recente, houve melhora significativa nos salários das mulheres negras em relação ao dos homens brancos. Se em 1982 ser mulher e negra equivalia a um salário 62,90% (–0,99 ponto logarítmico) menor que os dos homens brancos, em 2021 essa diferença passou para 37,34% (–0,47 ponto logarítmico).

Conforme as características individuais são inseridas na análise, a diferença vai diminuindo, visto que, para este grupo, a ocupação explica grande parte da diferença salarial. A estimativa que considera todas as características dos indivíduos revela uma penalidade nos salários de mulheres negras em relação ao dos homens brancos de 40,64% (–0,52 ponto logarítmico) e 28,15% (–0,33 ponto logarítmico) em 1982 e 2021, respectivamente. Assim como para homens negros, as características observáveis das mulheres negras são importantes para explicar as diferenças salariais em relação aos homens brancos, porém não são capazes de explicar todas as diferenças, sugerindo ainda a existência de discriminação racial no mercado de trabalho.

Figura 10. Diferença de gênero dos salários por hora trabalhada de mulheres negras em relação aos dos homens brancos (1982-2021)

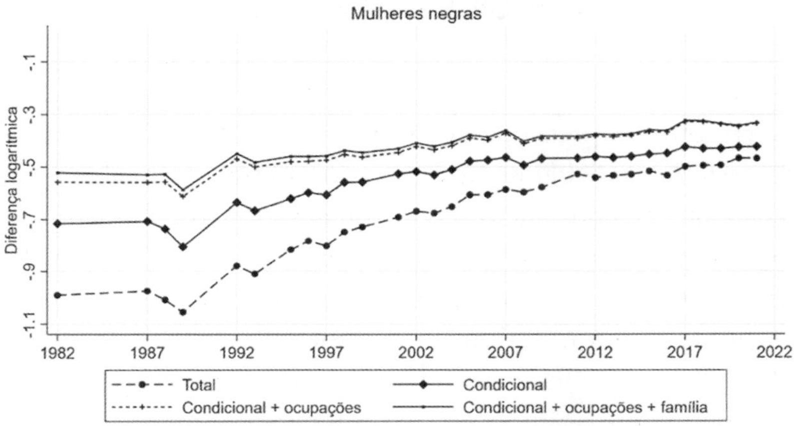

Fonte: Elaborada a partir dos microdados da PNAD e PNADC. O eixo vertical mede as diferenças salariais entre brancos e negros utilizando a escala logarítmica.

Finalmente, vale notar que algumas diferenças nos salários também podem ser explicadas por variáveis que não conseguimos considerar neste estudo. Conforme relatam Fraga, Gonzaga e Soares (2017) para o caso brasileiro, parte da diferença de salários entre os grupos pode ser explicada por habilidades. Esse impacto não se dá apenas via diferenças em características não observáveis em si e em como elas se convertem em maiores salários, mas também como a participação de mulheres e homens diferem em função dessas características.

Como mostramos na Figura 6, os padrões de participação no mercado de trabalho diferem muito entre homens e mulheres. Idealmente, deveríamos levar em conta esse processo de seleção para o mercado de trabalho, via correções econométricas como as sugeridas por Heckman (1976). Porém, em função do pouco espaço e para manter a discussão mais simples, optamos por omitir esses resultados.[9]

4 CONSIDERAÇÕES FINAIS

As desigualdades sociais existentes em nossa sociedade também são perceptíveis e preocupantes quando analisadas a partir do gênero e da raça dos indivíduos. Nosso estudo mostra que mulheres brancas ganham menores salários que homens brancos. Homens negros possuem rendimentos menores que ambos os grupos. E as mulheres negras têm salário inferior a todos os grupos ao longo do tempo.

Embora tenha ocorrido uma redução da desigualdade entre 1982 a 2021, as diferenças salariais ainda são perceptíveis e afetam diretamente as minorias de raça e gênero. Os resultados encontrados contribuem para ressaltar a importância de não analisar as desigualdades de gênero e raça separadamente. Conforme destacam Browne e Misra (2003), se olharmos apenas para gênero, não observamos que homens negros recebem menos que mulheres brancas. Assim como, se olharmos apenas para raça, não veremos que as mulheres brancas recebem relativamente menos que os homens brancos.

Vale destacar que a redução da disparidade de gênero nos salários tem benefícios que vão além da simples igualdade de renda. Um estudo realizado por Anna Aizer (2010) mostra que, quando a disparidade salarial diminui, os casos de violência doméstica também caem. O estudo de Buller e seus coautores (2018) corrobora esses resultados ao mostrar que políticas de transferência de renda, como o Bolsa Família, também contribuem para a redução

◇◇◇◇◇◇

9. Quando aplicamos essas correções, embora a diferença entre salários permaneça, ela é menor. Entre mulheres brancas e homens negros, ela ainda permanece ao redor de 0,10 ponto logarítmico, mas para mulheres negras ela vai para 0,20 ponto logarítmico.

da violência doméstica. Além disso, Morchio e Moser (2022) estimam que eliminar diferenças de gênero traria benefícios para a economia como um todo, com aumento de até 3,5% no PIB. Vale notar, porém, que nem todo tipo de política pública é eficiente para reduzir a desigualdade de gênero.

Ao longo dos últimos capítulos temos falado exclusivamente da questão racial, incluindo políticas públicas para reduzir essas disparidades. Como reduzir, porém, as disparidades de gênero? Leis de equidade salarial são necessárias, porém estão longe de ser suficientes (Bailey *et al.*, 2021). Diminuir diferenças salariais entre homens e mulheres requer um grande conjunto de ações, em especial se levarmos em conta sua intersecção com as dimensões de raça e classe, por exemplo.

Uma importante política nesse sentido é a expansão da oferta de creches de boa qualidade, que permite o retorno mais rápido das mulheres ao mercado de trabalho após a maternidade, sem prejudicar o desenvolvimento das crianças (Morrissey, 2017; Andresen; Havnes, 2019; Evans *et al.*, 2021, Halim *et al.*, 2022).

Resultados de estudos, inclusive sobre o Brasil, mostram não apenas que as creches beneficiam a participação no mercado de trabalho das mães, mas também de avós e irmãos mais velhos (Gathmann; Sass, 2018; Attanasio *et al.*, 2022). Esse tipo de política seria especialmente importante para mulheres negras e de baixa renda, que muitas vezes são incapazes de pagar por esses serviços (Gathmann; Sass, 2018).

Essas políticas também devem ser combinadas com outras que incentivem homens a tomarem papéis mais ativos nos cuidados. Entre elas, se destaca a expansão da licença-paternidade, que ainda é desigual em termos de gênero (Sorj; Fraga, 2022). Isso pode ter impactos não apenas no aumento da participação feminina no mercado de trabalho (Farré; González, 2019), como também mudar as percepções sociais sobre gênero (Tavits, 2023) e aumentar a participação de homens em atividades domésticas e de cuidado no longo prazo (Tamm, 2019).

Políticas que empoderem mulheres e aumentem sua autonomia também são importantes. Aí se incluem acesso a contraceptivos e controle de natalidade, que têm grandes impactos sobre as carreiras das mulheres (Bailey, 2020). Por exemplo, Claudia Golden e Lawrence Katz (2003) mostram que a introdução da pílula contraceptiva teve importantes efeitos sobre a conclusão do ensino superior e postergou decisões de casamento de mulheres solteiras nos EUA. Já Martha Bailey (2006) mostra que o acesso à pílula reduziu as chances de um primeiro parto até os 22 anos de idade e aumentou a participação feminina no mercado de trabalho dos EUA.

REFERÊNCIAS BIBLIOGRÁFICAS

AIZER, A. The gender wage gap and domestic violence. **American Economic Review**, v. 100, n. 4, p. 1847-1859, 2010.

ALMEIDA, S.; PEREDA, P.; FERREIRA, R. Custos da ampliação da licença-paternidade no Brasil. **Revista Brasileira de Estudos de População**, v. 33, p. 495-516, 2016.

ANDRESEN, M. E.; HAVNES, T., 2019. Child care, parental labor supply and tax revenue. **Labour Economics**, v. 61, p. 101762.

ATTANASIO, O. *et al.* Public childcare, labor market outcomes of caregivers, and child development: Experimental evidence from Brazil. **National Bureau of Economic Research**, n. w30653, 2022.

BAILEY, M. Equal opportunities begin with contraception. **Nature**, v. 588, n. 7838 , p. S177, 2020.

BAILEY, M. J.; HELGERMAN, T.; STUART, B. A. Changes in the US Gender Gap in Wages in the 1960s. *In:* **AEA Papers and Proceedings,** v. 111, p. 143-148. Nashville: American Economic Association, 2021, May.

BAILEY, M. J. More power to the pill: The impact of contraceptive freedom on women's life cycle labor supply. **The quarterly journal of economics**, v. 121, n. 1, p. 289-320, 2006.

BANKS, N. 100 years of african american economists: oppositional knowledge and scholarly activism. **The Review of Black Political Economy**, v. 49, n. 1, p. 9-19, 2022.

BANKS, N. The minority report. **American Economic Association**, v. 13, Winter, 2021.

BECKER, G. S. **The economics of discrimination**. University of Chicago Press, 1971.

BERTRAND, M.; GOLDIN, C.; KATZ, L. F. Dynamics of the gender gap for young professionals in the financial and corporate sectors. **American Economic Journal**: Applied Economics, v. 2, n. 3, p. 228-255, 2010.

BIDERMAN, C.; GUIMARÃES, N. A. On the threshold of discrimination: the burden of sex and race attributes in Brazil (1989-1999). **Revista Estudos Feministas**, v. 12, n. 2, p. 177-200, 2004.

BLAU, F. D.; KAHN, L. M. The gender wage gap: Extent, trends, and explanations. **Journal of economic literature**, v. 55, n. 3, p. 789-865, 2017.

BOUSSELIN, A. Access to universal childcare and its effect on maternal employment. **Review of Economics of the Household**, v. 20, n. 2, p. 497-532, 2022.

BRONSON, M. A.; THOURSIE, P. S. The wage growth and within-firm mobility of men and women: new evidence and theory. **Working Paper**, 2020.

BROWNE, I.; MISRA, J. The intersection of gender and race in the labor market. **Annual review of sociology**, v. 29, n. 1, p. 487-513, 2003.

BULLER, A. M. *et al.* A mixed-method review of cash transfers and intimate partner violence in low-and middle-income countries. **The World Bank Research Observer**, v. 33, n. 2, p. 218-258, 2018.

BURSZTYN, L.; FUJIWARA, T.; PALLAIS, A. 'Acting wife': Marriage market incentives and labor market investments. **American Economic Review**, v. 107, n. 11, p. 3288-3319, 2017.

CACCIAMALI, M. C.; TATEI, F.; ROSALINO, J. W. Estreitamento dos diferenciais de salários e aumento do grau de discriminação: limitações da mensuração padrão? **Planejamento e Políticas Públicas**, v. 33, p. 195-222, 2009.

CHAFETZ, J. S. Feminist theory and sociology: underutilized contributions for mainstream theory. **Annual review of sociology**, v. 23, p. 97-120, 1997.

CULLEN, Z.; PEREZ-TRUGLIA, R. The old boys' club: Schmoozing and the gender gap. **American Economic Review**, v. 113, n. 7, p. 1703-1740, 2023.

EVANS, D. K.; JAKIELA, P.; KNAUER, H. A., 2021. The impact of early childhood interventions on mothers. **Science**, v. 372, n. 6544, p. 794-796.

FARRÉ, L., GONZÁLEZ, L. Does paternity leave reduce fertility? **Journal of Public Economics**, v. 172, p. 52-66, 2019.

FERNANDEZ, R. M.; ABRAHAM, M. Glass ceilings and glass doors? Internal and external hiring in an organizational hierarchy. MIT Sloan Research Paper n. 4895-11. Disponível em SSRN: https://ssrn.com/abstract=1804896. 2011.

FRAGA, E.; GONZAGA, G.; SOARES, R. R. Selection on ability and the early career growth in the gender wage gap. **Working Paper**, n. 10791, 2017.

GATHMANN, C.; SASS, B. Taxing childcare: Effects on childcare choices, family labor supply, and children. **Journal of labor Economics**, v. 36, n. 3, p. 665-709, 2018.

GOLDIN, C.; KATZ, L. F. The power of the pill: Oral contraceptives and women's career and marriage decisions. **Journal of political Economy**, v. 110, n. 4, p. 730-770, 2002.

GONZALEZ, L. A categoria político-cultural de amefricanidade. **Tempo Brasileiro**. Rio de Janeiro, n. 92/93 (jan./jun.), p. 69-82, 1988.

GONZALEZ, L. Debate: A cidadania e a questão ética. *In:* **Primavera para rosas negras**. Diáspora Africana. 2018.

HALIM, D.; PEROVA, E.; REYNOLDS, S., 2023. Childcare and mothers' labor market outcomes in lower-and middle-income countries. **The World Bank Research Observer**, v. 38, n. 1, p. 73-114.

KLEVEN, H., *et al.* Child penalties across countries: Evidence and explanations. **AEA Papers and Proceedings**, v. 109. Nashville: American Economic Association, 2019.

LACEA, Latin American and Caribbean Economic Association. **The status of the women in the economics profession in Latin America**. 2023. Disponível em: http://vox.lacea.org/?q=blog/welac_report_2022.

LIMA, M.; RIOS, F.; FRANÇA, D. Articulando gênero e raça: a participação das mulheres negras no mercado de trabalho (1995-2009), *in*: MARCONDES, M. *et al.* (ed.), **Dossiê mulheres negras:** retrato das condições de vida das mulheres negras no Brasil, Instituto de Pesquisa Econômica Aplicada, Brasília, p. 53-80, 2013.

MACHADO, C.; NERI, M.; NETO, V. **The gender gap, education, and the life cycle profile in the brazilian formal labour market**, 2018.

MACIEL, F. T. Occupational segregation and wage differentials by gender and race in Brazil: evidence from a quantile decomposition. **International Journal of Manpower**, v. 42, n. 5, p. 810-841, 2021.

MADALOZZO, R. Occupational segregation and the gender wage gap in Brazil: an empirical analysis. **Economia aplicada**, v. 14, p. 147-168, 2010.

MALVEAUX, J. Missed opportunity: Sadie Tanner Mossell Alexander and the economics profession. **The American Economic Review**, v. 81, n. 2, p. 307-310, 1991.

MATOS, R. S.; MACHADO, A. F. Diferença de rendimento por cor e sexo no Brasil (1987-2001), **Econômica**, v. 8 n. 1, p. 5-27, 2006.

MORCHIO, I; MOSER, C. **The gender pay gap:** Micro sources and macro consequences. 2021.

MORRISSEY, T. W. Child care and parent labor force participation: a review of the research literature. **Review of Economics of the Household**, v. 15, n. 1, p. 1-24, 2017.

NEAL, D. The measured black-white wage gap among women is too small. **Journal of political Economy**, v. 112, n. S1, p. S1-S28, 2004.

PETTERINI, F. C. Brazilian academic economics: A picture from the ANPEC exam microdata. **Economia**, v. 21, n. 3, p. 325-339, 2020.

RIEGLE-CRUMB, C.; MOORE, C.; RAMOS-WADA, A. Who wants to have a career in science or math? Exploring adolescents' future aspirations by gender and race/ethnicity. **Science Education**, v. 95, n. 3, p. 458-476, 2011.

SALARDI, P. **Wage disparities and occupational intensity by gender and race in Brazil: an empirical analysis using quantile decomposition techniques**, Paper Presented at the 7th IZA/World Bank Conference, New Delhi, 4-6 November, Employment and Development, 2012.

SOARES, S. D. O perfil da discriminação no mercado de trabalho: homens negros, mulheres brancas e mulheres negras. **Discussion Paper**, n. 769, Instituto de Pesquisa Econômica Aplicada, Brasília, 2000.

SORJ, B.; FRAGA, A. Licenças-maternidade e paternidade no Brasil: direitos e desigualdades sociais. **Revista Brasileira de Estudos de População**, v. 39, p. e0193, 2022.

TAMM, M. Fathers' parental leave-taking, childcare involvement and labor market participation. **Labour Economics**, v. 59, p. 184-197, 2019.

TAVITS, M. *et al.* Fathers' leave reduces sexist attitudes. **American Political Science Review**, p. 1-7, 2023.

CAPÍTULO 8

DESIGUALDADES RACIAIS NA EDUCAÇÃO NO BRASIL

GERRIO BARBOSA[1],
DANILO FERREIRA[2],
ERIVELTON NUNES[3],
ALYSSON PORTELLA[4] E
MICHAEL FRANÇA[5]

Durante séculos, a população negra brasileira foi sistematicamente privada do acesso à educação. A primeira lei geral sobre o tema, promulgada ainda no período imperial e escravocrata em 1827,[6] criava escolas de primeiras letras em todas as cidades, vilas e lugares mais povoados do império. Entretanto, essa lei estabelecia que apenas cidadãos brasileiros que estivessem no gozo de seus direitos civis e políticos podiam frequentá-las, excluindo assim escravizados. Outras leis similares nas províncias proibiam o ensino de pretos e africanos, mesmo que livres.[7] Com

1. Pesquisador assistente no NERI e pós-doutorado na FGV-RJ.
2. Docente da Universidade do Estado do Rio Grande do Norte (UERN) e pesquisador assistente do NERI.
3. Pesquisador assistente do NERI e doutorando no Programa de Pós-Graduação em Economia Rural da Universidade Federal do Ceará (UFC).
4. Pesquisador de pós-doutorado no Insper. Doutor em Economia dos Negócios pela mesma instituição.
5. Pesquisador no Insper e doutor em Teoria Econômica pela Universidade de São Paulo.
6. Lei de 15 de outubro de 1827.
7. Por exemplo, as leis de 1837 do Rio de Janeiro e Rio Grande do Sul, de acordo com Fonseca e Barros (2016).

leis que lhes excluíam do ensino formal, restava a uns poucos negros afortunados a educação informal.

Esse foi o caso do advogado e escritor Luiz Gama, provavelmente o maior nome do abolicionismo brasileiro. Nascido em Salvador em 1830, filho de uma mãe negra livre, Luiz Gama foi ilegalmente vendido como escravo aos 10 anos de idade por seu pai branco endividado. Foi levado para São Paulo. Aos 17 anos, na casa em que servia, um jovem estudante de direito que ali se hospedava lhe ensinou as primeiras letras. Não se sabe ao certo como, mas Gama foi capaz de provar a ilegalidade de sua situação no ano seguinte, tornando-se novamente livre. Autodidata, estudou Direito e passou a advogar, mesmo sem um diploma. Entre seus diversos casos, destaca-se a libertação de mais de 500 escravizados com base na lei de 1831, que já havia proibido o tráfico de escravos ao Brasil, mas que era prontamente ignorada pelas autoridades. Não é à toa que se proibia a educação formal de negros à época: negros letrados eram perigosos demais para o sistema.

Apesar dos avanços ao longo do último século, a população negra ainda se encontra marginalizada do sistema educacional brasileiro. A pesquisa de Júlia Walter e Thomas Kang (2023) reconstrói a média de anos de estudo de brancos, pretos, pardos e amarelos no Brasil desde 1925 até 2015, mostrando que brancos sempre estiveram à frente dos negros em termos de escolaridade. A falta de acesso à educação tem consequências sérias em relação às desigualdades raciais em dimensões como renda, emprego, saúde, encarceramento, entre outros.

Autores como James Heckman (2011) e Roland Fryer (2011) argumentam que, para reduzirmos as desigualdades raciais, é essencial garantir que a cor da pele das pessoas não seja um determinante do quanto elas irão estudar e aprender. Entender por que crianças negras têm maiores dificuldades na escola não é um tema novo. Os primeiros estudos foram desenvolvidos por

James S. Coleman, em 1966, no seu seminal *Equality of Educational Opportunity*, o famoso Relatório Coleman. Ali, ele constatou a existência e a persistência do diferencial de notas entre raças nos EUA, a tendência de aumento dessas disparidades ao longo da trajetória escolar dos alunos, além da importância de fatores familiares para explicar as desigualdades raciais no desempenho escolar.

No Brasil, até onde temos conhecimento, os primeiros registros mais sistemáticos das desigualdades raciais no desempenho escolar surgiram depois dos anos 2000. Francisco Soares e Tereza Alves (2003), por exemplo, mostraram uma grande lacuna de desempenho escolar entre alunos brancos e negros, e, em maior escala, entre brancos e pretos.

O objetivo deste capítulo é documentar uma série de informações sobre as desigualdades raciais no sistema educacional brasileiro. Focamos três dimensões: a) desigualdades em anos de escolaridade e taxas de matrículas, medidas com dados da Pesquisa Nacional por Amostra de Domicílios (PNAD); b) diferenças nas notas de alunos de 5º e 9º do Ensino Fundamental (EF) no Sistema de Avaliação da Educação Básica (Saeb); c) diferenças de desempenho entre jovens que prestaram o Exame Nacional do Ensino Médio (Enem).

Começamos apresentando diferenças raciais em cada uma dessas dimensões da educação. Em seguida, avaliamos em que medida características das famílias e das escolas podem ou não explicar as lacunas entre brancos e negros observadas em anos de estudo e desempenho nessas provas padronizadas.

1 EVOLUÇÃO DA DESIGUALDADE EM ANOS DE ESTUDO E TAXAS DE MATRÍCULAS

Começamos nossa análise com as diferenças raciais de anos de escolaridade e taxas de matrículas. Para isso, utilizamos dados da Pesquisa Nacional de Amostras por Domicílios (PNAD), referente ao período de 1982 a 2015, e da Pesquisa Nacional por Amostra de Domicílios Contínua (PNADC), relativa ao período de 2016 a 2022. Esses levantamentos são realizados pelo IBGE, que entrevista uma amostra representativa da população brasileira. Além de temas relacionados ao mercado de trabalho, as PNADs também abrangem perguntas sobre a escolaridade dos entrevistados, sejam eles adultos ou jovens.

A Figura 1 apresenta a média de anos de estudo da população branca, parda e preta em todo o território nacional entre 1982 a 2021. Vemos que ao longo do período, a população branca teve, em média, mais anos de estudo que pretos e pardos. Porém, também se observa uma redução gradual dessa distância em favor dos pretos e pardos, iniciada especialmente na segunda metade da década de 1990 e acelerada após os anos 2000.

A Figura 1 também mostra que as médias de anos de estudo entre pretos e pardos foram sempre muito próximas, especialmente nos primeiros anos da série, quando elas basicamente se

Figura 1. Evolução das médias de anos de estudo para brancos, pretos e pardos

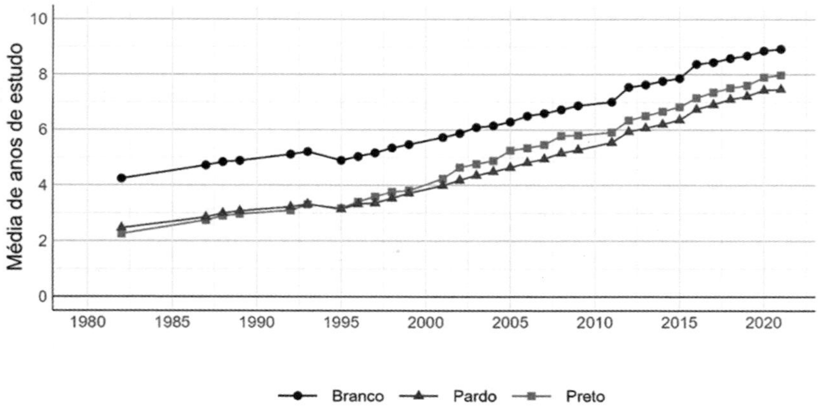

Fonte: Elaborado com base nos microdados da PNAD e PNADC.

sobrepunham. Uma pequena divergência entre eles começa a surgir em meados da década de 1990, porém nunca chega a ser muito grande, com pardos sempre muito mais próximos dos pretos que dos brancos. Vale notar que os pardos, em média, têm menos anos de escolaridade do que pretos.

A Figura 1 considerou as diferenças na escolaridade de toda a população. Já a Figura 2 mostra as diferenças de anos de estudo entre negros (pretos e pardos) e brancos nas faixas etárias de 17 a 18 anos, 19 a 22 anos, 23 a 25 anos e 26 a 30 anos. As diferenças na escolaridade desses grupos ficaram relativamente estáveis entre 1982 e 2001. No início do período, elas ficaram ao redor de dois anos em favor dos brancos, na faixa entre 17 e 18 anos, chegando a 2,5 anos na população entre 26 e 30 anos.

As diferenças raciais começam a cair principalmente a partir dos anos 2000, embora para algumas faixas etárias o processo tenha iniciado antes. A redução do diferencial educacional entre brancos e negros foi observada em todas as faixas etárias. No

Figura 2. Diferença de anos de estudo entre brancos e negros por grupo de idade

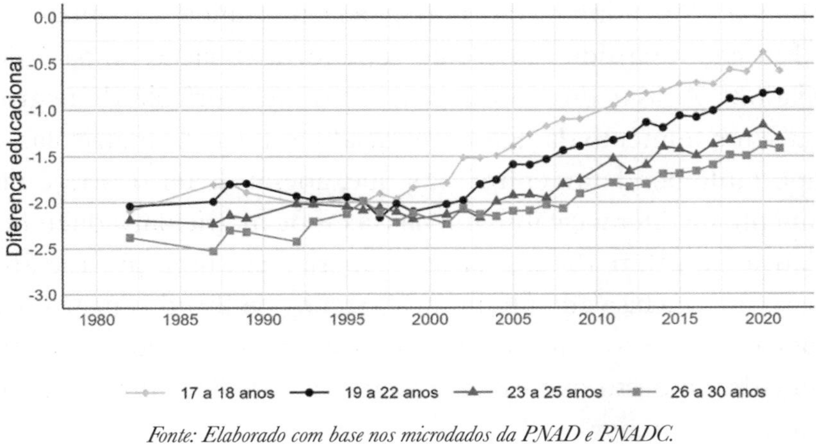

Fonte: Elaborado com base nos microdados da PNAD e PNADC.

entanto, a população de 17 a 18 anos apresentou a queda mais acentuada, em torno de 1,5 ano de estudo entre 1982 e 2021. Vale notar que cerca de 80% da redução ocorreu a partir dos anos 2000. As populações com idade entre 23 e 25 e 26 e 30 anos foram as que apresentaram menores quedas nos diferenciais, ambas com reduções menores que um ano de estudo no período.

Esses números sugerem que a redução nas diferenças raciais se deu muito mais em função de avanços na educação básica que no ensino superior. Até os 18 anos, são poucos os jovens que chegam a entrar ensino superior. Já a partir dos 26 anos, muitos tiveram a oportunidade de estudar numa universidade, em sua maioria brancos. Assim, a redução na desigualdade racial em anos de estudo nas faixas de idade mais novas é resultado da universalização do acesso ao ensino fundamental e médio ocorrido a partir da redemocratização.

A Figura 3 exibe a taxa líquida de matrículas para negros e brancos no ensino fundamental, médio e superior entre 1982 e 2021. A taxa líquida se refere apenas aos alunos matriculados nessas modalidades de ensino e que estejam em suas faixas etárias adequadas, respectivamente de 8 até 14, 15 até 18 e 19 até 24. Podemos ver que há uma tendência de convergência nas taxas de matrículas do ensino básico entre brancos e negros, especialmente no ensino fundamental. No ensino médio, porém, a lacuna ainda se mantém.

Em contrapartida, no ensino superior a situação ainda é desafiadora. Apesar dos enormes avanços na matrícula de negros, houve um aumento da diferença racial nas taxas de matrículas. É importante ponderar, entretanto, que, apesar de ter ocorrido um aumento na diferença absoluta nas taxas de matrícula, a diferença relativa caiu. Em 1982, o ensino superior era uma prerrogativa quase que exclusivamente branca. Menos de 2% dos negros em idade de cursar o ensino superior estavam matriculados nessa modalidade, ao passo que esse percentual era de 8% entre brancos, quatro vezes maior.

Figura 3. Taxas de matrícula líquida de brancos e negros

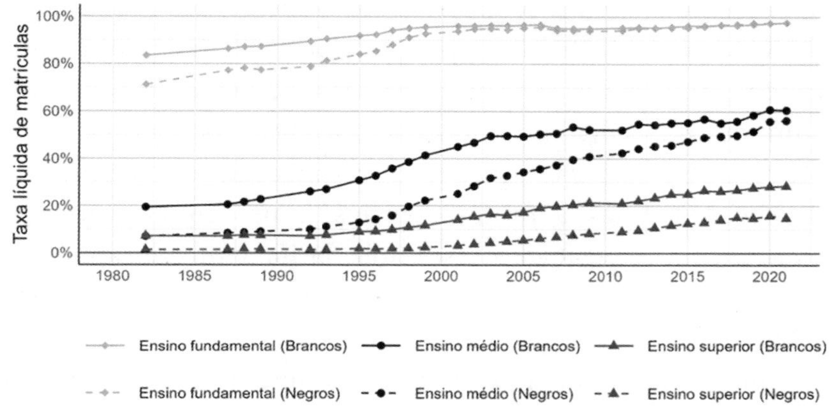

Fonte: Elaborado com base nos microdados da PNAD e PNADC.

A partir de meados dos anos 1990, houve uma grande expansão do sistema, que, embora tenha beneficiado mais os brancos, fez com que a diferença relativa caísse para menos de metade: em 2021, 30% dos brancos estavam matriculados no ensino superior, enquanto esse percentual foi de 16% entre negros. Esse avanço relativo pode ser visto em relação às taxas de crescimento. Para brancos, essa taxa foi de 4 vezes no período, ao passo que entre negros ela cresceu quase 10 vezes. Logo, embora a diferença total em pontos percentuais absoluta tenha crescido cerca de 8% entre 1982 e 2021, em termos relativos ela se reduziu de um quarto para metade, graças ao crescimento proporcionalmente mais rápido das matrículas entre negros.

2 EVOLUÇÃO DA DESIGUALDADE NAS NOTAS DO SAEB

O Sistema de Avaliação da Educação Básica (Saeb) é uma forma de mensurar o aprendizado dos estudantes do ensino básico. A Figura 4 apresenta as notas médias de português e matemática de alunos brancos, pardos e pretos do 5º ano do ensino fundamental. De início, pode-se constatar que os estudantes brancos apresentam, em ambos os testes, notas mais elevadas comparados aos demais. A Figura 4 também mostra que alunos pretos estão em desvantagem de notas em relação aos pardos. As diferenças de notas de pretos e pardos, assim como as vantagens dos brancos em relação a esses dois, já haviam sido apontadas por Francisco Soares e Maria Alves (2003), por meio dos dados do Saeb de 2001.

Também podemos perceber que houve um aumento generalizado das notas para todos os grupos raciais no período, com exceção de 2021, ano da pandemia de Covid-19. Porém, esse aumento não fechou a lacuna de desempenho entre os distintos grupos. No caso de brancos e pardos, essa diferença era de apenas 5 pontos em 2007 em matemática, passando para 8 pontos

Figura 4. Evolução da nota média de alunos brancos, pretos e pardos em português e matemática no 5º ano do ensino fundamental

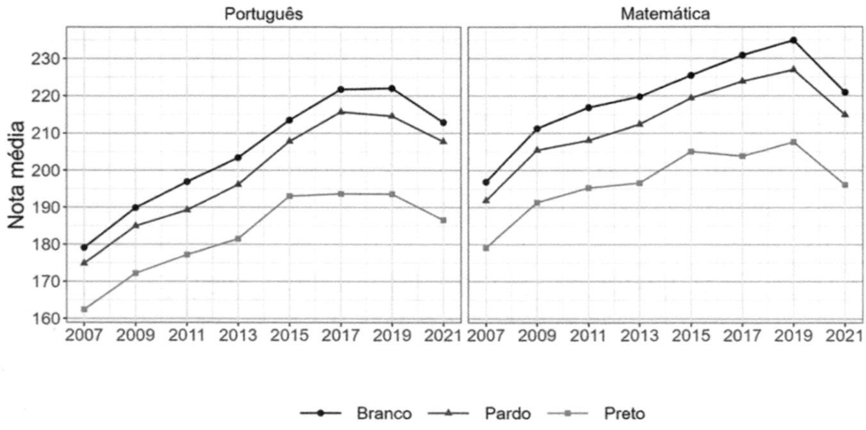

Fonte: Elaborado com base nos microdados do Saeb.

em 2019. A situação piorou ainda mais em relação aos alunos pretos, que passaram de cerca de 17 pontos a menos em 2007 para 27 pontos a menos em 2019, em ambas as disciplinas.

A Figura 5 apresenta as notas médias no Saeb para os alunos do 9º ano do Ensino Fundamental (EF), as quais são superiores às alcançadas pelos alunos do 5º ano do EF. Vale lembrar que o Saeb utiliza a Teoria de Resposta ao Item na elaboração de suas provas, de modo a permitir comparações diretas entre as notas do 5º e 9º anos. Em relação às diferenças de desempenho por raça, o padrão é similar ao observado na Figura 4, com alunos brancos apresentando melhor desempenho, seguidos por pardos e pretos. Entretanto, ressalta-se que os resultados dos pardos no 9º ano do EF estão mais próximos dos pretos que dos brancos, ao contrário do que ocorre no 5º ano do EF.

Comparando as Figuras 4 e 5, percebemos também um pequeno aumento das diferenças raciais conforme os alunos

Figura 5. Evolução da nota média para alunos brancos, pretos e pardos em português e matemática no 9º ano do ensino fundamental

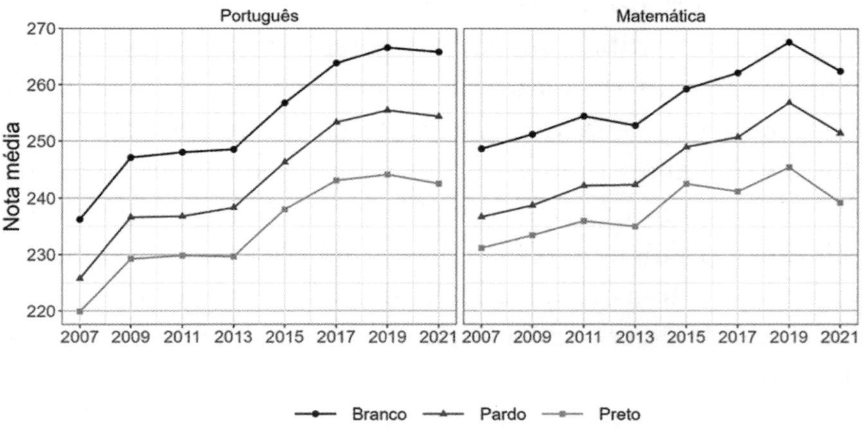

Fonte: Elaborado com base nos microdados do Saeb.

avançam de série. Tomemos, por exemplo, o grupo de alunos que fez a prova do 5º ano em 2015 e que quatro anos depois deveria estar no 9º ano. As diferenças entre brancos e pardos, que eram de cerca de 6 pontos em matemática em 2015 no 5º ano, em 2019 passaram para mais de 10 pontos entre alunos do 9º ano. Esse padrão é similar ao reportado por Roland Fryer e Steven Levitt (2004, 2013) no contexto estadunidense: eles documentaram um aumento nas diferenças raciais no desempenho escolar conforme os alunos avançavam nas séries.

3 EVOLUÇÃO DA DESIGUALDADE RACIAIS NAS NOTAS DO ENEM

Nas últimas décadas, o Enem se consolidou como um dos principais exames de acesso ao ensino superior, tanto no setor público, via Sistema de Seleção Unificada (SISU), como no privado, sendo inclusive utilizado na concessão de financiamentos do Governo Federal. Logo, desigualdades raciais no Enem podem não apenas indicar diferenças na qualidade da educação, mas também determinar parte das desigualdades observadas no acesso ao ensino superior reportadas anteriormente.

A Figura 6 exibe a média das notas nas quatro provas objetivas (ciências da natureza, ciências humanas, linguística e matemática) e da redação no Enem, entre 2010 e 2019, dos participantes pretos, pardos e brancos. Observa-se uma grande diferença no desempenho dos candidatos brancos em relação a pretos e pardos. Porém, diferentemente do observado no Saeb, as notas dos candidatos pretos e pardos são muito similares, com apenas uma pequena diferença em favor dos pardos.

Outro aspecto a ser destacado na Figura 6 é a evolução positiva da nota média entre 2014 e 2018, independentemente da

Figura 6. Evolução da nota média do Enem para brancos, pretos e pardos

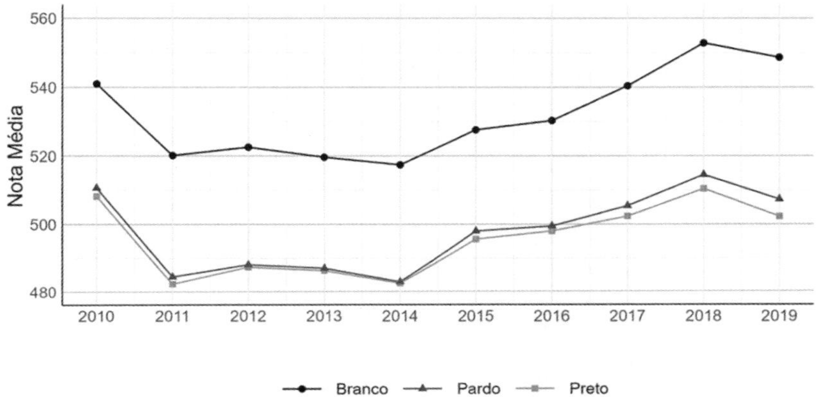

Fonte: Elaborado com base nos microdados do Enem.

raça. Contudo, nota-se que os candidatos brancos avançaram mais que pretos e pardos neste período. Esse padrão é similar ao observado para o Saeb, no qual melhorias gerais no desempenho se refletem em maiores diferenças raciais. Esses resultados sugerem que os progressos na qualidade da educação podem não estar chegando de modo igualitário a todos os alunos, privilegiando alguns enquanto deixa outros para trás.

A Figura 7 registra a diferença de desempenho entre negros e brancos no Enem nas quatro provas objetivas e na redação entre 2010 e 2019. As maiores lacunas de desempenho ocorreram em matemática e redação, inclusive com tendência de piora entre 2016 e 2019. Em relação às provas de ciências da natureza, ciências humanas e linguagens observam-se menores lacunas, porém ainda significativas. Cabe inclusive observar que, assim como em matemática e redação, há uma tendência de aumento das desigualdades raciais a partir de 2016 também nessas provas.

Figura 7. Diferença racial (negros vs. brancos) nas notas de cada prova

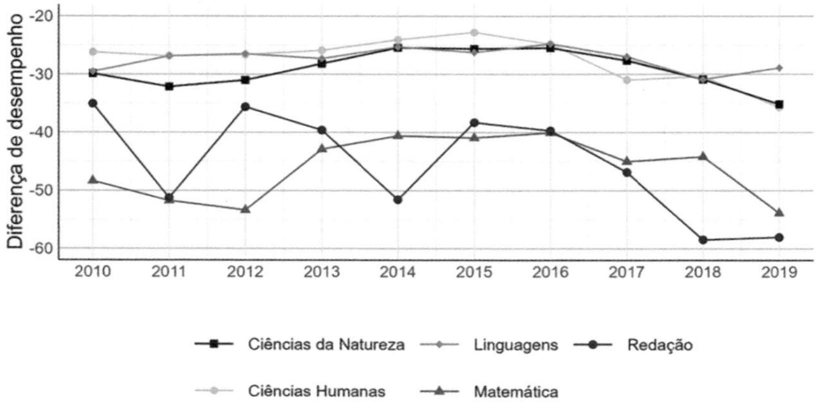

Fonte: Elaborado com base nos microdados do Enem.

4 CARACTERÍSTICAS FAMILIARES E AS DESIGUALDADES RACIAIS NA EDUCAÇÃO

As análises anteriores apresentaram as diferenças totais entre brancos e negros em diversas dimensões da educação brasileira. Elas pintam um quadro de desigualdade, no qual brancos levam vantagens que têm se perpetuado ao longo do tempo e, em muitos casos, piorado. Outro tipo de pergunta que se pode fazer é em que medida essas diferenças se devem a fatores associados às características das famílias dessas crianças e jovens. Como sabemos desde o Relatório Coleman, citado anteriormente, características familiares são um importante determinante do desempenho escolar do aluno, e esse pode ser um dos fatores por trás das disparidades raciais observadas. Entender quanto das desigualdades se devem às características das famílias, das escolas ou da discriminação racial é essencial para o desenho adequado de políticas públicas que visem reduzir as diferenças educacionais entre brancos e negros.

A partir desse conhecimento, podemos, então, direcionar esforços para o que realmente seja eficaz na promoção da igualdade.

Para isso, fazemos novamente um exercício utilizando regressões lineares estimadas por meio de Mínimos Quadrados Ordinários (MQO). Escrevemos os diversos resultados escolares (anos de estudo, matrícula no ensino superior, nota no Saeb no 5º e 9º anos e nota no Enem) como função da raça dos alunos, suas características observadas (X) e fatores aleatórios não observados (ε):

$$Yi = a + \beta\, Negro + \Upsilon Xi + \varepsilon i$$

Nesta equação, a variável dependente, Yi, corresponde a um dos cinco resultados escolares de interesse, enquanto estamos interessados em saber a diferença de notas entre brancos e negros, que corresponde ao coeficiente β na equação. Essa diferença está condicionada às características observadas que também afetam o resultado escolar das crianças, como renda familiar, educação dos pais, estado de origem, entre outros. Esses fatores estão reunidos na variável Xi. De modo geral, o coeficiente β nos dá uma aproximação do quanto a discriminação racial está por trás das diferenças raciais. Porém, não é possível afirmar com certeza se, de fato, ele está capturando unicamente discriminação. É possível que fatores não observados, εi, afetem o desempenho, mas não estejam igualmente distribuídos entre crianças brancas e negras (ver discussão no capítulo 2 e ver também o capítulo 6, sobre renda). Por fim, quando não condicionamos a nenhuma característica, o coeficiente β indica as diferenças totais entre brancos e negros na variável Y.

A Figura 8 mostra a diferença total e condicional em relação aos anos de estudo entre negros e brancos com 17 e 18 anos. Os controles incluídos na comparação de jovens brancos e negros incluem o logaritmo da renda domiciliar *per capita*, gênero, idade (se tem 17 ou 18 anos), educação da mãe, educação do pai, estado e local de residência (rural ou urbano). A linha cinza replica os resultados encontrados na Figura 2. As diferenças entre brancos e negros estavam em cerca de dois anos de estudo ao longo da década de 1980 e 1990, caindo continuamente desde os anos 2000. A velocidade da queda é alta, chegando a pouco mais de meio ano de estudo em 2021.

As diferenças em anos de estudo de jovens negros e brancos, condicionais às características das famílias, também apresentaram trajetória de queda ao longo do período. Elas começam ao redor de meio ano de estudos, mostrando que, na década de 1980, crianças negras tendiam a estudar meio ano a menos que crianças brancas, quando comparamos indivíduos com as características similares listadas acima. Essa diferença começa a se reduzir nos anos 1990. A partir dos anos 2000, essas diferenças oscilam ao redor de 0,20 ano de estudo, aproximando-se de zero em alguns períodos, como em 2015 e 2020.

Esses resultados indicam que o esforço de universalização do ensino básico rendeu bons frutos para a redução das desigualdades raciais em escolaridade. Resultado similar é encontrado por

Figura 8. Evolução das diferenças em anos de estudo entre brancos e negros na população de 17 e 18 anos, condicional a características das famílias

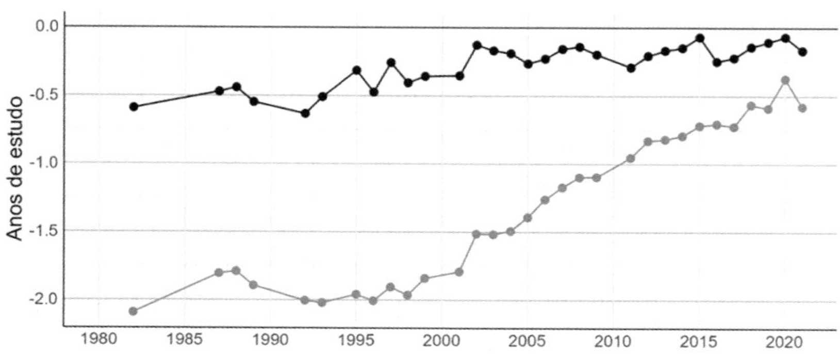

Fonte: Elaborado com base nos microdados da PNAD e PNADC.

Letícia Marteleto (2012), considerando o período que vai de 1982 a 2007. Ainda há, porém, algumas diferenças que se devem principalmente a fatores socioeconômicos, embora fatores não observados, que possivelmente estão associados à discriminação racial direta, também pareçam relevantes. Alysson Portella (2021), em um dos capítulos de sua tese de doutorado, explora determinantes das diferenças de escolaridade entre brancos e negros desde a gravidez até a adolescência dos filhos. Ele também encontra diferenças raciais de escolaridade em jovens com 18 anos de idade que não são totalmente explicadas pelas características das crianças e das famílias. Entretanto, essas diferenças aos 18 anos são apenas o reflexo daquelas que surgem até os 15 anos, o que destaca a importância dos anos iniciais de escolarização na formação das desigualdades raciais em educação. Além disso, ele mostra que não são apenas as características socioeconômicas das famílias durante a fase de escolarização que ajudam a explicar o surgimento de diferenças raciais em anos de estudo, mas também os fatores que atuam durante a gravidez e a primeira infância.

Na Figura 2 havíamos notado que as maiores diferenças raciais ocorrem entre jovens em idade de frequentar o ensino superior. A Figura 9 apresenta a evolução das diferenças raciais em taxas de matrícula no ensino superior, total e condicional a características observadas. Consideramos nessa análise jovens de 19 a 25 anos.

Os resultados apontam para uma piora nas diferenças raciais no período. Em relação às diferenças totais, na década de 1980, negros tinham 5 pontos percentuais a menos de chance de estarem matriculados no ensino superior. Essa diferença passa a subir no início da década de 1990, chegando a 12 pontos percentuais por volta de 2003. Desde então, ela segue relativamente estável, com uma leve tendência de melhora. Esses números, embora pequenos, são consideráveis se levarmos em conta que entre jovens brancos a taxa de matrícula foi de 30% nos períodos mais recentes.

Figura 9. Evolução das diferenças em matrícula no ensino superior entre brancos e negros para a população de 19-25 anos, condicional a características das famílias

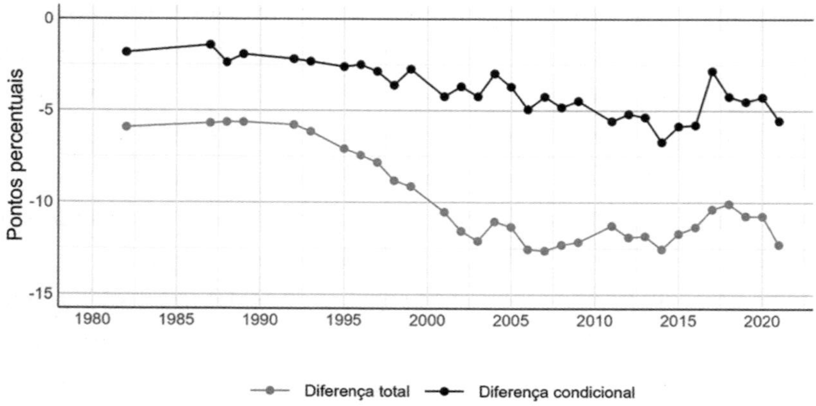

Fonte: Elaborado com base nos microdados da PNAD e PNADC.

De modo similar, observamos também um aumento das diferenças raciais nas taxas de matrícula ao longo de quase todo o período. Jovens negros tinham cerca de 2 pontos percentuais menos chances de estarem matriculados no ensino superior que jovens brancos com características similares. Após queda contínua, esse valor se estabiliza ao redor de 5 pontos percentuais a partir de 2006.

Para analisar as desigualdades raciais no desempenho nos exames do Saeb, consideramos três cenários: (a) média de desempenho total; (b) média de desempenho, controlando pelo status socioeconômico da família, a educação dos pais e o tamanho da família desses alunos; e (c) média de desempenho, comparando alunos com características das famílias similares e que estudaram nas mesmas escolas.

A Figura 10 reporta as diferenças nas médias de notas dos estudantes negros e brancos no 5° ano do ensino fundamental, para português e matemática. Incluir controles para as características familiares e a escola frequentada reduz consideravelmente as diferenças raciais nas notas, porém não é capaz de eliminá-las. Por exemplo, a diferença total em matemática era de 8 pontos em 2007, reduzindo para cerca de 5 pontos quando comparamos alunos com características similares e reduzindo para 2 pontos quando comparamos alunos negros e brancos de características similares estudando na mesma escola.

A importância das características socioeconômicas da família e das escolas para explicar desigualdades de desempenho não é nenhuma novidade. Além de estudos já citados, podemos incluir aqui também trabalhos como os de Maria Alves e José Soares (2007); Maria Alves, José Soares e Flávia Xavier (2016); Ana Franco e Naércio Menezes-Filho (2017); e Martin Carnoy, Leonardo Rosa e Alexandre Simões (2022).

A Figura 10 também mostra que a lacuna racial de desempenho apresenta uma tendência de alta em todas as situações analisadas, com alguma melhora nas duas disciplinas em 2015 e 2021. Contudo, apesar dessa redução em 2021, a diferença racial neste

Figura 10. Evolução ao longo dos anos da diferença de nota do Saeb para o 5° ano do EF

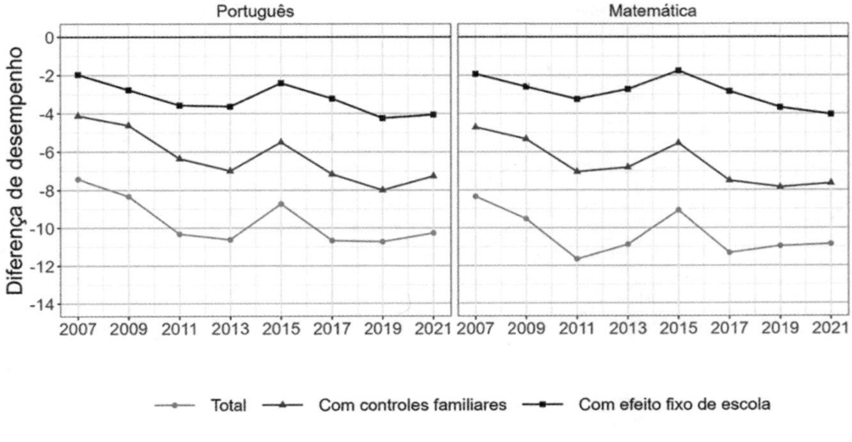

Fonte: Elaborado com base nos microdados do Saeb.

ano ainda é superior à observada em 2007. Ou seja, não apenas as diferenças totais entre alunos negros e brancos está aumentando, como também está crescendo mesmo quando comparamos alunos com características semelhantes.

Com relação ao 9º ano do EF, a Figura 11 mostra que em todas as situações e disciplinas, a diferença racial é superior à observada no 5º ano do EF. Esse resultado é similar ao de Roland Fryer (2011) para alunos de 0 a 17 anos nos EUA. Ele mostra que no ensino infantil não há diferenças no desempenho racial, porém essas diferenças aparecem e se ampliam conforme os estudantes avançam nas séries escolares.

No 9º ano do EF também há uma tendência de aumento das diferenças raciais ao longo do período. Há relativa melhora em alguns anos, contudo a desigualdade racial nas notas é superior em 2021 em relação a 2007, como também foi observado no 5º ano do EF.

De forma geral, as Figuras 4 e 5 mostram melhoria da educação no Brasil como um todo. Contudo, as Figuras 10 e 11 revelam

Figura 11. Evolução ao longo dos anos da diferença de nota do Saeb para o 9º ano do EF

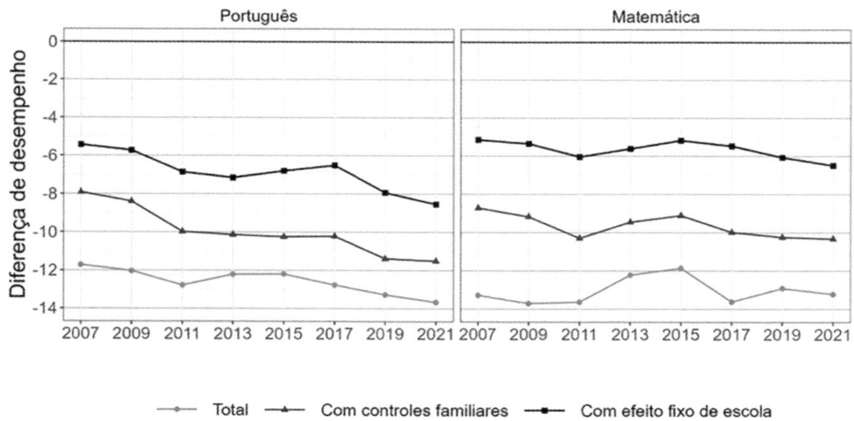

Fonte: Elaborado com base nos microdados do Saeb.

que esse aumento da qualidade ocorreu simultaneamente a uma piora das desigualdades raciais de desempenho. Esse crescimento da lacuna entre brancos e negros ocorre tanto nas diferenças totais como nas condicionadas a características das famílias e também dentro da mesma escola.

No caso do Enem, a Figura 12 apresenta a diferença de desempenho entre negros e brancos na nota média do exame em cinco cenários: (a) diferença total entre todos os candidatos; (b) diferença total apenas entre candidatos que estão concluindo o ensino médio; (c) diferença considerando a renda familiar, a escolaridade dos pais e o tamanho da família dos participantes do Enem; (d) diferença com controles considerando características familiares e o tipo de escola (privada ou pública) frequentada pelo estudante; e (e) diferença com controles considerando características familiares entre alunos da mesma escola. Nos casos (c) a (e),

Figura 12. Evolução da desigualdade condicional e não condicional na nota do Enem

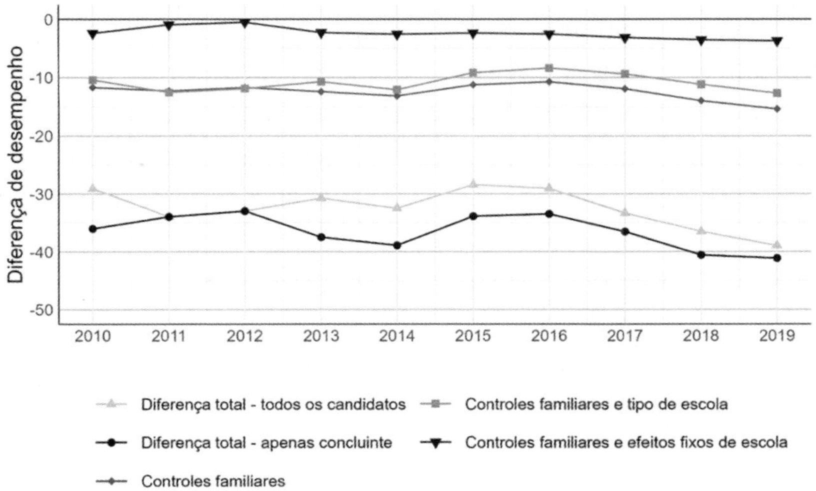

Fonte: Elaborado com base nos microdados do Enem.

restringimos nossa amostra apenas aos participantes concluintes do EM, justamente como fizemos no caso (b).

A diferença total, tanto para os estudantes concluintes quanto para todos os candidatos, corresponde às diferenças de notas entre negros e brancos, sem levar em conta qualquer outra característica dos alunos. De modo geral, a Figura 12 mostra que as diferenças entre brancos e negros é muito similar entre todos os alunos ou também se restringirmos apenas aos concluintes. Podemos ver ainda um aumento da desigualdade racial em ambos os grupos a partir de 2016.

Quando se considera as características familiares e a rede de ensino frequentada no ensino médio, constata-se que a lacuna racial nas notas do exame é menor em comparação à diferença total. Por exemplo, em 2010, enquanto a diferença total entre concluintes era de cerca de 35 pontos, esta se reduzia para apenas 10 pontos quando comparávamos alunos com famílias e em escolas similares. Esses resultados sugerem que a escolaridade dos pais e o tipo de escola frequentada pelos participantes têm papel importante para explicar as desigualdades raciais.

Conclusões similares foram obtidas em estudos como os de Reardon *et al.* (2019) e Souza *et al.* (2021). Além disso, ao restringirmos as diferenças raciais a alunos que frequentam as mesmas escolas, ela se reduz ainda mais, com destaque para 2011 e 2012, quando se aproximou de zero. Vale ressaltar, porém, que mesmo as diferenças raciais condicionadas a características observadas estão aumentando levemente ao longo do tempo.

5 CONSIDERAÇÕES FINAIS

Nossa análise neste capítulo pode ser resumida nos achados a seguir. Primeiro, vemos uma grande convergência nos anos de estudo entre brancos e negros, em especial quando restringimos a amostra para jovens de 17 e 18 anos, resultado da quase universalização do ensino básico. No entanto, diferenças raciais permanecem e crescem quando olhamos para o ensino superior, apesar do aumento importante da participação de negros nesse nível de ensino, que nos anos 1980 era essencialmente branco.

Em relação às notas, vemos que houve uma melhora geral para negros e brancos nas provas do Saeb do 5º e 9º anos do EF e também no exame do Enem. Essa melhora, porém, ocorre ao mesmo tempo em que as diferenças raciais se ampliam. Finalmente, vemos que embora uma parte considerável das desigualdades raciais na educação sejam explicadas por fatores socioeconômicos, ainda resta uma parte relevante das diferenças que não são explicadas por características observadas, mesmo quando restringimos a comparação a alunos da mesma escola. No caso dos anos de escolaridade, as diferenças não explicadas entre brancos e negros estão diminuindo, ao passo que no caso do desempenho escolar essas diferenças estão crescendo.

Esse quadro geral sugere algumas conclusões. Em primeiro lugar, a universalização dos serviços de educação foi essencial para reduzir as desigualdades raciais. Ela permitiu avanços muito importantes na redução das diferenças em anos de estudo. Contudo, a melhoria na quantidade não se traduziu em melhorias na qualidade da educação. Pelo contrário, embora haja um tímido avanço no desempenho de negros e brancos, estes estão avançando mais rapidamente, o que resulta num aumento das diferenças raciais de desempenho. Em seu pioneiro estudo, José Soares e Tereza Alves (2003) apontam que alunos brancos tendem a se beneficiar mais da melhor infraestrutura escolar que alunos negros. Nossos resultados também indicam algo semelhante, com as melhorias na educação beneficiando principalmente alunos brancos.

Por sua vez, essas conclusões sugerem algumas implicações para as políticas públicas. Em primeiro lugar, não devemos olhar apenas para melhorias gerais na qualidade da educação, mas considerar separadamente cada grupo, pois as trajetórias podem não ser as mesmas para todos os alunos. Em segundo lugar, é preciso entender quais alunos estão se beneficiando mais das melhorias educacionais. Como sociedade, estamos focando o aprendizado dos melhores alunos enquanto os piores são deixados para trás? Para a redução das diferenças raciais em desempenho e para o acesso ao ensino superior, é essencial que a melhoria da educação também venha acompanhada de grande atenção à equidade, garantindo a todos o direito de aprender. Associado a isso, precisamos entender como se dá a alocação de alunos brancos e negros entre as diferentes escolas. As escolas afetam as notas dos alunos, sendo assim é importante garantir que o acesso às escolas de qualidade seja igualitário. Se as melhores escolas são reservadas apenas para os melhores alunos, então o sistema educacional só servirá para perpetuar desigualdades prévias.

Além disso, é necessário desenvolver pedagogias voltadas diretamente para alunos negros e para os desafios particulares enfrentados por eles, em especial o racismo de professores, colegas e até o reproduzido por seus pais. Por exemplo, pesquisas mostram que professores têm vieses contra alunos negros (Madeira *et al.*, 2015) e que filhos negros têm menos chances de estarem matriculados nas mesmas escolas que seus irmãos brancos (Rangel, 2015).

Habilidades socioemocionais são tão importantes quanto cognitivas na vida das pessoas e nas diferenças raciais no mercado de trabalho (Carneiro *et al.*, 2005), e o racismo tem impacto sobre elas, abalando a motivação e a confiança de meninos e meninas negras. Essas pedagogias devem partir da importante conquista que foi a introdução do ensino da história africana e afro-brasileira, e ir além, incluindo aulas de reforço, que garantam que ninguém ficará para trás, e aulas de estudos étnicos, que forneçam as ferramentas necessárias para enfrentar toda forma de discriminação, inclusive para alunos brancos. Só assim teremos uma educação que possa oferecer a todas as crianças e jovens os meios para que eles possam se desenvolver plenamente.

REFERÊNCIAS BIBLIOGRÁFICAS

ALVES, M. T. G.; SOARES, J. F. Efeito-escola e estratificação escolar: o impacto da composição de turmas por nível de habilidade dos alunos. **Educação em revista**, p. 25-59, 2007.

ALVES, M. T. G.; SOARES, J. F.; XAVIER, F. P. Desigualdades educacionais no ensino fundamental de 2005 a 2013: hiato entre grupos sociais. **Revista Brasileira de Sociologia**, v. 4, n. 7, p. 49-82, 2016.

BOTELHO, F.; MADEIRA, R. A.; RANGEL, M. A. Racial discrimination in grading: Evidence from Brazil. **American Economic Journal: Applied Economics,** v. 7, n. 4, p. 37-52, 2015.

CARNEIRO, P.; HECKMAN, J. J.; MASTEROV, D. V. Labor market discrimination and racial differences in premarket factors. **The Journal of Law and Economics**, v. 48, n. 1, p. 1-39, 2005.

CARNOY, M.; ROSA, L.; SIMÕES, A. Trends in the academic achievement gap between high and low social class children: The case of Brazil. **International Journal of Educational Development,** v. 94, n. 102650, 2022.

COLEMAN, J. S. *et al.* **Equality of Educational Opportunity.** Washington, DC: U.S. Government Printing Office, 1996.

FRANCO, A. M. P.; MENEZES FILHO, N. A. Os determinantes do aprendizado com dados de um painel de escolas do Saeb. **Economia aplicada,** v. 2, n. 3, p. 525-548, 2017.

FONSECA, M. V.; BARROS, S. A. P. **A história da educação dos negros no Brasil.** Niterói: EdUFF, 2016.

FRYER, R.; LEVITT, S. D. Understanding the black-white test score gap in the first two years of school. **Review of economics and statistics,** v. 86, n. 2, p. 447-464, 2004.

FRYER, R. Racial inequality in the 21st century: The declining significance of discrimination. **In handbook of labor economics.** Elsevier, p. 855-971, 2011.

FRYER, R.; LEVITT, S. D. Testing for racial differences in the mental ability of young children. **American Economic Review,** v. 103, n. 2, p. 981-1005, 2013.

HECKMAN, J. J. The american family in black & white: A post-racial strategy for improving skills to promote equality. **Daedalus,** v. 140, n. 2, p. 70-89, 2011.

MARTELETO, L. J. Educational inequality by race in Brazil, 1982–2007: structural changes and shifts in racial classification. **Demography,** v. 49, n. 1, p. 337-358, 2012.

PORTELLA, A. L. **Essays on economics of education: racial inequality, social norms, and childcare impact on schooling.** Dissertação de doutorado – Insper Instituto de Ensino e Pesquisa, 2021.

RANGEL, M. A. Is parental love colorblind? Human capital accumulation within mixed families. **The Review of Black Political Economy,** v. 42, n. 1-2, p. 57-86, 2015.

REARDON, S. F.; KALOGRIDES, D.; SHORES, K. The geography of racial/ethnic test score gaps. **American Journal of Sociology**, v. 124, n. 4, p. 1164-1221, 2019.

SOARES, J. F.; ALVES, M. T. G. Desigualdades raciais no sistema brasileiro de educação básica. **Educação e pesquisa,** v. 29, p. 147-165, 2003.

WALTER, J.R.; KANG, T. H. **A new dataset of average years of schooling in Brazil,** 1925-2015, 2023.

CAPÍTULO 9

DESIGUALDADES RACIAIS NA PRIMEIRA INFÂNCIA

DAVID DINIZ KALICHMAN[1],
BRUNO K. KOMATSU[2] E
NAERCIO MENEZES-FILHO[3]

A pobreza é um dos maiores fatores de risco ao desenvolvimento durante a primeira infância e pode gerar grandes diferenças de desempenho no longo prazo na educação, no mercado de trabalho e na produtividade (Walker *et al.*, 2011; Nagahawatte; Goldenberg, 2008). Adversidades ligadas à pobreza podem introduzir déficits de desenvolvimento entre as crianças, sendo um determinante importante das desigualdades que se perpetuam para as gerações seguintes (Grantham-McGregor *et al.*, 2007; Walker *et al.*, 2011; Black *et al.*, 2017; Engle *et al.*, 2011; Attanasio; Cattan; Meghir, 2022). Essa situação é ainda mais dramática quando examinamos as diferenças por raça/cor, que são notórias e persistentes no Brasil.

Neste capítulo, temos como objetivo caracterizar as diferenças raciais na pobreza extrema, no mercado de trabalho e nas condições de vida de crianças pequenas e das suas famílias nos últimos

1. Insper Instituto de Pesquisa e Ensino e Universidade de São Paulo.
2. Insper Instituto de Pesquisa e Ensino.
3. Insper Instituto de Pesquisa e Ensino e Universidade de São Paulo.

anos no Brasil. Nós usamos dados de pesquisas domiciliares para examinar a trajetória da frequência à escola, abrangência de programas sociais, renda e pobreza, e de indicadores do mercado de trabalho entre as pessoas em domicílios com crianças pequenas, procurando observar mudanças dos padrões dos indicadores por raça ao longo do tempo. Também trazemos um levantamento de algumas políticas sociais que podem ter efeitos no sentido de reduzir as desigualdades raciais entre crianças pequenas.

Além dessa introdução, este capítulo se divide em quatro seções. Na segunda seção, apresentamos a importância da primeira infância nas desigualdades ao longo da vida das crianças. A terceira seção mostra os resultados descritivos das desigualdades durante a primeira infância no Brasil. Na quarta seção, trazemos um breve levantamento de políticas públicas que podem impactar as diferenças raciais entre crianças pequenas; na quinta seção, algumas conclusões.

1 PRIMEIRA INFÂNCIA E DESIGUALDADE DE OPORTUNIDADES

A primeira infância é um período crítico em que ocorre o desenvolvimento infantil, um processo ordenado de obtenção de capacidades fundamentais que servirão como base para o aprendizado de habilidades nas etapas subsequentes da vida da criança, durante a adolescência e a fase adulta (Black *et al.*, 2017; Attanasio; Cattan; Meghir, 2022; Reynolds *et al.*, 2015; Lurie *et al.*, 2021; National Scientific Council on the Developing Child, 2008). Esse processo tem como fundamento biológico a plasticidade do cérebro da criança nos primeiros anos de vida, característica que se reduz ao longo do tempo, e se realiza em meio à interação entre predisposições genéticas e fatores ambientais (Shonkoff; Slopen; Williams, 2022).

O desenvolvimento infantil constitui o processo complexo de desenvolvimento do capital humano das crianças e depende de vários fatores, como o ambiente familiar e da comunidade onde a criança cresce, interações com membros da família por meio de cuidado responsivo, acesso a oportunidades de aprendizado na escola e no ambiente familiar, prevenção de doenças e acesso à atenção médica, nutrição, proteção contra violência e negligência (Black *et al.*, 2017; Attanasio; Cattan; Meghir, 2022).

O investimento parental desempenha um papel fundamental no desenvolvimento infantil, uma vez que os pais vão determinar o ambiente e as experiências da criança durante a primeira infância. Nesse sentido, o desenvolvimento do capital humano da criança está diretamente sujeito a restrições de recursos das famílias (como renda e tempo), preferências dos pais em relação ao investimento no capital humano dos filhos, restrições de informações (percepções erradas sobre as habilidades e os efeitos dos investimentos), e crenças dos pais sobre como o capital humano dos filhos é desenvolvido (Attanasio; Cattan; Meghir, 2022).

As crianças pequenas, nos primeiros mil dias de vida, são especialmente vulneráveis às adversidades associadas à pobreza extrema e que podem afetar negativamente seu desenvolvimento, como insegurança alimentar e desnutrição, estresse excessivo no ambiente familiar, situações de violência, abuso ou negligência, falta de estimulação e exposição a substâncias tóxicas (Black *et al.*, 2017; Walker, 2011). A exposição cumulativa a fatores como esses durante a gestação e os primeiros dias depois do nascimento pode gerar mudanças permanentes do cérebro que levam a problemas de aprendizado, de comportamento e de saúde física e mental (Black *et al.*, 2017; Shonkoff, Slopen; Williams, 2022).

Se não forem corrigidos por intervenções, déficits de desenvolvimento durante a primeira infância podem se acumular ao longo do tempo e gerar diferenças de habilidades cognitivas e socioemocionais, que serão carregadas durante toda a vida e podem gerar desigualdades em um nível mais agregado (Attanasio; Cattan; Meghir, 2022; Aboud; Yousafzai, 2015; Lu; Black; Richter, 2016).

Apesar da vulnerabilidade do cérebro das crianças durante a primeira infância, há muitas evidências de que ele tem uma grande capacidade de recuperação por meio de intervenções (Shonkoff; Phillips, 2000; Mustard, 2002; Knudsen, 2004; Heckman, 2006; Shonkoff; Garner, 2012). Intervenções simples para estimular o desenvolvimento infantil, como interações e brincadeiras, podem ter grande impacto sobre o desenvolvimento cognitivo e não precisam necessariamente de grandes recursos investidos (Attanasio; Cattan; Meghir, 2022).

2 DESIGUALDADES NA PRIMEIRA INFÂNCIA NO BRASIL

A pobreza na primeira infância, em uma sociedade com desigualdades raciais, tende a agir como um mecanismo de propagação dessas disparidades em gerações futuras. Estudos mostram que há diferenças significativas entre crianças de grupos raciais distintos em relação a habilidades cognitivas já antes da entrada no ensino primário e que essas disparidades aumentam ao longo dos anos (Fryer Jr.; Levitt, 2004). Diferentes desempenhos em etapas posteriores do ensino são em grande parte explicados por diferenças observadas antes do ensino primário (Kuhfeld; Condron; Owey, 2020) e repetências ao longo da trajetória escolar estão associadas à experiência de eventos traumáticos durante a infância (Hinojosa *et al.*, 2019).

Além disso, diferenças por grupos raciais também aparecem em fases posteriores da vida em relação a diversos resultados educacionais ao longo da vida escolar — como maior incidência de repetências, menor aprendizado, menores taxas de matrícula e de conclusão do ensino superior — e com a habilidade geral no mercado de trabalho — menores taxas de emprego e menores salários (Soares; Alves; Fonseca, 2021; Carvalhaes; Senkevics; Ribeiro, 2022; Alves; Ferrão, 2019; Hobcraft; Kiernan, 2001; Knudsen *et al.*, 2006; Heckman; Stixrud; Urzua, 2006). Uma vez que a seleção de empregos depende direta ou indiretamente dos atributos dos candidatos moldados na primeira infância, há uma desvantagem para subgrupos desfavorecidos durante esta etapa, mesmo na ausência de discriminação racial direta pelos recrutadores (Fryer, 2011).

Durante muito tempo, o Brasil era um dos países com maior proporção de pobres entre os mais populosos da América Latina. A Figura 1 mostra que entre oito dos países latino-americanos com as maiores populações, o Brasil estava numa faixa intermediária

Figura 1. Proporção de pobres com a linha de paridade de poder de compra (PPP). US$ 2,15 por dia

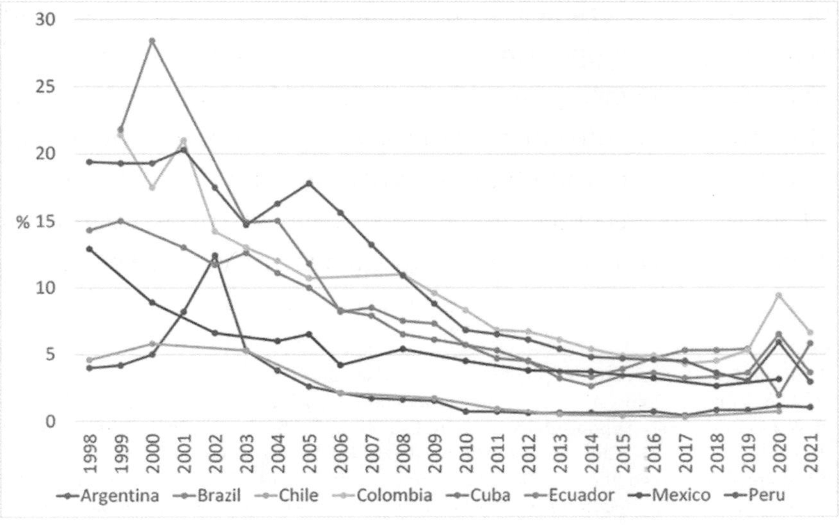

Fonte: Banco Mundial (2023); Elaboração própria.

no final da década de 1990. Durante a década de 2000, o crescimento econômico e programas de transferência de renda permitiram que o Brasil reduzisse sistematicamente sua proporção de pobres, porém, a partir de 2014, essa taxa aumentou novamente.

As crianças pequenas em situação de pobreza extrema vivem em condições graves e preocupantes. Em 2022, 29% destas crianças não eram abrangidas por transferências federais, como o Programa Bolsa Família, e 52% viviam em domicílios sem condições de lixo e saneamento adequadas (IBGE, 2018)[4]. Entre as crianças que moravam em domicílios cuja pessoa responsável era branca ou amarela, 3% estão em situação de pobreza extrema e 16% estão em situação de pobreza, enquanto esses percentuais chegam a 7% e 30%, respectivamente, entre as crianças pequenas em domicílios cuja pessoa responsável era negra ou indígena. Em seguida, apresentamos a evolução de indicadores de mortalidade infantil, pobreza, mercado de trabalho, educação e cobertura de políticas públicas, agrupando os dados por categorias de raça/cor.

A mortalidade infantil sempre foi bem maior entre crianças negras do que entre crianças brancas, porém essa diferença se reduziu ao longo do tempo. Entre 1995 e 2005, a mortalidade infantil entre crianças negras passou de 47,3 para 24,4 óbitos por mil nascidos vivos, enquanto entre crianças brancas a taxa variou de 27,1 para 19,4 óbitos por mil nascidos vivos (Paixão; Carvano, 2008).

Dados mais recentes mostram que, em 2010, as taxas entre crianças pretas ou pardas (respectivamente, 18,9 e 16,9 óbitos por

◇◇◇◇◇◇

4. Utilizamos dados da Pesquisa por Amostra de Domicílios Contínua (PNAD Contínua) de 2022 e definimos como crianças pequenas aquelas de 0 a 6 anos de idade. Para definir pessoas em situação de pobreza extrema, utilizamos as linhas de indigência regionais de Rocha e Franco (s.d.) e ajustamos os valores de 2014 pelos deflatores da PNAD Contínua. Os domicílios com condições de lixo e saneamento inadequado são aqueles que não possuem alguma das seguintes condições: não possuem escoamento de esgoto para a rede geral ou pluvial, ou para fossa séptica ligada à rede; não possuem abastecimento de água da rede geral; ou cujo lixo não é coletado.

mil nascidos vivos) se reduziram, porém se mantiveram mais elevadas do que as taxas entre crianças brancas e amarelas (respectivamente, 13,8 e 15,4 óbitos por mil nascidos vivos), ao passo que a taxa para indígenas permanecia mais elevada (27,3 óbitos por mil nascidos vivos) (Caldas *et al.*, 2017).

Além disso, a incidência de pobreza extrema entre os domicílios com crianças pequenas foi sistematicamente maior nos domicílios cuja pessoa responsável era negra ou indígena, e essa diferença aumentou durante o período de recessão recente. A Figura 2 mostra que as taxas de pobreza extrema diminuíram nos dois grupos entre 2001 e 2014, porém de forma mais acelerada nos domicílios sob responsabilidade de negros e indígenas.

A diferença entre as taxas de pobreza dos dois grupos também diminuiu nesse período, passando de 10 pontos percentuais (p.p.) para 3 p.p. Entre 2014 e 2021, o Brasil passa por um período de recessão econômica e pela pandemia da Covid-19, e a taxa de pobreza extrema aumenta mais entre as pessoas em domicílios cujo responsável era negro ou indígena, exceto em 2020, provavelmente devido aos efeitos do Auxílio Emergencial. A diferença nesse período aumenta para 6 p.p., voltando a diminuir em 2022 para 3 p.p. Esses padrões são consistentes com a hipótese de que, em momentos de recessão no mercado de trabalho, as pessoas negras são mais afetadas (Costa; Barbosa; Hecksher, 2021).

O que acontece com a desigualdade entre os grupos de raça/cor em relação à renda domiciliar *per capita* nesse período? A Figura 3 mostra a razão das médias da renda domiciliar *per capita* de negros e indígenas com relação à dos brancos e amarelos e a razão das médias da renda do trabalho *per capita* entre estes mesmos grupos. A razão de médias é sempre menor do que 1, o que significa que os negros sempre têm renda menor do que a dos brancos. Entretanto, a razão aumenta entre 2001 e 2011, devido ao crescimento mais acelerado dos rendimentos de negros

Figura 2. Evolução das taxas de pobreza extrema por raça/cor

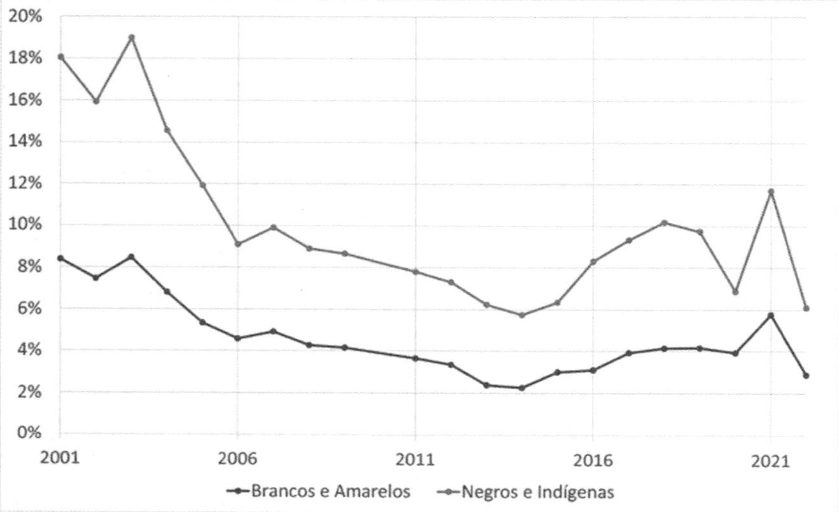

Fonte: PNAD e da PNAD Contínua.

Nota: resultados para observações de domicílios com crianças de 0 a 6 anos de idade. Nós identificamos as observações como estando em situação de pobreza extrema a partir da renda domiciliar per capita e das linhas regionais de pobreza extrema de Rocha e Franco (s.d.), e classificamos as observações em grupos de raça/cor de acordo com a raça/cor da pessoa responsável pelo domicílio.

e indígenas (5% ao ano, em comparação a 3% a.a. de domicílios de brancos de amarelos).

Entre 2011 e 2019, a razão de rendas diminui, devido ao crescimento maior da renda média dos brancos e amarelos (4% a.a. em comparação com 2% a.a. entre domicílios de negros e indígenas). Nos últimos três anos, ela aumenta novamente, devido à redução da média de brancos e amarelos (-2% a.a., em comparação com 2% a.a. entre domicílios de negros e indígenas). A trajetória da razão entre médias da renda do trabalho *per capita* é semelhante, porém ela aumenta menos depois de 2011, porque a parcela da renda de transferências aumentou mais entre os domicílios cuja pessoa responsável era negra ou indígena nesse período.

Figura 3. Evolução das relações das médias da renda domiciliar *per capita* e da renda do trabalho *per capita* entre negros e indígenas e brancos e amarelos

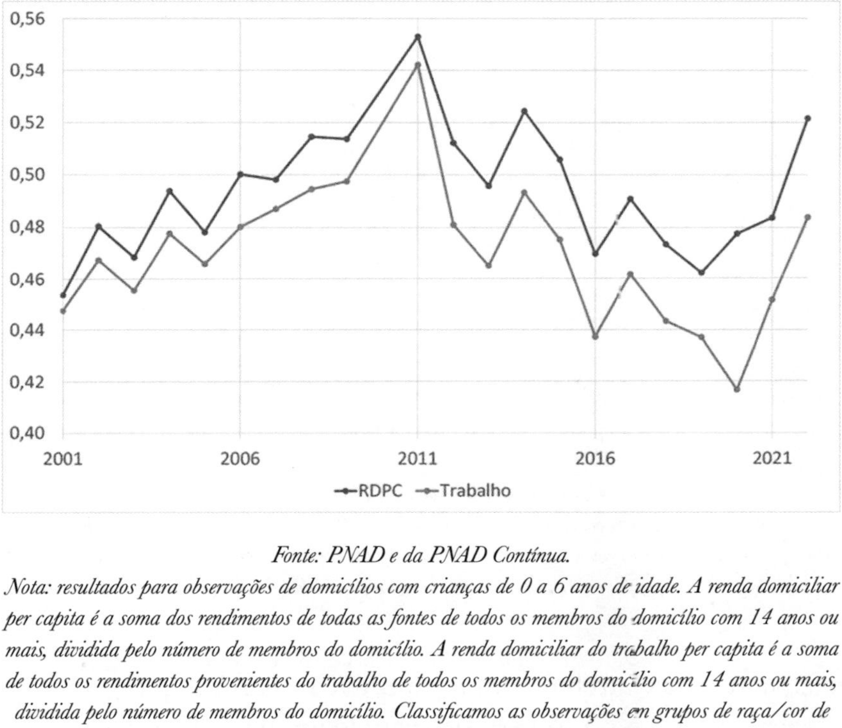

Fonte: PNAD e da PNAD Contínua.

Nota: resultados para observações de domicílios com crianças de 0 a 6 anos de idade. A renda domiciliar per capita é a soma dos rendimentos de todas as fontes de todos os membros do domicílio com 14 anos ou mais, dividida pelo número de membros do domicílio. A renda domiciliar do trabalho per capita é a soma de todos os rendimentos provenientes do trabalho de todos os membros do domicílio com 14 anos ou mais, dividida pelo número de membros do domicílio. Classificamos as observações em grupos de raça/cor de acordo com a raça/cor da pessoa responsável pelo domicílio.

No mercado de trabalho, as taxas de inatividade das pessoas adultas com crianças em domicílios cujo responsável é negro ou indígena têm sido consistentemente mais altas do que a dos brancos e amarelos, e a diferença tem aumentado ao longo do tempo. A Figura 4 mostra que, nesse grupo, entre 2001 e 2011, a taxa de inatividade flutuou ao redor de 35,5%, enquanto entre as pessoas em domicílios chefiados por pessoas brancas ou amarelas, a taxa de inatividade foi menor em 2001 (32%) e diminuiu 1 p.p. até 2011. As taxas diminuíram entre 2011 e 2019 nos dois grupos,

Figura 4. Evolução da taxa de inatividade por raça/cor

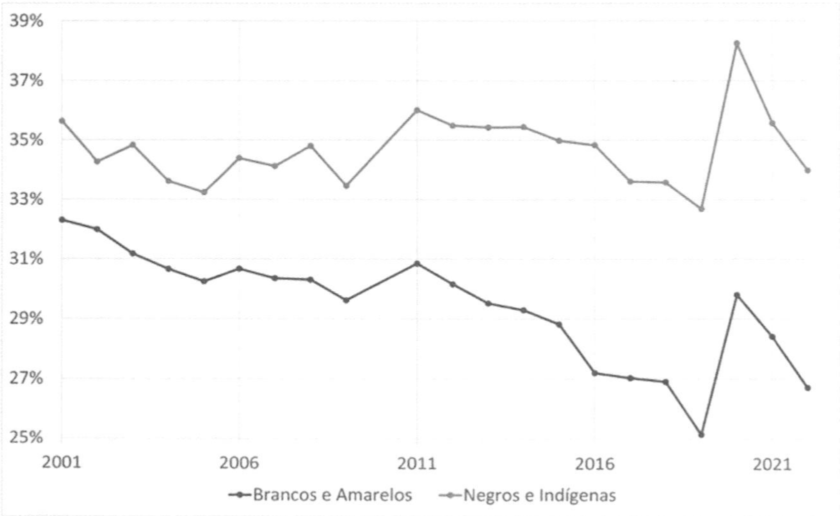

Fonte: PNAD e da PNAD Contínua.
Nota: resultados para observações de domicílios com crianças de 0 a 6 anos de idade. A taxa de inatividade é a proporção de pessoas com 14 anos ou mais que não está ocupada e não está procurando trabalho. Classificamos as observações em grupos de raça/cor de acordo com a raça/cor da pessoa responsável pelo domicílio.

mas menos nas famílias com responsáveis negros (3 p.p., em comparação com 6 p.p.). A taxa de inatividade das pessoas em domicílios com responsáveis negras ou indígenas, que era 3 p.p. maior do que a dos brancos em 2001, aumentou para 7 p.p. em 2022. Desta forma, está havendo uma estratificação ainda maior da inatividade por cor no Brasil.

A taxa de desemprego entre as pessoas adultas com crianças no domicílio também foi maior entre aqueles chefiados por negros ou indígenas, e ela cresceu depois do início da recessão de 2014. Em 2001, a taxa de desemprego desse grupo era de 12%, diminuindo para 3 p.p. até 2014. Entre as pessoas em domicílios sob responsabilidade de brancos ou amarelos, a taxa diminuiu no mesmo ritmo, de 9% para 6% naquele período, mantendo

Figura 5. Evolução da taxa de desemprego por raça/cor

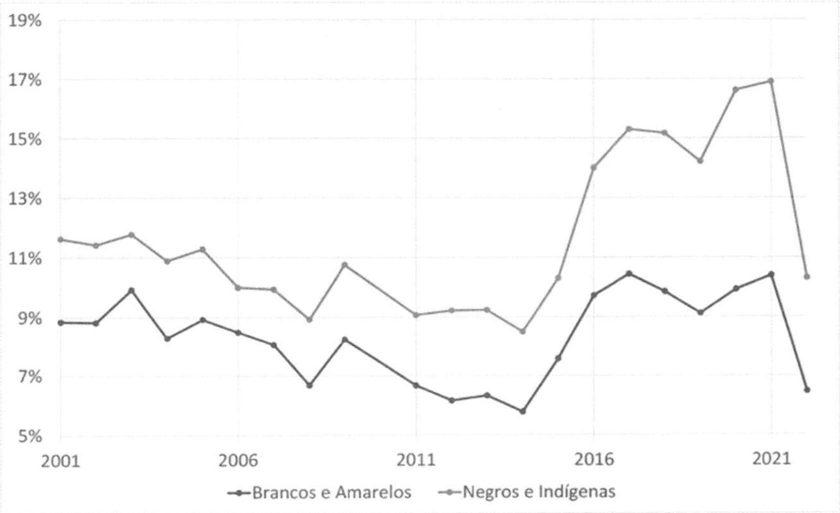

Fonte: PNAD e da PNAD Contínua.
Nota: resultados para observações de domicílios com crianças de 0 a 6 anos de idade. A taxa de desemprego é a proporção de pessoas com 14 anos ou mais que estava desocupada e procurou trabalho no total da população economicamente ativa. Classificamos as observações em grupos de raça/cor de acordo com a raça/cor da pessoa responsável pelo domicílio.

a diferença com o outro grupo constante. Entre 2014 e 2019, a taxa aumentou mais entre as pessoas de domicílios cujo responsável era negro ou indígena, o que também aconteceu durante a pandemia, até 2021.

Com relação à educação, a Figura 6 mostra a proporção das crianças que frequentam a escola entre aquelas de 5 ou 6 anos, idades em que idealmente elas estão entrando no ensino fundamental. Observamos que as crianças de domicílios sob responsabilidade de pessoas negras ou indígenas tinham um percentual menor em 2001 (74%, contra 78,5% no outro grupo), porém a diferença se reduziu ao longo do tempo e, nos últimos anos, elas se encontram em níveis muito semelhantes.

Figura 6. Evolução da proporção de crianças de 5 ou 6 anos de idade que frequentam a escola

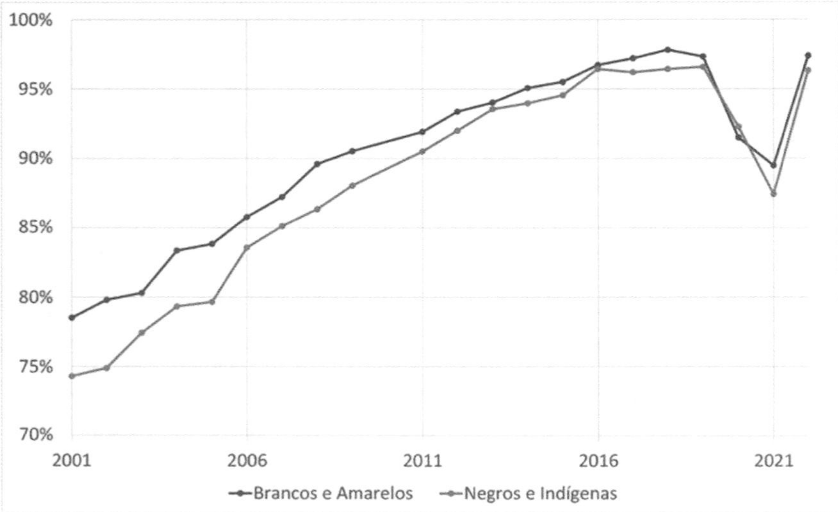

Fonte: PNAD e da PNAD Contínua.
Nota: amostra de crianças de 5 ou 6 anos de idade. Os dados são a proporção das crianças de 5 ou 6 anos de idade que frequentam a escola ou creche. Classificamos as observações em grupos de raça/cor de acordo com a raça/cor da pessoa responsável pelo domicílio.

A porcentagem de crianças de 0 a 4 anos que frequentam a escola ou creche tem aumentado desde 2001, porém as diferenças entre os grupos em relação àquele percentual permanecem ao longo do tempo. Na Figura 7, observamos que entre as crianças de domicílios cuja pessoa responsável era negra ou indígena, a proporção era de 16% em 2001 (contra 20% do outro grupo), aumentando para 44% em 2019 (contra 51% do outro grupo).

Assim, a diferença entre as proporções aumentou entre 2001 e 2002, passando de 4 p.p. para 5 p.p. Vale notar que crianças com até 4 anos de idade frequentam idealmente a creche ou a pré-escola, cuja oferta de vagas em instituições públicas ou conveniadas ainda passa por restrições, de forma que o acesso depende mais das instituições privadas.

Figura 7. Evolução da proporção de crianças de 0 a 4 anos de idade que frequentam a escola ou creche

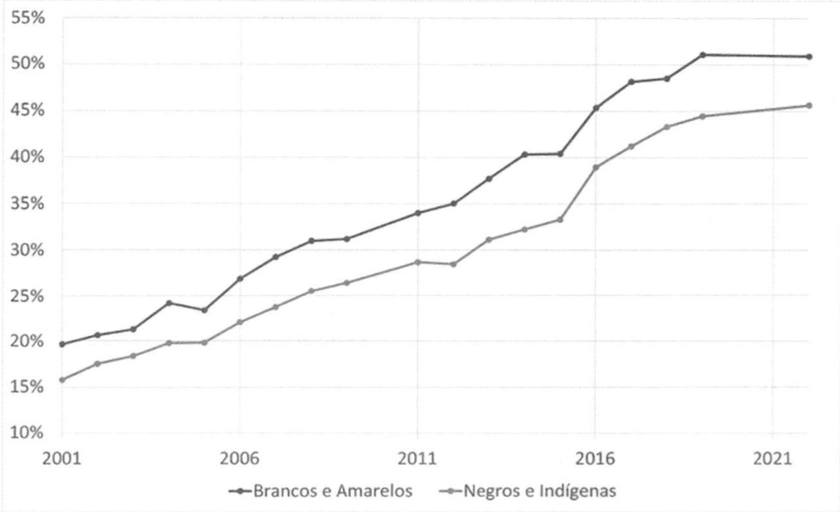

Fonte: PNAD (2001 a 2015) e PNAD Contínua do 2º trimestre (2016 a 2022).
Nota: amostra de crianças de 0 a 4 anos de idade. Os dados são a proporção das crianças de 0 a 4 anos de idade que frequentam a escola ou creche. Classificamos as observações em grupos de raça/cor de acordo com a raça/cor da pessoa responsável pelo domicílio.

A Tabela 1 nos traz evidências sobre os motivos para as crianças de 0 a 4 anos de idade não frequentarem a escola ou creche em 2022 por raça/cor. No geral, o motivo principal é a preferência dos próprios pais (56%), enquanto restrições da oferta de vagas representam 35% das razões, sendo a mais importante a recusa das escolas em matricular crianças dessa faixa etária (17%). Para as crianças de domicílios cuja pessoa responsável era negra ou indígena, a justificativa de preferência dos pais também é a mais relevante (52%), porém os motivos relacionados a alguma restrição de oferta somam 39%, um percentual comparativamente maior do que entre as crianças do outro grupo (29%).

Os motivos de ausência de escolas ou creches na região da residência e de as escolas não aceitarem crianças daquela faixa etária são relativamente mais importantes para as crianças de domicílios sob a responsabilidade de pessoas negras ou indígenas (respetivamente, 9% e 20%) do que para as crianças do outro grupo (respectivamente,6% e 12%).

Tabela 1. Motivos para crianças de até 4 anos não frequentarem a escola ou creche – 2022

	Negros e Indígenas	Brancos e Amarelos	Total
Não tem escola ou creche ou a escola fica distante	9%	6%	8%
Falta de vaga na escola ou creche	10%	11%	10%
A escola ou creche não aceita a criança por conta da idade	20%	12%	17%
Por opção dos pais ou responsáveis (acham muito nova para ir à escola, preferem cuidar em casa etc.)	52%	62%	56%
Outros	8%	9%	9%
Total	**100%**	**100%**	**100%**

Fonte: PNAD Contínua do 2° trimestre, 2022.
Nota: amostra de crianças de 0 a 4 anos de idade que não frequentam escola ou creche. Classificamos as observações em grupos de raça/cor de acordo com a raça/cor da pessoa responsável pelo domicílio.

Nós examinamos a cobertura de transferências federais e da Estratégia Saúde da Família (ESF) entre as crianças pequenas em situação de pobreza extrema e verificamos que não são abrangidos percentuais relevantes dessas crianças, mas ambos os grupos de raça/cor são abrangidos de forma semelhante. Na Tabela 2, verificamos que a porcentagem das crianças em situação de pobreza extrema, em domicílios que não recebem nenhuma transferência, é de 29%, com percentuais semelhantes nos dois tipos de domicílio. Além disso, 22% das crianças pequenas em situação de pobreza extrema estavam em domicílios não cadastrados na ESF. O percentual entre as crianças em domicílios sob responsabilidade de pessoas negras ou indígenas é ligeiramente maior, porém a diferença entre os percentuais dos grupos não tem significância estatística nem ao nível de significância de 10%.

Tabela 2. Proporção de crianças pequenas em situação de pobreza extrema não abrangidas por transferências federais e pela Estratégia Saúde da Família (ESF)

	Negros e indígenas	Brancos e amarelos	Total
Transferências federais	29%	29%	29%
ESF	23%	20%	22%

Fonte: PNAD Contínua e PNS 2019.
Nota: amostra de crianças de 0 a 6 anos de idade em situação de pobreza extrema. As transferências federais que consideramos foram o Programa Bolsa Família, o Benefício de Prestação Continuada e outras transferências de outros programas sociais do governo. Os domicílios sem abrangência da ESF são aqueles que não estavam cadastrados na ESF. Nós identificamos pobreza extrema a partir da renda domiciliar per capita e das linhas de pobreza regionais desenvolvidas por Rocha e Franco (s.d.). Classificamos as observações em grupos de raça/cor de acordo com a raça/cor da pessoa responsável pelo domicílio.

Verificamos ainda diferenças entre bebês e mães em relação a indicadores de acesso à atenção à saúde em 2019 e averiguamos que bebês e mães de domicílios cuja pessoa responsável era negra ou indígena têm desvantagens importantes, mesmo entre famílias pobres. A Figura 8 mostra que, entre os bebês desses domicílios, há menores percentuais daqueles que não tinham a Caderneta da Criança e não tinham feito algum ou todos os testes de triagem neonatal.[5]

◇◇◇◇◇◇

5. Na PNS 2019, as questões incluem os testes do pezinho, da orelhinha, do olhinho e do coraçãozinho.

A Caderneta da Criança é distribuída gratuitamente nas maternidades pelos municípios e constitui uma fonte importante de informações sobre os cuidados com o bebê e um instrumento de monitoramento do crescimento e do desenvolvimento da criança. Os testes de triagem neonatal são exames realizados para detectar doenças do bebê que, se diagnosticadas precocemente, têm maior chance de cura, evitando complicações no futuro.

Figura 8. Diferenças de acesso a serviços de saúde de bebês e mães – 2019

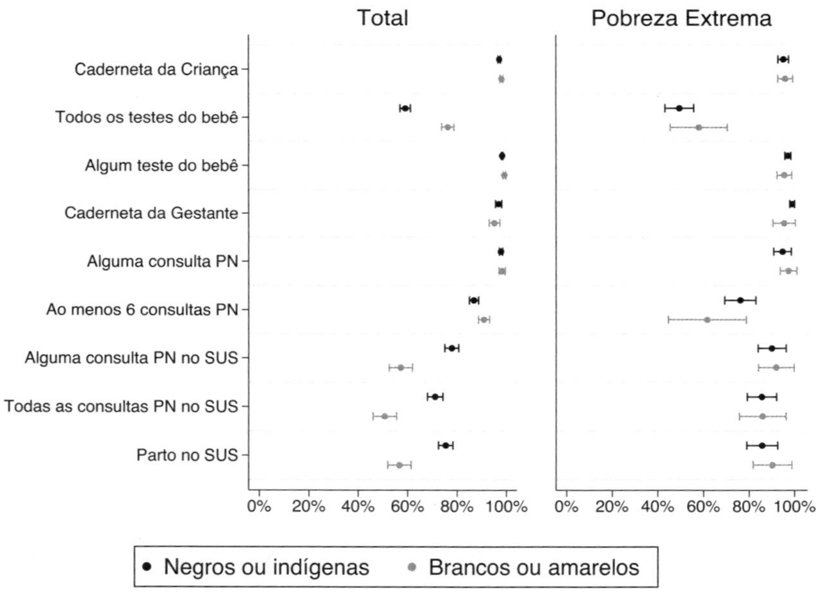

Fonte: PNS 2019.

Nota: amostra de crianças de 0 a 1 ano de idade e de mulheres de 15 ou mais anos de idade que já esteve grávida e teve parto nos dois anos anteriores à pesquisa. Nós identificamos pobreza a partir da renda domiciliar per capita e das linhas de pobreza extrema regionais desenvolvidas por Rocha e Franco (s.d.). Classificamos as observações em grupos de raça/cor de acordo com a raça/cor da pessoa responsável pelo domicílio. As barras horizontais representam intervalos de confiança de 90%.

Entre os bebês de famílias extremamente pobres, as diferenças passam a ser não significativas. Em conjunto, essas diferenças indicam que os bebês de famílias sob responsabilidade de pessoas negras ou indígenas têm acesso menor a serviços de saúde essenciais, o que pode impactar sua saúde e o desenvolvimento.

Em relação às diferenças entre as mães, há divergências em relação à realização de consultas pré-natais, ao uso dos serviços do SUS e de complicações no parto. A Figura 8 mostra que aquelas de famílias cuja pessoa responsável era negra ou indígena apresentam menor proporção de realizar no mínimo seis consultas pré-natais, o número recomendado pela Organização Mundial de Saúde (OMS, 2016), e maiores proporções de uso do SUS em consultas pré-natais ou na realização do parto. Em relação às demais características, não há diferenças significativas e entre as mães em situação de pobreza extrema, elas também não são significativas.

3 POLÍTICAS PARA REDUZIR DESIGUALDADES RACIAIS NO DESENVOLVIMENTO INFANTIL

Nesta seção, trazemos um levantamento sobre algumas políticas públicas no Brasil, cujos efeitos diretos podem afetar a desigualdade racial em relação ao desenvolvimento infantil. Nós discutimos o Programa Bolsa Família, a Estratégia Saúde da Família e o acesso à educação infantil.

3.1 PROGRAMA BOLSA FAMÍLIA

Programas de transferências de renda podem garantir um nível mínimo das necessidades materiais das crianças de subgrupos menos favorecidos, além de permitir aos pais investir a maior parte de seus recursos na formação de seus filhos — incluindo passar maior tempo em contato com as crianças, fornecendo estimulação direta relevante ao desenvolvimento cognitivo (Tavarez *et al.*, 2009; Glewwe; Kassouf, 2012).

No Brasil, o Bolsa Família (PBF) é o maior programa de transferência de renda, e ele também é um dos maiores do mundo (Neves *et al.*, 2020). Criado em 2003,[6] as transferências do PBF chegaram a representar entre 0,4% e 0,5% do PIB (FGV Social, s.d.; Souza, 2011) e, no último mês de operação, o programa incluía 14,6 milhões de famílias (Brasil, 2022). Após 18 anos de operação, o PBF foi substituído em 2021 pelo Auxílio Brasil, um outro programa de transferência condicional de renda.[7] A partir de 2023, no entanto, o PBF retornou no lugar do Auxílio Brasil,[8] com um desenho mais próximo a este último.

Devido ao ainda curto período de funcionamento, há poucas avaliações sobre os impactos do Auxílio Brasil e do novo PBF. Levantamos, então, artigos que avaliaram o impacto do PBF no formato anterior a 2021, sobre resultados que estão relacionados de forma mais direta a fatores que afetam a desigualdade de desenvolvimento infantil no Brasil. As avaliações dos impactos do PBF dependem de metodologias quase experimentais, a partir de dados observacionais. Elas são baseadas em aspectos do desenho do programa ou dependem diretamente da hipótese de seleção em observáveis.

Antes de apresentarmos os resultados da literatura, descrevemos brevemente as regras de funcionamento do PBF. Eram elegíveis ao recebimento de benefícios do PBF as famílias incluídas no Cadastro Único (Cadúnico) pelos governos municipais e com um nível de renda familiar *per capita* menor ou igual à linha de pobreza extrema definida pelo programa (R$ 89 em 2021), ou

6. Por meio da Medida Provisória nº 132 e instituído em 2004 por meio da Lei nº 110.836 de 9 de janeiro de 2004.
7. O Auxílio Brasil foi instituído pela Medida Provisória nº 1.061 de 9 de agosto de 2021.
8. Por meio da Medida Provisória nº 1.164 de 2 de março de 2023.

inferior à linha de pobreza (R$ 178 em 2021)[9] e ao mesmo tempo com crianças e jovens de até 17 anos de idade, nutrizes ou grávidas. As famílias cuja renda domiciliar *per capita* estava abaixo da linha de pobreza extrema recebiam um benefício básico (de R$ 89 mensais em 2021). Adicionalmente, todas as famílias cuja renda estava abaixo da linha de pobreza recebiam um benefício variável para cada criança ou jovem de até 15 anos de idade, nutriz ou grávida, até o limite de cinco benefícios por família (cada benefício era de R$ 41 em 2021). A partir de 2008, foi instituído o benefício variável jovem, que pagava um benefício adicional às famílias com jovens de 16 ou 17 anos de idade (cujo valor era de R$ 48 em 2021), até o limite de dois por família. O Cadúnico era atualizado e verificado a cada dois anos e as famílias poderiam sair do PBF caso recebessem transferências de outros programas ou não se encaixassem mais no perfil do PBF.

O PBF incluía condicionalidades de educação e saúde como requisitos para as famílias beneficiárias continuarem recebendo os benefícios, que tinham como propósito de longo prazo proporcionar condições para que as crianças das famílias gerassem renda quando adultas, por meio do investimento em capital humano, interrompendo a transmissão intergeracional de pobreza (Tavares *et al.*, 2009). Caso as famílias não cumprissem as condicionalidades, elas poderiam ter o benefício cancelado após a quinta ocorrência de descumprimento, dentro de um período limitado. As condicionalidades eram:

- Crianças e jovens de até 17 anos de idade deveriam estar matriculados em escolas e manter uma presença mínima (85% para os jovens de até 15 anos e 75% para os jovens de 16 ou 17 anos);

9. Os valores nominais das linhas de pobreza e pobreza extrema foram sendo atualizados ao longo dos anos. Para valores até 2019, veja Neves *et al.* (2020, p. 5).

- Crianças de até 7 anos deveriam ser levadas a postos de saúde para terem o desenvolvimento acompanhado por equipes de saúde, com medidas de peso e altura e calendário de vacinação em dia;
- Gestantes deveriam realizar consultas pré-natais.

Dividimos os impactos do PBF por tipo de resultado.

O PBF teve um papel importante na redução da pobreza e desigualdade de renda (Neves *et al.*, 2020), que é um dos objetivos para os quais o programa foi desenhado. Por exemplo, Denes, Komatsu e Menezes Filho (2018) usam um painel de municípios brasileiros entre 2004 e 2010 e encontram uma associação positiva entre o valor do repasse *per capita* do PBF e o PIB *per capita*, a renda *per capita* e uma associação negativa entre o repasse *per capita* e a pobreza. É possível que esses efeitos de redução da pobreza tenham se desdobrado sobre o desenvolvimento infantil das populações mais vulneráveis.

Mais especificamente sobre os impactos do PBF sobre resultados relacionados ao desenvolvimento infantil, a literatura se concentra em desfechos ligados à saúde. Há um consenso na literatura de que houve efeitos do PBF no sentido de reduzir a mortalidade infantil, a mortalidade pós-neonatal ou de crianças com menos de 5 anos de idade (Shei, 2013; Guanais, 2013; Rasella *et al.*, 2013; Silva; Paes; Silva, 2018; Silva; Paes, 2019; Neves *et al.*, 2020; Little *et al.*, 2021; Ramos *et al.*, 2021). Por exemplo, Rasella *et al.* (2013) mostram que municípios com o PBF consolidado estão associados a uma taxa de mortalidade de crianças menores de 5 anos 17% menor do que municípios com baixa cobertura do PBF, em um painel de municípios brasileiros com estatísticas de nascimentos e óbitos de boa qualidade entre 2004 e 2009.[10] Ramos *et al.* (2021) também encontram

10. Os autores definem os municípios com cobertura consolidada aqueles com mais de 32% da população coberta pelo PBF ou com 100% da população-alvo do programa coberta por ao menos os 4 anos anteriores, e os municípios com baixa cobertura aqueles com até 17% da população coberta pelo PBF.

uma probabilidade de óbito 17% menor entre crianças de menos de 5 anos abrangidas pelo PBF em comparação com crianças de características semelhantes, porém não abrangida pelo programa.

É importante destacar que esses efeitos foram mais intensos entre as mães negras, as crianças mais pobres, as crianças nascidas prematuras (Ramos *et al.*, 2021) e nos municípios com as maiores taxas iniciais de mortalidade infantil (Shei, 2013), o que pode ter reduzido a desigualdade entre as populações mais e menos vulneráveis. Além disso, os efeitos são maiores em municípios com maior cobertura do PBF (efeito dose-resposta) (Rasella *et al.*, 2013); a existência desses impactos também não depende dos efeitos da Estratégia Saúde da Família (ESF) (Guanais, 2013; Silva; Paes; Silva, 2018; Rasella *et al.*, 2013; Silva; Paes, 2019), mas eles são mais acentuados nos municípios onde há maior densidade de equipes da ESF (Guanais, 2013; Silva; Paes, 2019).

Há diferentes mecanismos que podem transmitir o impacto do PBF sobre a mortalidade de crianças pequenas. De forma mais direta, os efeitos sobre mortalidade infantil são explicados especialmente pela redução na mortalidade por desnutrição ou diarreia (Rasella *et al.*, 2013), que são doenças ligadas à pobreza e às condições precárias de saneamento. Não há consenso sobre os efeitos do PBF sobre a completude do esquema vacinal das crianças (Andrade *et al.*, 2012; Kern; Vieira; Freguglia, 2015; Silva *et al.*, 2019; Souza *et al.*, 2021; Shei *et al.*, 2014), porém há evidência de impacto do programa sobre o número de monitoramento de visitas a postos de saúde para monitoramento da saúde e prevenção de doenças de crianças menores de 7 anos de idade (Shei *et al.*, 2014).

Além disso, o PBF também está associado à melhora da saúde das mães, especialmente entre as negras, as que vivem em áreas rurais e entre aquelas que vivem em municípios com menores níveis do Índice de Desenvolvimento Humano (Alves et al., 2023). Adicionalmente, há uma associação entre o PBF e o aumento do número de consultas pré-natais e com a redução de grávidas que não foram a nenhuma consulta pré-natal (Silva; Paes, 2019; Alves *et al.*, 2023; Rasella *et al.*, 2021). Por último, há evidência de que o PBF está associado ao aumento do percentual de partos em hospitais e à redução da mortalidade materna nesses partos (Rasella *et al.*, 2021).

O PBF também tem impactos positivos sobre o consumo alimentar das famílias e o estado nutricional de crianças, embora os efeitos sobre a qualidade do consumo e o estado nutricional de adultos não convirjam para a mesma direção. Estudos encontram uma associação entre o PBF e o aumento do gasto com alimentos e das calorias disponíveis (Duarte; Sampaio; Sampaio, 2018; Martins; Monteiro, 2016), além de aumento do gasto com alimentos *in natura* ou minimamente processados, especialmente na região Nordeste (Martins; Monteiro, 2016; Sperandio *et al.*, 2017), e redução do gasto com alimentos processados ou ultraprocessados (Sperandio *et al.*, 2017). Há evidências, além disso, de associações positivas do PBF com a qualidade da alimentação (Coelho; Melo, 2017; Costa; Braga; Teixeira, 2017).

Em relação às crianças pequenas, um estudo com dados de crianças de menos de 5 anos de idade mostra uma incidência 26% maior de altura normal para a idade entre beneficiários do PBF em comparação a crianças com características semelhantes, proporção que aumenta conforme a idade (41% entre crianças de 3 a 4 anos, 19% entre crianças de 1 a 2 anos, e sem diferença significante entre crianças de menos de 1 ano) (Paes-Souza; Santos; Miazaki, 2011).

No entanto, é possível que a distribuição dos alimentos entre os membros das famílias seja diferenciada. Baptistella (2012) encontra uma associação do PBF com uma probabilidade maior de crianças e adolescentes terem um Índice de Massa Corporal (IMC) normal e com uma probabilidade menor de ser obeso, enquanto o programa e as associações entre os adultos são positivas para a probabilidade de ser obeso e negativa para a probabilidade de ter IMC normal.

3.2 ESTRATÉGIA SAÚDE DA FAMÍLIA

Apesar da permanência de desigualdades de renda, o Brasil foi capaz de efetivar reduções no hiato racial sobre a mortalidade infantil (Paixão; Carvano, 2008; Caldas *et al.*, 2017). Parte importante nessa redução pode ser atribuída à implementação do Sistema Único de Saúde (SUS) e à organização do acesso à Atenção Primária de Saúde (APS), por meio da Estratégia Saúde da Famílias (ESF). A ESF foi criada em 1994 (então como Programa Saúde da Família — PSF) como uma iniciativa para ampliar o acesso à saúde da população, com foco na prevenção de doenças e promoção de saúde na APS, para coordenar o acesso aos níveis de atenção de maior complexidade e para coordenar ações intersetoriais (Paim, 2011; Giovanella; Mendonça, 2012).

A ESF aprofundou a municipalização do sistema de saúde, transferindo aos municípios a responsabilidade de gerir a oferta dos serviços à população e reorganizando o sistema anteriormente centralizado em hospitais públicos para que a APS fosse focada em visitas familiares de equipes multidisciplinares e em Unidades Básicas de Saúde (UBS) (Rocha; Soares, 2010; Giovanella; Mendonça, 2012). Com o reconhecimento da ESF como estratégia estruturante dos sistemas municipais de saúde no final dos anos 1990, a Unidade de Saúde da Família passou a constituir a porta de entrada preferencial do SUS nos municípios e um primeiro nível de atenção, de forma integrada com os níveis de maior complexidade (Giovanella; Mendonça, 2012).

Entre 1996 e 2023, a ESF passou de uma presença em 5% dos municípios brasileiros para quase 100%, atendendo atualmente 156 milhões de pessoas com 49 mil equipes de saúde. Como uma iniciativa de APS com essas dimensões impactou a saúde de crianças negras e brancas?

Em primeiro lugar, há um consenso na literatura de que a ESF reduziu a mortalidade infantil e esse impacto aumentou ao longo dos anos (Bastos *et al.*, 2017; Rocha e Soares, 2010; Bhalotra; Rocha; Soares, 2019; Macinko *et al.*, 2007; Guanais; Macinko, 2009; Aquino; Oliveira; Barreto, 2009; Macinko; Guanais; Souza, 2006; Hone *et al.*, 2023; Hunt; Bhalotra; Williams, 2022). A magnitude do impacto também é bastante relevante. Estudo recente mostra que bebês de mães atendidas pela ESF nos dois primeiros trimestres tiveram um risco 33% menor de óbito do que bebês comparáveis de mães que não tiveram aquele atendimento (Hone *et al.*, 2023).

Além disso, Rocha e Soares (2010) e Bhalotra, Rocha e Soares (2019) estimam que a ESF reduziu em média a taxa de mortalidade infantil nos municípios em, respectivamente, 20% e 24% após oito anos desde o início das operações no município, enquanto a redução da taxa de mortalidade infantil no mundo foi de 49% em 25 anos (Bhalotra; Rocha; Soares, 2019). Esses efeitos também foram mais intensos em municípios com maior densidade de equipes de saúde por população (Macinko *et al.*, 2007; Guanais; Macinko, 2009; Aquino; Oliveira; Barreto, 2009; Macinko; Guanais; Souza, 2006).

A ESF afetou desproporcionalmente mais as mães em famílias de baixa renda (Hone *et al.*, 2023) e os municípios das regiões Norte e Nordeste (Rocha; Soares, 2010; Macinko *et al.*, 2007; Guanais; Macinko, 2009), o que pode ter reduzido a desigualdade entre famílias com maior e menor nível socioeconômico.

A ESF pode ter afetado a mortalidade infantil por meio de efeitos sobre o comportamento das mães e das famílias. Ela aumentou o número de consultas pré-natais, especialmente de mães com menor escolaridade, e de nascimentos em hospitais, reduzindo riscos ligados a complicações na gravidez (Bhalotra; Rocha; Soares, 2019; Hone *et al.*, 2023).

Além disso, a ESF também aumentou a taxa de imunização contra pólio, sarampo e de cobertura da vacina tríplice viral em crianças menores de um ano de idade, e reduziu mortalidade por doenças infecciosas e parasitárias, que incluem as diarreias, além de doenças endócrinas, nutricionais ou metabólicas e doenças respiratórias (Rocha; Soares, 2010; Macinko *et al.*, 2007).

Outro canal de efeitos da ESF é a melhora do estado de saúde dos adultos, especialmente das mães. A ESF reduz fortemente a mortalidade materna e de mulheres em idade reprodutiva nos municípios (em respectivamente 53,1% e 41,2%, após 8 anos desde a entrada no município) (Bhalotra; Rocha; Soares, 2019).

3.3 ACESSO À EDUCAÇÃO INFANTIL

Frequentar a educação infantil pode gerar efeitos positivos sobre as habilidades cognitivas e aprendizado e também sobre a renda na fase adulta. Estudos internacionais encontram associações positivas entre frequentar a pré-escola e o desempenho em exames cognitivos (Bassok, 2010; Ansari, 2018; Bassok; Gibbs; Lathan, 2020; Atteberry, Bassok; Wong, 2019; Gormley Jr.; Phillips, 2005), porém mostram uma relação negativa com habilidades socioemocionais, especialmente entre crianças que passavam muitas horas semanais na pré-escola (Ansari, 2018; Bassok; Gibbs; Lathan, 2020).

Na maioria dos estudos, os efeitos são avaliados na entrada do ensino obrigatório (*kindergarten*), e um deles avalia associações de longo prazo até o início da adolescência. Além disso, há evidências de que os efeitos são mais intensos entre crianças negras (Bassok, 2010; Gormley Jr.; Phillips, 2005; Bassok; Gibbs; Lathan, 2020).

No Brasil, estudos indicam que frequentar a pré-escola está associado a melhor desempenho em exames cognitivos ao longo do ensino fundamental e, no Programa Internacional de Avaliação de Estudantes (*Programme for International Student Assessment* – Pisa), a maior número de anos de escolaridade e renda (Silva Júnior;

Gonçalves, 2016; Markus; Oliveira; Nishimura, 2020; Irffi; Pereira, 2022; Campos *et al.*, 2011; Curi; Menezes Filho, 2009).

Além disso, a frequência na educação infantil causa realocações de tempo no domicílio. Entre as mães que não moram com outras crianças e parentes, a entrada do filho na pré-escola aumenta as horas de trabalho e a probabilidade de começar um trabalho formal e reduz o tempo gasto com tarefas domésticas (Ryu, 2019).

No entanto, não há efeitos sobre mães morando com outras crianças ou parentes. Outro estudo estima que a entrada de uma criança na pré-escola aumenta as horas trabalhadas pelas mães e aumenta o tempo dos irmãos mais velhos em tarefas domésticas em famílias de baixa renda (sem aumentar as horas trabalhadas por esses irmãos mais velhos) (Reyna; Silva, 2021).

Além disso, Attanasio *et al.* (2022) investiga os efeitos de curto e longo prazo de frequentar a creche utilizando um experimento natural devido ao sorteio das vagas em creches públicas na cidade do Rio de Janeiro. Os autores estimam que frequentar a creche aumenta as medidas antropométricas das crianças, devido à melhora no consumo alimentar no domicílio e na escola, e melhora o desenvolvimento cognitivo quatro anos após a entrada na creche, porém esses ganhos não são observados posteriormente.

Apesar de não haver evidência sistemática na literatura sobre efeitos que poderiam reduzir a desigualdade racial em relação ao aprendizado na escola no Brasil, o acesso à escola é menor entre as crianças negras de até 4 anos de idade, então é possível que elas aproveitem menos os efeitos positivos da educação infantil.

3.4 INTERVENÇÕES SOBRE O AMBIENTE FAMILIAR E O CUIDADO DAS CRIANÇAS

É importante ressaltar que intervenções sobre o ambiente familiar e o cuidado das crianças podem ser soluções que melhoram o desenvolvimento infantil. Os efeitos da pobreza sobre o desenvolvimento infantil são mediados por experiências estressantes e pelos cuidados dos pais ou cuidadores, de forma que intervenções que ajam no sentido de melhorar a qualidade desses cuidados podem gerar efeitos positivos sobre o desenvolvimento (Black *et al.*, 2023).

O programa *Reach Up Early Childhood Parenting Program* (também conhecido como *Reach Up*) influenciou vários programas de desenvolvimento na primeira infância de países de média e baixa renda (como Colômbia, Índia, Bangladesh e China). O *Reach Up* enfatiza o ambiente estável que provê proteção contra riscos e procura construir relações positivas entre pais e bebês e reforçar as habilidades parentais mediante visitas domiciliares por entre 9 meses e 2 anos (Black *et al.*, 2023; Attanasio; Cattan; Meghir, 2022). Intervenções como essa têm duas vantagens: são programas comparativamente baratos e podem ser implementados por equipes locais não especialistas, o que é importante para as possibilidades de escalar a intervenção e para sua implementação em contextos de vulnerabilidade (Attanasio; Cattan; Meghir, 2022).

Intervenções assim encontram efeitos positivos nas habilidades cognitivas, embora com heterogeneidade entre países (Attanasio; Cattan; Meghir, 2022). Um estudo mais recente encontra efeitos positivos de um programa de estimulação na primeira infância, baseada no currículo do programa *Reach Up*, tanto em visitas domiciliares individuais quanto em sessões em grupo, entre crianças menores de 3 anos de idade na Índia (Meghir *et al.*, 2023). Os autores encontraram efeitos como aumento do QI das crianças e de suas capacidades em relação à sua adequação para frequentar a escola, e esses resultados foram sustentados um ano e meio depois do término da intervenção.

No Brasil, em 2016, foi implementado o primeiro programa de visitação domiciliar com abrangência nacional para a promoção do desenvolvimento infantil, o Programa Criança Feliz (PCF).[11] Em resposta ao Marco Legal da Primeira Infância,[12] o PCF foi estruturado pelo então Ministério do Desenvolvimento Social e Agrário por meio do Sistema Unificado de Assistência Social (SUAS) e teve uma expansão rápida, chegando a abranger 863 mil crianças em 2020 e 1,4 milhão de crianças em 2022 (Bucchini, Venâncio; Pérez-Escamilla, 2021; Santos *et al.*, 2022).

O PCF funciona com visitas estruturadas a domicílios de famílias vulneráveis usando uma abordagem para melhorar as habilidades de parentalidade de mulheres grávidas, de cuidadores de crianças menores de 3 anos e de crianças menores de 5 anos com deficiências, baseado no programa *Care for Child Development* da Organização Mundial de Saúde (OMS) e do Fundo das Nações Unidas para a Infância (Unicef). Além disso, o PCF realiza ações intersetoriais para reforçar políticas intersetoriais e melhorar os laços de famílias e comunidades locais (Bicchini; Venâncio; Pérez-Escamilla, 2021).

Os estudos de avaliação do PCF chegam a resultados mistos, ressaltando problemas na implementação do programa. Santos *et al.* (2022) não encontram efeitos sobre o desenvolvimento infantil, utilizando uma série de metodologias, nem sobre práticas parentais de estimulação e interações responsivas ou sobre características psicológicas das crianças. Os autores descrevem importantes problemas de implementação que podem ter afetado a entrega efetiva do programa à população e a avaliação.

Em primeiro lugar, o PCF teve as visitas interrompidas durante 12 meses, devido à pandemia da Covid-19 e se verificou baixa cobertura no grupo tratado e a contaminação no grupo de controle. Outros aspectos, como alta rotatividade das equipes, seleção e treinamento inadequados dos visitadores, baixos salários, falta de

◇◇◇◇◇◇

11. Instituído pelo Decreto nº 8.869 de 5 de outubro de 2016.
12. Lei nº 13.257 de março de 2016.

supervisão de campo e baixa qualidade das visitas em alguns municípios também podem ter atrapalhado a entrega adequada do programa. Apesar dessas dificuldades, Lazaretti e Becker (2022) encontram efeitos do PCF no sentido de reduzir óbitos maternos e melhorar o estado nutricional de crianças pequenas.

4 CONCLUSÕES

Disparidades socioeconômicas na primeira infância são de especial relevância para políticas públicas em países de média e baixa renda, onde no geral há proporções significativas de famílias em situação de pobreza. Crianças pequenas que vivem em meio a adversidades e fatores de risco para o desenvolvimento, que normalmente são associados à condição de pobreza, podem não atingir seu potencial de desenvolvimento, sendo sujeitas a impactos negativos sobre o aprendizado na escola e a renda na fase adulta. Essas diferenças podem ser transmitidas à geração seguinte. No Brasil, esse mecanismo age para a conservar o legado da estratificação socioeconômica racial herdada por instituições coloniais, nas quais as desigualdades raciais ocupam papel central.

Neste artigo, examinamos dados sobre condições relacionadas ao desenvolvimento infantil e verificamos que há diferenças expressivas entre grupos raciais. A mortalidade infantil ainda é maior entre as crianças negras, apesar de uma importante redução nas taxas de crianças brancas e negras depois da implementação do SUS. Além disso, percentuais maiores de crianças de famílias negras ou indígenas se encontram em situação de pobreza extrema (6%, em contraste com 3% entre as crianças de famílias brancas ou amarelas), uma lacuna persistente e que parece aumentar em contextos de recessão econômica.

Além disso, dessas crianças, atualmente quase 30% não recebem nenhuma transferência de renda do governo federal e pouco mais de 20% não estão cadastradas na principal porta de entrada para o sistema público de saúde, a Estratégia Saúde da Família (ESF). As famílias negras ou indígenas com crianças pequenas também possuem renda sistematicamente menor do que as famílias brancas e amarelas, e os indicadores relacionados ao mercado de trabalho (taxas de inatividade e de desemprego) também são maiores e essas diferenças aumentaram mais durante os períodos mais recentes de recessão econômica.

Os bebês de famílias negras ou indígenas também têm menos acesso a serviços de saúde importantes. Proporções menores deles têm a Caderneta da Criança e fazem todos os exames de triagem neonatal para detectar doenças que podem se tornar condições sérias no futuro (59%, em comparação com 76% de bebês de famílias brancas ou amarelas). As mães de famílias negras ou indígenas acessam mais o SUS do que as mães de famílias brancas ou amarelas, possivelmente porque a renda delas é em média menor.

Apesar de a educação infantil estar associada a um melhor aprendizado em fases mais avançadas na escola, as crianças de até 4 anos de idade de famílias negras ou indígenas frequentam proporcionalmente menos escolas ou creches, e as diferenças com as crianças brancas ou amarelas parecem estar relacionadas a restrições de oferta nas localidades onde aquelas famílias vivem. Apesar disso, as diferenças entre as crianças maiores, de 5 a 6 anos, vêm diminuindo ao longo dos anos e atualmente são muito pequenas.

Desigualdades como essas podem gerar diferenças em relação ao desenvolvimento infantil. Apesar disso, intervenções durante a primeira infância para estimular o desenvolvimento podem minimizar os efeitos dos fatores de risco e reduzir os déficits. Desenvolver plenamente a criança depende de fatores diversos, como um ambiente familiar estimulante e seguro, com cuidadores responsivos e oportunidades de aprendizado, alimentação suficiente e diversa, e acesso a cuidados de saúde. Algumas dessas dimensões podem ser influenciadas por políticas públicas (Black *et al.*, 2017).

Existem evidências do potencial de medidas incidentes na primeira infância na redução das desigualdades raciais. O Programa Bolsa Família (PBF), de transferência de renda focalizada nas famílias mais pobres, e a ESF, que também concentra a atuação das equipes nas famílias mais vulneráveis, contribuíram para reduzir a mortalidade infantil desproporcionalmente mais entre as mães negras e nas regiões mais pobres.

Isso ocorreu com ambas as políticas, especialmente houve aumento do acesso a cuidados preventivos e dos serviços de promoção à saúde das mães e dos bebês. O PBF ainda aumenta a renda das famílias pobres, impactando positivamente o consumo e o estado nutricional de crianças e adolescentes.

Além disso, políticas de universalização da educação infantil podem diminuir as diferenças nos desfechos entre grupos raciais, ao atingir a população mais vulnerável de um país com grandes desigualdades raciais. Intervenções sobre as habilidades parentais de cuidadores em países de média e baixa renda também têm obtido resultados positivos sobre habilidades cognitivas, de forma relativamente barata e escalável.

No entanto, ainda persistem diferenças significativas e muitos desafios a serem enfrentados. As evidências indicam que esse caminho percorre a melhoria de qualidade dos serviços públicos, envolvendo tanto o aperfeiçoamento de programas vigentes quanto a criação de novas medidas.

O investimento para a superação dos déficits de desenvolvimento infantil tem maior retorno durante a primeira infância, e o custo de não tomar nenhuma ação para corrigir aqueles déficits é de aproximadamente 20% da renda das crianças na fase adulta (Grantham-McGregor *et al.*, 2007).

Há um duplo apelo para redução das desigualdades na primeira infância, tanto porque é a coisa certa a se fazer quanto porque é pragmático, uma vez que a perda da geração de riqueza no futuro afeta toda a sociedade. O investimento no combate à desigualdade racial terá grandes retornos — não apenas na vida dos que se beneficiariam hoje, mas também na sociedade que queremos ter no futuro.

REFERÊNCIAS BIBLIOGRÁFICAS

ABOUD, F. E.; YOUSAFZAI, A. K. Global health and development in early childhood. **Annual Review of Psychology**, v. 66, p. 433–457, 2015.

ALVES, M. T. G.; FERRÃO, M. E. Uma década de prova brasil: evolução do desempenho e da aprovação. **Estudos em Avaliação Educacional**, v. 30, n. 75, p. 688-720, 2019.

ALVES, F. J. O. *et al* Association of conditional cash transfers with maternal mortality using the 100 million brazilian cohort. **Jama Network Open**, v. 6, n. 2, e230070, 2023.

ANDRADE, M. V. *et al.* Income transfer policies and the impacts on the immunization of children: the Bolsa Família Program — Programas de transferência de renda e impactos na imunização das crianças: o Programa Bolsa Família. **Cadernos de Saúde Pública**, v. 28, n. 7, p. 1347-1358, 2012. Disponível em: http://www.scielosp.org/pdf/csp/v28n7/13.pdf.

ANSARI, A. The persistence of preschool effects from early childhood through adolescence. **Journal of Educational Psychology**, v. 110, n. 7, p. 952-973, 2018.

AQUINO, R.; OLIVEIRA, N. F. de; BARRETO, M. L. Impact of the family health program on infant mortality in brazilian municipalities. **American Journal of Public Health**, v. 99, n. 1, p. 87-93, 2009.

ATTANASIO, O. *et al.* Public childcare, labor market outcomes of caregivers, and child development: experimental evidence from Brazil. National Bureau of Economic Research, **NBER Working Paper Series**, n. 30653, 2022.

ATTANASIO, O.; CATTAN, S.; MEGHIR, C. Early childhood development, human capital, and poverty. **Annual Review of Economics**, v. 14, p. 853-892, 2022.

ATTEBERRY, A.; BASSOK, D.; WONG, V. C. The effects of full-day prekindergarten: experimental evidence of impacts on children's school readiness. **Educational Evaluation and Policy Analysis**, v. 41, n. 4, p. 537-562, 2019.

Banco Mundial. **World Development Indicators**. 2023. Disponível em: https://databank.worldbank.org/source/world-development-indicators.

BASSOK, D. Do black and hispanic children benefit more from preschool? Understanding differences in preschool effects across racial groups. **Child development**, v. 81, n. 6, p. 1828-1845, 2010.

BASSOK, D.; GIBBS, C. R.; LATHAM, S. Preschool and Children's Outcomes in Elementary School: Have Patterns Changed Nationwide Between 1998 and 2010? **Child Development**, v. 90, n. 6, p. 1875-1897, 2019.

BASTOS, M. L. *et al.* The impact of the brazilian family health on selected primary care sensitive conditions: a systematic review. **PLOS ONE**, v. 12, n. 8, e0182336, 2017.

BHALOTRA, S. R.; ROCHA, R.; SOARES, R. R. Does universalization of health work? Evidence from health systems restructuring and maternal and child health in Brazil. **Lacea Working Paper Series**, n. 22, 2019.

BAPTISTELLA, J. C. F. Avaliação de programas sociais: uma análise do impacto do Programa Bolsa Família sobre o consumo de alimentos e status nutricional das famílias. **Revista Brasileira de Monitoramento e Avaliação**, v. 3, p. 26-53, 2012. DOI: https://doi.org/10.4322/rbma201203003.

BLACK, M. *et al.* Early childhood coming of age: science through the life course. **The Lancet**, v. 389, p. 77-90, 2017.

Brasil. **VIS Data**. Base de dados online, 2022.

BUCCINI, G.; VENANCIO, S. I.; PÉREZ-ESCAMILLA, R. Scaling up of Brazil's Criança Feliz early childhood development program: an implementation science analysis. **Annals of the New York Academy of Sciences**, v. 1497, p. 57-73, 2021.

CALDAS, A. D. R. *et al.* Mortalidade infantil segundo cor ou raça com base no Censo Demográfico de 2010 e nos sistemas nacionais de informação em saúde no Brasil. **Cadernos de Saúde Pública**, v. 33, n. 7, e00046516, 2017.

CAMPOS, M. M. *et al.* A contribuição da educação infantil de qualidade e seus impactos no início do ensino fundamental. **Educação e Pesquisa**, v. 27, n. 1, p. 15-33, 2011.

CARVALHAES, F.; SENKEVICS, A. S.; RIBEIRO, C. A. C. **A interseção entre renda, raça e desempenho acadêmico no acesso ao ensino superior brasileiro**. 2022.

COELHO, P. L.; MELO, A. S. S. D. A. The impact of the "Bolsa família" program on household diet quality, Pernambuco state, Brazil. **Ciência e Saúde Coletiva**, v. 22, n. 2, p. 393-402, 2017. DOI: https://doi.org/10.1590/1413-81232017222.13622015.

COSTA, J. S.; BARBOSA, A. L. N. de H.; HECKSHER, M. **Desigualdades no mercado de trabalho e pandemia da Covid-19**. Texto para Discussão, n. 2684, Instituto de Pesquisa Econômica Aplicada (IPEA), Brasília, 2021. DOI: https://doi.org/10.38116/td2684.

COSTA, L. V.; BRAGA, M. J.; TEIXEIRA, E. C. Impactos do Programa Bolsa Família sobre o consumo de nutrientes das famílias beneficiárias. **Ensaios FEE**, v. 37, n. 4, p. 947-974, 2017.

CURI, A.; MENEZES FILHO, N. A. A relação entre educação pré-primária, salários, escolaridade e proficiência escolar no brasil. **Estudos Econômicos**, v. 39, n. 4, p. 811-850, 2009.

DENES, G.; KOMATSU, B. K.; MENEZES FILHO, N. A. Uma avaliação dos impactos macroeconômicos e sociais de programas de transferência de renda nos municípios Brasileiros. **Revista Brasileira de Economia**, v. 72, n. 3, p. 292-312, 2018. DOI: https://doi.org/10.5935/0034-7140.20180014.

DUARTE, G. B.; SAMPAIO, B.; SAMPAIO, Y. Programa Bolsa Família: impacto das transferências sobre os gastos com alimentos em famílias rurais. **Revista de Economia e Sociologia Rural**, v. 47, n. 4, p. 903-918, 2009.

ENGLE, P. L. *et al.* Strategies for reducing inequalities and improving developmental outcomes for young children in low-income and middle-income countries. **The Lancet**, v. 378, n. 9799, p. 1339-1353, 2011.

FGV Social (s.d.). **FGV Social comenta os cortes no Bolsa Família e o aumento da extrema pobreza no Brasil**. Disponível em: https://cps.fgv.br/bf2020 .

FRYER JR., R. G.; LEVITT, S. D. Understanding the black-white test score gap in the first two years of school. **Review of Economics and Statistics**, v. 86, n. 2, p. 447-464, 2004.

FRYER JR., R. G. Racial inequality in the 21st century: The declining significance of discrimination. *In*: CARD, D.; ASHENFELTER, O. **Handbook of labor economics**. Elsevier: v. 4, p. 855-971, 2011.

GIOVANELLA, L.; MENDONÇA, M. H. M. D. Atenção primária à saúde. *In:* GIOVANELLA, L. *et al.* (ed.). **Políticas e sistema de saúde no Brasil**. 2. ed. Rio de Janeiro: Editora Fiocruz, p. 493-545, 2012.

GUANAIS, F. C. The combined effects of the expansion of primary health care and conditional cash transfers on infant mortality in Brazil, 1998–2010. **American Journal of Public Health**, v. 105, n. S4, p. S593-S599, 2015.

GUANAIS, F. C.; MACINKO, J. The health effects of decentralizing primary care in Brazil. **Health Affairs**, v. 28, n. 4, p. 1127-1135, 2009.

GORMLEY JR. *et tal.* The effects of universal pre-K on cognitive development. **Developmental Psychology**, v. 41, n. 6, p. 872-884, 2005.

GLEWWE, P.; KASSOUF, A. L. The impact of the Bolsa Escola/Família conditional cash transfer program on enrollment, dropout rates and grade promotion in Brazil. **Journal of Development Economics**, v. 97, p. 505-517, 2012.

GRANTHAM-MCGREGOR, S. *et al.* The international child development steering group. Developmental potential in the first 5 years for children in developing countries. **The Lancet**, v. 369, n. 9555, p. 60-70, 2007.

HECKMAN, J. J. Skill formation and the economics of investing in disadvantaged children. **Science**, v. 312, n. 5782, p. 1900-1902, 2006.

HECKMAN, J. J.; STIXRUD, J.; URZUA, S. The effects of cognitive and noncognitive abilities on labor market outcomes and social behavior. **Journal of Labor economics**, v. 24, n. 3, p. 411-482, 2006.

HINOJOSA, R. *et al.* Barriers to college success among students that experienced adverse childhood events. **Journal of American College Health**, v. 67, n. 6, p. 531-540, 2019.

HONE, T. *et al.* Associations between primary healthcare and infant health outcomes: a cohort analysis of low-income mothers in Rio de Janeiro, Brazil. **The Lancet Regional Health - Americas**, v. 22, p. 100519, 2023.

Instituto Brasileiro de Geografia e Estatística (IBGE). **Síntese de Indicadores Sociais: uma análise das condições de vida da população brasileira**. Rio de Janeiro, RJ: IBGE, Coordenação de População e Indicadores Sociais, 2018.

IRFFI, G.; PEREIRA, M. A. F. **O impacto da educação infantil sobre o desempenho dos alunos brasileiros no Pisa**. 50° Encontro Nacional de Economia, Fortaleza-CE, 2022.

KERN, A. P.; VIEIRA, M. de T.; FREGUGLIA, R. da S. **Impactos do Programa Bolsa Família na educação das crianças**. 45° Encontro Nacional de Economia, Natal-RN, 2017.

KNUDSEN, E. I. Sensitive periods in the development of the brain and behavior. **Journal of Cognitive Neuroscience**, v. 16, n. 8, p. 1412-25, 2004.

KNUDSEN, E. I. *et al.* Economic, neurobiological, and behavioral perspectives on building America's future workforce. **Proceedings of the national Academy of Sciences**, v. 103, n. 27, p. 10155-10162, 2006.

KUHFELD, M.; CONDRON, D. J.; DOWNEY, D. B. When Does Inequality Grow? A Seasonal Analysis of Racial/Ethnic Disparities in Learning from Kindergarten Through Eighth Grade. **Educational Researcher**, v. 50, n. 4, p. 225-238, 2020.

LAZARETTI, L. R.; BECKER, K. L. **O Programa Criança Feliz: uma avaliação do impacto sobre a mortalidade infantil e a nutrição materna e infantil.** 50° Encontro Nacional de Economia, Fortaleza-CE, 2022.

LITTLE, M. T. *et al.* Effectiveness of cash-plus programmes on early childhood outcomes compared to cash transfers alone: A systematic review and meta-analysis in low and middle-income countries. **PLOS Medicine**, v. 18, n. 9, e1003698, 2021. DOI: https://doi.org/10.1371/journal.pmed.1003698

LURIE, L. A. *et al.* Mechanisms linking socioeconomic status and academic achievement in early childhood: Cognitive stimulation and language. **Cognitive Development**, v. 58, 101045, 2021.

LU, C.; BLACK, M. M.; RICHTER, L. M. Risk of poor development in young children in low-income and middle-income countries: an estimation and analysis at the global, regional, and country level. **The Lancet Global Health**, v. 4, n.12, e916-e922, 2016.

MACINKO, J. *et al.* Going to scale with community-based primary care: an analysis of the family health program and infant mortality in Brazil, 1999-2004. **Social Science & Medicine**, v. 65, n. 10, p. 2070-2080, 2007.

MACINKO, J.; GUANAIS, F. C.; SOUZA, M. de F. M. de. Evaluation of the impact of the family health program on infant mortality in Brazil, 1990-2002. **Journal of Epidemiology & Community Health**, v. 60, n. 1, p. 13-19, 2006.

MARKUS, N. de P.; OLIVEIRA, F. R.; NISHIMURA, F. N. **Efeito da educação pré-primária no desempenho escolar**. 48º Encontro Nacional de Economia, 2020.

MARTINS, A. P. B.; MONTEIRO, C. A. Impact of the Bolsa Família program on food availability of low-income brazilian families: A quasi experimental study. **BMC Public Health**, v. 16, n. 1, p. 1-11, 2016. DOI: https://doi.org/10.1186/s12889-016-3486-y.

NEVES, J. A. *et al.* The brazilian cash transfer program (Bolsa Família): A tool for reducing inequalities and achieving social rights in Brazil. **Global Public Health**, v. 17, n. 1, p. 26-42, 2020. DOI: https://doi.org/10.1080/17441692.2020.1850828.

OLIVEIRA, J. E. *et al.* Resultados perinatais e do primeiro ano de vida segundo cor da pele materna: estudo de coorte. **Revista da Escola de Enfermagem da USP**, v. 53, e03480, 2019. DOI: http://dx.doi.org/10.1590/S1980-220X2018003903480.

PAES-SOUSA, R.; SANTOS, L. M. P.; MIAZAKI, E. S. Effects of a conditional cash transfer programme on child nutrition in Brazil. **Bull World Health Organization**, v. 89, n. 7, p. 496-503, 2011. DOI: http://dx.doi.org/10.2471/BLT.10.084202.

PAIM, J. *et al.* The Brazilian health system: history, advances, and challenges. **The Lancet**, v. 377, n. 9779, p. 1778-1797, 2011.

PAIXÃO, M.; CARVANO, L. M. **Relatório Anual das Desigualdades Raciais no Brasil: 2007-2008**. Rio de Janeiro: Garamond Universitária, 2008.

RAMOS, D. *et al.* Conditional cash transfer program and child mortality: A cross-sectional analysis nested within the 100 million brazilian cohort. **PLOS Medicine**, v. 18, n. 9, e1003509, 2021. DOI: https://doi.org/10.1371/journal.pmed.1003509.

RASELLA, D. *et al.* Long-term impact of a conditional cash transfer programme on maternal mortality: a nationwide analysis of Brazilian longitudinal data. **BMC Medicine**, v. 19, 2021. DOI: https://doi.org/10.1186/s12916-021-01994-7.

RASELLA, D. *et al.* Effect of a conditional cash transfer programme on childhood mortality: A nationwide analysis of Brazilian municipalities. **The Lancet**, v. 382, n. 9886, p. 57-64, 2013. DOI: https://doi.org/10.1016/S0140-6736(13)60715-1.

REYNA, E. F.; SILVA, M. da C. School attendance and intra-household time allocation: evidence from Brazil. **Brazilian Review of Econometrics**, v. 41, n. 2, e0520212, 2021.

ROCHA, S.; FRANCO, S. **Parâmetros e resultados da PNAD 2014**. Planilha do Excel. Rio de Janeiro: Iets, 2015. Disponível em: https://www.iets.org.br/spip.php?article406.

ROCHA, R.; SOARES, R. R. Evaluating the impact of community-based health interventions: evidence from Brazil's Family Health Program. **Health Economics**, v. 19, n. S1, p. 126-158, 2010.

RYU, H. The Effect of Compulsory Preschool Education on Maternal Labour Sup.p.ly. **The Journal of Development Studies**, v. 56, n. 7, p. 1384–1407, 2020. DOI: https://doi.org/10.1080/00220388.2019.1677890.

SANTOS, I. S. *et al.* Avaliação do Programa Criança Feliz: um estudo randomizado em 30 municípios brasileiros. **Ciência & Saúde**, v. 27, n. 12, p. 4341-4363, 2022.

SHEI, A. Brazil's conditional cash transfer program associated with declines in infant mortality rates. **Health Affairs**, v. 32, n. 7, p. 1274-1281, 2013. DOI: https://doi.org/10.1377/hlthaff.2012.0827

SHEI, A. *et al.* The impact of Brazil's Bolsa Família conditional cash transfer program on children's health care utilization and health outcomes. **BMC International Health and Human Rights**, v. 14, n. 10, 2014.

SHONKOFF, J. P.; GARNER, A. S. The lifelong effects of early childhood adversity and toxic stress. **Pediatrics**, v. 129, e232-46, 2012.

SHONKOFF, J. P.; SLOPEN, N.; WILLIAMS, D. R. Early childhood adversity, toxic stress, and the impacts of racism on the foundations of health. **Annual Review of Public Health**, v. 41, p. 115-134, 2021.

SILVA, E. S. de A. da; PAES, N. A. Programa Bolsa Família e a redução da mortalidade infantil nos municípios do semiárido brasileiro. **Ciência e Saúde Coletiva**, v. 24, n. 2, p. 623-630, 2019. DOI: https://doi.org/10.1590/1413-81232018242.04782017.

SILVA, E. S. de A. da; PAES, N. A.; SILVA, C. C. da. Efeitos dos programas governamentais e da fecundidade sobre a mortalidade infantil do semiárido brasileiro. **Saúde em Debate**, v. 42, n. 116, 138-147, 2018. DOI: https://doi.org/10.1590/0103-1104201811611.

SILVA, F. de S. *et al.* Bolsa Família program and incomplete childhood vaccination in two Brazilian cohorts. **Revista De Saúde Pública**, v. 54, n. 98, 2020. DOI: https://doi.org/10.11606/s1518-8787.2020054001774.

SILVA JR., W. S. da; GONÇALVES, F. de O. Evidências da relação entre a frequência no ensino infantil e o desempenho dos alunos do ensino fundamental público no Brasil. **Revista Brasileira de Estudos Populacionais**, v. 33, n. 2, p. 283-301, 2016.

SOARES, J. F.; ALVES, M. T. G.; FONSECA, J. A. Trajetórias educacionais como evidência da qualidade da educação básica brasileira. **Revista Brasileira de Estudos Populacionais**, v. 38, 2021. DOI: http://dx.doi.org/10.20947/S0102-3098a0167.

SOUZA, A. P. **Políticas de Distribuições de Renda no Brasil e o Bolsa Família**. C-Micro Series 1/2011, 2011.

SOUZA, A. A. *et al.* Combined effects of conditional cash transfer program and environmental health interventions on diarrhea and malnutrition morbidity in children less than five years of age in Brazil, 2006–2016. **PLOS ONE**, v. 16, n. 3, e0248676, 2021. DOI: https://doi.org/10.1371/journal.pone.0248676.

SPERANDIO, N. *et al.* Impacto do Programa Bolsa Família no consumo de alimentos: estudo comparativo das regiões sudeste e nordeste do Brasil. **Ciência e Saúde Coletiva**, v. 22, n. 6, p. 1771-1780, 2017. DOI: https://doi.org/10.1590/1413-81232017226.25852016.

TAVARES, P. *et al.* Uma avaliação do Programa Bolsa Família: focalização e impacto na distribuição de renda e pobreza. **Pesquisa e Planejamento Econômico**, v. 39, n. 1, p. 25-58, 2009.

WALKER, S. P. *et al.* Inequality in early childhood: risk and protective factors for early child development. **The Lancet**, v. 378, n. 9799, p. 1325-1338, 2011.

CAPÍTULO 10

POLÍTICAS DE AÇÃO AFIRMATIVA NO ENSINO SUPERIOR BRASILEIRO

FERNANDA ESTEVAN[1] E
URSULA MELLO[2]

A desigualdade social tem sido um tema central no debate público tanto nos países desenvolvidos quanto nos países em desenvolvimento. À evidência de que fatores socioeconômicos são importantes determinantes do bem-estar individual se soma a percepção de que indivíduos enfrentam condições iniciais muito diferentes, o que limita as escolhas que podem fazer ao longo da vida. Essa constatação não só tem levado a questionamentos em relação à eficiência e à equidade associadas a mecanismos de seleção baseados em mérito, mas também tem gerado demandas sociais de políticas públicas que compensem parte dessas diferenças iniciais.

O sistema educativo é um componente essencial desse debate. O nível de educação de um indivíduo é um determinante importante de sua renda futura, além de afetar diretamente seu nível

1. Escola de Economia de São Paulo FGV: Rua Itapeva, 474, São Paulo/SP, Brasil
e-mail: fernanda.estevan@fgv.br.
2. Insper, IAE-CSIC e IZA: Rua Quatá, 300, Vila Olímpia, São Paulo/SP, Brasil
e-mail: ursula.mello@insper.edu.br

de bem-estar (Haveman; Wolfe, 1984). Portanto, o acesso mais ou menos igualitário à educação tem um impacto significativo no nível de desigualdade social de um país.

Além disso, o acesso à educação é determinado pelas condições iniciais de vida de um indivíduo (Heckman, 2000). Mesmo se nos limitarmos ao sistema de educação formal, as oportunidades futuras de educação são muito dependentes das oportunidades obtidas e das escolhas realizadas em estágios precedentes do sistema de ensino.

O ensino superior ilustra claramente todos esses aspectos. Tipicamente, um indivíduo com diploma universitário recebe maiores salários e tem melhores condições de trabalho do que indivíduos com menos anos de escolaridade (Card, 1999). Ao mesmo tempo, o acesso à universidade depende muito da qualidade de educação primária e secundária recebida, além de diversas outras condições iniciais relacionadas ao contexto familiar (Black; Sufi, 2002; Chetty; Hendren, 2018).

Por essas razões, mesmo sistemas de seleção à universidade impessoais e supostamente meritocráticos são passíveis de questionamento em relação a sua eficiência e equidade. Podemos assumir, por exemplo, que um mecanismo de seleção eficiente deveria selecionar os indivíduos mais aptos a se beneficiarem do ensino superior.

Nesse caso, sistemas de seleção baseados em testes de conhecimento, como o vestibular no Brasil, podem fornecer sinais bastante imperfeitos do nível de habilidade individual, já que alguns indivíduos aptos que não obtiveram educação formal de qualidade podem não ser selecionados. Como deficiências na educação tipicamente resultam de um conjunto de escolhas disponíveis mais restrito desde a infância e dificilmente são de responsabilidade individual, principalmente tratando-se de crianças e adolescentes, esses mecanismos de seleção ao ensino superior podem também ser considerados injustos.

Esse argumento é reforçado no caso de sistemas de ensino superior financiados por recursos públicos, mas dificilmente acessíveis às camadas mais pobres da população e aos pretos, pardos e indígenas, como historicamente foi o caso das universidades públicas no Brasil.

Esses foram alguns dos argumentos que motivaram a introdução de programas de ação afirmativa nos vestibulares de diversas universidades públicas brasileiras nos últimos 20 anos.[3] Também conhecidos como políticas de discriminação positiva, esses programas visam compensar (parcialmente) desvantagens enfrentadas por alguns grupos no acesso ao ensino superior.[4]

No Brasil, as políticas de ação afirmativa incluem as cotas raciais, mas também programas baseados em outros critérios socioeconômicos que podem incluir ou não a dimensão racial. Os principais beneficiários dessas políticas têm sido os candidatos que estudaram em escolas públicas, o que pode ser considerado como uma medida aproximada de nível socioeconômico desfavorável, e os pretos, pardos e indígenas, que historicamente estiveram pouco representados no ensino superior.[5]

O mecanismo utilizado por todos esses programas tem sido o de estabelecer critérios de admissão menos exigentes para indivíduos pertencentes a grupos sub-representados na universidade, isto é, candidatos oriundos da escola pública e pretos, pardos e indígenas. No Brasil, a maioria dos programas implementados estabelece cotas para os beneficiários, que passam a competir apenas

◇◇◇◇◇◇

3. Outro argumento frequentemente utilizado, principalmente no caso de cotas raciais, é a reparação por fatores históricos que levaram pretos e pardos a serem prejudicados em diversas dimensões ao longo do tempo. Utilizando uma abordagem sociológica, Racusen (2009) apresenta uma discussão detalhada sobre raça e o uso de políticas de ação afirmativa no Brasil.
4. Fryer e Loury (2005) discutem aspectos do debate sobre ação afirmativa nos Estados Unidos que também são relevantes para o Brasil.
5. Historicamente, esse tipo de política foi implementado nos Estados Unidos na educação e no mercado de trabalho, e direcionada aos negros. Holzer e Neumark (2000) e Arcidiacono et al. (2015) apresentam revisões da literatura de ação afirmativa nos Estados Unidos.

entre si pelas vagas reservadas pelas cotas. Esse foi o modelo adotado pela maioria das universidades federais e formalizado pela Lei das Cotas em 2012. Outros programas, como o implementado pela USP e Unicamp, estabeleceram bônus para os candidatos membros do grupo alvo da política.

Na seção 2, iniciamos com um breve histórico das políticas de ação afirmativa implementadas no Brasil. Na seção 3, discutimos a literatura acadêmica que foca os efeitos diretos de curto prazo tanto em termos de acesso à universidade como composição dos cursos. Nas seções 4 e 5, discutimos os efeitos indiretos de curto prazo em termos de esforço dos candidatos e escolha de curso, respectivamente. A seção 6 foca os efeitos das políticas sobre o desempenho acadêmico e a seção 7 discute as evidências de longo prazo, principalmente relacionadas ao impacto nas perspectivas de mercado de trabalho dos beneficiários e não beneficiários dessas políticas. Na seção 8, discutimos efeitos em termos de bem-estar e, na seção 9, possíveis efeitos inesperados oriundos das ações afirmativas. A conclusão é apresentada na seção 10.

1 BREVE HISTÓRICO DA AÇÃO AFIRMATIVA NO ENSINO SUPERIOR NO BRASIL

Desde o início dos anos 2000, diversas modalidades de ação afirmativa foram implementadas no ensino superior público brasileiro. Universidades estaduais de alguns estados foram pioneiras na implementação de políticas de ação afirmativa no processo de admissão. Inicialmente, o modelo adotado foi o de cotas, tanto raciais quanto sociais (ou combinações dos dois tipos), mas programas de bônus começaram a ser utilizados a partir de 2004 nas universidades estaduais paulistas.

Em 2002, a Universidade Estadual do Rio Grande do Sul (Uergs) teve 50% das vagas reservadas a indivíduos de baixa renda (até um salário-mínimo regional) e 10% a deficientes físicos. Após alguns impasses jurídicos, as universidades estaduais do Rio de Janeiro criaram seus programas de cotas em 2003. A Universidade do Estado do Rio de Janeiro (Uerj) e a Universidade Estadual do Norte Fluminense (Uenf) reservaram 20% das vagas a negros, 20% a egressos de escolas públicas e 5% a deficientes e minorias étnicas. Ainda em 2003, a Universidade do Estado da Bahia (Uneb) reservou 40% das vagas a negros de escolas públicas.[6] No âmbito federal, a Universidade de Brasília (UnB) foi a primeira a criar um programa de ação afirmativa em 2004, reservando 20% das vagas para pretos e pardos.

A partir de 2004, diversas outras universidades federais e estaduais criaram seus programas de ação afirmativa, com desenhos heterogêneos no que diz respeito ao percentual de vagas reservadas e aos grupos contemplados. Das 59 universidades federais que existiam no Brasil no início de 2012, antes da vigência da Lei de Cotas, 42 já haviam adotado alguma política de ação afirmativa (cotas ou bônus), 17 utilizando o critério de escola pública; 3, o critério racial; 22, ambos os critérios (Vieira; Arends-Kuenning, 2019; Mello, 2023).

O primeiro programa de bônus foi implementado no vestibular 2005 pela Universidade Estadual de Campinas (Unicamp). Diferentemente da maioria dos programas que utilizam cotas, o programa da Unicamp concede pontos adicionais na segunda fase do vestibular a alunos oriundos da rede pública e pretos, pardos ou indígenas. Em 2007, a Universidade de São Paulo (USP) implementou um programa que também concede bônus na forma

◇◇◇◇◇◇

6. Neste capítulo, o ano da política indicado se refere ao ano do primeiro vestibular que foi afetado pela política, e não necessariamente ao de implementação da política. No caso da Uneb, por exemplo, a política foi implementada em 2002, mas afetou o vestibular 2003 que ocorreu no final de 2002.

de um percentual da nota obtida em cada fase do vestibular a egressos da rede pública e candidatos que se autodeclaram pretos, pardos ou indígenas.

Em 2012, o Supremo Tribunal Federal concluiu que as políticas de ação afirmativa para o ensino superior eram constitucionais, respondendo a um questionamento relativo ao programa implementado pela UnB. Essa decisão contribuiu para a unificação e a expansão dos diversos programas das universidades federais por meio da Lei Federal nº 12.711 (Lei de Cotas). Essa lei estabelece a reserva de 50% das vagas nas universidades e institutos federais de educação para egressos de escolas públicas, das quais 50% são destinadas a indivíduos com renda familiar *per capita* de até 1,5 salário-mínimo, respeitada a proporção de pretos, pardos e indígenas na população do estado onde se localiza a instituição (de acordo com os dados do censo demográfico mais recente).

Ao uniformizar e expandir as políticas de ação afirmativa nas instituições federais de ensino superior, a Lei de Cotas representou um grande marco para a democratização do acesso às universidades no Brasil, principalmente no que se refere às ações afirmativas com critério racial. Em 2012, cerca 8,7% das vagas nas instituições federais de ensino superior eram reservadas para cotas raciais (em sua maioria, também com o critério de escola pública).

Em 2013, com a implementação da Lei de Cotas, o percentual atinge 17,9%, chegando a 23,5% em 2015. Em se tratando das cotas reservadas para estudantes de escola pública sem o critério racial, em 2012, tais vagas abarcavam 15,1% do total, reduzindo-se marginalmente para 14,2% em 2013, até atingirem 19,2% em 2015. As maiores reduções entre 2012 e 2013 foram constatadas no Nordeste e no Centro-Oeste.

Em princípio, a Lei de Cotas abrange apenas o sistema de ingresso das universidades federais. No entanto, sua implementação incentivou iniciativas similares em alguns estados e universidades estaduais. Em 2012, o governo do Estado de São Paulo criou o Programa de Inclusão com Mérito no Ensino Superior Público Paulista (Pimesp). Esse programa visa aumentar a participação de alunos egressos da escola pública e de pretos, pardos e indígenas nas universidades públicas do estado.

O objetivo estabelecido foi de que 50% das matrículas de cada curso e cada turno das universidades e instituições de ensino superior sejam ocupadas por alunos que cursaram o ensino médio em escolas públicas. Entre esses alunos, o percentual de pretos, pardos e indígenas deve ser de, no mínimo, 35%, o que corresponde à participação destes grupos na população do Estado de São Paulo, segundo o Censo Demográfico de 2010. Essas metas deveriam ser buscadas a partir de 2014, com um prazo de três anos para que fossem alcançadas.

As políticas de cotas e bônus se restringem às universidades públicas, já que a competição no vestibular da maior parte das universidades privadas é bem menos intensa. Por essa razão, o processo seletivo não costuma ser a principal barreira de entrada para alunos com perfil socioeconômico desfavorecido, mas sim a cobrança de mensalidades nessas universidades. Portanto, as políticas para aumentar o acesso de indivíduos de perfil socioeconômico desfavorecido no ensino privado se basearam na concessão de bolsas de estudos (como o ProUni) e empréstimos (como o Fies).

Ainda que o ProUni e o Fies não sejam objeto de estudo neste capítulo, é inegável que esses programas possam afetar as políticas de ação afirmativa implementadas nas universidades públicas. Por exemplo, é possível que a decisão de prestar vestibular na universidade pública seja afetada caso um indivíduo seja também elegível ao ProUni ou Fies. Portanto, é importante que a existência desses programas seja levada em conta na interpretação dos resultados das análises das ações afirmativas implementadas no Brasil.

2 ADMISSÃO E MUDANÇAS NO PERFIL DOS CANDIDATOS E MATRICULADOS NAS UNIVERSIDADES PÚBLICAS

O impacto esperado mais direto das políticas de ação afirmativa é a mudança no perfil dos matriculados nas universidades públicas. No caso dos programas de cotas, os efeitos são supostamente mecânicos, mas ainda assim dependem do preenchimento das vagas reservadas a cotistas em todos os cursos, o que não necessariamente ocorre. No caso das universidades que adotam o bônus, o impacto sobre o perfil dos matriculados é incerto e depende de maneira crucial da calibragem do bônus e da distribuição das notas dos candidatos elegíveis.

O estudo de Francis e Tannuri-Pianto (2012) foi o primeiro a avaliar o impacto de uma política de cotas na composição dos alunos matriculados em uma universidade brasileira. Analisando a reserva de vagas para candidatos negros da Universidade de Brasília (UnB), os autores mostram um aumento expressivo (de 5,6% para 9,0%) na proporção de alunos que se autodeclaram negros.

Eles complementam a análise com dados de classificação racial gerados por um painel de indivíduos que avaliaram as fotos dos candidatos. Esses dados confirmam que os alunos admitidos após a implementação da política têm um tom de pele mais escuro do que os admitidos antes da política. Os resultados indicam também que o perfil socioeconômico dos alunos que foram admitidos graças à política é mais desfavorável do que o dos alunos que deixaram de ser admitidos em função dela, indicando o caráter redistributivo das cotas.

No caso da Unicamp, Estevan *et al.* (2019b) indicam que a política de bônus aumentou em 30% a probabilidade de que um candidato oriundo do ensino médio público seja aceito e se matricule na Unicamp. O efeito do bônus adicional para alunos pretos, pardos e indígenas é positivo, mas não é estatisticamente diferente de zero, o que indica que o efeito da política de ação afirmativa é similar para os alunos das escolas públicas, independentemente da raça.

É interessante notar que os candidatos que sofreram a maior redução na sua probabilidade de admissão após a implementação da política são os alunos pretos, pardos e indígenas da rede privada. Se considerarmos que esses são os alunos mais desfavorecidos, dentre os alunos da rede privada, é possível que a política de ação afirmativa, apesar de claramente redistributiva, reduza a chance de admissão justamente dos alunos menos favorecidos que antes ingressavam na universidade.

Esse resultado é similar a outros obtidos na literatura internacional. Analisando dados de uma escola de engenharia da Índia que implementou uma política de ação afirmativa, Bertrand *et al.* (2010) mostram que os candidatos que deixam de ser aceitos são mais favorecidos do que os que são aceitos devido à política, mas são os mais desfavorecidos no grupo de não beneficiários.

Além de analisar o impacto sobre o perfil dos matriculados, Estevan *et al.* (2019b) investigam mudanças no perfil dos candidatos ao vestibular da Unicamp após a implementação da ação afirmativa. Apesar de o bônus certamente dar incentivos para alunos elegíveis se candidatarem ao vestibular, ao aumentar suas chances de aprovação, os autores mostram que o perfil dos candidatos não foi alterado de maneira significativa com a introdução da política.

Num primeiro momento, houve um aumento na proporção de candidatos da escola pública, em relação ao total de candidatos, mas esse aumento não se sustentou ao longo do tempo. A principal diferença ocorrida no perfil de candidatos foi o aumento na porcentagem dos que se autodeclaram pretos, pardos e indígenas. Além disso, em termos de desempenho no Enem, os candidatos eram bastante similares antes e depois da implementação da política. Portanto, sua implementação não parece ter atraído candidatos com um perfil muito diferente daqueles que costumavam prestar o vestibular antes de 2005.

Vieira e Arends-Kuenning (2019) exploram a heterogeneidade de tempo na adoção de diferentes políticas de ação afirmativa pelas instituições de ensino superior no período anterior à Lei de Cotas para estudar seu efeito sobre as matrículas de estudantes de grupos vulneráveis. Os resultados indicam que as essas ações são efetivas em aumentarem as matrículas dos grupos explicitamente contemplados por cada política, especialmente em cursos mais competitivos e prestigiosos.

Os autores também demonstram que as universidades que adotaram ações afirmativas com um critério racial explícito observaram um aumento das matrículas de estudantes pretos, pardos e indígenas, ao contrário das instituições que adotaram políticas sem um critério racial. Tais resultados contrapõem o argumento de que ações que contemplam grupos de baixa renda seriam também efetivas para garantir um aumento da diversidade racial.

Diferentemente dos trabalhos até agora citados, que estudam os efeitos das políticas de ações afirmativas adotadas por escolha das próprias instituições ou via Lei Estadual, o estudo de Mello (2022) é o primeiro a avaliar o impacto da adoção da Lei de Cotas (Lei 12.711/2012) na composição demográfica das instituições de ensino superior. Por se tratar de uma lei que afetou todas as instituições federais de ensino superior do País e que, dada a sua abrangência e importância, foi amplamente divulgada e debatida pela mídia e pela sociedade civil, pode-se supor que seus efeitos sejam mais amplos do que os das políticas adotadas localmente.

Utilizando dados do universo de estudantes matriculados nas instituições federais e estaduais de educação superior de 2010 a 2015, Mello (2022) estima que a adoção completa da Lei de Cotas — isto é, uma variação de zero a 50% das vagas reservadas — resulta em um aumento de 9,9 pontos percentuais das matrículas de alunos de escolas públicas e de 7,0 pontos percentuais das matrículas de estudantes pretos, pardos e indígenas de escolas públicas.

Os cursos mais transformados pela Lei de Cotas foram aqueles com o menor percentual de matrículas de alunos vulneráveis anteriormente, ou seja, os cursos mais competitivos e com o maior potencial de altos retornos no mercado de trabalho. Além disso, a Lei de Cotas leva a um aumento de matrículas também em cursos que já tinham mais de 50% de alunos de escolas públicas anteriormente à sua implementação, o que sugere que os resultados da política não sejam apenas mecânicos, mas também envolvam canais como um aumento do número de estudantes vulneráveis inscritos ou um aumento do esforço de membros desse grupo no processo seletivo (veja a Seção 4).

De forma similar a Vieira e Arends-Kuenning (2019), os resultados de Mello (2022) confirmam a importância do critério racial combinado ao de escola pública para a ampliação da diversidade étnica no corpo discente. A autora estima que a adoção de cotas raciais foi quase duas vezes mais efetiva para o aumento de matrículas de estudantes de escola pública e quase cinco vezes mais efetiva para o aumento de matrículas de estudantes pretos, pardos e indígenas de escola pública do que as cotas sem o critério racial.

O critério atual de renda adotado pela Lei de Cotas (pertencer a famílias com renda *per capita* inferior a 1,5 salário-mínimo), entretanto, parece não ser tão efetivo, por se tratar de uma regra excessivamente abrangente. Por exemplo, de acordo com a Pesquisa Nacional por Amostra de Domicílios (Pnad) de 2012, 72% dos indivíduos pertenciam a famílias com renda *per capita* inferior a 1,5 salário-mínimo (o recorte da Lei de Cotas).

De forma a estudar se a Lei de Cotas leva a um aumento de matrículas de alunos efetivamente de baixa renda, Mello (2022) estima seu efeito sobre a participação de alunos pertencentes a famílias com renda familiar total de até 1 salário-mínimo (cerca de 10% das famílias da Pnad 2012). A autora verifica, então, que uma adoção integral da Lei de Cotas, isto é, uma mudança de 0% a 50% na reserva de vagas para estudantes de escolas públicas, leva a um aumento de cerca de 2,4 pontos percentuais das matrículas de alunos de escola pública com renda familiar de até um salário-mínimo.

Apesar de apresentar efeitos positivos, a magnitude do impacto da Lei de Cotas nas matrículas de estudantes de escola pública e baixa renda é bastante inferior ao seu impacto na participação de alunos de escola pública como um todo (sem o critério de renda), estimado em 9,9 pontos percentuais. Esse fato corrobora a evidência de que um critério de renda mais focalizado seria mais eficaz em aumentar a matrícula de alunos de escola pública de famílias que efetivamente compõem as camadas mais vulneráveis em termos socioeconômicos.

Em suma, as políticas de ação afirmativa adotadas nas últimas décadas no ensino superior brasileiro foram bastante efetivas para a democratização do acesso às universidades, tanto no que diz respeito às matrículas de alunos de escola pública quanto às matrículas de alunos pretos, pardos e indígenas. Como era de se esperar, seus resultados foram mais contundentes em cursos e instituições mais competitivas e com maior potencial de retorno no mercado de trabalho.

A adoção de um critério racial combinado ao critério de escola pública foi vital para o aumento da diversidade étnica. Já a adoção de um critério de renda excessivamente abrangente parece constituir um fator limitante para um aumento das matrículas de estudantes das famílias mais pobres entre o grupo de estudantes de escolas públicas, o que evidencia um possível caminho para o aperfeiçoamento da Lei de Cotas no futuro (Senkevics; Mello, 2022).

3 ESFORÇO E RESULTADOS PRÉ-ENSINO SUPERIOR

Além do efeito sobre o acesso ao ensino superior, a literatura internacional indica que políticas de ação afirmativa também podem ter um efeito sobre a acumulação de capital humano dos alunos (Schotter; Weigelt, 1992; Fryer; Loury, 2005), já que alteram o benefício marginal do esforço dos candidatos ao ensino superior. Do ponto de vista teórico, os efeitos sobre o esforço não podem ser determinados sem ambiguidade, já que tanto os beneficiários quanto os não beneficiários dos programas podem responder aumentando ou diminuindo o nível de esforço fornecido (Holzer; Neumark, 2000).

Além disso, a direção dos efeitos pode depender do desenho específico do programa. Utilizando um modelo teórico, Coate e Loury (1993) mostram que programas de ação afirmativa podem levar a níveis de esforço similares entre os grupos de beneficiários e não beneficiários. No entanto, programas mais agressivos, em que os critérios de admissão dos beneficiários são bastante reduzidos, podem causar redução no nível de esforço dos candidatos beneficiados pela política.

A identificação do impacto sobre o esforço é fundamental já que, no contexto do ensino superior, é teoricamente possível que iniciativas de ação afirmativa levem a uma redução no nível de capital humano do grupo que se pretende beneficiar, como demonstrado por Coate e Loury (1993). Além disso, mudanças no nível de esforço dos candidatos podem anular ou amplificar os efeitos das políticas inicialmente calculados, o que torna importante mensurar esses efeitos para prever seu impacto final.

Diversos artigos recentes tentam estimar o impacto das ações afirmativas no nível de esforço dos candidatos. Uma dificuldade evidente de tais estudos é, justamente, medir o nível de esforço, já que essa é uma variável que não observamos diretamente. De forma a contornar esse obstáculo, a literatura não experimental utiliza medidas de desempenho (como notas) e de investimento (como realização de cursos de preparação ao vestibular ou conclusão do ensino médio) como medidas de esforço.

A partir de dados de vestibular, Francis e Tannuri-Pianto (2012) mostram que a introdução da política de ação afirmativa da UnB levou a maiores notas no ensino secundário, aumento na proporção de candidatos que fizeram cursinho pré-vestibular e aumento no número de tentativas do vestibular dos candidatos negros. Eles interpretam essas variações como aumento no esforço exercido pelos candidatos beneficiados pela política.

Assunção e Ferman (2015) focam estudar medidas de esforço ocorrido antes do vestibular. O artigo investiga o impacto da introdução do programa de ação afirmativa pela Universidade Estadual do Rio de Janeiro (Uerj), Universidade Estadual do Norte Fluminense (Uenf) e Universidade do Estado da Bahia (Uneb) nas notas dos alunos do ensino médio medidas pelo Sistema Nacional de Avaliação da Educação Básica (Saeb). Para a maioria dos grupos diretamente afetados pelas políticas de cotas, não houve impacto significativo nas notas do Saeb. No entanto, os autores detectam um efeito negativo e significante no desempenho no Saeb dos alunos negros oriundos de escolas públicas no Rio de Janeiro, o grupo que mais se beneficiou da política de cotas. Esse resultado poderia confirmar a conjectura de Coate e Loury (1993), de que programas de ação afirmativa muito agressivos podem desestimular o esforço dos beneficiários.

Estevan *et al.* (2019b) investigam o efeito da política de bônus da Unicamp com uma medida de esforço que está baseada na diferença de desempenho no Enem e nas provas das duas fases do vestibular da Unicamp. A hipótese implícita nesse exercício é que a nota do Enem é uma medida de habilidade do candidato ao vestibular. As notas obtidas em cada uma das fases do vestibular seriam o resultante da habilidade medida na ocasião do Enem e de qualquer outro esforço de aprendizado realizado entre a prova do Enem e cada uma das provas do vestibular.

Em 2005, os intervalos entre o Enem e a prova da primeira e segunda fases foram de aproximadamente três meses (84 dias) e quatro meses e meio (140 dias). Portanto, a medida considera um esforço de curto ou médio prazo diretamente relacionado com o vestibular. Além disso, esses períodos são uma parte significativa do tempo que os candidatos dedicam a fazer cursinho pré-vestibular. Os resultados indicam que a política de bônus não afetou o esforço dos candidatos, sugerindo que essa dimensão é menos importante em contextos extremamente competitivos, como o processo seletivo da Unicamp.

Mello e Melo (2023) exploram a expansão de vagas para egressos de escola públicas oriunda da implementação da Lei de Cotas entre 2012 e 2015 para estudar seu impacto sobre os resultados dos alunos anteriormente à sua admissão no ensino superior. Uma adoção completa da Lei de Cotas (variação de zero a 50% de vagas reservadas para egressos de escolas públicas) leva a um aumento de 1,5 ponto percentual ou 1,8% na probabilidade de que um aluno do 3º ano de escola pública conclua o ensino médio. O efeito é nulo para alunos de escola privada.

A adoção completa da Lei de Cotas leva, também, a um aumento de 4,5 pontos percentuais (11%) na taxa de alunos de escola pública que fazem a prova do Enem, o que as autoras interpretam como um aumento da demanda por ensino superior público, ou um aumento das aspirações entre alunos que, antes, sequer almejavam ingressar nas universidades. Condicionado aos alunos que fazem a prova do Enem, observa-se, também, um efeito positivo da Lei de Cotas na média da nota dos alunos de escola pública presentes no exame. Isto é, mesmo com um maior contingente de alunos fazendo a prova, ainda se observa um aumento da nota média, o que sugere um efeito positivo em termos de esforço na prova.

Já para os alunos de escola privada, a adoção completa da Lei de Cotas leva a uma redução de 8,4 pontos percentuais (11%) na proporção de alunos que realiza a prova do Enem, o que evidencia uma possível perda de interesse desse grupo no ensino superior público. Entre os alunos de escola privada que compareceram à prova, observa-se um efeito nulo sobre a média das notas.

Por fim, as autoras analisam como esse impacto se traduz em resultados de ingresso no ensino superior. Uma adoção completa da Lei de Cotas leva a um aumento de 1,2 ponto percentual (10%) na taxa total de admissão no ensino superior para egressos de escola pública. Tal efeito é explicado tanto por um aumento no ingresso em instituições federais quanto em instituições privadas, que também passam a ser mais acessíveis uma vez que o aluno realiza a prova do Enem.

Para os egressos de escola privada, uma adoção completa da Lei de Cotas leva a uma diminuição de 4,2 pontos percentuais em sua probabilidade de entrar no ensino superior federal (25%) e um aumento de 3 pontos percentuais na probabilidade de ingresso no ensino superior privado (10%). No agregado, há um efeito marginal negativo de 1,1 ponto percentual (2%) na probabilidade total de ingresso no ensino superior para esse grupo.

Em suma, há evidências de que as políticas de ação afirmativa podem ou não afetar o esforço dos alunos tanto nos exames de admissão (Francis; Tannuri-Pianto, 2012; Estevan *et al.*, 2019b) como no ensino médio (Assunção; Ferman, 2015; Mello; Melo, 2023). Esses resultados diversos sugerem que o desenho específico de cada política importa e que a dimensão do esforço deve ser considerada nas avaliações dessas iniciativas de ação afirmativa.

4 ESCOLHA DE CURSO

No contexto brasileiro, há uma outra dimensão que pode ser afetada pelas políticas de ação afirmativa, que é a escolha de curso dos candidatos ao vestibular. Enquanto nos Estados Unidos a escolha de cursos ocorre durante a graduação, tipicamente após um ou dois anos de ciclo básico, no Brasil os candidatos escolhem o curso no ato da inscrição no processo seletivo.

Essa é uma decisão relevante, já que é difícil mudar de curso durante a graduação e a nota de corte varia muito em função do curso escolhido. Isso implica que a escolha do curso pelo candidato depende não só de suas preferências por uma carreira, mas também da nota que ele espera obter no exame de admissão. Como a política de ação afirmativa altera a nota que um candidato beneficiário necessita para atingir uma determinada nota de corte, ela pode afetar sua escolha de curso.

Estevan *et al.* (2019a) analisam o impacto da política de bônus da Unicamp na escolha de curso dos candidatos ao vestibular. No período anterior à política, os autores mostram que a escolha de cursos competitivos estava positivamente associada à renda dos pais. Comparando a escolha de candidatos oriundos do ensino médio público e privado antes e depois da política, os autores mostram que os alunos de escolas públicas posteriormente optaram por cursos mais seletivos e com notas de corte mais elevadas.

Esses efeitos são especialmente pronunciados para os candidatos com nota do Enem no quartil superior da distribuição. Apesar de não eliminar totalmente a influência da renda dos pais na escolha de curso, a política de bônus reduz significativamente essa associação. Além disso, essas alterações nas escolhas também resultaram em aumento da aprovação de alunos de escolas públicas nesses cursos mais competitivos.

Melo (2022) encontra resultados similares ao analisar o impacto da política de cotas implementada pela Universidade Federal do Espírito Santo (Ufes) em 2007 na escolha de curso no vestibular. A política da Ufes reservava 40% das vagas para alunos do ensino médio público que tivessem estudado pelo menos quatro anos do ensino fundamental em escolas públicas. Os resultados mostram que a política reduziu a diferença na escolha de cursos seletivos entre alunos de nível socioeconômico mais alto e baixo em 2,8 pontos percentuais, correspondendo a 60% da diferença antes da implementação da política. No entanto, não é possível excluir que alguns indivíduos beneficiários da política deixaram de ser aceitos na universidade justamente por tentarem esses cursos mais competitivos.

Em suma, os resultados obtidos por Estevan *et al.* (2019a) e Melo (2022) sugerem que as políticas de ação afirmativa, independentemente do desenho, afetam a escolha de curso no vestibular. Essas políticas potencialmente possibilitam que alunos de nível socioeconômico mais baixo tenham acesso a cursos mais seletivos. Como esses cursos estão tipicamente associados a maiores retornos no mercado de trabalho, esse efeito pode amplificar o impacto na mobilidade social dessas políticas.

5 DESEMPENHO ACADÊMICO

Apesar da implementação de políticas de ação afirmativa por diversas universidades brasileiras nos últimos 20 anos, pouco se sabe sobre seus impactos no desempenho acadêmico dos alunos beneficiários e não beneficiários. Na literatura internacional, há uma intensa discussão sobre os possíveis efeitos de descasamento que podem resultar dessas políticas, como consequência de alunos que são aceitos em universidades seletivas com uma preparação acadêmica menos sólida (*e.g.*, Arcidiacono *et al.*, 2011). Segundo essa hipótese, conhecida como *mismatch* na literatura internacional, essas medidas sociais poderiam até mesmo prejudicar os beneficiários gerando evasão e piores resultados acadêmicos.

Há enormes desafios relacionados a testar um possível efeito de descasamento de políticas de ação afirmativa. O experimento ideal consistiria em observar o desempenho de um mesmo aluno em universidades com níveis de seletividade distintos, o que é obviamente impossível. Portanto, uma alternativa consiste em avaliar o desempenho dos alunos beneficiários em relação a outros grupos de alunos, que tipicamente seriam aceitos independentemente da existência da política.

Oliveira *et al.* (2023) estudam o impacto da reserva de 45% das vagas para egressos de escolas públicas (sendo 85% delas também reservadas a estudantes negros) na Universidade Federal da Bahia (UFBA) sobre a persistência e o desempenho dos alunos durante a universidade. Os resultados apontam que a diferença inicial de desempenho entre cotistas e não cotistas é expressivamente reduzida ao longo da graduação, o que evidencia um efeito de recuperação importante.

Cotistas têm uma probabilidade de reprovação 3,91 pontos percentuais maior e uma probabilidade de graduação 5,77 pontos percentuais menor que os não cotistas. Eles também obtêm um coeficiente de rendimento menor no início do curso, mas essa disparidade é reduzida em 50% ao longo da trajetória no ensino superior. O diferencial existente nas taxas de graduação vem, primordialmente, de estudantes da área de ciências, tecnologias e matemáticas, o que sugere que políticas de reforço estudantil focadas nessa área do conhecimento poderiam auxiliar cotistas a melhorarem o seu desempenho.

Uma das dificuldades com análises que utilizam notas da graduação como medida de desempenho acadêmico é que os critérios de avaliação podem ser afetados pela existência das políticas. Isso ocorre se, por exemplo, os professores normalizam as notas dos alunos em um determinado curso. Além disso, as notas estão, por definição, disponíveis apenas para os ingressantes, impedindo a construção de um contrafactual que permita se aproximar do desempenho que seria obtido por um aluno caso ele não tivesse sido aceito na universidade, como no experimento ideal descrito acima.

Para contornar essas dificuldades, Estevan e Trindade Ribeiro (2019) focam nos candidatos de direito da Universidade Estadual do Rio de Janeiro (Uerj). Para alunos do curso de direito, o exame da Ordem dos Advogados do Brasil (OAB) fornece uma medida de desempenho acadêmico que não está diretamente sob controle das universidades. Além disso, nesse contexto é possível observar o desempenho na OAB tanto para os alunos aceitos como para os não aceitos na Uerj.

A política de ação afirmativa da Uerj foi pioneira e muito ampla. Começando em 2004, a Uerj passou a reservar 45% das vagas de cada curso para estudantes negros e egressos de escolas públicas de baixa renda, aumentando radicalmente a diversidade de seu corpo discente. No curso de direito, um dos mais seletivos do País, as autoras estimam que apenas 3% dos candidatos cotistas seriam aprovados na ausência das cotas. Uma simples comparação da média de desempenho no curso de direito mostra que a taxa de graduação em 2019, dos alunos aceitos na Uerj entre 2006 e 2011, era de 85% para os não cotistas e entre 75% e 81% para os cotistas, dependendo do tipo de cota. Além disso, os que ingressam por cotas demoraram em média seis meses adicionais para se formarem em relação aos demais estudantes (6,5 anos para cotistas contra 5,9 anos para os não cotistas).

Apesar de esses dados sugerirem que os alunos que entram por cotas tiveram um desempenho ligeiramente pior no curso do que os outros alunos, Estevan e Trindade Ribeiro (2019) avaliam como o desempenho dos cotistas aceitos na Uerj se compara a um contrafactual em que eles não teriam sido aceitos. Para isso, as autoras comparam cotistas que obtiveram uma nota no vestibular ligeiramente acima da nota de corte com aqueles que ficaram um pouco abaixo e, consequentemente, não foram aceitos na Uerj. Os resultados mostram que os ingressantes por cotas obtiveram ganhos substanciais com a política.

Dez anos após o vestibular, os cotistas que ingressaram na Uerj tinham uma probabilidade 23 pontos percentuais maior de se graduarem no ensino superior, correspondendo a um aumento de 37%. Além disso, eles tinham uma probabilidade 18 pontos percentuais (54%) maior de obterem o registro na OAB em relação aos alunos que se candidataram por cotas, mas não foram aceitos. Como consequência, o ingresso de um aluno cotista aumentou em mais de cinco vezes a sua probabilidade de trabalhar como advogado.

Uma análise similar para os não cotistas sugere que a política de cotas não afetou a sua probabilidade de obter um diploma universitário ou registro na OAB, sugerindo que os ganhos obtidos pelos cotistas não ocasionaram perdas significativas para os alunos sem cotas. Uma análise complementar mostra que os não cotistas que deixaram de ser aceitos frequentaram universidades seletivas, muitas delas públicas, em contraste com os cotistas que não foram aceitos e tipicamente tiveram acesso a universidades menos seletivas.

Em suma, há dificuldades inerentes em se medir o impacto das políticas afirmativas no desempenho acadêmico dos candidatos. Os poucos estudos disponíveis na literatura para o Brasil sugerem que os cotistas podem ter algumas dificuldades na graduação, mas que as diferenças tendem a diminuir ao longo do curso (Oliveira *et al.*, 2023). No entanto, os ganhos para os cotistas de frequentarem universidades seletivas podem ser muito substanciais, como mostrado por Estevan e Trindade Ribeiro (2019).

6 MERCADO DE TRABALHO

As políticas de ação afirmativa no ensino superior brasileiros levaram a expressivos efeitos de curto e médio prazo nas matrículas de estudantes de grupos vulneráveis nas universidades públicas, principalmente em cursos mais competitivos. Menos se sabe, entretanto, sobre os efeitos causais de tais políticas no mercado de trabalho dos grupos contemplados, essencial para a compreensão da sua efetividade na redução da desigualdade de renda.

Francis-Tan e Tannuri-Pianto (2018) estimam efeitos de longo prazo da política de cotas raciais da Universidade de Brasília (UnB) sobre a coorte de candidatos de 2004-2005. Para tal, os autores comparam cotistas aprovados na UnB que obtiveram uma nota no vestibular um pouco acima da nota de corte com cotistas não aprovados que obtiveram uma nota um pouco abaixo. De maneira similar, comparam não cotistas com desempenho um pouco acima da nota de corte com não cotistas um pouco abaixo dessa nota. Os resultados apontam que ingressantes por cotas obtêm um ganho muito superior a não cotistas na escolaridade e na probabilidade de completar o ensino superior, o que sugere que estudantes sem cotas não aprovados têm mais opções alternativas de frequentar o ensino superior privado.

Curiosamente, tal resultado é explicado pelo aumento da escolaridade de estudantes do sexo masculino, com efeito nulo sobre a escolaridade das mulheres. Frequentar a UnB leva, também, a um aumento de rendimentos médios no mercado de trabalho, aos 30 anos, de cotistas e não cotistas do sexo masculino, sem nenhum efeito para candidatas mulheres.

Em um artigo recente, Machado *et al.* (*n.a.*) estudam o impacto das cotas implementadas na Uerj em todos os cursos sobre os resultados de cotistas e demais alunos no mercado de trabalho. Utilizando uma estratégia similar a Francis-Tan e Tannuri-Pianto (2018), os autores encontram um rendimento 14% maior nos salários do início da carreira de cotistas marginalmente admitidos na Uerj do que de candidatos cotistas não admitidos por pouco.

Esse efeito é ocasionado pela maior probabilidade de obtenção de empregos em firmas que pagam maiores salários e que são associadas à rede de ex-alunos da Uerj, o que caracteriza um mecanismo de redes de contato. Em contrapartida, cotistas marginalmente admitidos não têm maior probabilidade de completar a graduação quando comparados aos não admitidos, o que revela que mesmo alunos elegíveis às ações afirmativas encontram, nesse caso, alternativas de frequentar o ensino superior quando não aprovados na Uerj.

Os autores também analisam o efeito das cotas sobre os salários dos estudantes no topo da distribuição de notas da Uerj, isto é, aqueles que possuem notas altas o suficiente para ganhar admissão independentemente da existência de ações afirmativas, antes ou depois da introdução das cotas. Por meio de um modelo de diferenças em diferenças, que compara não cotistas em cursos cuja composição foi muito afetada pelas cotas com não cotistas em cursos cuja composição foi praticamente mantida constante, os autores encontram um efeito negativo de 14% sobre os salários. Esses efeitos de transbordamento negativos são ocasionados por uma redução na acumulação de capital humano durante a universidade e pela menor probabilidade de se encontrar empregos em firmas associadas à rede de ex-alunos da Uerj (efeito de redes de contato).

Em suma, a literatura revisada nesta seção confirma a existência de efeitos positivos no mercado de trabalho para cotistas marginalmente admitidos na universidade quando comparados aos cotistas marginalmente não admitidos, ao menos no início da carreira. Além disso, ao contrário daqueles que entram por cotas, os alunos sem cotas marginalmente não admitidos parecem não apresentar perdas em seu nível de escolaridade, revelando a existência de opções alternativas no ensino superior privado para esse grupo.

Por fim, apesar dos benefícios apresentados para o grupo dos cotistas e de efeitos nulos em termos de escolaridade para o grupo de não cotistas marginalmente não admitidos, há evidência de efeitos negativos sobre resultados no mercado de trabalho sobre os indivíduos de melhor desempenho da universidade, explicado tanto pela redução de capital humano acumulado quanto pela redução da importância das redes de contato formadas durante a graduação.

7 BEM-ESTAR

Apesar da contundente evidência sobre a efetividade das políticas de ação afirmativa no aumento da equidade no acesso ao ensino superior e nos resultados dos cotistas no mercado de trabalho, grande parte dos argumentos contrários às cotas se baseiam na possível existência de custos de eficiência resultantes da substituição de estudantes de mais alto desempenho na nota de admissão por aqueles com menor desempenho inicial.

Tal preocupação fundamenta-se na ideia de uma possível existência de complementariedade entre o nível de preparação inicial dos alunos e seu aprendizado durante o ensino superior. Dessa forma, indivíduos com notas de entrada mais elevadas poderiam se beneficiar mais de frequentarem as universidades, enquanto indivíduos com notas mais baixas (menos preparados) poderiam se beneficiar menos.

As cotas, ao provocar a substituição de alunos de notas mais altas por aqueles de notas mais baixas, levariam, assim, a uma redução do ganho agregado proporcionado pela universidade e, portanto, a uma redução da eficiência econômica do ensino superior.

No entanto, é possível que as notas iniciais não sejam uma boa métrica para identificar os indivíduos que mais se beneficiariam do acesso às universidades. Por exemplo, é possível que as notas de acesso sejam uma medida ruidosa da habilidade do aluno e de seu potencial de ganho no ensino superior, refletindo majoritariamente um efeito da renda familiar sobre um treinamento específico requerido pela prova de admissão do que a habilidade do estudante.

Essa é a intuição por detrás dos resultados encontrados por Brotherhood *et al.* (*n.a.*) Os autores analisam dados do Exame Nacional de Desempenho de Estudantes (Enade) que sugerem que os alunos de baixa renda têm um maior valor adicionado no ensino superior quando comparados a seus pares de alta renda com a mesma nota de entrada. Dessa forma, ações afirmativas poderiam gerar ganhos de eficiência se estudantes de alta renda forem substituídos por aqueles de baixa renda com uma nota de admissão um pouco mais baixa, já que esses podem ter um maior valor adicionado quando ingressarem no ensino superior.

Os autores, então, utilizam um modelo macroeconômico de gerações sobrepostas calibrado aos dados brasileiros para investigar os efeitos de longo prazo de políticas de ação afirmativa baseadas no critério socioeconômico. Os resultados do modelo apontam que, com um desenho ótimo, esse tipo de política tem um efeito positivo na promoção de oportunidades e no aumento do bem-estar e do produto agregado. Além disso, tal política deixaria cerca de 80% dos domicílios em situação superior e reduziria a persistência intergeracional em 5,7%.

Outro ponto importante a se considerar em uma análise de eficiência, além do valor adicionado proporcionado pelo ensino superior a cada indivíduo, é o seu resultado contrafactual caso não obtivessem acesso à universidade pública. Nesse caso, por exemplo, é possível pensar que as alternativas disponíveis no ensino superior privado seriam acessadas de maneira distinta por indivíduos de alta ou baixa renda caso não existissem ações afirmativas. Otero *et al.* (2021) visam justamente responder a esses questionamentos por meio de uma análise de eficiência da Lei de Cotas que estima seus efeitos separadamente para o grupo de "ganhadores" (beneficiados) e "perdedores" (não beneficiados).

De forma similar a Francis e Tannuri-Pianto (2018) e Machado *et al.* (*n.a.*), os autores produzem estimadores pelo método de regressão descontínua comparando os resultados dos cotistas admitidos marginalmente com os dos não cotistas não admitidos marginalmente. Os autores estimam que os ganhos para os cotistas marginalmente admitidos são entre 1,2 e 1,6 vezes maiores que os custos para os alunos sem cotas não admitidos, considerando o ingresso no ensino superior e a qualidade do curso, respectivamente. Tal resultado é racionalizado, justamente, pelo fato de que não cotistas não admitidos têm melhores opções fora do sistema federal de educação superior.

De forma a compreender os efeitos agregados da Lei de Cotas, os autores argumentam que é necessário investigar suas consequências para indivíduos que têm notas longe das descontinuidades das notas de corte de admissão. Com esse propósito, eles estimam um modelo combinado de escolha de curso e universidade e resultados potenciais. Suas estimativas sugerem que, condicional às suas notas de admissão, os indivíduos beneficiados pela política de cotas obtêm um retorno superior ao frequentar o ensino superior federal do que os indivíduos não beneficiados. Isso se dá pelo fato de que, na ausência de cotas, indivíduos não beneficiados frequentam instituições privadas de melhor qualidade e mensalidade mais elevada do que as que os cotistas frequentariam caso não ingressassem no ensino federal.

Os autores utilizam o modelo desenvolvido para estudar os efeitos distributivos de uma política que, assim como a Lei de Cotas, reserva 50% das vagas das instituições para cotas. Ao simular uma alocação contrafactual com e sem a política de cotas, o modelo mostra que o grande efeito em composição se dá nos cursos mais competitivos. Condicional às notas iniciais, ele estima que, em média, os estudantes beneficiados pela política têm um ganho de 1,16% na renda predita em relação a uma alocação contrafactual sem cotas.

Por sua vez, a perda média dos estudantes não beneficiados é de 0,93% de sua alocação base sem cotas. O efeito total da política é um aumento de 0,1% na renda predita de toda a população de estudantes. Em suma, uma política de cotas, como a Lei 12.711/2012, que reserva 50% das vagas nas instituições federais, leva a efeitos substanciais no aumento da equidade, sem custos de eficiência evidentes.

8 CONSEQUÊNCIAS INESPERADAS

Por fim, a introdução de políticas de ações afirmativas pode levar a efeitos inesperados, possivelmente não antecipados por seus formuladores, mas cuja quantificação é de suma importância para a compreensão de seus efeitos agregados.

Um desses efeitos refere-se à escolha da escola no ensino médio. Como o principal critério de elegibilidade dos programas de ação afirmativa no Brasil é ter estudado numa escola pública no ensino médio, é possível que alguns alunos que, na ausência da política, escolheriam escolas privadas, passem a escolher escolas públicas.

É justamente essa a pergunta principal do artigo de Mello (2023). A autora atesta que uma exposição completa à Lei de Cotas (mudança de zero a 50% das vagas reservadas em universidades federais em uma dada microrregião) leva ao aumento de 4,8 pontos percentuais ou 31% da mudança de escolas privadas para escolas públicas, entre o 9º ano do ensino fundamental e o 1º ano do ensino médio. O efeito é maior para estudantes pretos, pardos e indígenas, que se beneficiam de uma reserva de vagas adicional dentro do grupo de egressos de escolas públicas. O efeito é também mais elevado entre os estudantes que frequentam o 9º ano em escolas de baixo nível socioeconômico, de baixo desempenho, com baixa probabilidade predita de ingresso futuro no ensino superior federal e que têm duas ou mais escolas públicas a 1 km de distância.

Apesar da confirmação da existência desse movimento entre escolas privadas e públicas, que não existiria na ausência da Lei de Cotas, observa-se que, ao contrário do que se temia, tal movimento não vem principalmente das famílias de alto nível socioeconômico que estariam procurando beneficiar-se indevidamente das vagas destinadas a egressos de escola pública. Tal movimento provém, sim, de famílias que provavelmente já faziam um grande esforço em seu orçamento para manter seus filhos em escolas privadas e que, em virtude da nova estrutura de incentivos, passam a optar pelo sistema público.

Dessa forma, o efeito observado não é, necessariamente, um efeito estratégico, mas sim o resultado de uma valorização mais ampla do sistema público, que vai em linha com o efeito positivo das cotas sobre o capital humano e o esforço dos grupos beneficiados discutido na seção 4.

Outro possível efeito inesperado é o impacto das ações afirmativas na declaração racial dos indivíduos. É possível que a existência de vagas reservadas para alunos do grupo PPI (pretos, pardos e indígenas) levem indivíduos que anteriormente se declaravam brancos a passarem a se declarar como pretos, pardos ou indígenas. Tal efeito pode ser permanente, isto é, fruto do fortalecimento da inclusão racial na sociedade brasileira e de uma revisão da identidade racial de indivíduos que passam a assumir sua verdadeira cor/raça.[7]

É possível, também, que tal efeito seja transitório, isto é, provindo de indivíduos brancos que decidem, de forma estratégica, declarar-se negros na inscrição do vestibular para se beneficiarem das vagas destinadas a pretos, pardos e indígenas. Os resultados encontrados por Francis e Tannuri-Pianto (2012) sugerem que, de um lado, as cotas raciais adotadas na UnB induzem alguns indivíduos a alterarem sua declaração racial de forma estratégica, mas, de outro, também inspiram candidatos, principalmente aqueles de tons de pele mais escuros, a se considerarem pretos. De forma complementar, Francis e Tannuri-Pianto (2013) mostram que a política de cotas raciais da UnB está associada a mais alunos com tons de pele mais escuros se identificando como pretos e pardos em vez de brancos, o que sugere que a política pode ter contribuído para a dinâmica de construção racial.

◇◇◇◇◇◇

7. Uma tendência de reclassificação racial de branco para negro vem sendo documentada em diversos estudos (De Micheli, 2021; Senkevics, 2022).

Em contrapartida, Santos (2021) documenta que, entre 2013 e 2020, as universidades federais receberam 3.958 denúncias de fraudes na subcota racial. Ao mesmo tempo que esse número constitui uma subestimação da quantidade de fraudes que efetivamente ocorreram durante esse período, vale ressaltar que ele representa uma fração pequena dos cerca de 230 mil novos ingressantes por ano via processo seletivo dessas instituições.

De forma a evitar a ocorrência de tais fraudes, diversas universidades brasileiras optaram por criar comissões de heteroidentificação e/ou de validação da declaração racial com o objetivo de contrapor a autodeclaração do candidato a outros métodos de classificação racial. Em um levantamento de 69 universidades federais via Lei de Acesso à Informação (LAI), Santos (2021) verifica que pelo menos 53 universidades apresentavam algum tipo de comissão até o fim de 2020. Apesar de sua adoção crescente pelas instituições, não existe, ainda, uma regulamentação única por parte do governo federal de forma a orientar o delicado e importante trabalho das comissões.

Por fim, alguns artigos recentes apontaram a existência de distorções derivadas da implementação da Lei de Cotas via Sistema de Seleção Unificada (Sisu). O Sisu é um sistema centralizado de admissão oferecido pelo governo federal. Nele, a maioria das instituições federais e estaduais de ensino superior do Brasil ofertam suas vagas anuais em uma plataforma virtual, na qual os alunos podem se inscrever utilizando suas notas no Enem. Como a maioria das vagas reservadas pela Lei de Cotas é ofertada via Sisu, o mecanismo de alocação das vagas reservadas dentro da plataforma centralizada é um tema de suma importância para a implementação efetiva da Lei.[8]

8. Para mais informações sobre o Sisu, ver Machado e Szerman (2021) e Mello (2022).

Na prática, a implementação da Lei de Cotas ocorre por meio da abertura de listas de concorrência separadas, isto é, no momento de inscrição no Sisu, cada indivíduo determina em que categoria deseja concorrer, entre as seguintes opções: (1) ampla concorrência; (2) escola pública; (3) escola pública e pretos, pardos e indígenas; (4) escola pública e baixa renda; ou (5) escola pública, pretos, pardos e indígenas e baixa renda.[9] Após a escolha, o indivíduo concorre apenas com os demais candidatos que se inscreveram dentro daquela mesma categoria para o mesmo curso. Tal forma de alocação é passível de distorções e pode levar a que vagas reservadas tenham nota de corte superior a vagas de ampla concorrência. Por exemplo, se todos os egressos de escolas públicas, mesmo aqueles com notas mais elevadas e que entrariam via ampla concorrência, se inscrevessem para vagas reservadas para a Lei de Cotas, teríamos no máximo 50% de alunos de escola pública em determinado curso. Na prática, isso significa que a Lei de Cotas deixaria de ser um piso para a inclusão social e passaria a ser um teto.

Feres Júnior e Daflon (2014) observam que, em 11% dos cursos disponibilizados no Sisu 2014/1, a nota de corte dos cotistas foi mais elevada do que a da ampla concorrência – uma evidência de tal distorção. Utilizando dados do Sisu 2019/1, Bó e Senkevics (2023) estimam que 10,2% dos candidatos têm um comportamento compatível com escolhas estratégicas de concorrência e que cerca de 10.300 alunos foram reprovados injustamente, isto é, foram reprovados mesmo tendo uma nota média no Enem acima da nota de corte para uma categoria, nesse mesmo curso, para a qual o candidato poderia ter optado.

Aygün e Bó (2021) sugerem um novo mecanismo para que a escolha da categoria de concorrência não seja estratégica e para

9. Há ainda vagas destinadas a pessoas com deficiências (PCDs).

eliminar a possibilidade de reprovações injustas. Tal mecanismo se baseia em uma simples intuição: a declaração de uma característica expande o número de categorias nas quais o candidato pode concorrer, nunca restringe. Por exemplo, ao declarar ser de escola pública, um indivíduo pode continuar a concorrer pela categoria ampla concorrência, caso tenha notas para ser aprovado. A partir de simulações com dados do Sisu de 2019/1, Bó e Senkevics (2023) concluem que, quando comparado com a regra atual, o número de pretos, pardos e indígenas e de baixa renda aprovados aumentaria em +1,7% e +6,19% com a implementação do novo mecanismo.

Em suma, formuladores de políticas devem se preocupar não somente com o desenho das ações afirmativas, mas também com sua implementação e com as respostas comportamentais dos indivíduos perante as regras estabelecidas e os incentivos inesperados que elas geram. Uma compreensão ampla a respeito das consequências inesperadas revisadas nesta seção pode auxiliar futuros aperfeiçoamentos da Lei de Cotas de outras políticas de ação afirmativa.

9 CONCLUSÃO

As políticas de ação afirmativa foram implementadas nas universidades brasileiras desde o início dos anos 2000. A abrangência das políticas não apenas transformou o panorama do ensino superior brasileiro, mas também permitiu que uma rica literatura acadêmica em economia se desenvolvesse baseada nessas experiências.

Os estudos discutidos neste capítulo mostram que, além de alterarem o perfil dos matriculados das universidades, essas políticas geraram diversos incentivos e impactos muitas vezes não esperados. Além disso, os trabalhos sugerem alguns pontos de aperfeiçoamento das políticas para os próximos anos.

De maneira geral, as políticas de ação afirmativa aumentaram a diversidade do corpo discente das universidades e redistribuíram as vagas para alunos de nível socioeconômico relativamente mais baixo. O desenho da política importa e aquelas que incluem um componente racial são mais efetivas em aumentar a diversidade étnica das instituições do que políticas que focam apenas alunos oriundos do ensino médio público. Na maior parte dos casos, ainda que não em todos, as políticas geraram incentivos para que os beneficiários exercessem mais esforço para aceder ao ensino superior, potencialmente amplificando o efeito dos programas. Além disso, as políticas deram incentivos para que os alunos beneficiários escolhessem cursos mais competitivos e que estão associados a retornos mais altos no mercado de trabalho.

No entanto, o impacto de médio e longo prazo dessas políticas na mobilidade social depende de seus efeitos no desempenho acadêmico e laboral dos beneficiários. Apesar da existência de poucos estudos que conseguem analisar esses impactos, alguns fatos começam a aparecer. Ainda que os beneficiários das políticas possam ter um desempenho acadêmico menor na graduação, parece haver uma recuperação ao longo do curso. Além disso, o ganho obtido pelos beneficiários em termos acadêmicos e laborais parece ser superior às perdas eventualmente sofridas pelos não beneficiários, que em muitos casos são nulas. Finalmente, os impactos no mercado de trabalho são diversos, mas de maneira geral os ganhos para os beneficiários parecem superar as eventuais perdas para os alunos sem o benefício.

Finalmente, a literatura aponta para possíveis consequências inesperadas das políticas, com potencial de alterar não apenas a composição do ensino médio público e particular, mas até de influenciar a identificação racial dos indivíduos. Tais consequências sugerem alguns caminhos para o aperfeiçoamento de políticas de ações afirmativas, que podem envolver, por exemplo, uma adaptação de sua implementação via Sisu e a regulamentação das comissões de heteroidentificação. Apesar da existência de claros pontos para aperfeiçoamento, a evidência aponta, de forma contundente, que as políticas de ação afirmativa no ensino superior brasileiro foram vitais para o aumento da equidade, sem a aparente imposição de custos em termos de eficiência.

REFERÊNCIAS BIBLIOGRÁFICAS

ARCIDIACONO, P. *et al.* Does affirmative action lead to mismatch? A new test and evidence. **Quantitative Economics**, v. 2, n. 3, p. 303-333, 2011.

ARCIDIACONO, P.; LOVENHEIM, M.; ZHU, M.. Affirmative action in undergraduate education. **Annual Review of Economics**, v. 7, p. 1, p. 487-518, 2015.

ASSUNÇÃO, J.; FERMAN, B. Does affirmative action enhance or undercut investment incentives? Evidence from quotas in Brazilian public universities. Unpublished manuscript, 2015.

AYGÜN, O.; BÓ, I. College admission with multidimensional privileges: The Brazilian affirmative action case. **American Economic Journal**: Microeconomics, v. 13, n. 3, p.1-28, 2021.

BERTRAND, M.; HANNA, R.; MULLAINATHAN, S. Affirmative action in education: Evidence from engineering college admissions in India. **Journal of Public Economics**, v. 94, n. 1-2, p. 16-29, 2010.

BLACK, S. E.; SUFI, A. Who goes to college? Differential enrollment by race and family background. Working Paper 9310, **National Bureau of Economic Research**, 2002.

BÓ, I.; SENKEVICS, A. S. Proposta de alteração nas regras para ocupação das cotas no ingresso discente às instituições federais de educação superior. Unpublished manuscript, 2023.

BROTHERHOOD, L.; HERSKOVIC, B.; Ramos, J. Income-based affirmative action in college admissions. **The Economic Journal**, forthcoming. (*n.a.*)

CARD, D. The causal effect of education on earnings. v. 3, Part A of **Handbook of Labor Economics**, p. 1801-1863. Elsevier, 1999.

CHETTY, R.; HENDREN, N. The impacts of neighborhoods on intergenerational mobility I: Childhood exposure effects. **The Quarterly Journal of Economics**, v. 133, n. 3, p. 1107-1162, 2018.

COATE, S.; LOURY, G. C. Will affirmative-action policies eliminate negative stereotypes? **American Economic Review**, v. 83, n. 5, p. 1220-1240, 1993.

DE MICHELI, D. Racial reclassification and political identity formation. **World Politics**, v. 73, n. 1, p. 1-51, 2021.

ESTEVAN, F.; GALL, T.; MORIN, L.-P. Can affirmative action affect major choice? **The Institute for Economic Development Working Papers Series**, DP 324, Boston University, 2019a.

ESTEVAN, F.; GALL, T.; MORIN, L.-P. Redistribution without distortion: Evidence from an affirmative action program at a large Brazilian university. **Economic Journal**, v. 129, n. 619, p. 1182-1220, 2019b.

ESTEVAN, F.; RIBEIRO, A. T. Long-term outcomes of affirmative action: Evidence from a selective law school in Brazil. Unpublished manuscript, 2019.

FERES JÚNIOR, J.; DAFLON, V. T. Políticas da igualdade racial no ensino superior. **Cadernos do Desenvolvimento Fluminense**, 5, p. 31-43, 2014.

FRANCIS, A. M.; TANNURI-PIANTO, M. Using Brazil's racial continuum to examine the short-term effects of affirmative action in higher education. **Journal of Human Resources**, v. 47, n. 3, p. 754-784, 2012.

FRANCIS, A. M.; TANNURI-PIANTO, M. Endogenous race in Brazil: Affirmative action and the construction of racial identity among young adults. **Economic Development and Cultural Change**, v. 61, n. 4, p. 731-753, 2013.

FRANCIS, A. M.; TANNURI-PIANTO, M. Black Movement: Using discontinuities in admissions to study the effects of college quality and affirmative action. **Journal of Development Economics**, v. 135, p. 97-116, 2018.

FRYER, R.; LOURY, G. C. Affirmative action and its mythology. **Journal of Economic Perspectives**, v. 19, n. 3, p. 147-162, 2005.

HAVEMAN, R.; WOLFE, B. Schooling and economic well-being: The role of nonmarket effects. **The Journal of Human Resources**, v. 19, n. 3, p. 377-407, 1984.

HECKMAN, J. J. Policies to foster human capital. **Research in Economics**, v. 54, n. 1, p. 3-56, 2000.

HOLZER, H.; NEUMARK, D. Assessing affirmative action. **Journal of Economic Literature**, v. 38, n. 3, p. 483-568, 2000.

MACHADO, C.; REYES, G.; RIEHL, E. The direct and spillover effects of large-scale affirmative action at an elite Brazilian university. **Journal of Labor Economics**, forthcoming. (*n.a.*)

MACHADO, C.; SZERMAN, C. Centralized college admissions and student composition. **Economics of Education Review**, v. 85, n. 102184, 2021.

MELLO, U. Centralized admissions, affirmative action, and access of low-income students to higher education. **American Economic Journal**: Economic Policy, v. 14, n. 3, p. 166-197, 2022.

MELLO, U. Affirmative action and the choice of schools. **Journal of Public Economics**, v. 219, n. 104824, 2023.

MELLO, U.; MELO, A. P. Affirmative action and demand for schooling: Evidence from nationwide policies. Unpublished manuscript, 2023.

MELO, A. P. Affirmative action, college access and major choice. Unpublished manuscript, 2022.

OLIVEIRA, R.; SANTOS, A.; SEVERNINI, E. R. Bridging the gap: Mismatch effects and catch-up dynamics in a Brazilian college affirmative action. Working Paper 31403, **National Bureau of Economic Research**, 2023.

OTERO, S.; BARAHONA, N.; DOBBIN, C. Affirmative action in centralized college admission systems: Evidence from Brazil. Unpublished manuscript, 2021.

RACUSEN, S. Fictions of identity and Brazilian affirmative action. **National Black Law Journal**, v. 21, n. 3, p. 1-50, 2009.

SANTOS, S. A. dos. Mapa das comissões de heteroidentificação étnico-racial das universidades federais brasileiras. **Revista da Associação Brasileira de Pesquisadores(as) Negros(as)** (ABPN), v. 13, n. 36, p. 365-415, 2021.

SCHOTTER, A.; WEIGELT, K. Asymmetric tournaments, equal opportunity laws, and affirmative action: Some experimental results. **Quarterly Journal of Economics**, v. 107, n. 2, p. 511-539, 1992.

SENKEVICS, A. S. De brancos para negros? Uma análise longitudinal da reclassificação racial no Enem 2010-2016. Dados, v. 65, n. 3, p. 1-40, 2022.

SENKEVICS, A. S.; MELLO, U. M. Balanço dos dez anos da política federal de cotas na educação superior (Lei nº 12.711/2012). Cadernos de Estudos e Pesquisas em Políticas Educacionais — INEP, n. 6, p. 209-232, 2022.

VIEIRA, R. S.; ARENDS-KUENNING, M. Affirmative action in Brazilian universities: Effects on the enrollment of targeted groups. **Economics of Education Review**, v. 73, n. 101931, 2019.

VAGAS

CAPÍTULO 11

ACESSO E DISCRIMINAÇÃO RACIAL NOS SERVIÇOS DE SAÚDE NO BRASIL

RONY COELHO[1],
MANUEL MAHOCHE[2],
HELENA ARRUDA[3] E
LEONARDO ROSA[4]

Acesso e discriminação nos serviços são dois temas cruciais às políticas públicas de saúde e objetos em constante debate. A Política Nacional de Saúde Integral da População Negra (PNSIPN) reconhece o racismo como um determinante social da saúde e como uma barreira de acesso (Brasil, 2009). Assim como o fazem o Ministério da Saúde (MS), por meio da Comissão Nacional de Determinantes Sociais (CNDSS, 2008), e a Organização Mundial da Saúde (Solar e Irwin, 2010) ao preconizar cor/raça e etnia como fatores a serem considerados nas condições de vida, cultura e trabalho das pessoas e, portanto, nas condições que afetam os estados de saúde e bem-estar.

1. Doutor em Ciência Política, pesquisador no Instituto de Estudos para Políticas de Saúde (IEPS).
2. Doutorando em Epidemiologia, Universidade de São Paulo.
3. Mestra em Administração Pública e Governo, pesquisadora no Instituto de Estudos para Políticas de Saúde (IEPS).
4. Doutor em Educação, pesquisador no Instituto de Estudos para Políticas de Saúde (IEPS).

As relações entre fatores étnico-raciais, sempre abordadas do ponto de vista sociológico e não biológico (Hitta, 2017), e saúde são fundamentadas tanto na ciência, especialmente nos campos da saúde pública, coletiva e da epidemiologia, cujas pesquisas ganharam maior corpo a partir da década de 1990 (Williams, 1996; Krieger 2000; Neighbors *et al.* 2022), quanto nas reinvindicações de atores da sociedade civil e movimentos sociais negros. Esses movimentos foram particularmente importantes no Brasil ao mobilizarem pautas coletivas por mais cuidados à saúde de indivíduos historicamente racializados, que frequentemente também pertencem a populações vulnerabilizadas do ponto de vista socioeconômico e que apresentam os piores indicadores de morbimortalidade (Oliveira, 2001; Souzas, 2005; Maio; Monteiro, 2005; Batista; Werneck; Lopes, 2012; Werneck, 2016).

Após (e a despeito de) serem lançadas muitas dúvidas sobre os estudos pioneiros que colocavam a raça como condicionante da saúde, houve aumento significativo de publicações com o uso desse recorte a partir das três últimas décadas no meio acadêmico. A propósito, mais recentemente, tanto em âmbito nacional (Santos *et al.*, 2022; Coelho; Barbosa, no prelo) quanto internacional (Flanagin *et al.*, 2021; Editorial [Lancet], 2022; Editorial [Nature], 2023), tem sido reconhecida e reforçada a importância da classificação étnico-racial como uma categoria essencial para melhor compreensão das particularidades dos determinantes da saúde em diversos contextos.

No Brasil, essas discussões se configuraram, preponderantemente, em torno do que se passou a denominar "campo de estudos sobre saúde da população negra", inicialmente formado, sobretudo, por pesquisadoras e pesquisadores negros (alguns deles acima citados). A emergência desse termo, saúde da população negra (SPN), constitui-se como fruto da ação coletiva de movimentos sociais, principalmente liderados por mulheres negras, em resposta aos árduos desafios enfrentados na rotina de cuidados perante os serviços de saúde (Souzas, 2005; Werneck, 2016).

Paulatinamente, esses grupos articularam reivindicações em parceria com gestores e pesquisadores, sendo esse processo fundamental à criação de uma "política racial" no âmbito da política pública de saúde (Maio; Monteiro, 2005), culminando na já citada PNSIPN, cujas diretrizes também se encontram incorporadas ao Estatuto da Igualdade Racial (Brasil, 2010). Em revisão sistemática sobre o assunto, Coelho e Barbosa (no prelo) argumentam que a expressão SPN se constitui como uma categoria originada a partir das demandas de atores sociais, que passou a nomear e orientar políticas públicas, além de se tornar um campo de discussão teórica, motivando debates científicos e acadêmicos relevantes no atual contexto.

A população negra brasileira, autodeclarada preta ou parda, tem sido objeto de investigação acadêmica na saúde devido às diferenças raciais observadas em diversos indicadores de morbimortalidade, mesmo quando ponderados fatores socioeconômicos e/ou outros aspectos demográficos e epidemiológicos. Seja, por exemplo, em relação a doenças crônicas, saúde da mulher, saúde infantil, saúde mental ou enfrentamento a violências.

De acordo com Souza (2021), a hipertensão arterial afeta cerca de 24,76% da população preta e parda a mais do que a população branca. Segundo Coelho *et al.* (2022), são observadas disparidades no atendimento pré-natal e na mortalidade materna entre mulheres negras e brancas. Na média do período 2014 a 2019, houve, aproximadamente, 15% mais mortes maternas de mulheres negras do que de brancas. O estudo de Rebouças *et al.* (2022) indica que crianças de mães pretas e pardas têm um risco 72% maior de mortalidade por diarreia em comparação com crianças de mães brancas.

Conforme o próprio Ministério da Saúde (Brasil, 2018), jovens negros apresentam um índice de suicídio 45% maior do que brancos. Por fim, o relatório do Fórum Brasileiro de Segurança Pública (FBSP, 2021) mostra que, em 2021, 78,3% das mortes violentas intencionais foram de pessoas negras, ao passo que apenas 21,7%

foram de brancas. Esses exemplos e estatísticas poderiam se estender para uma infinidade de outros indicadores. Hoje, a divulgação de dados de saúde com recorte racial é frequente na imprensa (*Folha de São Paulo*, 1/3/2023; *O Globo*, 5/6/21), indicando uma incipiente penetração do tema na opinião pública.

A crescente constatação de tal cenário de amplo desfavorecimento reforça a importância de políticas públicas de saúde específicas voltadas à população negra, tal qual preconiza a PNSIPN. Não obstante, é preciso reconhecer que, com "acertos e retrocessos" na implantação dos programas de saúde e na organização de seu sistema de saúde, o Brasil alcançou "o acesso quase universal" aos serviços para toda a população (Castro *et al.*, 2019).

De fato, para citar um único dado nessa direção que aqui nos interessa, para não se estender demasiadamente, um estudo do Instituto de Pesquisa de Economia Aplicada (IPEA) analisou as condições de acesso a estabelecimentos de saúde nas 20 maiores cidades brasileiras com enfoque sobre as desigualdades de acesso segundo renda e cor da população. Não foram encontradas diferenças substanciais nas distâncias percorridas nessas cidades para a população negra ou branca para se chegar a estabelecimentos de saúde de atenção básica (Tomasiello *et al.*, 2023, p. 18).

Ora, se do ponto de vista da estrutura espacial e da provisão de atenção primária à saúde as desigualdades tiveram suas barreiras de acesso reduzidas pela universalização do Sistema Único de Saúde (SUS), resta perguntarmos sobre a qualidade desse acesso e sobre a parcela da população ainda não incluída. Assim, o objetivo deste capítulo é analisar essas questões relacionando-as à discussão sobre discriminação nos serviços de saúde.

Argumentamos que os avanços e a universalização da saúde por meio do SUS reduziram as barreiras de acesso aos serviços básicos de saúde, mas, ao observar mais atentamente as desigualdades persistentes, verificamos que, entre a parcela que ainda apresenta dificuldades para acessar esses serviços, a população negra, especialmente a autodeclarada preta, apresenta os piores indicadores, mesmo quando ajustados por escolaridade e renda.

E não apenas isso: a população preta de ambos os sexos (homens e mulheres) sofre mais discriminação nos serviços de saúde em todos os quintis de renda, apesar dos diferentes padrões regionais. Esse quadro aponta para o desafio de melhorar a qualidade do atendimento e de como acolher essa população que se sente discriminada e, quiçá por esse motivo, deixa de buscar mais os serviços de saúde.

O assunto não é novo (Cobo *et al.*, 2021; Dantas *et al.*, 2019; Boccolini *et al.*, 2016; Dantas, 2019), entretanto, como dito no início, está em constante debate. Aqui apresentamos alguns achados distintos devido ao recorte adotado, possivelmente com ganhos incrementais à literatura.

Trataremos do atendimento ou não atendimento na primeira e na última vez que uma pessoa buscou uma consulta por um motivo de saúde, do momento de realização da última consulta e dos motivos de não procura de atendimento nos serviços de saúde no momento em que precisava, entre outros pontos, os quais serão tratados na segunda seção do capítulo. Na terceira, abordaremos a discriminação percebida nos serviços de saúde utilizando, além do recorte racial, aplicável para todos os casos, segmentação por sexo, quintis de renda e por macrorregiões do Brasil.

Para essas análises, utilizamos dados da Pesquisa Nacional de Saúde (PNS) dos anos 2019 e 2013 (IBGE, 2013 e 2019). A pesquisa é realizada pelo Instituto Brasileiro de Geografia e Estatística (IBGE) em parceria com o Ministério da Saúde (MS) e usa um desenho de amostra probabilística complexa para representar toda a população brasileira. Utilizamos, principalmente, estatísticas descritivas e regressões logísticas para reportar os resultados, por meio de tabelas de contingências e gráficos dos coeficientes. Outras especificações metodológicas serão fornecidas oportunamente no decorrer do texto.

Um dos limites desse trabalho, do ponto de vista metodológico, está relacionado aos questionários das PNSs cujas perguntas não estão presentes em ambas edições. Assim, utilizamos a edição de 2019 para tratar do acesso e a de 2013 para tratar da discriminação. Apesar disso, consideramos válida a análise pois, para aquilo que foi possível comparar, realizamos vários testes e constatamos poucas diferenças entre os dois anos.

Duas observações sobre esse ponto: primeira, privilegiamos o ano mais recente sempre que possível; segunda, é provável que poucas diferenças tenham sido notadas, pois a distância temporal entre as edições é relativamente pequena se pensarmos que as questões que estamos trabalhando envolvem transformações estruturais (Werneck, 2016).

Outro limite que há de se apontar é que essa análise é inicial e, portanto, não conclusiva. Os caminhos percorridos aqui servem como uma abertura ao diálogo com a literatura e para o estabelecimento de um delineamento inicial a uma agenda de pesquisa, que deve ter desdobramentos a partir dessas incursões iniciais.

O que pretendemos é apenas buscar contribuir para o debate sobre acesso e discriminação, adicionando algumas reflexões no campo de estudos de saúde da população negra.

1 ACESSO E UTILIZAÇÃO DOS SERVIÇOS DE SAÚDE

É praticamente consenso na literatura que o acesso da população aos serviços públicos básicos de saúde é um fator essencial na redução da prevalência de doenças e no aumento da expectativa de vida (Viacava *et al.*, 2018; Castro *et al.*, 2019). No Brasil, o SUS, que tem como princípios fundamentais a universalidade, a equidade e a integralidade da atenção à saúde, busca abranger todas as necessidades da população. Contudo, apesar dos avanços alcançados, o SUS ainda enfrenta desafios contínuos no planejamento da cobertura e na equidade dos serviços, visando combater as desigualdades, espaciais, socioeconômicas e raciais no acesso à assistência médica (Rocha, 2020; Castro *et al.*, 2019).

A Pesquisa Nacional de Saúde (IBGE, 2019), em seu questionário, pergunta sobre a utilização de serviços de saúde dos moradores do domicílio. Em especial, questiona se nas duas semanas anteriores à entrevista alguém no domicílio "procurou algum lugar, serviço ou profissional de saúde para atendimento relacionado à própria saúde". Caso a resposta seja sim, indaga se "na primeira vez que procurou atendimento de saúde [...] foi atendido(a)"? Também pergunta se conseguiu atendimento na última vez em que fez a procura e quando a pessoa entrevistada "consultou um médico pela última vez". As respostas a essas questões foram computadas, segundo raça/cor, conforme segue.

Figura 1. Procura de atendimento e última consulta realizada

	Branca[1,2]	Preta[1,2]	Parda[1,2]	p-valor[3]
Primeira procura				<0.001
Foi atendido	71 (69, 72)	74 (71, 76)	73 (71, 74)	
Foi reagendado	27 (26, 29)	24 (22, 26)	24 (23, 26)	
Não foi atendido	1.9 (1.6, 2.3)	2.6 (2.0, 3.4)	2.9 (2.6, 3.3)	
Última procura				<0.001
Foi atendido	93 (91, 94)	86 (81, 90)	88 (86, 90)	
Não foi atendido	7.0 (5.7, 8.8)	14 (10, 19)	12 (10, 14)	
Última consulta				<0.001
Nos 12 últimos meses	79 (79, 80)	75 (74, 76)	74 (73, 74)	
Mais de 1 ano	20 (20, 21)	24 (23, 25)	26 (25, 26)	
Nunca foi ao médico	0.3 (0.28, 0.40)	0.6 (0.48, 0.81)	0.6 (0.49, 0.63)	

[1] % [2]IC = Intervalo de Confiança [3] Teste qui-quadrado com correção de segunda ordem de Rao e Scott

Fonte: Elaborada a partir da PNS (2019).

Notas: A categoria "Mais de 1 ano", na seção "Última consulta", agrega as respostas "Mais de 1 ano a 2 anos", "Mais de 2 anos a 3 anos" e "Mais de 3 anos".

Os resultados apontam que, para o atendimento na primeira procura, há uma associação estatisticamente significativa[5] (p-valor < 0,001) entre essa variável e a etnia dos pacientes. A porcentagem dos atendidos na primeira consulta foi bastante próxima para brancos, pardos e pretos, respectivamente de 71%, 73% e 74% com intercruzamento dos intervalos de confiança, indicando pouca distinção na estimativa dessas porcentagens. Do mesmo modo, o número de casos em que houve reagendamento da consulta foi de 27% para brancos, 24% para pretos e pardos, também sem apresentar diferenças estatísticas significativas.

De modo geral, esses dados sugerem que a universalização do sistema de saúde propicia atendimento indiscriminadamente à maior parcela da população, conforme aponta parte da literatura (Boccolini *et al.*, 2016). Corrobora essa análise, embora focando outro aspecto do acesso, a distância dos serviços de saúde. Dados recentes de um estudo realizado por pesquisadores do Ipea demonstram não haver diferenças significativas na dimensão geográfico-espacial das desigualdades quando se considera o recorte racial. Segundo os autores desse estudo, mesmo "entre os mais pobres, a situação varia entre

◇◇◇◇◇◇

5. Para a construção desse teste utilizamos a função tbl_svysummary do pacote gtsummary, desenhada especificamente para calcular estatísticas descritivas levando em consideração os pesos e o design de pesquisas com amostras complexas, como a PNS, e sua configuração default. O teste qui-quadrado com correção de segunda ordem de Rao e Scott é um método estatístico comumente utilizado para avaliar a associação entre variáveis categóricas em um determinado conjunto de dados. Esse teste é especialmente útil ao analisar tabelas de contingência, nas quais os dados são tabulados cruzando-se a distribuição de uma variável categórica em relação à outra. O teste avalia se existe uma relação ou associação significativa entre as duas variáveis categóricas em análise. Ele funciona comparando as frequências observadas dos dados com as frequências esperadas, assumindo que as variáveis são independentes (ou seja, não há associação entre elas). Se as frequências observadas diferem significativamente das frequências esperadas, isso indica que as variáveis estão provavelmente associadas. A correção de segunda ordem, proposta por Rao e Scott, ajuda a corrigir possíveis vieses e a melhorar a precisão do teste quadrado ao analisar amostras pequenas ou células com frequências esperadas baixas. Essa correção aprimora a confiabilidade dos resultados obtidos pelo teste.

cidades, mas, em geral, a desigualdade entre brancos e negros é pequena" (Tomasiello *et al.*, 2023, p. 18).[6]

Não obstante, observa-se, ainda conforme a Figura 1, que o número de pacientes pretos que não foi atendido (2,6%) é aproximadamente 1,37 vez maior do que o de pacientes brancos não atendidos (1,9%). Além disso, o número de pacientes pardos não atendidos (2,9%) é aproximadamente 1,53 vez maior do que o de pacientes brancos não atendidos (1,9%). Depreende-se, portanto, que, embora o sistema possa ser considerado universalizado, há indicativos de que ainda persistem desigualdades raciais dentre os que não tiveram atendimento na primeira procura.

A PNS também questiona o número de vezes que o indivíduo buscou atendimento, caso não tenha conseguido na primeira consulta, e se foi atendido na última vez que buscou esse atendimento. Em relação ao número de vezes (não reportado graficamente aqui), não encontramos distinções pelo recorte racial. Até 75% das pessoas, de todas as categorias, reportaram que não voltaram a procurar atendimento (0 vez) ou voltaram apenas uma (1) vez. O número máximo de vezes reportadas foi de 14 para brancas e pardas e 11 para pretas. A média ficou abaixo de 1 para todos os casos (respectivamente, 0,76, 0,85 e 0,71) e o desvio padrão pouco acima de 1 (respectivamente, 1,04, 1,37 e 1,01). Se em relação ao número de vezes que retomou a busca de atendimento, pelo mesmo motivo de saúde, não houve diferenciações, ao examinarmos se houve atendimento na última vez que buscou esse serviço (Figura 1), observamos que a proporção foi de 93% para pessoas brancas, 86% para pretas e 88% para pardas.

Em contraste, a proporção de indivíduos que não foram atendidos na última busca por atendimento foi de 7% para pessoas

◇◇◇◇◇◇

6. Isso é válido para os serviços de atenção básica, os quais são o foco deste capítulo. Tomasiello et al. (2023) apontam, no entanto, que há marcantes desigualdades intraurbanas nas condições de acesso a serviços de saúde de alta complexidade.

brancas, 14% para pretas e 12% para pardas. Os resultados revelam diferenças estatisticamente significativas entre esses grupos. Ou seja, infere-se que pretos tiveram cerca de duas vezes mais ocorrências de não atendimento mesmo na última procura do que brancos, enquanto pardos tiveram cerca de 1,7 vez mais dessas ocorrências do que brancos.

Esses dados são condizentes com o que grande parte das pesquisas do "campo de estudos sobre saúde da população negra" registra, que há, sim, disparidades no acesso. Conforme a revisão sistemática de Silva *et al.* (2020), a população negra enfrenta inúmeros obstáculos quando se trata de acesso e adesão aos serviços de saúde, devido a diversos fatores que resultam em oferta inadequada de atendimento, incluindo questões estruturais, desafios sociais e econômicos, abordagens inadequadas por parte dos profissionais de saúde e falta de respeito à diversidade religiosa e cultural.

Embora não reportada aqui de forma gráfica, analisamos também os motivos do não atendimento por meio da questão "por que motivo não foi atendido(a) na primeira vez que procurou atendimento de saúde nas duas últimas semanas", fundamental para a compreensão das razões pelas quais o acesso não foi possível e não se concretizou. Entre os principais motivos estão "não conseguiu vaga nem pegou senha", "não tinha médico ou dentista atendendo" e "esperou muito e desistiu", sendo, na média, cerca de 40%, 31% e 10% dos respondentes, respectivamente.

Não foram observadas significâncias estatísticas entre esses motivos e a etnia dos pacientes. De toda forma, essa questão identifica as principais barreiras enfrentadas pela população na busca de assistência médica e o estudo desses dados pode informar políticas públicas e estratégias de intervenção destinadas a reduzir essas barreiras e promover cuidados de saúde equitativos e inclusivos para todos.

Analisando a questão sob outro ângulo, é útil a pergunta da PNS relativa à última vez que o entrevistado consultou um médico. Nesse caso, também há uma associação estatisticamente significativa (p-valor < 0,001, *cf.* nota 1) entre o intervalo da última consulta e a etnia dos pacientes. A maior parte dos pacientes, sejam eles brancos, pardos ou pretos, teve sua última consulta nos últimos doze meses, com porcentagens, respectivamente, de 79%, 74% e 75%. Já o número de pacientes que fizeram sua última consulta há mais de um ano foi maior para os grupos étnicos preto (24%) e pardo (26%) em comparação com o grupo branco (20%).

Entretanto, o que sobressai é a proporção de pacientes que nunca foi ao médico: 0,3% para brancos e 0,6% para pretos e pardos. Isso significa que pretos e pardos têm duas vezes mais chance de nunca terem ido ao médico em comparação aos brancos. Ou, dito de outra forma, a probabilidade de um paciente negro nunca ter consultado um médico é o dobro da probabilidade de um paciente branco nesta estimativa.

Mais uma vez, esses dados projetados para o conjunto da população brasileira reforçam o que uma série de estudos de casos sobre saúde da população negra já demonstraram. Dessa forma, é possível sustentar que a raça é uma preditora do não acesso aos serviços de saúde, leia-se, constitui-se como um fator explicativo para o acesso desigual a serviços de saúde. Conforme Krieger (2011) e Galvão *et al.* (2021), o marcador racial é um dos determinantes estruturais que levam à menor priorização no atendimento e à negligência de problemas de saúde de grupos específicos.

E quanto aos fatores de renda e escolaridade? Para exemplificar essa questão, na Figura 2, mostramos o efeito da variável raça/cor na probabilidade de não ter sido atendido na primeira procura e na de nunca ter consultado um médico, controlando por esses fatores.

No caso da probabilidade de não ter recebido atendimento na primeira procura, os resultados não foram estatisticamente significativos para pretos, mas o foram para pardos, considerando brancos

Figura 2. Não foi atendido na primeira consulta e nunca consultou um médico

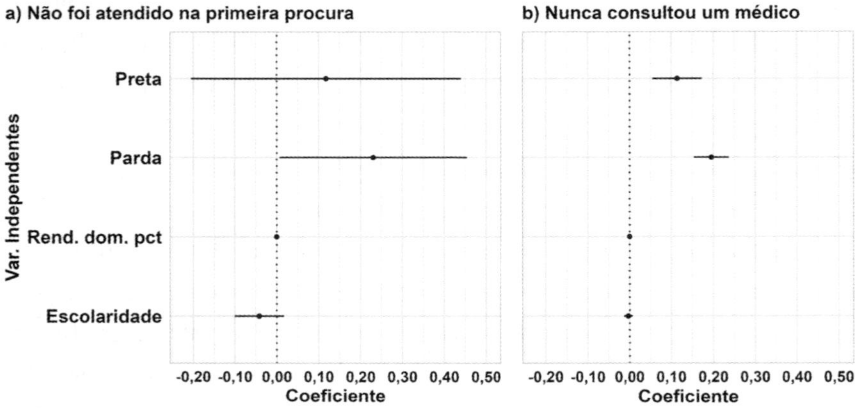

Fonte: Elaborada a partir da PNS (2019).

como referência. O coeficiente estimado para pessoas pretas é de 0,117 (p-valor = 0,476). Isso quer dizer que, em comparação com os indivíduos brancos, os pretos têm uma probabilidade de 11,7% maior de não serem atendidos na primeira procura, representando essa apenas uma evidência sugestiva. Já para pardos, o coeficiente estimado é de 0,231 (p-valor = 0,0437), indicando que essas pessoas têm uma probabilidade 23,1% maior de não serem atendidas na primeira procura em comparação com os brancos.

No caso de nunca ter consultado um médico, podemos observar que pessoas "pretas" e "pardas" apresentam associações estatisticamente significativas quando controladas por escolaridade e renda. Para indivíduos pretos, identificou-se um aumento de aproximadamente 11,42% na probabilidade de nunca ter utilizado o serviço de saúde em relação aos brancos, ao passo que para pessoas pardas, esse aumento foi de aproximadamente 19,55%.

Assim, fica manifesto que os pardos e pretos têm probabilidade maior de não serem atendidos na primeira busca em relação aos brancos e de nunca terem consultado um médico, seja de modo sugestivo ou estatisticamente significativo. Obviamente, tal análise precisa e deve ser aprofundada. Contudo, esses resultados reforçam a existência de disparidades raciais e corroboram os achados da literatura acadêmica, especialmente a qualitativa, que demonstra como as desigualdades raciais podem afetar o acesso aos serviços de saúde.

Estudos anteriores demonstraram que indivíduos negros e pardos enfrentam barreiras no sistema de saúde brasileiro, incluindo a recusa de atendimento em unidades básicas de saúde, o que por sua vez pode levar a diagnósticos tardios e tratamentos inadequados (Massignam; Bastos; Nedel, 2015; Cobo *et al.*, 2021). Travassos e Martins (2004) sugerem que, para combater a discriminação racial nos serviços de saúde, é crucial implementar políticas públicas que promovam a equidade e a inclusão, além de programas de capacitação para profissionais de saúde, a fim de aumentar a consciência sobre a importância de oferecer um tratamento justo e livre de preconceitos a todos os pacientes, independentemente da sua origem étnico-racial (Dilélio, 2014).

Para aprofundar ainda mais a questão, na Figura 3 estão dispostos os motivos dados pela pessoa para não procurar atendimento quando precisava. O questionário da PNS (2019) pergunta "por que motivo não procurou serviço de saúde?" e elenca uma série de razões, incluindo a resposta "não houve necessidade". Excluindo-se essa resposta da análise, restam os motivos de não procurar atendimento quando houve necessidade.

Diversas respostas obtidas não demonstraram significância estatística nos dados observados, indicando não haver diferenças relevantes quando computadas pelo recorte racial. Essas respostas, com base nos intervalos de confiança, incluem "não tinha dinheiro", "o estabelecimento não possuía especialista compatível com suas necessidades", "o local de atendimento era distante ou teve dificuldade de transporte", "outro motivo", "horário incompatível" e "o atendimento é muito demorado".

Figura 3. Motivos da não procura de atendimento quando precisava

	Branca[1,2]	Preta[1,2]	Parda[1,2]	p-valor[3]
Respostas				<0.001
Greve nos serviços de saúde	1.5 (0.80, 2.6)	3.4 (1.8, 6.3)	1.4 (0.89, 2.2)	
Horário incompatível	18 (14, 22)	14 (11, 18)	14 (12, 16)	
Não gostava dos profissionais do estabelecimento	1.9 (1.4, 2.7)	5.8 (3.4, 9.6)	3.6 (2.7, 4.7)	
Não tinha dinheiro	16 (13, 19)	14 (12, 18)	19 (17, 22)	
Não tinha quem o(a) acompanhasse	1.5 (0.96, 2.4)	3.6 (1.9, 6.7)	1.3 (0.91, 1.8)	
O atendimento é muito demorado	26 (23, 30)	21 (17, 25)	24 (21, 26)	
O estabelecimento não possuía especialista compatível com suas necessidades	13 (10, 16)	15 (12, 19)	12 (11, 14)	
O local de atendimento era distante ou teve dificuldade de transporte	8.9 (7.2, 11)	10.0 (7.8, 13)	12 (11, 14)	
Outro motivo	14 (11, 17)	13 (9.7, 17)	12 (10, 14)	

1 % 2 IC = Intervalo de Confiança 3 Teste qui-quadrado com correção de segunda ordem de Rao e Scott

Fonte: Elaborada a partir da PNS (2019).

Essas duas últimas categorias, incompatibilidade de horários e tempo de espera, merecem breve menção por apresentarem altas porcentagem de respostas, ainda que não indiquem diferenças entre os grupos raciais. Para as pessoas brancas, a soma das duas categorias, "horário incompatível" e "o atendimento é muito demorado" representa um total de 44%. Já para as pardas e pretas, somam, respectivamente, 35% e 38%. Ou seja, as respostas ficaram com valor relativamente alto nessas categorias, para todas as pessoas, se comparadas aos demais motivos.

Não obstante, e isso é o mais importante, encontramos significativas diferenças nas percepções dos três grupos raciais em relação aos profissionais de saúde do estabelecimento. Os dados revelam que 1,9% dos indivíduos brancos expressaram descontentamento com os profissionais de saúde, ao passo que esse percentual foi mais elevado entre os pardos, atingindo 3,6%, e ainda maior para pretos, alcançando 5,8%, o que representa, respectivamente, cerca de 1,9 e 3 vezes mais do que os brancos. Os intervalos de confiança mostram que essas diferenças são estatisticamente significantes, o que sugere que as percepções negativas sobre os profissionais de saúde variaram consideravelmente entre os diferentes grupos raciais, potencialmente influenciando os padrões de busca de atendimento nesses grupos. Isso reforça, por um lado, e corrobora, por outro, os dados sobre discriminação que serão apresentados e discutidos adiante, na seção 2.

Conforme demonstra a literatura, as disparidades étnico-raciais na utilização de serviços de saúde são um fenômeno complexo, influenciado por fatores não só biológicos, mas sociais e psicológicos (Sealy-Jefferson, 2015). No plano internacional, há bastantes pesquisas sobre a concordância racial entre pacientes e médicos e, no geral, os resultados têm sido associados a uma melhor satisfação do paciente e da resolutividade dos problemas de saúde. A concordância racial diz respeito a quando médicos e pacientes pertencem a uma mesma categoria racial.

Um experimento conduzido nos EUA mostrou que homens negros atendidos por médicos negros concordavam com serviços preventivos mais invasivos do que aqueles atendidos por médicos não negros. E esse efeito parece ser impulsionado por uma comunicação melhor e mais confiança (Torres, 2018).

Outra pesquisa (Jetty *et al.*, 2022) avaliou o impacto da concordância racial no uso e gastos com saúde dentro de cada grupo étnico racial. Encontrou resultados que reforçam o corpo de evidências que sustentam a hipótese de que a concordância racial contribui para uma relação terapêutica mais eficaz e melhoria dos cuidados de saúde. Jetty *et al.* (2022) sugerem ainda a necessidade de educação médica para lidar com a diversidade cultural e a importância de diversificar a força de trabalho em saúde.

Aliás, essa sugestão vai ao encontro do que sugere a PNSIPN, como será discutido na próxima seção. Segundo a Demografia Médica de 2023 (Scheffer, 2023), em 2019, entre os estudantes de medicina no primeiro ano, a ampla maioria (69,7%) era branca. A formação de mais profissionais negros na área da saúde e com currículo mais voltado à diversidade parece ser crucial para o combate à discriminação.

2 DISCRIMINAÇÃO NOS SERVIÇOS

A discriminação racial nos serviços de saúde é objeto frequente de pesquisas (Dantas, 2019; Dantas *et al.*, 2019; Rosa, 2018; Ferreira *et al.*, 2021; Camelo, 2022). A PNS, edição de 2013 (não se repetiu em 2019), perguntou, especificamente, sobre diversos tipos de discriminação nos serviços de saúde, incluindo a discriminação racial: "o(a) sr.(a) já se sentiu discriminado(a) ou tratado(a) pior do que as outras pessoas no serviço de saúde, por algum médico ou outro profissional de saúde por motivo de", seguido das alternativas presentes da Figura 4.

Boccolini *et al.* (2016) avaliaram essa questão e reportaram que a discriminação foi relatada por 10,5% da população brasileira, sendo a falta de dinheiro (5,7%) e classe social (5,6%) as mais

Figura 4. Tipos de discriminação no serviço de saúde, segundo raça/cor

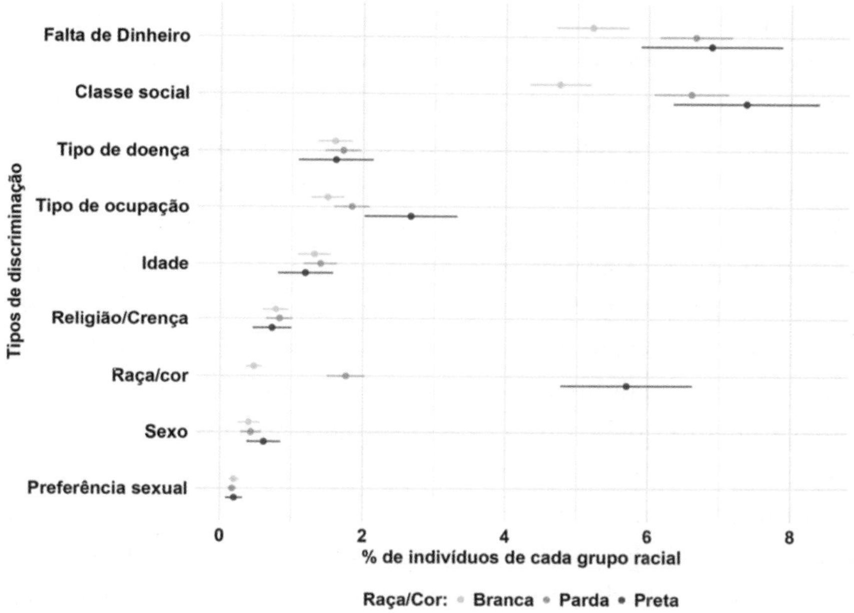

Fonte: Elaborada a partir da PNS (2013).

frequentemente causas apontadas. Para discriminação por cor/raça, encontraram um valor relativamente baixo, de 1,4% da população brasileira. Outro estudo, de Dantas *et al.* (2019, p. 9), também identificou que "a discriminação por raça/cor praticada por prestadores de cuidados de saúde no Brasil apresenta baixa prevalência". De fato, ao analisar os dados sem desagregação racial, esses são os números observados. Não obstante, ao analisar as discriminações percebidas por cada categoria racial, é possível uma leitura distinta.

Nesse recorte, a discriminação relatada em virtude da raça/cor tem estimativas de proporções baixas para brancos e pardos, respectivamente, 0,47% e 1,7% da população brasileira pertencentes a cada uma dessas categorias. Porém, apresenta uma proporção consideravelmente mais alta para pessoas pretas, de 5,70%. Isso sugere que pessoas pretas enfrentam uma proporção de discriminação racial significativamente maior quando comparadas às proporções de pessoas brancas ou pardas por esse mesmo motivo. Ademais, pretos e pardos ainda enfrentam maior proporção de discriminação por falta de dinheiro e classe social do que brancos.

Para pessoas brancas, as maiores proporções de discriminação estão relacionadas à questão financeira (falta de dinheiro e classe social) ao passo que para pessoas negras (pretas e pardas), especialmente as autodeclaradas pretas, há uma sobreposição de discriminações. Esses dados são condizentes tanto com grande parte das pesquisas qualitativas do campo de estudos sobre saúde da população negra quanto com resultados de pesquisas internacionais (Burgess *et al.*, 2008; Weech-Maldonado *et al.*, 2012).

Também representam, em certa acepção, o que o sociólogo Carlos Hasenbalg (2005) designou como "acúmulos de desvantagens" ou "ciclo de desvantagens cumulativas". Esses termos referem-se ao fenômeno de que grupos sociais enfrentam múltiplas formas de desvantagem e discriminação em várias áreas da vida. Isso ocorre devido à intersecção de fatores como raça, classe social, gênero e outras categorias sociais, resultando em uma acumulação de barreiras que dificultam o acesso a bens e serviços e enfatiza como as desigualdades são entrelaçadas e se reforçam mutuamente, amplificando as disparidades existentes e perpetuando a marginalização.

A percepção da discriminação racial nos serviços de saúde para pessoas pretas é persistente e se mantém para todos os quintis de renda e para ambos sexos. No gráfico abaixo (Figura 5), é notável que as porcentagens para cada faixa de renda para pessoas pretas são consideravelmente maiores do que para as demais categorias raciais. E isso para ambos os sexos. Para os homens pretos, a proporção de discriminação racial é substancialmente maior em todas as faixas de renda, variando de 4,43%, entre os 20% mais pobres (Q.1) até 6,36%, entre os 20% mais ricos (Q.5). Já para os brancos e pardos, esses números variam, respectivamente, de 0,61% para 0,68% e de 1,06% para 1,59%.

Mulheres pretas também apresentaram proporções mais altas de discriminação racial em todos os quintis de renda, variando de 8,36% entre as mais pobres (Q.1) a 4,62% entre as mais ricas (Q.5). Mulheres brancas e pardas têm proporções consideravelmente menores, variando de 0,65% a 0,28% para brancas, e de 3,09% a 1,39% para pardas.

Entre os homens pretos, a maior proporção dos que se sentem discriminados são de pessoas de mais elevado nível de renda e, entre as mulheres, são as de mais baixo nível de renda.

Figura 5. Discriminação racial por renda e sexo

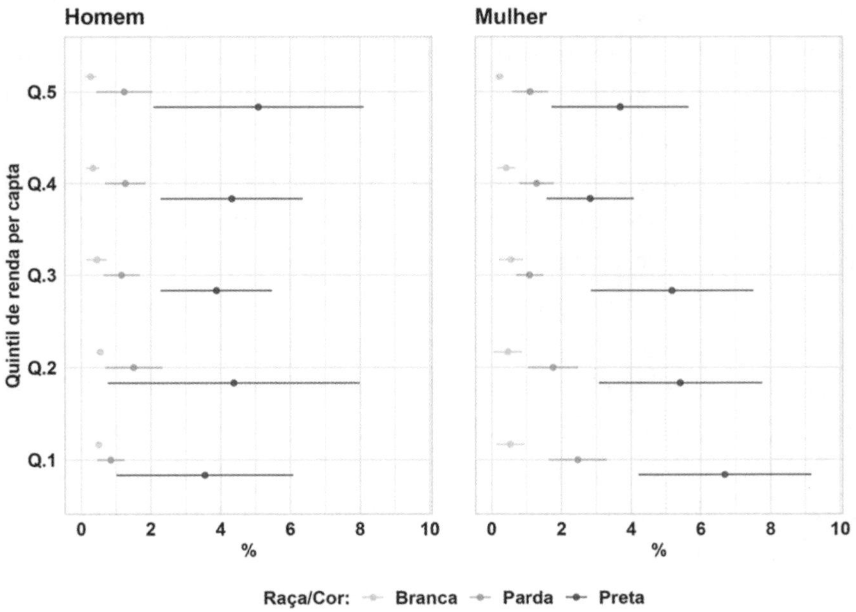

Fonte: Elaborada a partir da PNS (2013).

Considerando especialmente as mulheres pretas de baixa renda, a perspectiva interseccional é essencial para compreender as múltiplas dimensões da discriminação na saúde. Conforme Santos e da Silva (2022), mulheres negras, por exemplo, podem enfrentar discriminação tanto por questões de gênero quanto de raça, sofrendo uma "dupla penalidade" que afeta sua experiência nos serviços de saúde.

É fundamental, portanto, que as políticas públicas e a formação de profissionais de saúde abordem essas questões complexas para promover a equidade no acesso e no cuidado em saúde (Vigano *et al.*, 2019). Aliás, a PNSIPN (Brasil, 2009) prevê a "inclusão dos temas Racismo e Saúde da População Negra nos processos de formação e educação permanente dos trabalhadores da saúde e no exercício do controle social na saúde" e estabelece que busca garantir a inserção do tema "nos processos de formação profissional e educação permanente de trabalhadores da saúde, em articulação com a Política Nacional de Educação Permanente em Saúde", reforçando o caráter fundamental da formação profissional para melhor acolhimento das pessoas discriminadas.

Para finalizar, consideramos pertinente fazer o exercício de analisar o nível de discriminação por regiões do país. Nesse caso, a fim de calcular a razão, agregamos as categorias pretas e pardas na categoria negra para trabalharmos com duas categorias, branca e negra, a fim de facilitar a análise. Abaixo apresentamos as porcentagens declaradas de discriminação para todas as cinco macrorregiões brasileiras e a razão entre negros e brancos.

Na região Norte, a porcentagem de discriminação racial é de 1,13% para a população branca e 2,60% para a população negra, resultando em uma razão de 2,3. No Nordeste, a porcentagem de discriminação racial é de 0,37% para a população branca e 2,07% para a população negra, com uma razão de 5,5. Isso significa que,

Figura 6. Discriminação por regiões

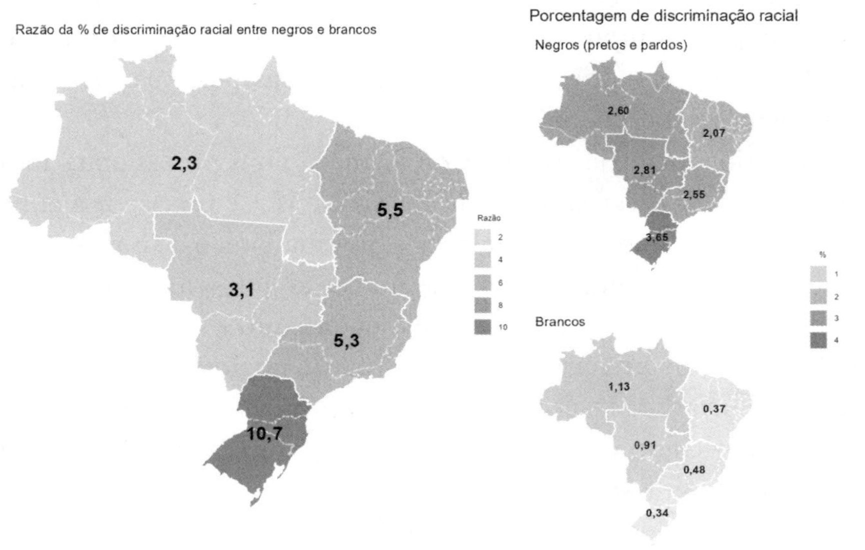

Fonte: Elaborada a partir da PNS (2013).

na região Norte, negros autorrelataram discriminação racial 2,3 vezes mais do que brancos; na região Nordeste, 5,5 vezes mais.

No Centro-Oeste, a porcentagem de discriminação racial é de 0,915% para a população branca e 2,81% para a população negra, resultando em uma razão de 3,1. Na região Sudeste, a porcentagem de discriminação racial é de 0,48% para a população branca e 2,55% para a população negra, resultando em uma razão de 5,3. Por fim, na região Sul, a porcentagem de discriminação racial é de 0,34% para a população branca e 3,65% para a população negra, resultando uma razão de 10,7. Isso quer dizer que, nessa região, negros relataram 10 vezes mais sofrer discriminação nos serviços de saúde do que brancos.

A escassez de análises aprofundadas sobre a percepção da discriminação racial por regiões no Brasil limita a maior compreensão das discrepâncias identificadas, as quais podem derivar de desigualdades históricas, demográficas e sociais. É preciso mais investigações para compreender melhor os mecanismos pelos quais são manifestadas essas discriminações percebidas pelos usuários nas diferentes regiões do país.

Anteriormente, já tratamos da formação dos profissionais médicos, tal qual preconizada pela PNSIPN. Mas é preciso ir além e indagar como podemos fortalecer o Sistema Único de Saúde para que ele se torne verdadeiramente universal, integral e equitativo, garantindo acesso e qualidade de atendimento a todos, independentemente de origem étnico-racial ou de qualquer outra forma de diferenciação. Diagnosticar alguns padrões dessa discriminação racial, como buscamos fazer aqui, parece ser um primeiro passo nessa direção.

3 CONSIDERAÇÕES FINAIS

As análises e reflexões realizadas neste capítulo destacam a importância de pesquisas sobre a exclusão e as desigualdades no acesso e na utilização dos serviços de saúde, especialmente quando observadas a partir da perspectiva racial. A análise dos dados revelou que a percepção de raça/cor é uma preocupação mais proeminente para pessoas não brancas, especialmente para as autodeclaradas pretas, e essa característica permanece mesmo quando comparamos pessoas com renda e escolaridade similares.

Enfrentar as desigualdades raciais em saúde é um desafio complexo que requer uma abordagem integrada e colaborativa, que possa garantir o acesso equitativo aos serviços de saúde e promover ações para combater o racismo institucional e estrutural. Embora o SUS tenha conquistado grandes avanços no sentido de reduzir as barreiras de acesso, sua "quase universalização" ainda deixa de fora parte da população, que merece atenção. A efetiva implementação da PNSIPN, que depende de políticas de incentivo para adesão dos municípios, pode representar um avanço significativo nessa direção do reconhecimento do racismo como determinante social da saúde, ao direcionar ações para combatê-lo no âmbito dos serviços básicos de atendimento à saúde.

Pesquisas contínuas e análises mais aprofundadas são fundamentais para melhor compreender como se estruturam as desigualdades raciais em saúde. É fundamental que gestores, pesquisadores, profissionais de saúde e a sociedade em geral trabalhem juntos para promover uma saúde mais equitativa e inclusiva. Somente por meio de esforços coletivos e políticas públicas sólidas podemos alcançar uma sociedade mais justa, igualitária e saudável para todos.

REFERÊNCIAS

BATISTA, L. E.; WERNECK, J.; LOPES, F. (org.) **Saúde da população negra**. 2ª ed. Brasília, DF: Associação Brasileira de Pesquisadores Negros, 2012.

BOCCOLINI, C. S. *et al.* Fatores associados à discriminação percebida nos serviços de saúde do Brasil: resultados da Pesquisa Nacional de Saúde, 2013. **Ciência & Saúde Coletiva**, v. 21, p. 371-378, 2016.

BRASIL. Lei nº 12.288, de 20 de julho de 2010. **Institui o Estatuto da Igualdade Racial.** Diário Oficial da União, Brasília, DF, 21 jul. 2010.

BRASIL. Ministério da Saúde (MS). Óbitos por suicídio em adolescentes negros, 2012-2016. Brasília, DF: Ministério da Saúde, 2018. Disponível em: https://bvsms.saude.gov.br/bvs/publicacoes/obitos_suicidio_adolescentes_negros_2012_2016.pdf. Acesso em: 1 ago. 2023.

BRASIL. Ministério da Saúde. Portaria GM/MS nº 992, de 13 de maio de 2009. **Institui a Política Nacional de Saúde Integral da População Negra**. Diário Oficial da União, Brasília, DF, 14 maio 2009.

BURGESS, D. J. *et al.*, The association between perceived discrimination and underutilization of needed medical and mental health care in a multi-ethnic community sample. **Journal of Health Care for the Poor and Underserved**, v. 19, n. 3, p. 894-911, 2008.

CAMELO, L. V. *et al.*, Racismo e iniquidade racial na autoavaliação de saúde ruim: o papel da mobilidade social intergeracional no Estudo Longitudinal de Saúde do Adulto (ELSA-Brasil). **Cadernos de Saúde Pública**, v. 38, p. e00341920, 2022.

CASTRO, M. C. *et al.* Brazil's unified health system: the first 30 years and prospects for the future. **The Lancet**, v. 394, n. 10195, p. 345-356, 2019.

CNDSS. Comissão Nacional dos Determinantes Sociais em Saúde. **As Causas Sociais das Iniquidades em Saúde no Brasil**. Rio de Janeiro: Editora Fiocruz, 2008.

COBO, B.; CRUZ, C.; DICK, P. C. Desigualdades de gênero e raciais no acesso e uso dos serviços de atenção primária à saúde no Brasil. **Ciência & Saúde Coletiva**, v. 26, p. 4021-4032, 2021.

COELHO, R. *et al.* Desigualdades raciais na saúde: cuidados pré-natais e mortalidade materna no Brasil, 2014-2020. IEPS, **Nota Técnica**, n, v. 27, 2022.

COELHO, R.; BARBOSA, G. O campo de estudos sobre saúde da população negra no Brasil. Uma revisão sistemática das últimas três décadas. **Revista Saúde e Sociedade,** Faculdade de Saúde Pública, USP, 2023 (no prelo).

DANTAS, M. N. P. *et al.* Prevalência e fatores associados à discriminação racial percebida nos serviços de saúde do Brasil. **Revista Brasileira em Promoção da Saúde**, v. 32, 2019.

DANTAS, M. N. P. **Iniquidades nos serviços de saúde brasileiros: uma análise do acesso e da discriminação racial a partir da Pesquisa Nacional de Saúde (PNS), 2013**. Dissertação de mestrado. Brasil, 2019.

DILÉLIO, A. S. *et al.* Padrões de utilização de atendimento médico-ambulatorial no Brasil entre usuários do Sistema Único de Saúde, da saúde suplementar e de serviços privados. **Cadernos de Saúde Pública**, v. 30, p. 2594-2606, 2014.

EDITORIAL. **Advancing racial and ethnic equity in health.** The Lancet, 400, 2022. Disponível em: https://www.thelancet.com/journals/lancet/article/PIIS0140-6736(22)02533-8/fulltext.

EDITORIAL. Why Nature is updating its advice to authors on reporting race or ethnicity. **Nature**, v. 616, n. 219, 2023. DOI: https://doi.org/10.1038/d41586-023-00973-7

FERREIRA, A. P. *et al.* Discriminação racial e saúde: ações dos profissionais de saúde na assistência à mulher em processo de abortamento provocado. **Ciência & Saúde Coletiva**, v. 26, p. 4623-4633, 2021.

FLANAGIN, A. *et al.* The reporting of race and ethnicity in medical and science journals: comments invited. **Jama**, v. 325, n. 11, p. 1049-1052, 2021.

FOLHA DE SÃO PAULO. Negros são as principais vítimas de acidentes de moto no Brasil, diz pesquisa. Cotidiano, São Paulo, 1 mar. 2023. Disponível em: https://www1.folha.uol.com.br/cotidiano/2023/03/negros-sao-as-principais-vitimas-de-acidentes-de-moto-no-brasil-diz-pesquisa.shtml. Acesso em: 1 ago. 2023.

FÓRUM BRASILEIRO DE SEGURANÇA PÚBLICA (FBSP). **Anuário Brasileiro de Segurança Pública 2021**. Disponível em: https://forumseguranca.org.br/wp-content/uploads/2021/10/anuario-15-completo-v7-251021.pdf. Acesso em: 1 ago. 2023.

GALVÃO, A. L. M. *et al.* Determinantes estruturais da saúde, raça, gênero e classe social: uma revisão de escopo. **Saúde e Sociedade**, v. 30, p. e200743, 2021.

HASENBALG, C. A. **Discriminação e desigualdades raciais no Brasil**. Belo Horizonte: Editora Humanitas, 2005.

HITA, M. G. (org). **Raça, racismo e genética em debates científicos e controvérsias sociais**. EDUFBA, 2017.

INSTITUTO BRASILEIRO DE GEOGRAFIA E ESTATÍSTICA (IBGE). **Pesquisa Nacional de Saúde 2013**. Disponível em: https://www.ibge.gov.br/estatisticas/sociais/saude/9160-pesquisa-nacional-de-saude.html?=&t=o-que-e. Acesso em: 1 ago. 2023.

INSTITUTO BRASILEIRO DE GEOGRAFIA E ESTATÍSTICA (IBGE). **Pesquisa Nacional de Saúde 2019**. Disponível em: https://www.ibge.gov.br/estatisticas/sociais/saude/9160-pesquisa-nacional-de-saude.html?=&t=o-que-e. Acesso em: 1 ago. 2023.

JETTY, A. *et al.* Patient-physician racial concordance associated with improved healthcare use and lower healthcare expenditures in minority populations. **Journal of Racial and Ethnic Health Disparities**, p. 1-14, 2022.

KRIEGER, N. **Epidemiologia e saúde da população: teoria e contexto**. Oxford University Press, 2011.

KRIEGER, N. Refiguring "Race": Epidemiology, Racialized Biology, and Biological Expressions of Race Relations, **International Journal of Health Services,** v. 30, n. 1, p. 211-216, 2000.

MAIO, M. C.; MONTEIRO, S. Tempos de racialização: o caso da 'saúde da população negra' no Brasil. **História, Ciências, Saúde** — Manguinhos, v. 12, n. 2, p. 419-446, mai./ago. 2005.

MASSIGNAM, F. M.; BASTOS, J. L. D.; NEDEL, F. B. Discriminação e saúde: um problema de acesso. **Epidemiologia e Serviços de Saúde**, v. 24, p. 541-544, 2015.

NEIGHBORS, H. W. *et al.* The contribution of research to racial health equity? Blame and responsibility in navigating the status quo of anti-black systemic racism. **Social Science Medicine**, p. 115209, 2022.

O GLOBO. **Morte de grávidas e puérperas por Covid-19 é 78% maior entre mulheres negras do que em brancas.** 5 jun. 2021. Disponível em: https://oglobo.globo.com/brasil/celina/morte-de-gravidas-puerperas-por-covid-19-78-maior-entre-mulheres-negras-do-que-em-brancas-1-25039347. Acesso em: 1 ago. 2023.

OLIVEIRA, B. M. C.; KUBIAK, F. Racismo institucional e a saúde da mulher negra: uma análise da produção científica brasileira. **Saúde em Debate**, v. 43, p. 939-948, 2019.

OLIVEIRA, F. *et al.* Política Nacional de Saúde da População Negra: uma questão de equidade. In: OLIVEIRA, F. **Saúde da população negra**. Brasília: Organização Pan-Americana da Saúde, v. 114, 2001.

OLIVEIRA, M. L. P. de; MENEGHEL, S. N.; B.; SOUZA, J. de. Modos de subjetivação de mulheres negras: efeitos da discriminação racial. **Psicologia & Sociedade**, v. 21, p. 266-274, 2009.

REBOUÇAS, P. *et al.* Ethnoracial inequalities and child mortality in Brazil: a nationwide longitudinal study of 19 million newborn babies. **The Lancet Global Health**, v. 10, n. 10, p. e1453-e1462, 2022.

ROCHA, R. A saúde na década de 2020: navegar é preciso. In: Giambiagi, F. (org.). **O Futuro do Brasil**. 1ª ed. São Paulo: GEN Atlas, 2020.

ROSA, P. L. F. S. **Desenvolvimento e validação do instrumento Percepção sobre Discriminação Racial Interpessoal nos Serviços de Saúde (DRISS).** 2018. Tese de Doutorado. Universidade de São Paulo.

SANTOS, F. B. dos; SILVA, S. L. B. da. Gênero, raça e classe no Brasil: os efeitos do racismo estrutural e institucional na vida da população negra durante a pandemia da Covid-19. **Revista Direito e Práxis,** v. 13, p. 1847-1873, 2022.

SANTOS, R. V. *et al.* Cabem recomendações para usos de "raça" nas publicações em saúde? Um enfático "sim", inclusive pelas implicações para as práticas antirracistas. **Cadernos de Saúde Pública**, v. 38, p. e00021922, 2022.

SCHEFFER, M. *et al.* **Demografia médica no Brasil 2023.** São Paulo, SP: FMUSP, AMB, 2023. 344 p. ISBN: 978-65-00-60986-8.

SEALY-JEFFERSON, S. *et al.* Racial and ethnic health disparities and the Affordable Care Act: a status update. **Journal of racial and ethnic health disparities,** v. 2, p. 583-588, 2015.

SILVA, N. N. da *et al.* Acesso da população negra a serviços de saúde: revisão integrativa. **Revista Brasileira de Enfermagem**, v. 73, 2020.

SOLAR, O.; IRWIN, A. A conceptual framework for action on the social determinants of health. **WHO Document Production Services**, 2010.

SOUZA, T. A. de. **Condições de saúde da população negra:** análise das desigualdades raciais nas doenças crônicas não transmissíveis e pandemia da Covid-19. Tese (Doutorado em Ciências da Saúde) — Universidade Federal do Rio Grande do Norte, 2021.

SOUZAS, R. A saúde da população negra: uma questão de direito e equidade. **Revista de Educação Popular**, Uberlândia, n.4, p. 94-102, jan./dez. 2005.

THEODORO, M. **A sociedade desigual:** racismo e branquitude na formação do Brasil. Editora Schwarcz-Companhia das Letras, 2022.

TORRES, N. Having a black doctor led black men to receive more effective care. **Harvard Business Review**, p. 10, 2018.

TRAVASSOS, C.; MARTINS, M. Uma revisão sobre os conceitos de acesso e utilização de serviços de saúde. **Cadernos de Saúde Pública**, v. 20, p. S190-S198, 2004.

VIACAVA, F. *et al.* SUS: oferta, acesso e utilização de serviços de saúde nos últimos 30 anos. **Ciência & saúde coletiva**, v. 23, p. 1751-1762, 2018.

VIGANO, S. de M. M.; LAFFIN, M. H. L. F. Mulheres, políticas públicas e combate à violência de gênero. **História** (São Paulo), v. 38, 2019.

WEECH-MALDONADO, R. *et al.* The relationship between perceived discrimination and patient experiences with health care. **Medical care**, v. 50, n. 9 0 2, p. S62, 2012.

WILLIAMS, D. R. Race/ethnicity and socioeconomic status: measurement and methodological issues. **International Journal of Health Services**, v. 26, n. 3, p. 483-505, 1996. Disponível em: http://www.jstor.org/stable/45130665.

WILLIAMS, D. R.; PRIEST, N. Racismo e Saúde: um *corpus* crescente de evidência internacional. **Sociologias**, v. 17, p. 124-174, 2015.

ZANELATTO, C. *et al.* **Influência das características do ambiente social na associação entre discriminação interpessoal e pressão arterial**. 2019.

CAPÍTULO 12

VIDAS NEGRAS IMPORTAM? DESIGUALDADES RACIAIS NA VIOLÊNCIA

ALISSON SANTOS[1],
DANIEL DUQUE[2],
MICHAEL FRANÇA[3],
ALYSSON PORTELLA[4] E
FILLIPI NASCIMENTO[5]

No dia 14 de março de 2018, o Brasil foi surpreendido com a notícia do assassinato de Marielle Franco, vereadora pelo município do Rio de Janeiro, ativista dos direitos humanos e mulher negra. Nascida e criada na favela da Maré, no Rio, Marielle era uma figura importante na luta pelos direitos das mulheres, da população negra, da comunidade LGBTQ+ e dos moradores de favelas e periferias. Sua voz era uma rara representação dessas comunidades na política brasileira. Sua morte, em um ataque a tiros que também vitimou seu motorista, Anderson

◇◇◇◇◇◇

1. Pesquisador-assistente do Neri e doutorando em Economia Aplicada pela UFRGS.
2. Pesquisador do Neri e doutorando em Economia pela Norwegian School of Economics.
3. Pesquisador no Insper e doutor em Teoria Econômica pela Universidade de São Paulo.
4. Pesquisador de pós-doutorado no Insper. Doutor em Economia dos Negócios pela mesma instituição.
5. Pesquisador-assistente do Neri e doutorando do programa de pós-graduação em Sociologia da Universidade Federal de Pernambuco.

Gomes, chocou o país e deu novos contornos ao debate sobre desigualdade racial e violência no Brasil.

A história de Marielle Franco é um lembrete doloroso da realidade enfrentada por grande parte da população negra no Brasil. Ela evidencia a desproporcionalidade racial nos indicadores de violência que assolam o país, cujas vítimas são principalmente pretas e pardas. O caso de Marielle, assim como o de tantos outros noticiados cotidianamente, ressalta a urgência de discussões mais aprofundadas e de iniciativas de enfrentamento dessa questão.

Para termos uma noção da dimensão do problema que enfrentamos, no ano de 2009, o Brasil alcançou a marca de 1 milhão de homicídios desde que o Ministério da Saúde (MS) iniciou sua contagem no final dos anos 1970. Naquele ano, o país registrava uma taxa de 27,2 homicídios para cada 100 mil habitantes, uma taxa considerada elevada segundo os parâmetros internacionais.

Em 2016, o Brasil chegou à marca dos 30 homicídios por 100 mil habitantes, chegando a superá-la no ano seguinte, alcançando uma taxa de 31,6, e, em 2020, ocupou a primeira posição no ranking dos países mais violentos do mundo.

Quando avaliamos o perfil da violência no Brasil entre os anos de 2010 e 2021, podemos perceber não somente um nível elevado e persistente de violência, mas também uma distância expressiva entre a taxa de homicídios de negros em relação à de indivíduos brancos. Como mostraremos a seguir, essa taxa entre negros chegar a ser o triplo da taxa entre brancos. Mas o que explica tal desigualdade entre as séries históricas relacionadas à violência entre esses grupos?

Nesse contexto, é preciso reconhecer a necessidade de um olhar investigativo sobre os aspectos raciais da violência no Brasil. Este capítulo busca mapear a evolução da violência brasileira, focando o viés racial, por meio dos dados consolidados pelo Sistema de Informação sobre Mortalidade do Ministério da Saúde, Sim-Datasus.

Também, para efeitos de consolidação das taxas de homicídios, utilizaram-se os dados populacionais tanto do Censo Demográfico, produzido pelo Instituto Brasileiro de Geografia e Estatística (IBGE), quanto das projeções da população para as categorias raciais produzidas pelo Instituto, enviadas ao Tribunal de Contas da União (TCU).

Assim, também aplicamos o Índice de Equilíbrio Racial (IER), que essencialmente avalia a distribuição racial da violência de um dado subgrupo em relação à composição racial do subgrupo na população. Conforme visto em outros capítulos, ele mostra em que medida determinado subgrupo de interesse está próximo ou afastado de um cenário de equilíbrio racial. Valores distantes de zero e próximos de −1 sinalizam sobrerrepresentação branca. Por sua vez, aqueles próximos a 1 representam sobrerrepresentação negra. Quando o índice está perto de zero, dizemos que há um relativo equilíbrio racial.

Os resultados apresentados neste capítulo mostram que negros estão proporcionalmente mais expostos à violência do que brancos. O maior desequilíbrio racial na vitimização se deu no Nordeste, com estabilidade ao longo do período, apesar de apresentar níveis altos.

Já a região Sul teve uma expressiva piora no equilíbrio racial nos homicídios ao longo do tempo, saindo de uma condição de relativo equilíbrio, mas revertendo para uma piora ao fim do período, em direção a uma situação de sobrerrepresentação de vítimas negras.

Também encontramos evidências de sobrerrepresentação negra nas mortes por homicídio registradas nas capitais e regiões metropolitanas, achados que convergem com tendências observadas em outros estudos (Cerqueira *et al.*, 2020a; Soares Filho *et al.*, 2020; Oliveira; Luna; Silva, 2020). Finalmente, identificamos um menor, mas ainda significativo desequilíbrio racial nas taxas de homicídios nos municípios com até 50 mil habitantes.

Discutimos ainda, pautados na literatura empírica recente, parte das condições que levaram a um maior nível de violência e os possíveis efeitos de políticas públicas sobre esse fenômeno (especialmente no âmbito racial). Apontamos como o desemprego é um fator altamente relevante na explicação sobre os elementos que conduzem um indivíduo à prática criminosa (fator este que pode ser atenuado por políticas de proteção de renda, como o seguro-desemprego).

Também observamos que a educação, os programas de transferências de renda e também os programas de policiamento orientados por evidências são identificados na literatura especializada como componentes efetivos na redução da violência. No caso da questão racial, além da desigualdade nos fatores que levam à maior violência, diversos estudos apontam para uma relevante discriminação nas abordagens policiais, com mais chances de desencadeamento violento quando o abordado é negro. O reconhecimento de tal fenômeno faz com que seja preciso adotar políticas que estimulem e garantam a conformidade da ação policial com o emprego de abordagens não violentas, como câmeras policiais.

Este capítulo está organizado da seguinte forma: na seção 2, apresentamos os resultados de uma análise descritiva sobre a violência pelo prisma racial. Na seção 3, revisitamos a literatura sobre violência no Brasil, com foco nos estudos que abordam o viés racial das mortes por homicídio e nos estudos que reúnem evidências para a redução da violência. Por fim, elaboramos algumas considerações finais sobre os temas apresentados no capítulo.

1 AS CARACTERÍSTICAS DA VIOLÊNCIA NO BRASIL ENTRE 2010 E 2021

Para compreender a dimensão da desigualdade racial na violência, é preciso primeiro observar a taxa de homicídios para cada 100.000 habitantes entre dois grupos: negros e brancos. A Figura 1 mostra a evolução desse indicador entre 2010 e 2021 no Brasil.

Figura 1. Evolução das taxas de homicídios entre vítimas negras e brancas entre 2010 e 2021

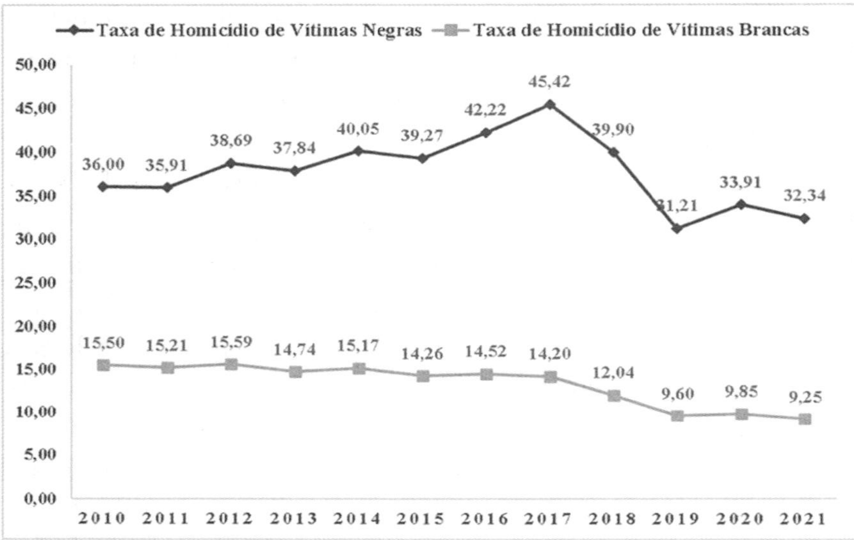

Nota: Os dados das vítimas de violência foram extraídos do Sistema de Mortalidade Datasus, por meio do campo Mortalidade, desde 1996, por CID-10, opção Óbitos por causas externas. A variável de homicídios corresponde a vítimas por agressão (Grande Grupo CID-10 X85-Y09). Os dados da população racial correspondem a estimativas populacionais a partir do Censo de 2010 realizado pelo Instituto Brasileiro de Geografia e Estatísticas (IBGE) para o Tribunal de Contas da União (TCU).

De acordo com a figura, em 2010, a taxa de homicídios entre a população negra já era mais que o dobro da taxa observada entre a população branca. Entre 2010 e 2017, a série para negros registrou crescimento considerável, cerca de 26%, enquanto a taxa de homicídios de indivíduos brancos caiu cerca de 8% em relação ao período inicial.

Nesse período, o país atingiu negativamente o pior nível na série histórica da taxa de homicídios, registrado em 2017, superando 45 vítimas para cada 100.000 habitantes negros. Naquele ano, a taxa entre negros chegou a ser mais de três vezes a de indivíduos brancos, relação que se manteve até o final da série, em 2021, mesmo com redução da taxa de homicídios para ambos os grupos.

Finalmente, destaca-se que entre o início e o fim da série, a taxa de vítimas brancas saiu de 15,20 para 9,25 para cada 100.000 habitantes, o que representa uma redução de aproximadamente 40%. Já a da população negra passou de 36 para 32,4, uma queda expressivamente menor, de apenas 10%. Desse modo, em 2010, a taxa de vitimização para pessoas negras foi equivalente a 2,32 vezes a da de indivíduos brancos, mas se elevou para aproximadamente 3,5 em 2021. Isso mostra que, embora a violência tenha diminuído entre o início da série e o final, a desigualdade racial dos homicídios teve um aumento considerável ao longo de todo o período analisado.

Como se vê também, a inflexão de decrescimento observada na taxa para vítimas negras entre 2017 e 2019 foi temporária, voltando a crescer em 2020 e se mantendo estável no ano seguinte, ao passo que a tendência de queda para brancos continuou, ainda que em menor ritmo.

Analisando a taxa de vítimas provocada por armas de fogo, o cenário permanece similar ao movimento geral da violência. A Figura 2 apresenta a evolução das taxas de homicídios por armas de fogo entre 2010 e 2021. Conforme a figura, por exemplo, em 2010, a taxa de vítimas negras foi o dobro da observada em relação aos indivíduos brancos. Além disso, homicídios por arma de fogo variam entre 70 e 80% do total de homicídios entre brancos, mas se mantêm sempre superior a 80% entre negros. Portanto, embora o país não tenha legislação que permita o porte ou posse para o cidadão comum, as armas de fogo continuam sendo as maiores responsáveis por parte da mortalidade elevada, especialmente entre a população negra.

É importante lembrar que o debate sobre armas retornou para as discussões políticas entre 2019 e 2022, quando o presidente em exercício passou a decretar portarias e normas deliberadamente

Figura 2. Evolução das taxas de homicídios por armas de fogo entre vítimas negras e brancas entre 2010 e 2020

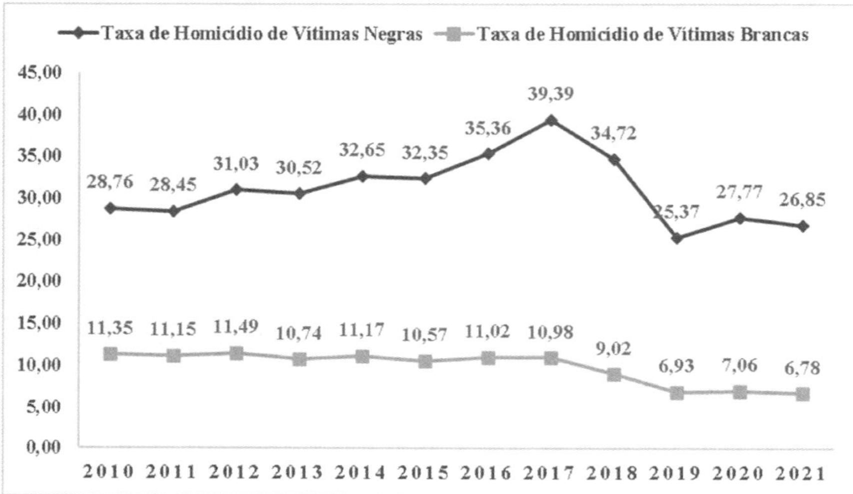

Nota: Os dados das vítimas de violência foram extraídos do Sistema de Mortalidade Datasus, por meio do campo Mortalidade, desde 1996, por CID-10, opção Óbitos por causas externas. A variável de homicídios corresponde a vítimas por agressão (Grande Grupo CID-10 X85-Y09). Os dados da população racial correspondem a estimativas populacionais a partir do Censo de 2010 realizado pelo Instituto Brasileiro de Geografia e Estatísticas (IBGE) para o Tribunal de Contas da União (TCU).

para flexibilização do acesso à arma de fogo para cidadãos comuns. Diversos indivíduos passaram a portar instrumentos letais, muitos dos quais provavelmente sem o preparo necessário para tal.

Uma maneira de deixar mais claro o comportamento observado nas duas últimas séries é apresentar a composição racial do total de homicídios. A Figura 3 apresenta a distribuição das vítimas entre negros, brancos e outros grupos raciais, entre 2010 e 2021. Conforme já discutido previamente, ao longo do tempo, há uma forte concentração entre negros. Em 2010, 26,9% das vítimas eram brancas, ao passo que 66,9% eram negras. A partir de 2017, a proporção de negros superou 75% das vítimas. Este número revela parte do problema da violência e sinaliza um possível viés racial no perfil das pessoas atingidas. Este tema, especificamente, será abordado adiante com a aplicação da metodologia do IER.

Na Nota Técnica referente ao Mapa da Violência, elaborada pelo Núcleo de Estudos Raciais do Insper (NERI), Firpo *et al.* (2022b) exploram as taxas de homicídios por grupo de cor e raça entre 2010 e 2019, destacando que a taxa de homicídio entre pardos esteve na maior parte do período superior ou próxima de 40 vítimas por 100.000 habitantes, seguida por pretos e indígenas.

Também destaca que, na maior parte das regiões, a taxa de homicídios de brancos esteve inferior ou igual à de homicídios de indígenas, colocando os brancos em uma condição de baixa taxa de vitimização pela violência. A análise também explora retratos

Figura 3. Evolução da proporção de vítimas por classes de cor e raça entre 2010 e 2020

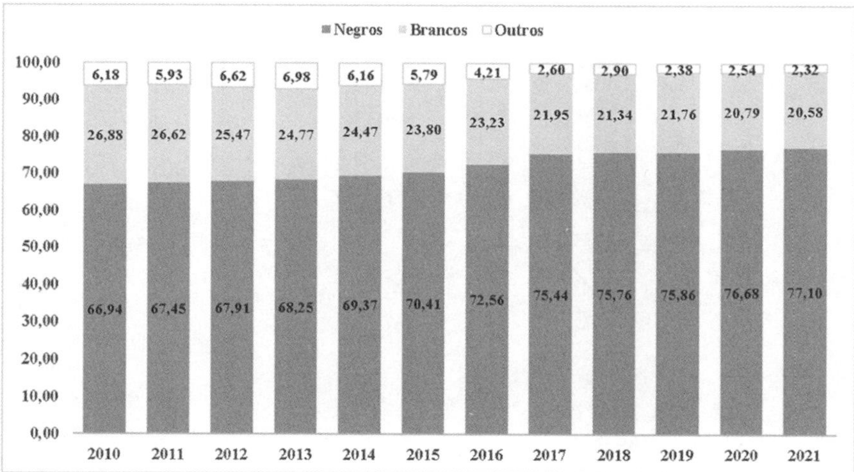

Nota: Os dados das vítimas de violência foram extraídos do Sistema de Mortalidade Datasus, por meio do campo Mortalidade, desde 1996, por CID-10, opção Óbitos por causas externas. A variável de homicídios corresponde a vítimas por agressão (Grande Grupo CID-10 X85-Y09). Os dados da população racial correspondem a estimativas populacionais a partir do Censo de 2010 realizado pelo Instituto Brasileiro de Geografia e Estatísticas (IBGE) para o Tribunal de Contas da União (TCU).

dos homicídios de negros por classe populacional (genericamente por tamanho de município).

Algumas hipóteses apontam para uma migração espacial da violência, saindo das grandes metrópoles em direção a cidades pequenas e de médio porte. Quando analisamos a taxa de homicídios da população negra por extrato populacional, observamos uma queda mais forte em 2017 na taxa de homicídios nos municípios acima de 250 mil habitantes.

Os municípios com até 20 mil habitantes, porém, apresentaram aumento da proporção relativa dos homicídios, correspondendo a 13% no período final, ante 8% no período inicial. Em

Figura 4. Distribuição relativa racial das vítimas de homicídios por faixa etária entre 2010 e 2020

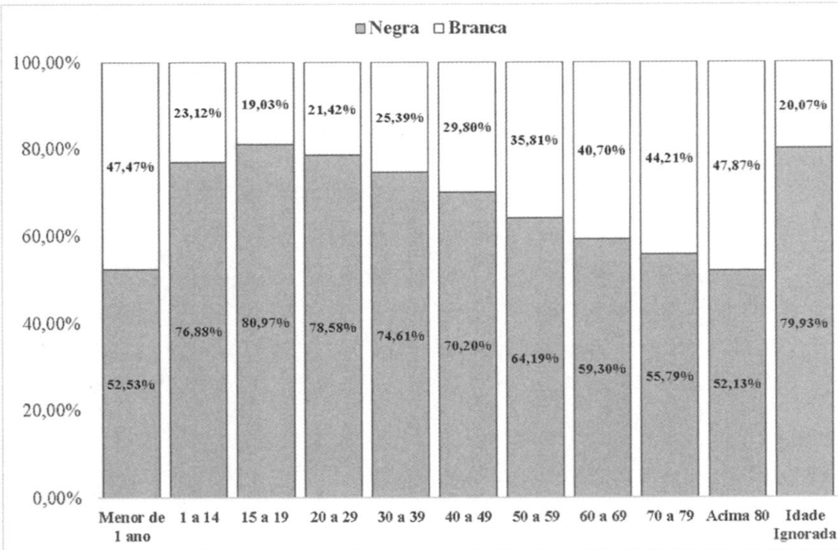

Nota: Os dados das vítimas de violência foram extraídos do Sistema de Mortalidade Datasus, por meio do campo Mortalidade, desde 1996, por CID-10, opção Óbitos por causas externas. A variável de homicídios corresponde a vítimas por agressão (Grande Grupo CID-10 X85-Y09). Os dados da população racial correspondem a estimativas populacionais a partir do Censo de 2010 realizado pelo Instituto Brasileiro de Geografia e Estatísticas (IBGE) para o Tribunal de Contas da União (TCU).

termos de taxa, os municípios entre 20 e 50 mil superaram a taxa de homicídios dos municípios acima de 250 mil, reforçando a hipótese de migração da violência para municípios pequenos em 2021, principalmente nas cidades interioranas.

Por fim, analisamos a distribuição das vítimas de homicídios entre 2010 e 2021 por categoria racial e por faixa etária, explorando também, além da desigualdade racial, a curva de idade de vitimização por homicídios.

Conforme a Figura 4, em todos os ciclos etários, os negros corresponderam a mais de 50% das vítimas em relação ao total em cada faixa. Destaca-se que, entre 15 e 19 anos, 80,97% das pessoas que foram mortas eram negras e 19,03% eram brancas no período analisado. No ciclo de maior vitimização para a violência, indivíduos com idade entre 20 e 29 anos, esse padrão se mantém, de modo que os negros corresponderam a 78,58% das vítimas de adultos jovens.

2 DISPARIDADES DA VIOLÊNCIA: A RAÇA IMPORTA?

A aplicação do Índice de Equilíbrio Racial (IER) na evolução dos homicídios no Brasil contribui para a identificação de possível concentração racial de vítimas negras em relação às mortes por causas externas. Além disso, traz um breve monitoramento de como isso tem variado ao longo do tempo e permite comparações entre regiões.

O IER é uma medida estatística que sintetiza o equilíbrio de composição racial entre dois grupos, uma população de referência e uma subpopulação de interesse. No nosso caso, esses grupos são a população total de uma região e as vítimas de homicídios, respectivamente. Ele varia de −1, quando as vítimas de violência são exclusivamente brancas, até 1, quando as vítimas são exclusivamente negras. Quanto mais próximo de zero, maior o equilíbrio racial na exposição à violência, com zero sendo a situação em que a proporção de negros entre vítimas é exatamente igual à sua proporção na população como um todo.

Realizamos a análise sobre o desequilíbrio racial na violência de duas formas. Em primeiro lugar, a avaliação é realizada entre as cinco grandes regiões do Brasil para todos os anos, entre 2010 e 2021. Num segundo momento, restringimos a análise para o primeiro e o último ano da série histórica, 2010 e 2021, porém avaliando todas as Unidades da Federação e comparando as regiões interioranas e metropolitanas.

A Figura 5 apresenta a evolução do IER entre as regiões do Brasil. Conforme a figura, a região Nordeste registrou o maior índice de

Figura 5. Evolução do Índice de Equilíbrio Racial (IER) entre as regiões do Brasil entre 2010 e 2020

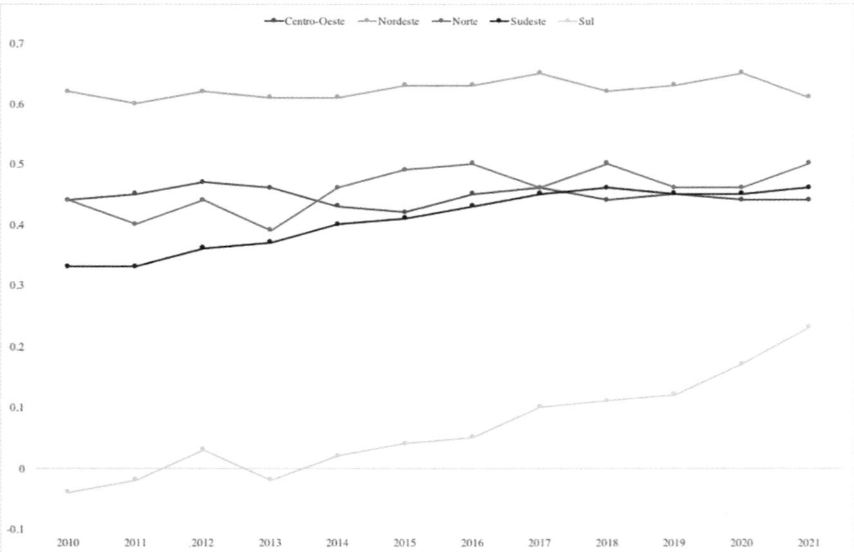

Nota: Os dados das vítimas de violência foram extraídos do Sistema de Mortalidade Datasus, por meio do campo Mortalidade, desde 1996, por CID-10, opção Óbitos por causas externas. A variável de homicídios corresponde a vítimas por agressão (Grande Grupo CID-10 X85-Y09). Os dados da população racial correspondem a estimativas populacionais a partir do Censo de 2010 realizado pelo Instituto Brasileiro de Geografia e Estatísticas (IBGE) para o Tribunal de Contas da União (TCU).

desequilíbrio racial em relação aos homicídios no Brasil. A região saltou de um IER de 0,62 no início da série histórica para 0,65 em 2019, seguido de uma queda ao final do período analisado para um patamar pouco menor do que o observado no início da série histórica.

As regiões Norte, Sudeste e Centro-Oeste apresentaram resultados próximos ao longo do tempo, com destaque para o Sudeste, que teve uma piora no IER, saindo de 0,33 em 2010 para 0,46 em 2021. O Sul foi a única região do país a se aproximar de uma situação de equilíbrio, isto é, a distribuição dos homicídios entre negros e brancos reflete proporcionalmente a distribuição populacional das duas categorias raciais. Entretanto, ao longo do tempo, a tendência foi piorando para um cenário de sobrerrepresentação de vítimas negras, registrando um índice de 0,23 em 2021.

Chama-se atenção para algumas particularidades dos homicídios no Brasil, principalmente sobre o aspecto espacial. Entre as principais, existem dois movimentos importantes que aconteceram no Brasil relacionados aos homicídios: forte crescimento nas regiões Norte e Nordeste; e um avanço da violência em municípios médios e pequenos.

Por fim, exploramos o IER sobre dois recortes de tempo, entre 2010 e 2021, nas regiões interioranas e metropolitanas do Brasil[6], com o objetivo de ilustrar essas mudanças no padrão regional dos homicídios. A Figura 6 apresenta a distribuição do Índice de Equilíbrio Racial em cada UF, conforme a especificação anterior. Essa análise permite compararmos como os estados estavam no início da série histórica e no último período (atípico por causa da crise sanitária da Covid-19). Ela também contribui para identificar se esse aumento da vitimização de negros também foi um processo de

◇◇◇◇◇◇

6. O Estados do Acre e Mato Grosso são unidades da federação que não possuem regiões metropolitanas da capital, conforme a classificação do Instituto Brasileiro de Geografia e Estatística (IBGE).

Figura 6. IER por UF entre o interior e região metropolitana em 2010 e 2021

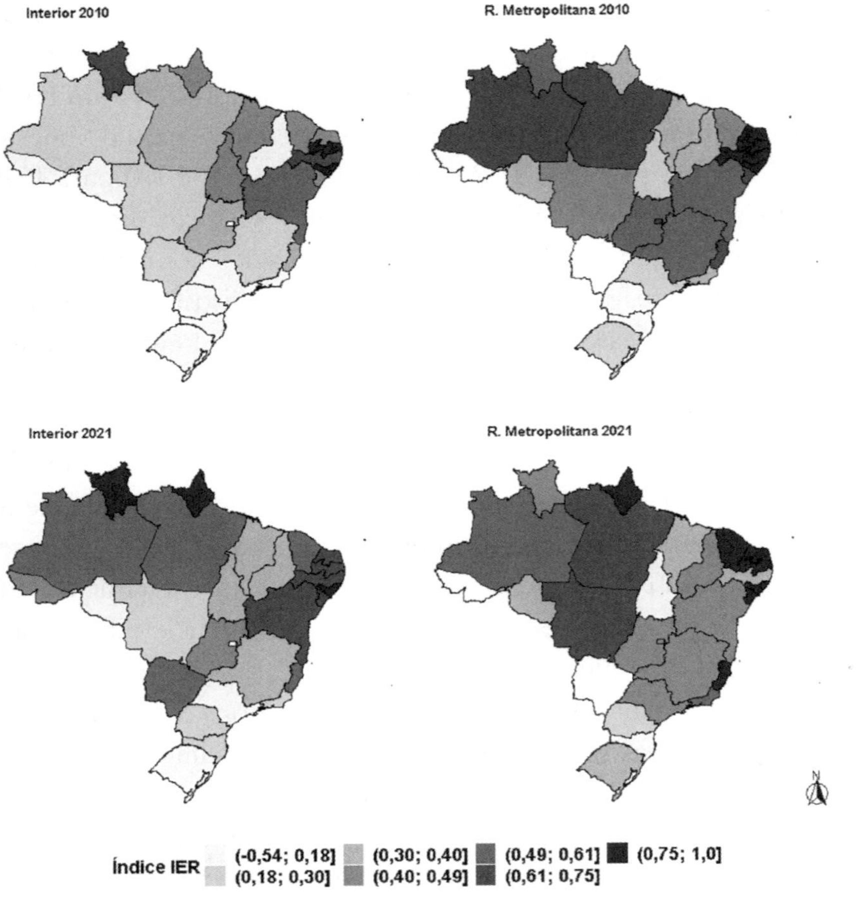

Nota: Os dados das vítimas de violência foram extraídos do Sistema de Mortalidade Datasus, por meio do campo Mortalidade, desde 1996, por CID-10, opção Óbitos por causas externas. A variável de homicídios corresponde a vítimas por agressão (Grande Grupo CID-10 X85-Y09). Os dados da população racial correspondem a estimativas populacionais a partir do Censo de 2010 realizado pelo Instituto Brasileiro de Geografia e Estatísticas (IBGE) para o Tribunal de Contas da União (TCU).

modificação espacial da violência, migrando dos grandes aglomerados urbanos para as regiões interioranas.

De acordo com a figura, em 2010, apenas o Paraná apresentou IER negativo, havendo na sua região metropolitana uma sobrerrepresentação em favor da população branca ainda maior do que no interior. Nesse período, na região interiorana, apenas em dois estados do Nordeste, Paraíba e Alagoas, ocorreu um IER próximo de 1, indicando que vítimas de homicídios são quase exclusivamente negras.

Nas áreas metropolitanas, em 2021, o conjunto de unidades com desequilíbrio racial para a população negra é muito maior, porém concentrado nas regiões Norte e Nordeste do Brasil, sendo no Nordeste o índice com maior nível de desequilíbrio. Esta última região concentra a maior parte da população negra do país, atingindo 37% da população em 2010, e aproximadamente 70% da população da região. O índice considera justamente a distribuição racial entre dois grupos para computar o peso relativo do desequilíbrio racial.

Conforme os mapas de 2021, é possível notar algumas mudanças em relação ao início da série. Em primeiro lugar, há uma tendência geral de aumento no desequilíbrio que desfavorece negros. Por exemplo, o Paraná deixou de apresentar um IER negativo para também ter uma sobrerrepresentação negra entre as vítimas. Além disso, notamos que a região metropolitana de dois estados do Norte do país apresentou IER acima de 0,7, indicando uma altíssima sobrerrepresentação de negros nos homicídios. Nas áreas interioranas, a tendência de aumento na sobrerrepresentação negra foi mais suave, podendo ser observada apenas um aumento maior na região Nordeste.

Esses resultados observados pelo IER nestas duas regiões podem ter relação com os fatores socioeconômicos e demográficos da região. Entre eles, destaca-se um aumento populacional nas cidades interioranas brasileiras e a maior expansão na urbanização nessas localidades, conforme salientam Cerqueira *et al.* (2020b); Soares Filho *et al.* (2020) e Andrade e Diniz (2013). Adicionalmente, o país vivenciou rupturas acentuadas na organização criminal, o que trouxe novas configurações criminais, principalmente o crime organizado e paramilitar (Feltran *et al.*; 2022; Duarte; Araújo, 2021; Melo; Paiva, 2021; Ferreira; Framento, 2020).

Parte da atuação desses grupos passou a migrar do Sudeste do país para o Norte e o Nordeste, possivelmente associada a oportunidades de domínio territorial e ganhos econômicos. Entretanto, ainda são necessários novos estudos para melhor compreendermos como e quais elementos podem explicar esse crescimento da violência nessas regiões.

Consequentemente, esse movimento impulsionou o aumento em taxas crescentes de homicídios de indivíduos negros. No Rio Grande do Norte, por exemplo, ocorreu uma ruptura muito profunda no crime organizado entre as facções criminosas do Primeiro Comando da Capital (PCC) e Sindicato do Crime, conforme apontado no livro *As facções criminosas do RN: ecos do passado*, escrito por CS Barbosa (2022). Isso também parece ter acontecido em outras Unidades da Federação ou UF do Norte e Nordeste, que experimentaram o aumento da violência de modo sistemático. Supostamente, visando o domínio territorial, muitos jovens e indivíduos em condições de vulnerabilidade social foram recrutados como combatentes desses grupos, resultando diretamente em maior chance de vitimização para a violência.

3 O QUE EXPLICA A VIOLÊNCIA E SUA DESIGUALDADE? UMA REVISÃO DA LITERATURA EMPÍRICA

Pelo lado da ciência social aplicada, o debate sobre as múltiplas interações que a violência tem com fatores sociais avançou consideravelmente. Esse movimento também foi observado nos estudos que investigam as causas da violência sob a ótica racial. Por exemplo, Blau e Blau (1982) analisaram como as variações nas taxas de criminalidade urbanas são afetadas pelas desigualdades raciais na condição socioeconômica.

Em termos de condutores, a corrosão do capital social e a capacidade de garantia dos bens e serviços básicos são cofatores para o aumento da violência (Elegar; Aitken, 2010). No Brasil, essa condição tem sido mais presente na população negra, que registra maiores níveis de pobreza, baixa escolaridade (ou acesso à educação de qualidade) e desemprego, maior incidência de fatores de risco associados à vulnerabilidade para o crime, tanto na posição de vítima quanto de autor (Waiselfisz, 2012).

3.1 O QUE EXPLICA A VIOLÊNCIA?

Em termos de políticas públicas, há evidências consideráveis de que o crime, em âmbito local, é responsivo ao efetivo de forças policiais. Os principais estudos nesse tema usam como choque exógeno eventos de terrorismo que levaram à maior patrulha policial em determinados locais, encontrando efeitos de redução de violência.

Di Tella e Schargrodsky (2004) encontraram forte redução de roubos de carros em localidades de Buenos Aires próximas a sinagogas após um ataque a um desses templos, ocorrido em 1994, o que levou a um maior número de policiais nos arredores de todos eles. Já o estudo de Draca *et al.* (2011) indica que a maior presença policial reduz o número de crimes cometidos.

Para garantir que essa seja de fato uma relação causal, eles utilizam variações exógenas no policiamento provocadas por um ataque terrorista na região central de Londres, que teria aumentado muito mais o policiamento nessa região em relação aos subúrbios da cidade.

No entanto, as políticas educacionais também podem ser efetivas em reduzir a violência, segundo a literatura. Lance e Moretti (2004) estimam o efeito da educação na participação em atividades criminosas. Para assegurar a relação de causalidade, eles exploram mudanças nas leis estaduais de escolaridade obrigatória nos Estados Unidos (EUA). Isso faz com que alguns jovens afetados pelas mudanças nas leis estudem mais do que os que não foram afetados.

Usando dados do Censo dos EUA e do FBI, os autores descobrem que a escolaridade reduz significativamente a probabilidade de encarceramento e prisão, principalmente devido a mudanças no comportamento criminoso e não por diferenças na probabilidade de prisão ou encarceramento condicional ao crime. Outros artigos encontram efeitos semelhantes (Anderson, 2014), além de também mostrar que melhorias na qualidade da escola também têm efeito sobre o comportamento criminoso (Deming, 2011).

Para o Brasil, Cerqueira e Moura (2014; 2015) e Cerqueira e Coelho (2015) encontraram evidências de que a maior taxa de atendimento escolar para homens jovens entre 15 e 17 anos está associada a uma diminuição da taxa de homicídios.

Entre os principais artigos relativos ao efeito de políticas públicas sobre a violência, destaca-se Britto *et al.* (2022), que investigam o impacto da perda de emprego na criminalidade e o papel atenuante do seguro-desemprego, agregando dados individuais de carreiras profissionais, registros criminais e dados administrativos de previdência social para trabalhadores do sexo masculino no Brasil. Os autores mostram que a probabilidade de cometer crimes aumenta, em média, 23% para aqueles que perdem o emprego por demissões em massa, além de haver um efeito indireto sobre os filhos que vivem juntos desses demitidos.

Usando regressões em descontinuidade, em que são comparados aqueles que são elegíveis por pouco para o seguro-desemprego com aqueles que, também por pouco, não o são, foi identificado que o seguro-desemprego compensa completamente o aumento potencial da criminalidade após a perda do emprego, mas que desaparece completamente imediatamente após o fim do recebimento do benefício. Os resultados indicam que a falta de renda e o estresse psicológico são os principais impulsionadores do comportamento criminoso após a perda do emprego.

Também houve várias avaliações de alta qualidade do impacto da oferta de empregos transitórios para ex-presidiários. O programa *National Supported Work* (NSW) e o *New York Center for Employment Opportunities*, sob avaliação da Manpower Development Research Corporation (MDRC) (Bloom *et al.*, 2007) mostraram algumas evidências de que liberar indivíduos de prisões com algum emprego transitório evita a reincidência durante os dois primeiros anos após a soltura.

Outro estudo sobre o tema é o de Bennett e Ouazad (2020), que calcula o impacto da perda de emprego sobre a atividade criminosa, usando dados longitudinais da Dinamarca. A pesquisa acompanha trabalhadores identificando dados de demissão, desemprego e crime, focando aqueles que perdem seus empregos durante eventos de demissão em massa entre 1990-1994. Também avalia a influência de mudanças nas leis de seguro-desemprego, que alteraram sua duração, condicionalidade e valor desses benefícios. Os resultados mostram que as taxas de criminalidade aumentam com o desemprego, porém elas são mais baixas durante períodos em que os benefícios de seguro-desemprego estão ativos em comparação com períodos em que os benefícios estão inativos, com um pico de criminalidade ocorrendo no final da elegibilidade para seguro-desemprego.

Chiolla e colaboradores (2016) buscaram compreender os efeitos separados de renda e escola em um estudo que agrega dados do Bolsa Família com outros de demografia escolar e crime.

Explorando a expansão do programa, os resultados indicam que o programa tem impacto robusto e significativo na redução da criminalidade, causado primariamente pelo aumento da renda familiar, e não pelo canal da escolaridade.

Finalmente, a discussão sobre as armas no Brasil tem resultados interessantes que devemos destacar para compreender o efeito delas sobre a violência. Por exemplo, Cerqueira e Mello (2012) avaliaram o efeito do Estatuto do Desarmamento (ED) em 2003 em relação aos homicídios no Brasil ao longo dos anos 2000, evidenciando que mais armas causam mais homicídios. Dos Santos e Kassouf (2012) sugerem que, na ausência da legislação nacional, pequenos conflitos do cotidiano poderiam ter resultado em ações letais, ampliando os homicídios e suicídios.

A literatura internacional dá apoio a essa interpretação, como Colmer e Doleac (2023), ao revelarem que leis de controle de armas mais proibitivas atenuam o aumento de homicídios em conflitos violentos. Esse efeito ocorreria principalmente via redução da letalidade desses conflitos em vez de uma diminuição na sua ocorrência.

3.2 O QUE EXPLICA A DESIGUALDADE RACIAL NA VIOLÊNCIA?

Fatores que podem explicar uma maior vitimização de negros em relação a outros grupos raciais incluem sua pior posição socioeconômica, refletida em emprego, renda e acesso à educação, entre outros, já que tais condições também afetam a exposição à violência e à criminalidade.

Porém, outros elementos também podem ser apontados como fatores explicativos: é possível que componentes discriminatórios da violência também estejam afetando a vitimização de negros? Essa pergunta remete à forma como a sociedade produz esse ambiente de perpetuação da violência em determinados grupos da sociedade, derivados de um processo histórico de exclusão social.

Estudos recentes, como o de Buonanno e Vargas (2019), mostram que níveis maiores de desigualdades afetam diretamente a percepção do benefício associado ao crime. Isso porque indivíduos em condições social e economicamente desfavoráveis estão expostos a mais fatores que aumentam o envolvimento com atividades criminais. Isso faz com que o custo relacionado à implicação nessas atividades seja relativamente menor em comparação com indivíduos de melhor situação socioeconômica.

Outros autores ainda indicam que o componente da desigualdade de renda também é um elemento central capaz de explicar parcela do envolvimento dos indivíduos com a violência e criminalidade (Sugiharti *et al.*, 2022; Bailey *et al.*, 2017; Pickett; Wilkinson, 2015; Lo; Howell; Cheng, 2013; Wilkinson; Pickett, 2009; Demombynes; Özler, 2005).

Adicionalmente, estudos como os de Décary-Secours (2021); Monteiro; Fagundes e Guerra (2020); Cerqueira *et al.* (2019); e Sinhoretto e Morais (2018) encontram evidências na direção que colocam os negros como alvos frequentes nas abordagens policiais e com maior propensão a desdobramentos violentos durante essas abordagens, mesmo quando eles não têm nenhuma relação ou associação com atividades criminais.

Em resposta à desproporcionalidade da conduta dos policiais, novas práticas têm sido observadas visando reverter a inação do Estado em exigir que as forças de segurança pública tratem os menos favorecidos com dignidade, como a implementação de câmeras corporais nas polícias militares e novos modelos de formação policial, mais humanizados e menos militarizados, contendo possíveis excessos e abordagens enviesadas (Monteiro *et al.*, 2022; Barbosa *et al.*, 2021).

No nosso conhecimento, ainda não existem avaliações que busquem estimar o efeito dessas medidas sobre o viés racial das abordagens no contexto brasileiro. A maior parte dos estudos na literatura internacional também visa identificar o impacto global do uso desse tipo de equipamento sobre a letalidade geral (Miller; Vijay, 2021; Ariel; Farrar; Sutherland, 2020).

3.3 COMO PODEMOS EVITAR A VIOLÊNCIA?

Na visão de Lawrence W. Sherman, famoso especialista em segurança pública, é necessário aplicar políticas baseadas em evidências, além de inserir no ciclo da política a avaliação de impacto para identificar os efeitos observados (Sherman, 1998). Em muitos lugares, a política de combate à violência ainda é fundamentada em crenças e pensamentos atrasados, que apenas potencializam o problema em vez de mitigá-lo.

Recentemente, o Banco Interamericano de Desenvolvimento (BID) fez um levantamento de programas e evidências que atacam os principais problemas da violência e criminalidade na América Latina e Caribe (BID, 2023). Essa ação tinha o objetivo de mapear as práticas implementadas na região que funcionam e que não funcionam, colaborando para que os gestores possam aprimorar suas políticas públicas com aquilo que alcança os melhores resultados.

As ações precisam objetivar tanto a prevenção — fatores que ajudam a evitar o relacionamento dos indivíduos com a violência e a criminalidade — como também a redução, ou seja, ações que reduzem comportamentos violentos na sociedade. Obviamente, no contexto brasileiro, as ações necessárias também perpassam por melhorar a estrutura social, reduzindo as desigualdades e ampliando o acesso à educação, no qual os negros ainda enfrentam barreiras expressivas.

Pelo lado da segurança pública, algumas áreas se destacam na possibilidade de reduzir ou prevenir a violência: prevenção à violência infantojuvenil; policiamento e justiça; reinserção social; segurança urbana (Kopittke; Ramos, 2021; David-Freedon; Simon, 2014; Welsh; Farrington, 2012).

No lado social, as áreas que contribuem indiretamente para a prevenção e a redução são: redução das desigualdades de renda e pobreza; acesso à educação de qualidade; emprego e renda; legislação restritiva ao acesso de armas; descriminalização das drogas (World Health Organization *et al.*, 2008).

Um exemplo interessante na área de prevenção para a juventude, o programa *Becoming a Man* (Tornando-se um homem) é um dos exemplos que pode inspirar uma melhor atuação governamental para prevenir o comportamento impulsivo e reativo dos jovens e o envolvimento deles com fatores criminais, fortalecendo os fatores protetivos e o desenvolvimento de habilidades socioemocionais para que eles consigam lidar com o estresse e a pressão que possam expô-los à violência (Heller *et al.* 2017).

Na avaliação experimental do programa, pesquisadores têm encontrado efeitos importantes na redução e na prevenção no índice de violência nos lugares em que o programa foi implementado. Priorizar a prevenção é uma das alternativas que geram resultados futuros para redução dos índices de violência e criminalidade, afastando os indivíduos de se associarem com essas atividades criminais.

4. CONSIDERAÇÕES FINAIS

Este capítulo trouxe um panorama da violência no Brasil entre 2010 e 2020, explorando os desequilíbrios raciais da vitimização no país. Conforme apresentado, ao longo do tempo, o país registrou taxas de homicídios maiores entre negros que entre brancos. Além do mais, os resultados mensurados com a aplicação do Índice de Equilíbrio Racial nos homicídios apontam que os negros estiveram relativamente sobrerrepresentados na vitimização por homicídio no Nordeste e Norte.

Esses resultados podem estar associados aos elementos mais relevantes para a manifestação da violência e da criminalidade, segundo aponta a literatura, como desigualdades sociais e econômicas, de modo que indivíduos em condições de vulnerabilidade têm mais chances de se envolverem com fatores relacionados à violência, assim como têm mais chances de vitimização.

Em outra direção, não podemos deixar de considerar que as práticas discriminatórias enraizadas na sociedade brasileira desempenham um papel importante para a manutenção da violência. Essas condições também fomentam a incidência criminal sobre os negros, que comumente são colocados em posições de menos prestígio social e econômico, e retroalimentam o ciclo das desigualdades e injustiças sociais. Na visão de Ribeiro (2017), o papel da mídia tem sido direcionado para a marginalização dos negros, na qual muitas vezes são estereotipados como criminosos, empregados domésticos, seguranças de estabelecimento comercial ou músicos de samba.

Ainda que o Brasil tenha avançado consideravelmente no campo social, a violência e a criminalidade ainda não tiveram tratamentos efetivos para controle dessa anomalia social. Pelo lado do Estado, um dos responsáveis pela reprodução da violência, principalmente racial, avanços como a incorporação de câmeras corporais podem trazer resultados positivos para a redução da letalidade policial, protegendo não somente o policial, mas também os indivíduos em comunidades e periferias, onde comumente a relação com a sociedade tende a ser mais truculenta. Também é necessário inserir novos modelos de formação das forças de segurança, além de comitês internos para discussão de procedimentos de abordagens e controle de agressividade e do viés racial.

Porém, pouco ainda é discutido sobre a ampliação da participação das políticas públicas no campo da prevenção, principalmente dos jovens negros e das jovens negras do Brasil, que ainda permanecem em posições sociais precarizadas, com baixo acesso à educação de qualidade e a melhores posições econômicas. É necessário que sejam implementados programas que se traduzam tanto em uma melhora no acesso à educação quanto no acesso a oportunidades, além de atuarem com mais incisividade no desenvolvimento de fatores protetivos para o envolvimento com atividades delituosas e criminais, e de melhorar a capacidade de resposta ao lidar com as diversas situações de risco que permeiam o cotidiano deles.

REFERÊNCIAS BIBLIOGRÁFICAS

ANDERSON, D. M. In school and out of trouble? The minimum dropout age and juvenile crime. **Review of Economics and Statistics,** v. 96, n. 2, p. 318-331, 2014.

ANDRADE, L.; DINIZ, A. A reorganização espacial dos homicídios no brasil e a tese da interiorização. **Revista Brasileira de Estudos de População**, v. 30, p. S171–S191, 2013.

ARIEL, Barak; FARRAR, William A.; SUTHERLAND, Alex. The effect of police body-worn cameras on use of force and citizens' complaints against the police: a randomized controlled trial. **Journal of quantitative criminology**, v. 31, p. 509-535, 2015.

BAILEY, Z. *et al.* Structural racism and health inequities in the USA: evidence and interventions. **The Lancet**, 2017.

BARBOSA, CS. **As facções criminosas do RN**: ecos do passado. Independently Published, 2022.

BARBOSA, Daniel A. C. *et al.* **De-escalation technology: the impact of body--worn cameras on citizen-police interactions.** Competitive Advantage in the Global Economy (CAGE), 2021.

BENNETT, Patrick; OUAZAD, Amine. Job displacement, unemployment, and crime: Evidence from danish microdata and reforms. **Journal of the European Economic Association**, v. 18, n. 5, p. 2182-2220, 2020.

BLAU, Judith R.; BLAU, Peter M. The cost of inequality: Metropolitan structure and violent crime. **American sociological review**, p. 114-129, 1982.

BUONANNO, P.; VARGAS, J. Inequality, crime, and the long run legacy of slavery. **Journal of Economic Behavior Organization**, v. 159, p. 539–552, 2019.

CERQUEIRA, D. Trajetórias individuais, criminalidade e o papel da educação. **Instituto de Pesquisa Econômica Aplicada,** Boletim de Análise Político-institucional, n. 9, Brasília, 2016.

CERQUEIRA, D. *et al.* Atlas da violência 2020. [S.l.]: **Instituto de Pesquisa Econômica Aplicada,** Brasília, 2020a.

CERQUEIRA, D. *et al.* Atlas da violência no campo no Brasil: condicionantes socioeconômicos e territoriais. **Instituto de Pesquisa Econômica Aplicada,** Brasília, 2020b.

CERQUEIRA, D.; MOURA, R. L. O efeito das oportunidades no mercado de trabalho sobre as taxas de homicídios no Brasil. Corseuil C.H.; Botelho R.U. (org.) Desafios à trajetória profissional dos jovens brasileiros. Rio de Janeiro, **Instituto de Pesquisa Econômica Aplicada**, p. 267-90, 2014.

CERQUEIRA, D. R. de C.; COELHO, D. S. C. Redução da idade de imputabilidade penal, educação e criminalidade. **Instituto de Pesquisa Econômica Aplicada**, Nota Técnica n. 15, Rio de Janeiro, 2015.

CERQUEIRA, D. R. de C.; MELLO, J. M. P. de. Menos armas, menos crimes. **Instituto de Pesquisa Econômica aplicada, Brasília.** Texto para Discussão n. 1721, 2012.

COLMER, J.; DOLEAC, J. L. Access to Guns in the Heat of the Moment: More Restrictive Gun Laws Mitigate the Effect of Temperature on Violence. **CESifo Working Paper** n. 10525, 2023. Disponível em: https://ssrn.com/abstract=4499480 ou http://dx.doi.org/10.2139/ssrn.4499480.

DAVID-FERDON, C.; SIMON, T. R. Preventing Youth Violence: Opportunities for Action. **Centers for Disease Control and Prevention**, 2014.

DÉCARY-SECOURS, B. The politics of criminal violence in Brazil: State violence, gang and the plebs. **Crime, Law and Social Change**, v. 75, p. 225-246, 2021.

DEMING, D. J. Better schools, less crime? **The Quarterly Journal of Economics**, v. 126, n. 4, p. 2063-2115, 2011.

DEMOMBYNES, G.; ÖZLER, B. Crime and local inequality in South Africa. **Journal of Development Economics**, v. 76, n. 2, p. 265-292, 2005.

DI TELLA, R.; SCHARGRODSKY, E. Do police reduce crime? Estimates using the allocation of police forces after a terrorist attack. **American Economic Review**, v. 94, n. 1, p. 115-133, 2004.

DRACA, M.; MACHIN, S.; WITT, R. Panic on the streets of London: Police, crime, and the July 2005 terror attacks. **American Economic Review**, v. 101, n. 5, p. 2157-2181, 2011.

DUARTE, T.; ARAÚJO, I. PCC em pauta: Narrativas jornalísticas sobre a expansão do grupo pelo Brasil. **Dilemas: Revista de Estudos de Conflito e Controle Social**, v. 14, n. 1, p. 79-103, 2021.

ELGAR, F. J.; AITKEN, N. Income inequality, trust and homicide in 33 countries. **European Journal of Public Health**, v. 21, n. 2, p. 241-246, 2011.

FELTRAN, G. *et al.* Variações nas taxas de homicídios no Brasil: uma explicação centrada nos conflitos faccionais. **Dilemas: Revista de Estudos de Conflito e Controle Social**, v. 15, p. 311-348, 2022.

FERREIRA, M.; FRAMENTO, R. Atores não estatais violentos transnacionais na América do Sul: um exame dos casos do primeiro comando da capital e da família do norte. **Revista Brasileira de Segurança Pública**, v. 14, n. 1, p. 27-48, 2020.

FIRPO, S. *et al.* Texto para Discussão 12. **Núcleo de Estudos Raciais do Insper**. São Paulo, 2022b.

HELLER, S. B. *et al.* Thinking, fast and slow? Some field experiments to reduce crime and dropout in Chicago. **The Quarterly Journal of Economics**, v. 132, n. 1, p. 1-54, 2017.

KOPITTKE, A. L. W.; RAMOS, M. P. O que funciona e o que não funciona para reduzir homicídios no Brasil: uma revisão sistemática. **Revista de Administração Pública**, v. 55, p. 414-437, 2021.

LO, C.; HOWELL, R.; CHENG, T. Explaining black–white differences in homicide victimization. **Aggression and Violent Behavior**, Elsevier, 2013.

LOCHNER, L.; MORETTI, E. The effect of education on crime: Evidence from prison inmates, arrests, and self-reports. **American economic review**, v. 94, n. 1, p. 155-189, 2004.

MELO, J.; PAIVA, L. Violências em territórios faccionados do Nordeste do Brasil: Notas sobre as situações do Rio Grande do Norte e do Ceará. **Revista USP**, v. 116, p. 1-16, 2021.

MILLER, J.; CHILLAR, V. F. Do police body-worn cameras reduce citizen fatalities? Results of a country-wide natural experiment. **Journal of quantitative criminology**, v. 38, n. 3, p. 723-754, 2022.

MONTEIRO, J. *et al.* **Avaliação do impacto do uso de câmeras corporais pela Polícia Militar do Estado de São Paulo**, Centro de ciência aplicada à segurança pública, FGV-Rio, 2022.

MONTEIRO, J.; FAGUNDES, E.; GUERRA, J. Letalidade policial e criminalidade violenta. **Revista de Administração Pública**, v. 54, n. 3, p. 601-620, 2020.

OLIVEIRA, A.; LUNA, C.; SILVA, M. Homicídios do Brasil na última década: uma revisão integrativa. **Ciência Saúde Coletiva**, v. 25, n. 3, p. 843-858, 2020.

PICKETT, K.; WILKINSON, R. Income inequality and health: a causal review. **Social Science Medicine**, 2015.

SANTOS, M. J. dos; KASSOUF, A. L. Avaliação de impacto do Estatuto do Desarmamento na criminalidade: uma abordagem de séries temporais aplicada à cidade de São Paulo. **Economic Analysis of Law Review**, v. 3, n. 2, p. 307-322, 2012.

SOARES FILHO, A. M. *et al.* Tendência e distribuição da taxa de mortalidade por homicídios segundo porte populacional dos municípios do Brasil, 2000 e 2015. **Ciência Saúde Coletiva**, v. 25, n. 8, p. 3245-3254, 2020.

SHERMAN, L. W. Preventing crime: What works, what doesn't, what's promising. US Department of Justice, Office of Justice Programs, **National Institute of Justice**, 1998.

SINHORETTO, J.; MORAIS, D. de S. Violence and Racism: The New Faces of a Repeated Link. **Revista de Estudios Sociales**, n. 64, p. 15-26, 2018.

WAISELFISZ, J. J. **Mapa da violência 2012:** a cor dos homicídios no Brasil. Centro Brasileiro de Estudos Latino-Americanos; Faculdade Latino-Americana de Ciência Sociais, Rio de Janeiro, 2012.

WELSH, B. C.; FARRINGTON, D. P. Crime prevention and public policy. **The Oxford handbook of crime prevention**, p. 3-19, 2012.

WILKINSON, R.; PICKETT, K. Income inequality and social dysfunction. **Annual Review of Sociology**, Annual Reviews, 2009.

WORLD HEALTH ORGANIZATION *et al.* **Preventing violence and reducing its impact: How development agencies can help**. World Health Organization, 2008.

CAPÍTULO 13

CANDIDATURAS NÃO CONCRETIZADAS: DISPARIDADES RACIAIS ENTRE REPRESENTANTES ELEITOS NO BRASIL

ALYSSON PORTELLA[1],
MICHAEL FRANÇA[2],
RAFAEL TAVARES[3],
LEILA PEREIRA[4] E
SERGIO FIRPO[5]

A Constituição de 1988, considerada um marco nos direitos civis do Brasil, foi formulada por uma Assembleia composta por 559 membros. Promulgada 100 anos após a assinatura da Lei Áurea, responsável por oficializar o fim da escravidão no Brasil, a Assembleia Constituinte contou com a participação de apenas quatro membros na chamada Bancada Negra: Paulo Paim, Benedita da Silva, Edmilson Valentim e Carlos Alberto Caó Oliveira dos Santos. Além deles, Thula Pires (2013)

1. Pesquisador de pós-doutorado no Insper. Doutor em Economia dos Negócios pela mesma instituição.
2. Pesquisador no Insper e doutor em Teoria Econômica pela Universidade de São Paulo.
3. Consultor do Banco Mundial e doutor em Economia pela Universidade de São Paulo.
4. Pesquisadora de pós-doutorado do Insper. Doutora em Economia dos Negócios pela mesma instituição.
5. Secretário de Monitoramento e Avaliação de Políticas Públicas e Assuntos Econômicos do Ministério do Planejamento e Orçamento e Professor de Economia do Insper. Possui Ph.D. em Economia (2003) pela Universidade da Califórnia em Berkeley.

identifica outros sete congressistas que podem ser identificados como negros. Em 1991, a população negra (pretos e pardos) correspondia a 47,4% da população brasileira, de acordo com dados do Censo Demográfico realizado naquele ano.

A enorme disparidade entre a presença de negros na Assembleia Constituinte de 1987-88 e a sua proporção no total da população revela o desequilíbrio na representação de minorias no Brasil. Em uma situação equilibrada, esperaríamos que características da população, como gênero e raça, estivessem proporcionalmente presentes nas diversas esferas do poder, retrato esse que, ainda hoje, não vizualizamos. Para solucionar tais disparidades é preciso mensurá-las e analisá-las de forma sistemática. Dessa forma, este capítulo tem como objetivo oferecer um amplo quadro descritivo da sub-representação negra na política brasileira.

Para tal, utilizamos dados disponibilizados pelo Tribunal Superior Eleitoral (TSE) sobre as eleições para deputados federais nos anos de 2014 e 2018. Esses dados incluem uma série de informações sobre os candidatos, incluindo sua raça. A partir dessa informação, construímos medidas de equilíbrio racial na representação política utilizando o Índice de Equilíbrio Racial (IER). Conforme discutido no capítulo 5, este índice compara a proporção de negros numa população de referência com a proporção encontrada em certos subgrupos de interesse. O IER já foi utilizado para mostrar o alto desequilíbrio entre brancos e negros em diversas dimensões, no Brasil e nos EUA.[6] Neste capítulo, comparamos a proporção de negros entre os eleitores com a proporção encontrada entre candidatos a deputado federal e entre aqueles que foram de fato eleitos.[7]

◇◇◇◇◇◇

6. Ransom e Sutch (2001), Firpo et al. (2020), Firpo et al. (2021).
7. Este capítulo foi escrito com base em dois relatórios produzidos por nós em 2022 (et al., 2022; 2022b), no âmbito do Núcleo de Estudos Raciais do Insper. Além das informações sobre a representação no âmbito do Legislativo Nacional, também exploramos desequilíbrios na representação entre deputados estaduais, prefeitos e vereadores. Direcionamos o leitor interessado em maiores detalhes para esses relatórios.

De modo geral, nossa análise aponta para um alto nível de desequilíbrio racial entre deputados eleitos, porém um desequilíbrio relativamente baixo entre candidatos. Esse resultado aparece nas duas eleições investigadas, em praticamente todos os estados brasileiros, entre partidos da direita, centro e esquerda. Isso indica que o principal obstáculo para a equidade racial na representação política não se deve à indisponibilidade dos cidadãos negros para concorrer nas eleições.

Também investigamos como a dimensão de gênero se intersecciona com a de raça, acentuando desequilíbrios de representação. Por exemplo, quando comparamos mulheres negras, homens negros e mulheres brancas com o percentual de homens brancos eleitos, vemos que os desequilíbrios são muito maiores. Em particular, quase não há mulheres negras eleitas deputadas federais.

Embora nosso objetivo principal seja retratar desigualdades na representação, também trazemos informações sobre o financiamento de campanha para os quatro grupos de gênero e raça considerados. Isso ajuda a entender a origem dessas disparidades nos resultados eleitorais. Mostramos que homens brancos tendem a ter uma alta concentração dos recursos disponíveis, sejam eles de partidos, empresas ou indivíduos. Estudos como os de Luiz Campos e Carlos Machado (2015) e Natália Bueno e Thad Dunning (2017), entre outros, trazem análises mais detalhadas sobre os determinantes da sub-representação de negros no Brasil.

1 POR QUE A REPRESENTAÇÃO DE RAÇA E GÊNERO IMPORTA?

Como já foi mostrado ao longo deste livro, a população negra encara desvantagens em diversas dimensões no Brasil. Assim, não surpreende que ela também esteja sub-representada na política. A cientista política Hanna Pitkin (1967) faz uma distinção entre quatro tipos de representação: formal, simbólica, substantiva e a descritiva, sendo as duas últimas as mais discutidas. A representação substantiva se refere às diversas posições políticas encontradas na sociedade, como, por exemplo, direita e esquerda ou conservadores e progressistas. Quando há equidade na representação substantiva, isso significa que os políticos eleitos representariam bem as demandas dos diversos grupos políticos na sociedade, a despeito de suas características como gênero ou raça.

Já a representação descritiva, foco deste capítulo, está associada às disparidades ou similaridades entre as características dos eleitos e àquelas encontradas na população de eleitores. Nesse sentido, podemos nos perguntar até que ponto mulheres ou minorias raciais estão representadas ou não de acordo com sua participação no total de eleitores.

Assim, de início, surge uma questão relevante: por que a representação descritiva é importante? Quando pensamos na formulação de políticas públicas, é natural pensar que o que realmente importa é a representação substantiva. Ou seja, se as diferentes posições políticas da sociedade estão adequadamente representadas nas diversas esferas políticas. Neste caso, o fato de os representantes serem homens ou mulheres, brancos ou negros, não deveria ter importância.

Há, porém, uma série de motivos para defender, também, a importância da representação descritiva. Em primeiro lugar, a ausência dessa representação viola normas básicas de equidade e tem impacto negativo sobre a qualidade da democracia, como argumentam autoras como Jane Mansbridge (1999), Anne Phillips (1995) e Suzanne Dovi (2002).

Mansbridge, por exemplo, argumenta que uma adequada representação descritiva dá a grupos historicamente marginalizados da política um significado social para a chamada "habilidade de comandar" (*ability to rule*), além de aumentar a legitimidade *de facto* das instituições políticas em contextos de discriminação passada.

Este seria o caso do Brasil, com seu histórico de escravidão e exclusão de mulheres e negros do direito ao voto.

Em segundo lugar, há uma forte relação entre representação substantiva e descritiva. Mansbridge aponta dois motivos para isso: a) comunicação adequada em contextos de desconfiança entre grupos e b) ideias inovadoras em contextos em que existem interesses distintos e não bem articulados pela população minoritária.

De fato, pesquisas realizadas nos Estados Unidos mostram que há uma forte ligação entre sub-representação descritiva e substantiva (Griffin; Newman, 2007; Grose, 2011; Schwindt-Bayer; Mishler, 2005). Grupos que não têm representação política adequada ao seu tamanho dificilmente serão capazes de colocar pautas de seu interesse como prioritárias.

No contexto das eleições municipais do Rio de Janeiro, Andrew Janusz e Luiz Augusto Campos (2021) mostram que candidatos negros têm dez vezes mais chances do que brancos de incluir tópicos sobre desigualdade racial em suas propagandas políticas na TV. Trevon Logan (2020) indica que a eleição de políticos negros nos EUA após a Guerra Civil está associada à maior arrecadação e ao direcionamento de impostos para o financiamento da educação pública e da redistribuição de terras. Evidência similar é obtida no período atual por Brian Beach, Daniel Jones, Tate Twinam e Randall Walsh (2018), que apontam que a eleição de deputados estaduais negros nos EUA está associada à valorização de imóveis em bairros majoritariamente não brancos.

Ainda no contexto dos Estados Unidos, David Broockman (2013, 2014) mostra que eleitores têm maiores chances de se comunicar com candidatos de sua raça e que políticos negros são mais inclinados a promover interesses de cidadãos negros, mesmo quando esses não fazem parte de seu distrito eleitoral.

O tipo de política implementada também pode ter uma forte relação com as características dos governantes. Fernanda Brollo e

Ugo Troiano (2016) estudam como mulheres diferem de homens quando eleitas prefeitas e mostram que elas se envolvem menos em corrupção, contratam menos funcionários públicos temporários e atraem menos recursos para financiar suas campanhas, levando a menores chances de reeleição quando comparadas a prefeitos homens.

Bruce, Cavgias, Meloni e Remígio (2022) encontram que prefeitas mulheres tiveram melhor desempenho no combate à pandemia de Covid-19 nos municípios brasileiros em relação aos pares homens. As prefeitas mulheres se destacaram principalmente devido à maior aplicação de intervenção não farmacêuticas. Zohal Hessami e Mariana Lopes da Fonseca (2020) fazem uma revisão da literatura sobre os efeitos da participação de mulheres na definição de políticas públicas. Levando em conta países em desenvolvimento, elas apontam que uma maior representação feminina na política causa uma melhor oferta de bens públicos, particularmente em saúde e educação.

2 DADOS E METODOLOGIA

Os dados de candidaturas e eleições foram obtidos no Repositório de Dados Eleitorais do TSE. Neste repositório, o Tribunal divulga os microdados das eleições brasileiras com variáveis relativas ao pleito, como votos obtidos, se o candidato foi eleito, e outras informações. Além disso, a base de dados contém características demográficas e socioeconômicas dos candidatos, como gênero, idade, ocupação e patrimônio declarado. Desde as eleições gerais de 2014, o TSE também divulga a raça autodeclarada dos candidatos.

O TSE não disponibiliza dados de raça dos eleitores brasileiros. Assim, utilizamos a Pesquisa Nacional por Amostra de Domicílios Contínua (PNADC) para estimar a proporção de negros em idade ativa em cada Unidade da Federação, a qual usamos para estimar a composição racial de cada eleitorado estadual.

Para classificar os partidos de acordo com sua ideologia política, utilizamos os dados do projeto de Timothy J. Power e Rodrigo Rodrigues-Silveira (2018). Os autores do estudo criaram um índice que varia de −1 a +1, com valores mais negativos representando partidos mais à esquerda, e valores mais positivos representando partidos mais à direita. A partir desse índice, separamos os partidos brasileiros em três grupos de mesmo tamanho de acordo com a escala do índice, formando os grupos dos partidos de esquerda, centro e direita.

Para calcularmos o nível de equilíbrio de representação, utilizamos o Índice de Equilíbrio Racial (IER) (ver capítulo 5). Ele foi proposto originalmente por um estudo de Ransom e Sutch (2001) que tinha como objetivo avaliar a evolução da distribuição ocupacional entre brancos e negros nos cinco estados produtores de algodão no Sul dos EUA no pós-emancipação. Dessa forma, o índice inicialmente foi desenvolvido para medir a desigualdade racial no âmbito das ocupações. Contudo, o IER pode facilmente ser aplicado para outras unidades de análise. No caso em questão, é possível aplicar a mesma metodologia para a análise da representatividade racial na política. Assim, o IER para um cargo j no estado s é expresso da seguinte forma:

$$IER_{js} = \frac{b_{js} - p_s}{\sqrt{(b_{js} - p_s)^2 + b_{js}(1 - b_{js})}}$$

Em que b_{js} é a proporção de negros no cargo j do estado s e p_s é a proporção de eleitores negros no estado s. Quando calculamos o IER agregando mais de uma Unidade da Federação, como, por exemplo, o IER dos candidatos a deputado federal de um partido no país como um todo, o índice é ponderado pelo número de candidatos lançados em cada UF, de forma a garantir que cada representante tenha como população de referência o eleitorado de seu estado.

Por fim, a interpretação do IER é simples. Valores próximos de zero sugerem que há equilíbrio racial. Já valores negativos ou positivos indicam sobrerrepresentação branca ou negra, respectivamente. Os valores extremos são -1 e 1, onde há apenas brancos e negros entre os representantes.[8]

3 DESEQUILÍBRIOS RACIAIS DE REPRESENTAÇÃO NO LEGISLATIVO NACIONAL

Diferenças de representação podem surgir tanto no nível das candidaturas quanto entre os eleitos na análise referente aos anos de 2014 e 2018. Para isso, começamos investigando as diferenças no equilíbrio racial separadamente por estado. Em seguida, incluímos a dimensão ideológica, comparando partidos de esquerda, centro e direita no nível nacional. Comparamos também as taxas de sucesso de eleições dos candidatos a deputados federais negros e brancos, também os separando por grupos ideológicos.

Uma das principais hipóteses levantadas para explicar a sub-representação negra entre eleitos é que há menos candidatos desse grupo. Entretanto, a maior parte dos trabalhos acadêmicos na área mostram que, no geral, há uma quantidade razoável de candidatos negros e que esse não seria o principal motivo para a sub-representação (Campos; Machado, 2015; 2017; Bueno; Dunning, 2017). Nossa análise reforça essa conclusão.

A Figura 1 apresenta a faixa do IER calculado para candidatos negros a deputado federal em cada UF brasileira. Nessa figura, a população de referência são os de eleitores em cada UF, enquanto o grupo de interesse são todos os candidatos a deputados federais na UF em questão. Embora haja sub-representação de candidatos

◇◇◇◇◇◇

8. Vale recordar que empregamos uma fórmula nova para o IER distinta da empregada por Ransom e Sutch. Ver discussão no capítulo 5.

Figura 1. Deputados Federais –
IER por Estado – Candidatos x Eleitorado

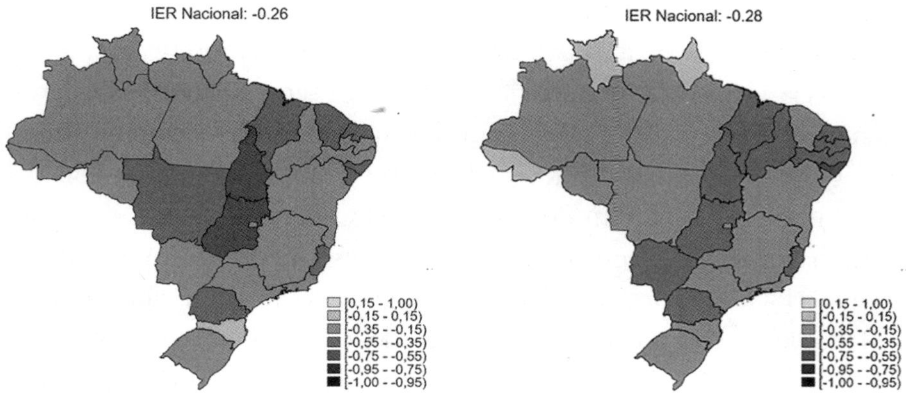

(**a**) 2014 (**b**) 2018

negros — pretos e pardos — em relação à sua proporção em cada estado, esta sub-representação é relativamente baixa.

No ano de 2014, o pior resultado foi obtido pelos estados do Tocantins e Goiás, com IER abaixo de –0,55. Alguns estados ficaram com IER –0,35 e –0,55, como Paraná, Maranhão e Mato Grosso, ao passo que a absoluta maioria, incluindo os três estados com o maior número de representantes na Câmara dos Deputados — São Paulo, Minas Gerais e Rio de Janeiro —, apresentaram IER entre –0,15 e –0,35. O estado de Santa Catarina teve o melhor resultado, ficando numa faixa em que se considera haver equilíbrio racial.

Os resultados de 2018 são muito semelhantes aos de 2014, apontando uma leve melhora no quadro geral. O IER para a maioria dos estados ficou na faixa de –0,15 até –0,55, indicando haver certo desequilíbrio. Vale notar, porém, que nesta eleição os cinco maiores colégios eleitorais do país — que incluem a Bahia e o Rio Grande do Sul na lista acima — ficaram todos na faixa do IER entre –0,15 e –0,35. Tocantins e Goiás, que na eleição de 2014 tiveram IER abaixo de –0,55, apresentaram melhora no quadro. Roraima e Amapá passaram para o nível de equidade racial, ao passo que Santa Catarina observou uma piora no quadro.

Se entre candidatos já havia um certo desequilíbrio racial que favorecia brancos, o quadro fica muito mais sério quando consideramos somente aqueles que foram de fato eleitos. Conforme mostra a Figura 2, no ano de 2014, a maioria das UFs apresentou um IER de no mínimo –0,75, um desequilíbrio extremamente alto. Esse resultado corrobora as conclusões da literatura sobre o tema, que indicam que a falta de representação negra na política brasileira não se deve à falta de candidaturas, mas sim à falta de negros entre os eleitos.

No ano de 2014, observamos uma dispersão no desequilíbrio racial entre as regiões. Os estados do Sul apresentaram o maior desequilíbrio, com Rio Grande do Sul e Santa Catarina no nível mais alto e Paraná no segundo mais alto. São Paulo e Minas Gerais, os dois estados com maior número de representantes, observaram IER entre –0,75 e –0,95, ao passo que Rio de Janeiro ficou entre –0,55 e –0,75. Apenas Amapá obteve equilíbrio no ano de 2014.

Figura 2. Deputados Federais – IER por Estado – Eleitos x Eleitorado

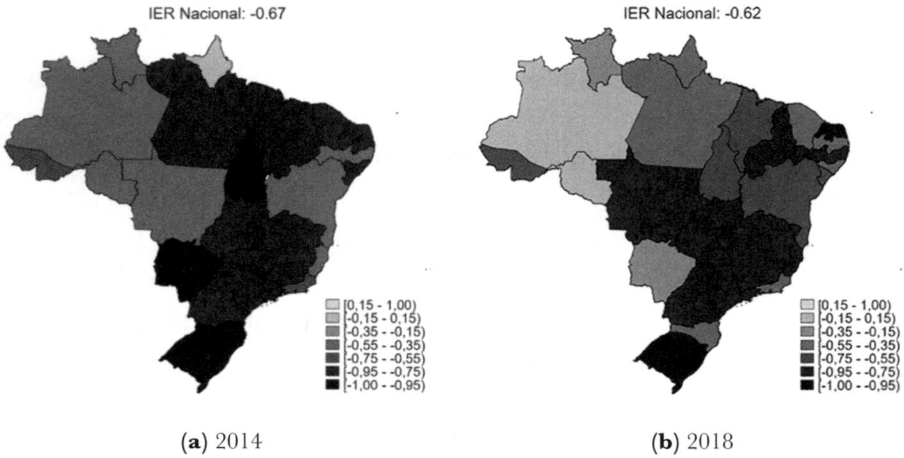

(**a**) 2014 (**b**) 2018

Em 2018, apesar da leve melhora no IER, a representação continuou muito desequilibrada em relação à composição ao racial do eleitorado de cada UF. Os piores resultados foram obtidos pelos estados do Rio Grande do Sul e Rio Grande do Norte, ambos com IER acima de −0,95. Os dois maiores distritos eleitorais continuaram em nível similar ao que estavam antes. Houve um aumento do número de estados na faixa entre −0,15 e −0,35, ao passo que o Amapá deixou de ser o estado com melhor equilíbrio racial.

A Tabela 1 apresenta os resultados do desequilíbrio racial em todo o país para os candidatos a deputado federal, separando os partidos entre os de esquerda, centro e direita, conforme a classificação de Power e Rodrigues-Silveira (2018). No painel (a), podemos ver que partidos de esquerda e centro são mais racialmente equilibrados do que partidos de direita em relação ao número de candidatos. Em 2014, o IER agregado dos partidos de esquerda foi de −0,21 e o dos partidos de centro foi de −0,25. Já para partidos de direita, o IER agregado foi de −0,49.

Tabela 1. Deputados Federais – IER por Ideologia – Candidatura

	Painel (a) Candidaturas									
	2014					**2018**				
	IER	Negros	Total	b	p	IER	Negros	Total	b	p
Esquerda	-0,21	897	2,144	0,42	0,52	-0,25	1,088	2,431	0,45	0,57
Centro	-0,25	1,245	3,055	0,41	0,53	-0,22	1,282	2,851	0,45	0,55
Direita	-0,49	191	624	0,31	0,56	-0,43	747	2,260	0,33	0,55
	Painel (b) Eleitos									
Esquerda	-0,50	47	161	0,29	0,56	-0,60	40	152	0,26	0,60
Centro	-0,75	35	223	0,16	0,57	-0,71	15	65	0,23	0,65
Direita	-0,74	20	129	0,16	0,55	-0,62	69	293	0,24	0,58

Nota: Dados obtidos no TSE.

Em 2018, o padrão continua muito similar para candidatos de centro e de esquerda, com IER subindo um pouco para os de esquerda e caindo um pouco para os de centro. Para partidos de direita, porém, há uma redução no desequilíbrio, com o IER passando de −0,49 para −0,43. Nesse caso, observou-se uma elevação considerável tanto no número de candidatos negros quanto no número total de candidatos de direita.

De forma similar aos resultados da análise por estado, o quadro muda consideravelmente quando levamos em conta apenas os deputados federais eleitos. O painel (b) também revela que o desequilíbrio racial é muito maior e abrange todos os grupos ideológicos quando restringimos apenas a deputados federais eleitos.

Em 2014, o menor desequilíbrio ocorreu entre partidos de esquerda, que elegeram 47 deputados federais negros de um total de 161, com um IER de −0,50. Partidos de centro tiveram um IER de −0,75 naquele ano, ao eleger apenas 35 deputados federais negros de um total de 223. Este grupo é seguido de perto pelos partidos de direita que, com apenas 20 deputados federais negros de um total de 129, apresentaram IER de −0,74. Logo, a maior dificuldade de eleger candidatos negros está presente em todos os grupos ideológicos.

No ano de 2018, o quadro mudou pouco. A maior alteração foi o aumento significativo do desequilíbrio racial entre partidos de esquerda, que passou para um IER de −0,60, com a eleição de apenas 40 deputados federais negros de um total de 152. Os resultados em 2018 para partidos de centro são muito similares ao de 2014, com um IER de −0,71. Esses partidos elegeram apenas 15 deputados federais negros de um total de 65 deputados. Partidos de direita reduziram seu desequilíbrio racial em 2018, passando para −0,62 e se aproximaram dos partidos de esquerda. No total, eles elegeram 69 deputados federais de um total 293.

Como se pode ver, embora partidos de esquerda e centro apresentem um certo equilíbrio racial em suas candidaturas a deputado federal, eles não são capazes de eleger deputados negros no mesmo nível que apresentam candidaturas. A situação é particularmente ruim entre partidos de centro, porém também há um alto desequilíbrio na esquerda. Embora a direita apresente proporcionalmente menos candidatos negros, eles os elegem com maior sucesso, levando assim a uma menor diferença de desequilíbrio entre candidatos e eleitos em comparação com os outros dois campos ideológicos.

A Tabela 2 apresenta as taxas de sucesso de candidaturas negras e brancas, nos painéis (a) e (b) respectivamente. A taxa de sucesso é definida como a proporção de candidatos eleitos sobre o total de candidaturas. Elas separam os candidatos nos três grupos ideológicos considerados acima, para 2014 e 2018.

Tabela 2. Taxa de sucesso de candidaturas a deputados federal

Painel (a) Candidaturas Negras

	2014			2018		
	Candidatos	Eleitos	Taxa de sucesso	Candidatos	Eleitos	Taxa de sucesso
Esquerda	1,245	35	2,81	1,282	15	1,17
Centro	191	20	10,47	747	69	9,24
Direita	897	47	5,24	1,088	40	3,68
Total	2,333	102	4,37	3,117	124	3,98
	Painel (b) Candidaturas Brancas					
Esquerda	1,810	188	10,39	1,569	50	3,19
Centro	433	109	25,17	1,513	224	14,81
Direita	1,247	114	9,14	1,343	112	8,34
Total	3,490	411	11,78	4,425	386	8,72

Nota: Dados do TSE

Em 2014, a taxa de sucesso para todos os candidatos, agregando todos os grupos ideológicos, foi de 4,37%. Já a taxa de sucesso para candidatos brancos foi de 11,78%. Isso deixa claro o porquê de o desequilíbrio racial subir entre os eleitos: a chance de um candidato branco ser eleito é 2,6 vezes maior do que a de um candidato negro. O quadro foi similar em 2018, com taxas de sucesso de negros e brancos de 3,98% e 8,72%, respectivamente.

É importante observar que cada grupo ideológico usou um tipo de estratégia para lançar seus candidatos a deputados. Candidaturas de centro tinham a menor taxa de sucesso, tanto para negros como para brancos, embora no segundo grupo ela tenha sido maior. Já nas candidaturas da esquerda, a taxa de aprovação foi intermediária, mas ainda com maior sucesso entre brancos.

Por fim, as candidaturas de direita foram muito mais eficientes que as de esquerda ou centro. A taxa de sucesso foi de impressionantes 25% em 2014 entre candidatos brancos e 10% entre negros. Esses valores se reduziram na eleição seguinte, mas continuaram significativos, 14,81% e 9,24%. Vale notar que a diferença entre taxas de sucesso de brancos e negros foi menor na direita e maior no centro, o que ajuda a explicar por que o IER muda menos entre partidos de direita quando passamos de candidatos a eleitos, já que, condicional a ter se tornado um candidato, há menos disparidades raciais nas chances de alguém ser eleito nesse grupo.

Além da dimensão racial, gênero também é um fator de desequilíbrio na representação descritiva, dado o histórico de exclusão das mulheres da política. A Tabela 3 apresenta dados sobre a representação política levando em conta tanto a dimensão de raça como de gênero em 2018.[9] A Tabela 3 está dividida em três painéis, nos quais o IER é calculado para mulheres negras, homens

◇◇◇◇◇◇

9. Apresentamos apenas dados de 2018 por uma questão de espaço. Os resultados de 2014 podem ser encontrados no suplemento do nosso relatório (Firpo et al., 2022a).

negros e mulheres brancas, todos em relação a homens brancos. Assim, para esse cálculo, se restringe a população de interesse e de referência apenas a homens brancos e o grupo de raça e gênero ao qual ele está sendo comparado.

O Painel (a) mostra que as mulheres negras estão extremamente sub-representadas na política. O índice de equilíbrio foi de −0,58 entre partidos de todo o espectro ideológico em relação às candidaturas, embora o pior desequilíbrio tenha ocorrido entre partidos de direita. Considerando homens brancos e mulheres negras, elas corresponderam a 25% das candidaturas em 2018, embora fossem 58% do eleitorado entre esses dois grupos.

Tabela 3. Representação política de gênero e raça entre candidatos e eleitos como deputados federais, 2018

Ideologia	IER	Eleitos	Total	b	p	IER	Eleitos	Total	b	p
	Candidaturas					Eleitos				
Painel (a) Mulheres Negras										
Centro	-0,55	407	1503	0,27	0,56	-0,97	1	44	0,02	0,64
Direita	-0,66	263	1315	0,2	0,55	-0,95	6	196	0,03	0,55
Esquerda	-0,53	369	1306	0,28	0,57	-0,91	6	96	0,06	0,59
Total	-0,60	1039	4124	0,25	0,58	-0,94	10	336	0,04	0,58
Painel (b) Homens Negros										
Centro	-0,26	875	1971	0,44	0,58	-0,70	14	57	0,25	0,66
Direita	-0,47	484	1536	0,32	0,56	-0,61	63	253	0,25	0,58
Esquerda	-0,28	719	1656	0,43	0,58	-0,61	34	124	0,27	0,62
Total	-0,32	2078	5163	0,4	0,57	-0,58	111	434	0,26	0,57
Painel (c) Mulheres Brancas										
Centro	-0,45	473	1569	0,3	0,53	-0,75	7	50	0,14	0,53
Direita	-0,44	461	1513	0,3	0,54	-0,72	34	224	0,15	0,53
Esquerda	-0,44	406	1343	0,3	0,53	-0,64	22	112	0,20	0,53
Total	-0,44	1340	4425	0,3	0,53	-0,70	63	386	0,16	0,53

O resultado é ainda pior quando olhamos para as mulheres negras eleitas. Elas foram apenas 10 em 2018, resultando em um índice de equilíbrio de −0,94, muito próximo da completa ausência de representação, que ocorre quando o índice chega a −1. De fato, partidos de direita elegeram apenas uma mulher negra como deputada federal, enquanto a esquerda e o centro elegeram apenas seis cada.

Os painéis (b) e (c) apresentam os índices de desequilíbrio de homens negros e mulheres brancas. As desigualdades são um pouco menores quando olhamos para homens negros, com um IER total de −0,32 entre candidatos e −0,58 entre eleitos. Para mulheres brancas, esses valores são respectivamente −0,44 e −0,70. As diferenças entre grupos ideológicos são pequenas quando consideramos mulheres brancas, mas altas para homens negros. Esquerda e centro têm melhor representatividade do que partidos de direita em termos de candidaturas de homens negros. Quanto a candidatos efetivamente eleitos, a esquerda consegue maior representatividade: centro e direita têm piores resultados. Homens negros, porém, são exceção: nesse caso, direita e esquerda têm representatividade similar.

Os resultados revelam que os desequilíbrios de representatividade são ainda maiores quando combinamos a dimensão de raça com a de gênero. Em particular, a questão de gênero parece ser muito mais saliente e a sua intersecção com raça é especialmente prejudicial, com quase nenhuma mulher negra eleita deputada federal no Brasil. Esse é um problema que não faz nenhuma distinção ideológica.

4 FINANCIAMENTO DE CAMPANHA

Embora nosso objetivo aqui seja mais apresentar estatísticas sobre os desequilíbrios de representação descritiva do que entender suas causas, também investigamos diferenças raciais e de gênero no acesso a recursos para financiamento de campanhas. Uma série de outros fatores são sugeridos pela literatura especializada para explicar a pior performance de negros e mulheres nos pleitos, incluindo preferências do eleitorado, tempo de TV e números das candidaturas (Aguilar *et al.* 2015; Campos; Machado, 2015, 2017; Cueno; Dunning, 2017; Wylie, 2020; Janusz, 2018, 2021; Janusz; Sells, 2021; Janusz; Campos, 2021). Nesta seção, fazemos uma análise dos dados sobre gastos de campanhas de candidatos a deputado federal disponibilizados pelo TSE. Consideramos os quatro grupos de raça e gênero, olhando para diferenças em 2014 e 2018.

A Tabela 4 apresenta os resultados sobre financiamento de campanhas em 2014.[10] As fontes de financiamento consideradas são cinco: outros candidatos e comitês; doações de empresas; doações de indivíduos; doações de partidos políticos; e autofinanciamento. Podemos ver claramente que homens brancos são, em média, mais bem financiados que candidatos de outros grupos. Em média, eles receberam cerca de R$ 486 mil em recursos no ano de 2014, comparados a R$ 148 mil recebido por mulheres brancas, R$ 180 mil recebidos por homens negros e R$ 45 mil recebidos por mulheres negras.

A vantagem de homens brancos ocorre em todos os tipos de financiamento documentados, assim como a desvantagem de mulheres negras. Mulheres brancas estão melhores que homens negros em relação apenas ao autofinanciamento. A doação de partidos, por ser uma das principais fontes de recursos, também é onde as disparidades raciais e de gênero mais transparecem, com homens brancos recebendo em média mais que o dobro que homens negros e mulheres brancas e quase dez vezes mais que mulheres negras.

10. Todos os montantes foram corrigidos pela inflação para representar valores reais de 2018.

Tabela 4. Financiamento de campanha em R$ por raça e gênero, 2014

	Média	Desv. -Pad.	Mínimo	Mediana	Máximo	Obs.
Painel (a) Mulheres Negras						
Outros candidatos e comitês	14,53	37,67	0,03	3,32	351,58	347
Doações de empresas	64,02	156,41	0,08	2,61	708,89	77
Doações de indivíduos	14,07	55,79	0	1,91	694,7	370
Doações dos partidos políticos	38,51	158,15	0,1	5,09	2002	233
Autofinanciamento	11,38	27,4	0	1,92	180,63	163
Total	44,9	192,91	0	5,73	2586,79	585
Painel (b) Homens Negros						
Outros candidatos e comitês	31,57	104,71	0	5,09	1992,34	789
Doações de empresas	168,94	386,03	0	17,83	3941,29	375
Doações de indivíduos	36,41	99,37	0,02	4,57	1049,72	936
Doações dos partidos políticos	161,34	456,71	0,06	6,97	5076,26	524
Autofinanciamento	37,52	135,4	0	4,46	2133,54	770
Total	179,49	542,09	0	12,5	6149,51	1,314
Painel (c) Mulheres Brancas						
Outros candidatos e comitês	23,13	58,35	0,01	3,36	429,29	472
Doações de empresas	168,97	425,89	0,07	19,1	3988,5	171
Doações de indivíduos	32,57	127,27	0	2,27	2326,15	523
Doações dos partidos políticos	117,64	538,2	0,13	5,09	6628,81	362
Autofinanciamento	60,25	336,68	0	4,46	4257,93	272
Total	147,98	615,13	0,06	6,07	8561,59	783
Painel (d) Homens Brancos						
Outros candidatos e comitês	63,53	193,14	0	7,85	2276,92	1,473
Doações de empresas	329,28	617,69	0,03	63,67	4874,91	1,047
Doações de indivíduos	76,48	167,37	0,03	13,36	2182,87	1,772
Doações dos partidos políticos	361,88	733,14	0	31,83	7346,97	1,141
Autofinanciamento	70,92	249,6	0	9,9	4777,71	1,564
Total	485,78	1033,47	0	41,36	8700,32	2,261

Fonte: Dados do TSE.

A distribuição desses recursos é bastante concentrada. É possível ver isso ao comparar a média recebida com a mediana (valor que separa as observações em dois grupos de tamanho igual), assim como observando os mínimos e máximos obtidos. Em todos os casos, a mediana de recursos obtidos pelos candidatos está bem abaixo da média, o que indica haver alguns poucos candidatos que recebem muitos recursos e puxam a média para cima. Outra forma de ver essa concentração é que, no caso de muitas dessas fontes, os menores recursos são muito próximos do zero, enquanto os valores máximos ultrapassam a casa dos milhões.

Mesmo quando comparamos a mediana dos valores recebidos por homens brancos com aquela dos valores recebidos por outros grupos, vemos que a vantagem deles é grande. Ao contrário da média, a mediana não é afetada por poucos candidatos que recebem somas vultuosas de dinheiro, representando assim uma medida mais estável do meio da distribuição. No caso do financiamento total, a mediana para homens brancos é de R$ 41 mil, ao passo que para mulheres brancas é de apenas R$ 6 mil; homens negros, R$ 12 mil; e mulheres negras, R$ 5 mil. A proximidade entre a mediana das mulheres negras e a das mulheres brancas indica que parte da diferença nas médias se deve a poucas mulheres brancas que recebem muitos recursos. Como pode ser visto, seu máximo declarado, mais de R$ 8 milhões, se aproxima muito dos homens brancos e fica muito acima de homens e mulheres negras.

O ano de 2018 trouxe duas importantes novidades em relação às regras de financiamento de campanha no Brasil: ficaram proibidas as doações de empresas, ao mesmo tempo que foi imposto um teto de gastos com campanhas para deputado federal da ordem de R$ 2,5 milhões. O impacto dessas mudanças sobre o financiamento das campanhas dos grupos de gênero e raça, porém, não é uniforme.

Para homens brancos e negros, a média dos recursos cai, enquanto para mulheres brancas e negras essa média sobe. A maior

Tabela 5. Financiamento de campanha em R$ por raça e gênero, 2018

	Média	Desv. -Pad.	Mínimo	Máximo	Mediana	Obs.
Painel (a) Mulheres Negras						
Outros candidatos e comitês	7,8	27,99	0,02	1,55	300	312
Doações de indivíduos	12,54	47,45	0	1,8	750	382
Doações dos partidos políticos	82,99	260,85	0,02	10	2400	841
Autofinanciamento	5,95	23,9	0	1,5	310,01	192
Total	84,65	263,78	0,02	10,58	2409,2	927
Painel (b) Homens Negros						
Outros candidatos e comitês	10,49	31,92	0,01	2,4	501,93	700
Doações de indivíduos	24,52	73,3	0	3,87	1120,66	1,063
Doações dos partidos políticos	122,1	312,04	0,01	8,84	2443,28	1,368
Autofinanciamento	25,71	124,79	0	3,14	2100	869
Total	122,56	320,93	0	11,54	2494,23	1,823
Painel (c) Mulheres Brancas						
Outros candidatos e comitês	9,58	29,04	0,05	1,9	250	424
Doações de indivíduos	27,02	88,11	0	4	1131,59	623
Doações dos partidos políticos	166,49	418,11	0,05	18,03	2479,09	1,111
Autofinanciamento	27,28	154,31	0	2	2400	385
Total	176,68	445,85	0,06	20	2575,06	1,229
Painel (d) Homens Brancos						
Outros candidatos e comitês	16,47	61,19	0	3	800	1,113
Doações de indivíduos	60,33	155,42	0	8,11	2367,42	1,922
Doações dos partidos políticos	265,35	485,67	0,02	17,51	2480,4	2,182
Autofinanciamento	52,93	184,88	0	5,5	2046,2	1,734
Total	282,77	538,39	0	26,82	2518	2,860

queda é vista para os valores recebidos por homens brancos, que passaram de R$ 486 mil para R$ 283 mil, enquanto os valores recebidos por homens negros passaram para R$ 123 mil. Vale notar que a mediana do financiamento de campanha dos homens negros permaneceu quase a mesma, R$ 12,5 mil em 2014 contra R$ 11,5 mil em 2018. Já a dos homens brancos passou de R$ 41,3 mil para R$ 26,8 mil. Isso significa que a queda do financiamento de campanha para homens brancos afetou o meio da distribuição, ao passo que para homens negros ela provavelmente se restringiu ao topo.

Para mulheres negras, vemos aumentos significativos na média de recursos, passando de R$ 44,9 mil para R$ 84,6 mil, ao passo que os financiamentos de campanhas de mulheres brancas sobem de R$ 148 mil para R$ 177 mil. Vale notar que esse aumento ocorre a despeito da proibição de doações de empresas e provém principalmente dos recursos transferidos pelos partidos para elas.

Para ambos os grupos, o aumento também é observado na mediana da distribuição. Porém, enquanto em 2014 a mediana era muito similar entre elas, em 2018 a mediana das mulheres brancas é o dobro da das negras: R$ 20 mil contra R$ 10,6 mil, respectivamente. Isso indica que no geral os recursos têm sido preferencialmente distribuídos entre candidaturas de mulheres brancas em detrimento das candidaturas de mulheres negras.

CONSIDERAÇÕES FINAIS

Ao longo deste livro, documentamos desigualdades raciais no Brasil em diversas formas: renda, educação, violência, entre outros. Não é de se esperar que seja diferente em relação à representação política. Neste capítulo, utilizamos o caso das eleições para deputados federais em 2014 e 2018 para ilustrar o tamanho desses desequilíbrios e como eles operam.

Mostramos que não há um desequilíbrio acentuado em termos raciais em relação às candidaturas para deputados federais. Porém, quando consideramos os deputados que foram de fato eleitos, há uma expressiva disparidade racial em quase todas as unidades da federação. Isso indica que candidatos negros têm menos chances de serem eleitos e esse é o principal fator na baixa equidade na representação. Mostramos também que as diferenças são ainda mais acentuadas quando incluímos a dimensão de gênero.

Essas diferenças de raça e gênero na representação política não são exclusividades de um campo político. Elas ocorrem entre candidaturas de esquerda, centro e direita. No geral, as candidaturas nesses campos tendem a ser equilibradas, em especial entre partidos de esquerda. Porém, quando olhamos para os deputados que foram eleitos, há uma alta disparidade racial em todos os grupos ideológicos.

Uma provável fonte das diferenças de raça e gênero no desempenho eleitoral é o acesso a recursos para o financiamento de campanhas. Mostramos que homens brancos são muito mais bem financiados que homens negros, mulheres brancas e mulheres negras. Apesar da melhora na distribuição desses recursos em 2018, não houve, porém, uma redução considerável nos desequilíbrios raciais e de gênero.

Isso sugere duas possibilidades: em primeiro lugar, há outros fatores tão ou mais importantes determinando o pior desempenho dos candidatos negros e mulheres, como preferências discriminatórias do eleitorado ou discriminação no acesso a outros recursos, como tempo de TV ou números de urna; em segundo lugar, diversos relatos de candidatos apontam que há diferenças no tempo de liberação desses recursos que podem estar inviabilizando o desempenho das minorias, com homens brancos tendo acesso prioritário aos financiamentos.

Para terminar, vale notar que em um trabalho recente conduzimos análise similar para candidatos a deputados estaduais, vereadores e prefeitos (Firpo *et al.*, 2022b). Em relação a deputados estaduais os resultados são basicamente os mesmos que para deputados federais, embora os desequilíbrios raciais e de gênero sejam um pouco menores. A análise de vereadores e prefeitos revela um padrão interessante: enquanto para vereadores os resultados são similares aos de deputados, com baixo desequilíbrio a nível de candidaturas, mas altos desequilíbrios no âmbito de candidatos eleitos, entre prefeitos os altos desequilíbrios já surgem no nível das candidaturas, indicando haver um filtro que impede a participação de minorias em pleitos majoritários.

REFERÊNCIAS

AGUILAR, R.; CUNOW, S.; DESPOSATO, S.; BARONE, L. S. Ballot structure, candidate race, and vote choice in Brazil. **Latin American Research Review**, p. 175-202, 2015.

BEACH, B.; JONES, D. B.; TWINAM, T.; WALSH, R. Minority representation in local government. Technical report, **National Bureau of Economic Research**, 2018.

BROLLO, F.; TROIANO, U. What happens when a woman wins an election? Evidence from close races in Brazil. **Journal of Development Economics**, 122, p. 28-45, 2016.

BROOCKMAN, D. E. Black politicians are more intrinsically motivated to advance blacks' interests: a field experiment manipulating political incentives. **American Journal of Political Science**, v. 57, n. 3. p. 521-536, 2013.

BROOCKMAN, D. E. Distorted communication, unequal representation: constituents communicate less to representatives not of their race. **American Journal of Political Science**, v. 58, n. 2, p. 307-321, 2014.

BROOCKMAN, D. E.; SOLTAS, E. J. A natural experiment on discrimination in elections. **Journal of Public Economics**, v. 188, n. 104201, 2020.

BRUCE, R.; CAVGIAS, A.; MELONI, L.; REMIGIO, M. Under pressure: Women's leadership during the Covid-19 crisis. **Journal of development economics**, v. 154. n. 102761, 2022.

BUENO, N. S.; DUNNING, T. Race, resources, and representation: evidence from brazilian politicians. **World Politics**, v. 69, n. 2, p. 327-365, 2017.

CAMPOS, L. A.; MACHADO, C. A cor dos eleitos: determinantes da sub-representação política dos não brancos no Brasil. **Revista Brasileira de Ciência Política**, p. 121-151, 2015.

CAMPOS, L. A.; MACHADO, C. O que afasta pretos e pardos da representação política? Uma análise a partir das eleições legislativas de 2014. **Revista de Sociologia e Política**, v. 25, p. 125-142, 2017.

CASELLAS, J. P.; WALLACE, S. J. The role of race, ethnicity, and party on attitudes toward descriptive representation. **American Politics Research**, v. 43, n. 1, p. 144-169, 2015.

DOVI, S. Preferable descriptive representatives: Will just any woman, black, or latino do? **American Political Science Review**, v. 96, n. 4, p. 729-743, 2002.

FIRPO, S *et al.* Desigualdade Racial nas Eleições Brasileiras, 2022a. Disponível em: https://ssrn.com/abstract=4111691.

FIRPO, S. *et al.* Desigualdade Racial e de Gênero nas Eleições Municipais no Brasil, 2022b. Disponível em: https://ssrn.com/abstract=4194197.

FIRPO, S.; FRANÇA; M., PORTELLA, A. Desigualdade social sob a ótica do Índice de Equilíbrio Racial. **SSRN,** 2021.

FIRPO, S.; FRANÇA, M.; RODRIGUES, L. Índice de Equilíbrio Racial: uma proposta de mensuração da desigualdade racial entre e dentro das categorias ocupacionais. **SSRN,** 2020.

GRIFFIN, J. D.; NEWMAN, B. The unequal representation of Latinos and Whites. **The Journal of Politics**, v. 69, n. 4, p. 1032-1046, 2007.

GROSE, C. R. **Congress in black and white: Race and representation in Washington and at home**. Cambridge University Press, 2011.

GUIMARÃES, A. S. A. **Racismo e anti-racismo no Brasil**. Editora 34, 1999.

HESSAMI, Z.; FONSECA, M. L da. Female political representation and substantive effects on policies: A literature review. **European Journal of Political Economy**, v. 63, n. 101896, 2020.

JANUSZ, A. Candidate race and electoral outcomes: evidence from Brazil. **Politics, Groups, and Identities**, v. 6, n. 4, p.702-724, 2018.

JANUSZ, A. Race and resources in Brazilian mayoral elections. **Political Research Quarterly**, p. 10659129211032279, 2021.

JANUSZ, A.; CAMPOS, L. A. Candidate advertisements and afro-Brazilian political marginalization. **Latin American Research Review**, v. 56, n. 4, p. 761-778, 2021.

JANUSZ, A.; SELLS, C. Race and campaign resources: Candidate identification numbers in Brazil. **Journal of Politics in Latin America**, p. 1866802X211052625, 2021.

LOGAN, T. D. Do black politicians matter? Evidence from reconstruction. **The Journal of Economic History**, v. 80, n. 1, p. 1-37, 2020.

MADRID, R. L. **The rise of ethnic politics in Latin America**. Cambridge University Press, 2012.

MANSBRIDGE, J. Should blacks represent blacks and women represent women? A contingent "yes". **The Journal of politics**, v. 61, n. 3, p. 628-657, 1999.

PHILLIPS, A. **The Politics of Presence**. OUP Oxford, 1995.

PIRES, T. **Criminalização do racismo: entre política de reconhecimento e meio de legitimação do controle social dos não reconhecidos**. PhD *thesis*, PUC-Rio, 2013.

PISCOPO, J. M.; WYLIE, K. N. Gender, race, and political representation in Latin America. **Oxford Research Encyclopedia of Politics**, 2020.

POWER, T. J.; RODRIGUES-SILVEIRA, R. **Replication Data for: Mapping Ideological Preferences in Brazilian Elections, 1994–2018:** A Municipal-Level Study. Harvard Dataverse, 2018.

RANSOM, R. L.; SUTCH, R. **One kind of freedom:** The economic consequences of emancipation. Cambridge University Press, 2001.

RICCA, F.; TREBBI, F. Minority underrepresentation in us cities. Technical report, **National Bureau of Economic Research**, 2022.

SCHWINDT-BAYER, L. A.; MISHLER, W. An integrated model of women's representation. **The Journal of politics**, v. 67, n. 2, p. 407-428, 2005.

TELLES, E. E. **Race in another America**. Princeton University Press, 2004.

WYLIE, K. Taking bread off the table: race, gender, resources and political ambition in Brazil. **European Journal of Politics and Gender**, v. 3, n. 1, p. 121-142, 2020.

YASHAR, D. J. **Contesting citizenship in Latin America:** The rise of indigenous movements and the postliberal challenge. Cambridge University Press, 2005.

Este livro foi composto pelas fontes Baskerville e D-DIN e impresso em
outubro de 2023 pela Edições Loyola. O papel de miolo é o
off-set 75g/m2 e o de capa é o Cartão Supremo 250g/m2.